우리는 데이터다

알고리즘이 만들어내는 우리의 디지털 자기

WE ARE DATA

Algorithms and
the making of our digital selves

존 체니-리폴드 지음
배현석 옮김

한울
아카데미

We are Data: Algorithms and The Making of Our Digital Selves
By John Cheney-Lippold

차례

옮긴이의 글

우리가 사용하는 언어 역시 상징이고 보면 우리가 우리 자신이나 다른 사람을 표현하는 언어 역시 상징이 지닌 한계를 고스란히 지니고 있으며, 따라서 그러한 언어적 표현 역시 언어적 코드로 된 데이터이지 않은 적이 없었을 것이다. 그러나 문제는 이러한 우리를 표현해 주는 주체가 구글과 마이크로소프트 같은 초국가적인 영리회사나 각 국가의 정보기관이고 이들이 집계하는 데이터가 우리 인간이 아닌 알고리즘의 규칙에 의해 이루어지는 것이라면 그러한 표현의 한계는 차원이 달라질 것이다. 이 책의 저자 존 체니-리폴드는 이 점에 주목한다.

저자는 『우리는 데이터다』가 알고리즘이 어떻게 우리의 데이터화된 자기self와 우리의 알고리즘적 미래를 컴퓨터 언어로 번역하고assemble 통제하는가에 대한 책이라고 밝히고 있다. 즉, 이 책은 알고리즘이 우리의 데이터로 하여금 어떻게 우리가 마치 남자, 여자, 산타클로스Santa Claus, 시민, 아시아계, 그리고/혹은 부유한 것처럼 말하게 하는지에 대한 것이다. 그리고 이 책은 또한 이러한 알고리즘적으로 생산된 범주가 인종, 젠더, 계층과 같은 정치화된politicized 언어를 (마케터, 정치 캠페인, 정부의 전자 저인망 및 다른 것들에게) 우리가 그러한 언어에 대해 아는지 모르는지 그러한 언어를 좋아하는지 좋아하지 않는지 우리를 '대신해서' 말해주는 자기 자신의 전용 어휘로 대체하는지에 대한 것이다. 온라인에서 이 세상과 우리 자신 모두를 만들어내는 지식은 점차 알고리즘, 데이터, 그리고 그 안의 논리에 의해 만들어지고 있다.

『우리는 데이터다』는 디지털 시대에 데이터가 되는 것, 즉 우리의 새로운 '알고리즘적 정체성'의 함의를 자세히 설명한다. 존 체니-리폴드는 인터넷의 아키텍처, 규제 및 사용을 뒷받침하고 있는 알고리즘적 논리가 인간의 경험과 정체성을 어떻게 바꿔놓았는지 보여준다. 재치 있고 접근 가능한 예를 통해 저자는 트랜스코딩되는 삶을 사는 정체성의 사회적·정치적 결과를 우리의 새로운 세계에서 측정할 수 있는 유형으로 펼쳐낸다.

이 책의 기본 전제는 '우리가 누구인지는 데이터가 우리에 대해 말하는 것'이라는 것이다. 이 책은 서론, 4개의 장, 결론으로 구성되어 있다.

1장 '범주화: 데이터 유용하게 만들기'에서는 알고리즘 사용 방법, 즉 컴퓨터가 데이터의 패턴을 통해 범주를 만드는 방법에 중점을 둔다. 2장 '통제: 알고리즘이 당신을 쥐락펴락할 거야'에서는 "시간이 지나면서 빠르게 계속 변하는 자기-변형self-deforming 주형鑄型; mold처럼, 혹은 시시각각 체 눈의 모양이 변하는 체처럼"으로 정의된 질 들뢰즈Gilles Deleuze의 변조 개념을 중심으로 진행된다. 3장 '주체성: 그들은 당신이 누구라고 생각하는가?'에서는 알고리즘이 알고리즘적 온라인 생활에 고유한 방식으로 사람들을 주체로 만드는 방법을 탐구한다. 4장 '프라이버시: 죽은 프라이버시든 산 프라이버시든 원해'에서는 감시 시대에 프라이버시가 가능한지에 대한 질문을 던진다. 저자는 '혼자 있을' 자유가 데이터화된 알고리즘 세계로 어떻게 변환될 수 있는지에 특히 초점을 맞춘 '개인 프라이버시' 개념을 사용한다.

결론에서 저자는 "기술적 미래주의의 특이점은 결코 도래하지 않을 것이다. … 왜냐하면 그것은 이미 어느 정도 여기에 있기 때문이다"라고 주장한다. 대체로 이 책은 알고리즘 시대에 정체성이 무엇을 의미하는지, 즉 그것이 어떻게 작동하는지, 어떻게 우리의 삶이 통제되는지, 그리고 우리가 그것에 어떻게 저항할 수 있는지를 살펴보고자 하는 목표를 달성함으로써, 알고리즘을 사용해 우리의 디지털 자기를 만들어내는 데 대한 흥미로운 통찰력을 제공한다.

원서의 내용에 대해 의문이 생겨 이메일을 보내면 거의 실시간으로 친절하고 자세한 답변을 보내준 저자 존에게 다시 한 번 고마움을 전한다. 『디지털 디퍼런스』에 이어서 이 책을 번역하면서 다시 한 번 언어의 추상성과 주관성에 어려움을 느낀 동시에 해결될 때의 희열감 또한 느꼈다. 대표적인 예가 'terms'라는 단어이다. "on data's terms"라는 문구를 두고 "데이터의 조건에 따라"라고 번역을 했는데, 이 책에 워낙 'terms'라는 단어가 많이 등장해 혹시나 싶어 존에게 어떤 의미로 이 단어를 사용했는지 물었더니, 놀랍게도 'rule sets' 혹은 'a set of rules' 혹은 'logics'의 의미로 사용했다는 답이 돌아왔다. 그리고 심지어 "in terms of data"에서의 'terms'도 같은 의미라는 것이다. 초연결시대를 맞아 이렇듯 저자와 건의 실시간으로 이메일을 통해 저자와 교신할 수 있다는 것도 다행이고, 『디지털 디퍼런스』의 저자 러셀 뉴먼도 그랬지만 이렇듯 친절한 저자를 만난 것은 번역자로의 삶에서 더더욱 행운이었다(간혹 저자들 가운데는 질문을 하면 답변을 미루거나 귀찮아하거나 출판사를 통해 질문을 하라는 매정한 응답을 하는 이들도 있기 때문이다). 다시 한 번 더 100여 통의 이메일에도 짜증 한 번 내지 않으면서 오히려 "close reading"을 해줘서 고마움을 표해준 저자 존에게 마음 깊은 곳으로부터 우러나오는 고마움을 전한다.

또한 무더운 여름 때로 번역이 잘 풀리지 않아 머리를 쥐어뜯고 있을 때도 내 곁을 지켜주며 한없이 애정 어린 눈빛으로 위로를 건네주는 우리의 동반자 '코코'와 추울 때는 따뜻한 커피를, 더울 때는 시원한 냉커피를 전해주며 격려를 아끼지 않은 또 다른 동반자 아내 수정 씨에게도 늘 그렇듯 고마움을 전한다. 마지막으로 코로나19의 혼란 속에서 보살핌을 제대로 받지 못하고 세상을 등지신 어머니께서 작은 장례식을 원했던 아들에게 마지막까지 그 선물을 해주고 떠나신 것에 한없는 슬픔과 고마움과 그리움을 전해드리고 싶다.

2021년 4월 어느 날,

'코비드19 팬데믹'이 하루빨리 끝나기를 소망하며

외국 인명·지명 표기에 관한 일러두기

이 책은 옮긴이와 편집자의 협의하에, 외국 인명·지명을 국립국어원 외래어표기법과 다소 맞지 않더라도 최대한 현지 발음과 비슷하게 표기했다.

머리말

당신은 유명한가?

유명인사는 현시대의 왕족, 삶을 어떻게 살아야 (혹은 살지 말아야) 할지를 상징적으로 보여주는 아이콘이다. 유명인사들 그리고 그들이 용의주도하게 손질된 모습은 성공, 아름다움, 욕망, 부富를 대신한다. 그러나 유명인사의 삶은, 적어도 외부의 서민에게는, 금으로 만든 감옥, 구조적으로는 화려하고 표면적으로 돈을 많이 버는 것 같지만 기본적으로 견딜 수 없는 유치장처럼 보일 수 있다. 19세기 말에 처음 생긴 "프라이버시권right to privacy"§이라는 개념은 실제로 이러한 감옥 안에 있는 유명인사의 올가미 문제를 다루기 위해 생겨났다.[1] 유명인사가 아닌 독자들에게 이러한 상류사회의 삶을 슬쩍 들여

§ 저자는 원서에서 '작은따옴표'를 특별하게 따옴표 안의 단어가 원래 가리키는 의미에서 벗어난, 알고리즘이 규정하는, 의미로 사용되는 경우를 나타내기 위해 사용한다. 이러한 저자의 의도를 살리기 위해 우리말 문장부호법에는 맞지 않는다 하더라도 원서의 작은따옴표를 여기서도 그대로 사용하기로 한다. 그리고 영어에서 강조의 의미나 인용을 나타내기 위해 사용되는 원서의 "큰따옴표"를 우리 표기법에 맞게 작은따옴표로 바꿀 경우 원서의 작은따옴표의 의미와 혼동되기 때문에 원서의 큰따옴표를 여기서도 그대로 사용하기로 한다(옮긴이 주).

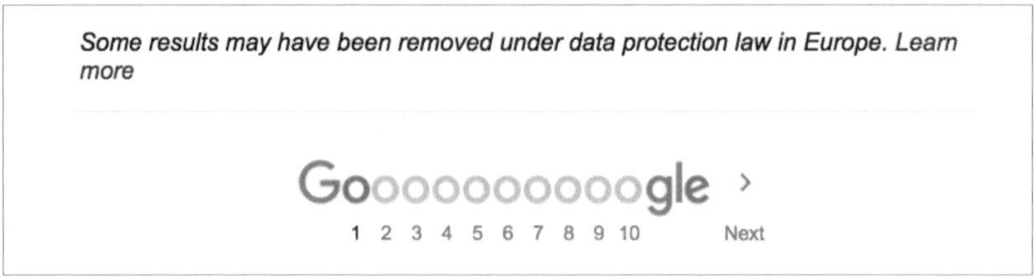

그림 P.1 유럽연합 내에 있는 구글에서 당신 이름을 검색할 때, 만약 당신이 구글 유명인사가 아니라면 "일부 결과는 유럽의 데이터 보호법에 따라 제거되었을 수도 있습니다"라는 문구가 등장한다.
자료: www.google.co.uk.

다볼 수 있게 해주기 위해 신문사 사진기자들은 나무 위로 기어올라 상류층의 집을 들여다보며 고급 파티 사진을 찍고 있었다. 현대적인 프라이버시 개념은 이러한 침입에 대한 대응으로 생겨났다.

상류사회에 속해 있지 않은 우리 같은 사람이라면, 비유명인사noncelebrity가 아닌 우리의 정체성identity§과 프라이버시와의 관계는 훨씬 더 간단해 보일 수도 있다. 그렇지 않은가? 사람들은 어떤 사람이 유명인사인지(혹은 아닌지) 정말 어떻게 알 수 있는가? 그것을 입증하기 위한 신속한 테스트를 해보는 것은 꽤 쉽다. google.co.uk(주: google.com이 아님)로 가서 당신의 이름을 검색해 보라. 그런 다음, 결과 페이지의 맨 아래까지 스크롤해 보라. "일부 결과는 유럽의 데이터 보호법에 따라 삭제되었을 수도 있습니다"라는 문구가 보이는가?(그림 P.1) (이러한 경고가 나타나건 나타나지 않건) 이 질문에 대한 답은 구글, 아니 좀 더 정확하게는 구글 알고리즘algorithm§§이 당신을 어떻게 범

§ 정체성正體性이란 존재의 본질을 규명하는 성질이다. 정체성은 상당 기간 동안 일관되게 유지되는 고유한 실체로서의 자기에 대한 주관적 경험을 함의한다. 정체성은 자기 내부에서 일관된 동일성을 유지하는 것과 다른 존재와의 관계에서 어떤 본질적인 특성을 지속적으로 공유하는 것 모두를 의미한다. 동일성 혹은 신원으로 번역되기도 한다(옮긴이 주).

§§ algorism으로 쓰기도 한다(옮긴이 주).

주화했으며 따라서 당신을 어떻게 규정했는지 당신에게 말해줄 것이다.

만약 당신이 이러한 문구를 본다면, 그것은 일반 공중이 당신의 개인 신상명세를 알 권리가 없다는 의미에서 구글은 당신을 금으로 된 감옥 생활을 누릴 만큼 충분히 유명하지 않다고 판단함을, 즉 당신이 유명인사가 아님을 구글 알고리즘이 보여주는 것이다. 당신은 그저 보통 사람인 것이다. 그리고 이러한 꾸밈없는 인간성humanity은 당신에게 꽤 가치 있는 무언가를 준다: 당신은 유럽연합EU: European Union에 "잊힐 권리the right to be forgotten"라는 것을 요청할 수 있다.

2014년, EU 법원은 유럽 이용자들에게 "잊힐 권리"를 허용하도록 구글에 요구했다. 그해 5월 이후 개인은 이제 "그러한 목적과 관련하여 그리고 흘러간 시간에 비추어 부적절하거나, 무관하거나 더는 관련이 없거나, 과도한"[2] 유럽에서의 검색 결과에 대해 게시 중단 요청take-down request을 할 수 있다. 수십만 건의 게시 중단 요청이 쇄도했는데, 어떤 요청은 정당한 고충이 있는 사람들의 요청이었고 또 어떤 것은 여러 종류의 형사 범죄 전력에 대한 언급을 없애고자 시도하는 사람들의 요청이었다.[3]

이에 대한 대응으로 구글은 이러한 게시 중단 요청 과정의 일부를 자동화하는 새로운 기능을 조용히 도입했다. EU 데이터 보호 당국에 보낸 편지에서 구글 글로벌 프라이버시 담당 법률 고문인 피터 플라이셔Peter Fleischer는 "대부분의 이름 쿼리name query는 유명인을 찾기 위한 것이며, 공적인 삶public life을 사는 이러한 사람들의 역할 때문에 그와 같은 검색은 삭제에 거의 좀처럼 영향을 받지 않기" 때문에 "우리는 유명인사나 공인에게는 기본값으로 이러한 경고가 보이지 않도록 하는 실용적인 선택을 했습니다"라고 설명했다.[4] 바꾸어 말하면 그러한 문구가 나타나느냐 나타나지 않느냐 하는 것은 여러분이 특정한 검색 결과 삭제를 요구할 수 있는 평범한 사람인지 아니면 프라이버시에 관한 한 아마도 그냥 참을 수밖에 없는 유명인사인지에 대한 구글의 결정을 반영한다.

이러한 "실용적 선택pragmatic choice"은 알고리즘의 선택, 즉 "유명인사나 공인'과 나머지 우리 간의 데이터를 기반으로 한 자동적인 구분이다. 그러나 EU의 법적 견해는 누가 공인으로 간주되는지 정의를 내리지 않았다. 구글은 계속해서 그것을 향상시켜 나갈 것이라고 한다. 구글이 그것을 향상시켜 나가는 정확한 방법은 컴퓨터의 계산이라는 커튼 뒤에 숨겨진 채 알려져 있지 않다. 처음으로 일반 공중이 이러한 알고리즘의 평가에 주목하게 만들었던 《워싱턴 포스트*Washington Post*》 법조 블로거인 스튜어트 베이커Stewart Baker는 구글이 팝 가수 리하나Rihanna는 "유명한Google famous" 사람으로 여기지만 로빈 리하나 펜티Robyn Rihanna Fenty(이 가수의 본명)는 유명하지 "않은" 사람으로 여긴다는 사실을 확인했다.[5] 그러한 차이는 지식수준에서 기본적으로 존재하는 격차, 즉 분리를 보여주기 때문에 아주 흥미롭다. 이 경우, 구글은 실제로 "유명세"를 평가하는 것이 아니라, 그들 자신만의 전유적專有的[§] 형태의 유명세를 만들어내고 있다.

물론 구글 유명세Google fame와 매우 흡사하게 유명세는 늘 만들어지는 어떤 것이었다. 영화 연구자인 리처드 다이어Richard Dyer는 수십 년 전 이 점에 대해 상세하게 설명한 바 있다: 누가 현세의 유명인사가 되느냐, 혹은 그의 말에 따르면 "스타 이미지star image"를 구체화하느냐 하는 것은 우연히 일어나는 일도 아니고 실력에 의해 일어나는 일도 아니다. "스타 이미지는 프로모션, 홍보, 영화, 평론/비평이 한자리에 모이는 미디어 텍스트로부터 만들어진다."[6] 다이어의 경우, 스타 이미지는 할리우드에 의해 용의주도하게 만들어지기를 반복한다.[7]

---

§ 'proprietary'의 정확한 법적 의미는 사적 소유권에서 파생되는 배타적 지배exclusivity, 전유적專有的 지배를 의미하지, 시장의 구조적 경제현상을 의미하는 '독점monopoly'과는 무관하다. 따라서 'proprietary software(전유 소프트웨어)'를 '독점 소프트웨어'라고 번역하는 것은 오역이다[자료: 『네트워크의 부』(오은창 옮김, 커뮤니케이션북스, 2015]
(옮긴이 주).

당연히 어떤 스타가 만들어지는 장소는 권력의 장소이기도 하다. 할리우드와 다른 매스 미디어 산업의 경우, 이러한 권력은 수익을 촉진한다. 그러나 이러한 산업들이 문화이론가인 그레임 터너Graeme Turner가 우리 정체성의 "원재료"라고 부르는 것을 어떻게 동시에 만들어내는가 하는 것도 마찬가지로 중요하다.[8] 어떤 점에서 우리의 야망, 욕망, 삶에 대한 기대는 우리 모두가 마주하는 스타 이미지에 영향을 받는다. 이러한 이미지들을 통제하는 것은 사회적 신체social body[§]가 그 자신을 이해하는 방식을 통제하는 것이다. 혹은 누가 스크린 혹은 무대에 등장하느냐 (혹은 등장하지 않느냐) 하는 것은 우리가 마음속으로 우리 자신이 누구인지에 대해 생각해 볼 수 있는 인식적 가능성epistemic possibility을 구체화한다.[9]

그러나 구글 유명인사는 기능적으로 다르다. 구글이 당신의 유명세를 판단할 때, 구글은 당신을 "스타 이미지"로 패키지화하려 하지도 않고 문화적 소비를 위한 "원재료"를 만들어내지도 않는다. 오히려 구글은 유럽연합의 개인 정보 게시 중단 요청을 용이하게 하라는 법적 명령을 자동적으로 수행하고 있다. 그리고 구글이 유명세라는 개념 자체를 구조적으로 완전히 바꿔놓은 것은 바로 이러한 기능적 차이를 통해서이다. 데이터에 기초해 유명인사 대리인 역할을 하는 알고리즘 메트릭metric을 개발함으로써 구글은 법적으로 "잊힐 권리"를 가지고 있는 사람(비유명인사)과 그렇지 않은 사람(유명인사)을 판단하는 완전히 새로운 지표를 만들어냈다.

간단히 말해, 구글의 알고리즘 지표는 데이터가 풍부한 현대 커뮤니케이션 환경에서 유명인사란 어떤 사람인가에 대해 생각하는 새롭게 나타난 방식이다. 그리고 그럼으로써 새롭게 나타난 이 지표는 정체성을 둘러싼 우리의 생각을 근본적으로 뜯어고친다. 오늘날 편재적 감시ubiquitous surveillance 시

§ 푸코Foucault에 따르면, 사회적 신체이란 사회적 기준에 맞추어진 신체를 말한다. 예를 들어, 조선시대 여성의 사회적 신체는 당시 사회적 기준에 맞게 조신한 몸가짐을 갖춘 여성일 것이다(옮긴이 주).

대에 우리는 누구인가who we are 하는 문제는 우리가 생각하기에 우리는 무엇인가what we are 하는 문제일 뿐만 아니라, 우리의 어떤 데이터가 우리에 대해 말하게 하는가의 문제이기도 하다.

구글의 광범위한 데이터베이스 네트워크를 통해 유명인사는 다른 유형의 "스타"이며 따라서 온라인에서 우리가 어떻게 보이는가를 위한 다른 종류의 "원재료"를 만들어낸다. 그리고 이러한 차이에서 유명인사와 "나머지 우리"를 구분하는 선이 흐릿해지기 시작한다. 구글 유명인사는 실재實在의 유명인사가 아닐 수도 있다. 오히려 구글 유명인사는 데이터가 알고리즘적으로 그와 같이 인증되는authenticated 어떤 사람이다. 그리고 구글 이용자들은 잡지 표지를 장식하지 않을 수도 있지만, 그들은 그들 자신, 그들의 욕망, 그리고 그들의 생활 패턴에 대한 전례 없는 양의 정보를 만들어낸다. 각기 다른 종류의 산업(미디어 학자인 조셉 터로Joseph Turow가 "새로운 광고 산업"으로 부른 것과 위키리크스WikiLeaks가 "전 세계적인 대중 감시 산업"으로 기술한 것)에 따르면 이 데이터는 서로 다른 유형의 원재료이다.[10]

다시 말해 "구글이 유명하다고 여기는Google famous" 것과 유명한 것이 같지 않을 수도 있지만, "구글이 유명하다고 여기는" 것은 어떤 검색 결과가 검열을 받는지와 어떤 유명인사의 삶이 일반 공중의 먹잇감으로 이용 가능한 것으로 간주되는지에 영향을 미친다. 그것은 개인의 프라이버시권에 대한 담론과 개인의 프라이버시권에 대한 접근을 규칙에 따라 배열한다order.[§] 그리고 그것은 유명인사나 공인이 의미하는 바에 대한 새로운 미래가 열렸음을 알려준다. 그러나 스타 이미지의 원재료를 공들여 선별하는 미디어 산업 네트워크들과는 달리 구글은 전적으로 데이터 해석을 토대로 하는 유명인사에 대한 알고리즘 범주를 사용한다.

---

§ 원문에 자주 등장하는 'order'는 '어떤 규칙이나 순서에 따라 배열한다'는 의미로 사용되고 있다[자료: 저자와의 이메일 교신](옮긴이 주).

20세기의 과학적 실증주의는 데이터가 자기 생각을 말하게 하도록 놔둘 것을 요구한다. 이 만트라mantra, 즉 진언眞言에 따라 데이터가 우리에게 가라고 명하는 곳이면 어디든 우리는 거기에서 진실을 발견할 것이다. 그러나 구글이 사람을 범주화하고 정체성 지위를 할당하기assign 위해 사용하는 데이터는 말하지 않는다; 구글이 사용하는 데이터는 법적 책임을 피하기 위해 강력한 기업에 의해 평가되고 규칙에 따라 배열된다. 실제로 학자인 리사 기털먼Lisa Gitelman과 버지니아 잭슨Virginia Jackson은 데이터가 말을 하지는 않지만 대신 말해주는 사람은 있다고 주장한다.[11] 데이터는 야생에서 자연발생적으로 나타나지 않는다. 오히려 데이터는 사람에 의해 수집되고, 연구자들에 의해 처리되며, 궁극적으로 어떤 현상을 설명하는 이론가에 의해 다듬어진다. 그러니까 데이터를 대신해서 말해주는 사람은 우리가 우리 자신과 이 세상에서의 우리의 위치를 이해하게 되는 방식을 틀 짓는 엄청난 권력을 휘두른다.

오늘날 디지털 방식으로 네트워크화된 세계에 참여하는 것은 곧 굉장한 양의 데이터를 만들어내는 것이다. 페이스북에 개인 신상 명세를 게시하는 사람부터 출퇴근하면서 휴대폰을 그냥 가지고 다니는 사람에 이르기까지 우리는 우리가 결코 예상하지 못할 방식으로 우리 삶의 자국을 남긴다. 그리고 이러한 데이터가 광범위하게 결합된 기업과 국가 데이터베이스에 흘러 들어갈 때, 그러한 데이터가 의미하는 바를 해석하는 사람은 분명 우리가 아니다.

이어지는 도입부에서 필자는 우리가 "데이터로" 구성되는 것이 의미하는 바를 분명하게 기술한다. 우리의 웹 서핑surfing 데이터, 우리의 얼굴 데이터, 심지어 우리의 친구관계 데이터에 대한 알고리즘의 해석이 온라인상의 정체성에 대한 새로운 독특한 규칙을 설정한다. 그리고 우리의 알고리즘적 정체성은 바로 이러한 규칙을 통해서 만들어지는데, 예를 들면 이러한 규칙에서 인종은 1과 0으로 기술되고 정서emotion는 데이터 템플릿template을 통해 규정된다.

『우리가 데이터다』는 알고리즘이 어떻게 우리의 데이터화된 자기datafied

self와 우리의 알고리즘적 미래를 기계어로 된 프로그램으로 변환하고 통제하는가에 대한 것이다. 이 책은 알고리즘이 우리가 마치 남자, 여자, 산타클로스, 시민, 아시아계, 그리고/혹은 부유한 것같이 우리의 데이터에게 말하게 하는지에 대한 것이다. 그리고 이 책은 또한 이러한 알고리즘적 범주가, 우리가 아는지 혹은 좋아하는지에 상관없이, 인종, 젠더gender, 계층과 같은 정치화된politicized 언어를 (마케터, 정치 캠페인, 정부의 전자 저인망 및 다른 것들에게) 우리를 대변해 주는 전유적인 어휘로 어떻게 대체하는지에 대한 것이다. 온라인에서 이 세상과 우리 자신 모두를 형성하는 지식은 점차 알고리즘, 데이터, 그리고 그 안의 논리에 의해 만들어지고 있다.

도입

※

오늘날 네트워크화된 사회에 사는 우리는 "데이터로 가득 채워져 있다".[1] 만약 필자의 말을 믿지 않는다면, 컴퓨터를 켜고 5분 동안 웹을 돌아다녀 보라. 텔레비전 평균 광고시간보다 아주 조금 더 긴 시간 만에 당신은 웹 활동을 통해 당신이 당신이라고 생각했던 사람과 다를 공산이 큰 어떤 정체성을 만들어낼 것이다. 아주 멀리 떨어져 있는 데이터베이스에 당신의 젠더, 민족성, 계층, 나이, 교육 수준, 그리고 어쩌면 x명의 자녀를 둔 부모라는 지위가 할당되어 있다. 어쩌면 당신은 미국 시민으로 혹은 외국인으로 분류되어 있을 것이다. 심지어 미국 국가안보국NSA: National Security Agency에 의해 당신이 테러리스트로 식별되어 있을 가능성도 아주 낮지만 있을 수 있다.

이러한 상황은 무서운 동시에 아주 흥미롭기도 하다. 그것이 무서운 이유는 그와 같은 분류가 가지고 있는 매우 실재적인 힘 때문이다: 유심 카드USIM card를 테러 용의자의 데이터 서명과 연결 짓는 것은 누군가를 드론 미사일 공격을 받을 수밖에 없는 상황에 놓이게 만들 수 있다. 어떤 이용자를 외국인으로 식별하는 메타데이터metadata§를 가지고 있다는 것은 그 사람이 미국 시민이라면 정상적으로 받을 수 있는 프라이버시권을 상실할 수도 있음을 의미한다. 그리고 그것이 매우 흥미로운 이유는 그와 같은 범주화에는 짜증나게 할 정도로, 거의 우스꽝스러울 정도로 주제넘은 무언가가 있기 때문이다. 계층 지위가 알고리즘적으로 이해될 수 있다고 생각하는 사람이 누가 있겠는가? 시민권만큼 명확한 무언가가 여권을 보여주지도 않고 어떻게 부여될 수 있는가? 그리고 민족성처럼 훨씬 덜 명확한 무언가가 누군가가 예의바르게 물어보지도 않고 어떻게 위압적으로 할당될 수 있음을 시사하는 것은 얼마나 무례한가?

우리는 네트워크화된 편재적遍在的 커뮤니케이션 세계, 즉 인터넷을 구성하는 기술이 베 짜듯 우리의 일상생활을 엮고 있어서 우리 대부분이 기술 없이 존재하는 것은 상상할 수 없을 것 같아 보이는 세계에 살고 있다.[2] 우리는 또한 편재적 감시의 세계에 살고 있기도 한데, 이 세계 역시 동일한 기술의 도움을 받아 정부에 속해 있거나, 회사에 속해 있거나, 이 둘 가운데 어디에도 속하지 않는 인상적인 대중 관찰mass observation 및 통제 하부구조 네트워크를 구축했다.[3]

오늘날 이 세계에서 우리가 하는 것의 대부분은 적어도 관찰되고, 기록되고, 분석되며, 데이터뱅크databank에 저장될 수 있는 잠재력을 가지고 있다. 소프트웨어 개발자인 마체이 시글로스키Maciej Ceglowski는 "총체적인 감시 문화의 직접적인 이유는 분명하다. 모든 것을 보관할 수 있을 만큼 저장 비용이 저렴하다. 컴퓨터는 이러한 정보를 실시간으로 그리고 소급해서 살펴볼 수 있을 만큼 충분히 빠르다. 우리의 일상 활동은 소프트웨어가 보는 모든 것을 업스트림upstream§에 기록하고 보고하도록 쉽게 구성될 수 있는 소프트웨어에 의해 매개된다"고 설명한다.[4] 가장 단순한 스마트폰에서 간단한 웹

---

§ 대량의 데이터를 구조화한 데이터(옮긴이 주).

§ 컴퓨터 네트워크 기술 용어에서 업스트림은 클라이언트나 로컬 기기(일반적으로 컴퓨터나 모바일 기기)에서 서버나 원격 호스트(이하 서버)로 보내지는(전송되는) 데이터 또는 보내는 것을 의미한다(옮긴이 주).

검색만 하더라도 새로운 긴 데이터 기록이 만들어진다. 여기에는 당신이 처음 검색한 용어, 당신 폰의 위치, 당신이 검색한 시각과 날짜, 당신이 이전/이후에 검색한 용어, 당신 폰의 운영체계, 당신 폰의 IP 주소, 심지어 당신 폰에 어떤 앱이 설치되어 있는가 하는 것도 포함된다. 이 목록에 당신이 자신의 폰으로 하는 다른 모든 것, 당신의 컴퓨터에서 하는 다른 모든 것, 그리고 감시 행위주체들agents이 당신의 생활에 대해 기록하고 있을 수도 있는 모든 것을 추가하라.

이렇게 집계되는 우리 생활의 데이터는 우리의 디지털 환경에 대한 담론의 지형을 만든다. 우리는 법학자인 프랭크 패스콸레Frank Pasquale가 "블랙박스 사회black box society"라고 부른 곳에 사는데, 여기서는 알고리즘이 우리도 모르게 우리 세계의 윤곽을 결정한다. 이러한 사회에서는 "예측 분석 회사가 누군가를 '고비용' 노동자 혹은 '신뢰할 수 없는' 노동자로 점수를 매길 수도 있지만, 그 사람에게 그러한 결정에 대해 결코 말해주지 않는다".[5] "고비용"과 "신뢰할 수 없는"이 의미하는 바는 그러한 알고리즘의 저작자에게 달려 있다. 그것은 우리가 취업 면접을 기다리는 동안 단지 느낄 뿐인 결코 받아보지 못할 면접 결과물과 같다. 온라인상의 정체성의 경우, 당신, 당신이 아니라 당신 자신을 대변해 주는 것은 바로 이러한 범주적인 결과물categorical output이다.

정말 당신은 온라인상에서 좀처럼 "당신"이 아니다. "우리는 데이터다"라는 말은 우리 개개인이 데이터라는 주장이 아니다. 오히려 우리는 우리의 데이터에 따라 "고비용" 노동자나 이 책의 서문에 나온 "유명인사"와 같은 새롭게 나타난 각기 다른 범주의 임시 구성원이다. 온라인상에서의 정체성의 미래는 우리가 이러한 새로운 범주의 출현과 어떻게 협상하는가 하는 것이다. 따라서 이 책의 주장들은 의도적으로 이용자 "당신"이 아니라 범주 자체의 수준에 주목한다.

여러 방식의 알고리즘적 치리를 통해 우리의 데이터는 우리가 직접 참여하지 않거나, 우리가 알지 못하거나, 혹은 흔히 우리의 동의 없이 범주적 의미를 할당받는다. 패스콸레가 말하듯이, "암호화된 규칙이 구현해 내는 가치와 특별한 자질은 블랙박스 속에 감추어져 있다".[6] 이것은 우리의 사회적 정체성이 알고리즘적으로 이해될 때 그것은 실제로 전혀 사회적이지 않다고 말하는 것이다. 우리의 사회적 정체성은 블랙박스 뒤에 사적이고도 전유적인 것으로 남아 있다. 그러나 그것의 담론적 내용들이 마케팅, 정치 캠페인, 심지어 NSA 데이터 분석에 사용될 때, 그것은 온라인상에서의 우리의 현재와 미래를 재조정한다.

이 세계에서 우리는 누구인가 하는 것은 자기-동일시self-identification[§]나 의도된 성과를 직설적으로 공표하는 것 훨씬 이상의 것이다. 인터넷 연구자인 그렉 엘머Greg Elmer의 "프로파일링 기계"에 관한 연구에 따라, 우리가 누구인가 하는 것은 또한 알고리즘에 의해 해석되는 대로의 우리 데이터에 의한 공표이기도 하다.[7] 우리는 우리 자신일 뿐만 아니라, 필자가 전에 알고리즘적 정체성이라고 말한 것의 층들이 추가적으로 겹겹이 쌓여 있는 것이기도 하다.[8]

구글의 "유명인사" 같은 알고리즘적 해석은 식별 작업을 하고 있는 사람이 누구든 그 사람의 배타적인 전문용어로 우리를 식별한다. 필자의 분석 목적상, 이러한 알고리즘적 범주화는 철학자 앙투아네트 루브루아Antoinette Rouvroy가 "알고리즘적 통치성governmentality"이라고 부르는 것을 충실히 따른다. 알고리즘적 통치성이란 "그것이 영향을 미치는 체화된 개인embodied individual은 그냥 무시하고 '통계적 신체statistical body'를 유일한 '주체subject'[§§]로 가지는 논리

---

§ 정체성identity을 만드는 두 가지 요소는 상반되지만 끊임없이 상호작용하는 욕구인 동일시identification와 차별화differentiation인데, 동일시는 말 그대로 상대방과 나를 동일화하려는 욕구이며, 차별화는 특정 집단이나 사람과 구별되고 싶은 욕구를 말한다(옮긴이 주).

§§ 푸코는 권력 행사의 대상을 주체라 부르는데, 주체라는 말에는 두 가지 의미가 있다. 첫째는 통제와 의존에 의해 누군가에게 종속되어 있는subject to 것이고, 둘째는 양심 또는 자기-지식에 의해 자기 자신의 정체성에 묶이는 것이다. 이러한 두 가지 의미는 주체를 예속하고 종속하는 권력 형식을 시사한다(옮긴이 주).

이며 (…) 그와 같은 통치적 맥락에서는 개인의 주관적 특이성singularity,§ 그들의 개인적 심리적 동기화나 의향은 중요하지 않다."[9] 알고리즘적 해석에 직면해 있는 우리의 정체성은 계산되는 우리이다. 그리고 알고리즘적 유명인사가 되고/되거나 알고리즘적으로 신뢰할 수 없는 사람이 되는 것처럼 우리의 체화된 개인성individuality이 무시될 때, 우리는 삶뿐만 아니라 삶 자체가 정의되는 방식에 대한 통제력을 점차 상실한다.

이러한 통제력 상실은, 대중 심리학이 과도하게 사용하는 표현을 빌리면, 우리의 온라인 자기online self는 하나의 조현병적 현상이라는 사실로 더욱 복잡해진다. 우리는 아마 단 하루 동안 천 번 넘게 만들어질 것이다. 우리의 정체성은 수천 가지 방식으로 경쟁하며 우리를 식별하는 수백 개의 회사와 기관이 만들어내는 거의 헤아릴 수 없는 무리의 해석의 층들로 구성된다. 바로 이 순간에도 구글은 알고리즘적으로 필자가 남성이라고 생각할 수도 있는 반면, 디지털 광고 회사 퀀트캐스트Quantcast는 필자가 여성이라고 말할 수 있을 것이며, 웹 분석 회사 알렉사Alexa는 필자가 남성인지 여성인지 확신하지 못할 수도 있을 것이다. 누가 옳은가? 누구도 진정 옳지 않다.

진정성authenticity으로도 알려져 있는 정체성의 안정적이면서도 특이한 진실은 엄밀히 말해 과거의 유물이다. 페미니스트 학자인 세라 배닛-와이저 Sarah Banet-Weiser가 주장한 것처럼, 진정성의 현대적 개념은 가변성, 심지어 양가성을 띠게 되었다. 기업 브랜드 광고에서 하는 약속처럼, 우리에게 "진정한" 것으로 받아들여지곤 했던 것이 이제는 다의성을 띤 다중적인 것으로 읽힌다.[10] 필자의 데이터에 대한 구글의 해석, 퀀트캐스트의 해석, 알렉사의 해석은 반드시 상충하는데, 왜냐하면 그들은 각각 필자에 대해 그들 자신만의 전유적인 스크립트script로 말하기 때문이다. 각 회사는 그들 각각의 알고리즘

---

§ 들뢰즈가 말하는 특이성이란 현실적으로 분리된 개개의 사물들로서 지칭되기 이전의 고유한 이것 혹은 저것들, 내지는 현실적인 대상에 귀착되기 이전의 이념적인 고유명을 의미한다(옮긴이 주).

논리에 따라 필자를 해석하면서 필자의 정체성에 대해 서로 입장이 엇갈린다.

그러나 우리의 젠더, 신뢰할 수 없음, 혹은 유명인사 지위에 대한 알고리즘적 식별identification§에서 우리에게는 거의 구제받을 방법이 없다. 우리에게는 매우 흔히 "아니요!" 혹은 "맞긴 하지만…"이라고 말할 방법이 없다. 또한 우리의 알고리즘적 정체성이 분分마다 바이트마다 입력하는 것에 따라 달라지기 때문에 우리는 온라인상의 우리 정체성을 실제로 알 수도 없다.

바꾸어 말하면, 온라인상의 당신은 당신이 생각하는 당신이 아니다. 실제로 우리의 알고리즘적 정체성의 주요 결과 가운데 하나는 그것이 정체성을 둘러싼 정치학을 전적으로 자본 권력이나 국가권력에서만 볼 수 있는 말투로 재구성하는 방식이다. 만약 당신이 구글 계정을 가지고 있다면, 당신의 "구글 광고 설정"에 가서 구글이 당신의 나이와 젠더가 어떠하리라고 추론하는지 보라(www.google.com/ads/preferences). 이러한 젠더 및 나이 정식화formulation는 당신의 자발적 신원확인, 체력, 혹은 당신이 태양을 공전한 횟수를 토대로 한 것이 아니다. 그 대신, 구글이 당신의 젠더와 나이를 할당하는 것은 당신이 구글 경력을 쌓는 과정 동안 당신이 방문한 웹 페이지를 수집한 것을 토대로 한다.

그리고 당신이 인식하건 인식하지 않건, 이러한 식별은 우리의 삶에 영향을 미친다. 당신의 검색 결과와 검색 광고는 나중에 당신의 젠더와 나이를 결정하게 될 것이다. 웹사이트들은 당신이 특정 사이트를 방문한 사실을, 예를 들면 중년 남성으로서의 당신의 정체성의 증거로 삼을 것이다. 그리고 온라인 뉴스 편집인들은 당신의 방문을 중년 남성 중심의 콘텐트를 목표로 하는 그들 사이트의 새로운 캠페인이 성공하고 있다는 증거로 간주할 수도 있다. 우리의 온라인상의 정체성의 각기 다른 층들과 우리의 정체성이 의미하

---

§ identification이 우리의 정체성을 확인해서 할당하는 알고리즘이나 NSA(미국 국가안보국) 등과 관련해서 사용될 때는 '동일시'로 번역하지 않고(정체성) '식별'로 번역한다(옮긴이 주).

는 바는 광고주, 마케터, 그리고 정부에 의해 결정된다. 그리고 이러한 모든 범주적 정체성은, 우리 자신만의 역사와 자기감sense of self을 감안할 때, 기능적으로 당신을 **당신**으로 만드는 것에 관심이 없다.

이론가인 제프리 바우커Geoffrey Bowker와 수전 리 스타Susan Leigh Star는 "분류 체계들은 흔히 정치적·사회적 투쟁의 장이지만, 이러한 장소는 접근하기 어렵다. 정치적으로 그리고 사회적으로 격론을 불러일으키는 의제들은 처음에 흔히 순전히 기술적技術的인 것으로 소개되어서 이해조차 하기 어렵다"라고 적고 있다.[11] 분류 과정 자체가 권력의 경계를 획정하는 것, 분류된 사람들의 가능성의 조건을 틀 짓는 지식과 삶을 배열하는 것이다. 구글이 당신을 남성이나 유명인사라고 부를 때, 이것은 무의미한 공허한 평가가 아니다. 영리를 목적으로 하는 세분화된 시장의 구성원으로 분류하건 유럽 프라이버시법의 늪을 피하기 위해 범주화된 공인公人으로 분류하건, 그것은 분류자에게 유리한 조건으로 세계를 구조화하는 것이다.

우리는 법학자인 C. 에드윈 베이커C. Edwin Baker의 "부패corruption"라는 개념에서 이러한 유리한 구조화를 목격하는데, 그에 따르면 부패는 "세분화segmentation가 그 집단의 욕구와 가치가 아닌 관료의 권력이나 돈을 조종하는 기제를 반영할 때 발생한다".[12] 예를 들어, 당신 자신의 젠더 정체성이 당신의 체험된 경험lived experience의 복잡성과 어떻게 연계되는지 살펴보라. 구글이 당신이 훑어보는 데이터를 분석해서 당신에게 서로 다른 두 젠더 범주(단지 "남성" 혹은 "여성") 가운데 하나를 할당할 때, 당신의 알고리즘적 젠더는 당신 자신의 정체성, 욕구, 가치와 당연히 상충할 수도 있다. 구글의 젠더는 그들의 수익성을 고려한 편의상의 젠더이다. 그것은 당신이 그러한 젠더처럼 인터넷을 서핑하고/구매하고/행동하는 한 당신이 실제로 특정 젠더의 사람인지 여부에 거의 신경을 쓰지 않는 마케팅을 위한 범주이다.

더욱이 구글의 범주는 젠더에 대한 체험된 경험의 미묘한 차이와 다양성을 허물어뜨리는 일의성一義性, univocality§을 띤다. 그리고 베이커는 그러한 부패한 범주는 "일상적 담론과 자기-통치적self-governing 집단생활 모두를 약화시킨다"라고 말한다.[13] 좀 더 포괄적으로 말하면, 알고리즘적 젠더의 부패한 일의성은 젠더의 사회 구성주의social constructionism에 내재된 재귀적reflexive§ 상호작용을 대체한다.

한 예로, 필자가 남성이라고 밝히고 남성 연기를 할 수 있지만, 구글은 필자가 여성이라고 생각한다(이것은 사실임). 혹은 필자가 30대이고 그것을 증명하는 자동차 면허증도 가지고 있을 수 있지만, 구글은 필자가 65세라고 생각할 수 있다(이것 또한 사실임). 이러한 예에서 필자는 단순히 알고리즘이 오인誤認이나 실수를 한 사례를 나열하고 있는 것이 아니다. 기계는 "고장 나고" 오랜 기간(흔히 우리 가운데 기술에 열광하는 사람들이 인정하고 싶어 하는 것 이상으로) 고장 나 왔다. 심지어 가장 비싼 컴퓨터 소프트웨어도 에러로 작동하지 않을 수 있고, 생체 인식biometric 기술도 그들이 무과실성을 선전하는데도 일상적으로 고장 난다. 오히려 이 예의 요점은 필자의 젠더와 구글이 필자의 알고리즘적 젠더를 정의하고 조작화하는 방식 간의 인식론적·존재론적§§ 차이를 강조하는 것이다.

그리고 정확히 구글의 젠더는 구글의 것이지 필자의 것이 아니기 때문에, 필자는 그러한 젠더에 대해 비평할 수도 없고, 구글의 젠더가 의미하는 바가

---

§ 다의성多義性에 반대되는 개념으로 한 가지 의미만을 가지는 성질을 말한다(옮긴이 주).

§ 재귀적이라는 단어는 헤겔이 36세에 써서 37세에 출간한 『정신현상학』(1807)에서 중요하게 사용되었는데, 헤겔은 정신이 즉자→대자→즉자대자의 단계로 발전한다는 변증법을 제시하면서 밖으로 나가서 자신을 깨닫고 다시 돌아오는 즉자대자의 단계에 이르는 것을 재귀적 순환성reflexive circularity으로 보았다[자료: https://www.facebook.com/publicarchitecture/posts/587439998063485/587439998063485/](옮긴이 주).

§§ 존재론은 존재자 일반에 관한 학문으로 존재하는 실체는 무엇인가를 탐구하며 우주의 궁극적인 본질이나 실체를 규명하는 데 관심을 가진다. 이에 비해 인식론은 인간·지식의 기원, 구조, 범위, 방법 등을 탐구하는 학문으로 진리 또는 지식의 근거와 특징을 밝히려 노력한다. 존재론이 실재實在; what really is가 무엇인가를 다룬다면, 인식론은 이 실재를 어떻게 알 수 있는가를 다루는 것이라고 볼 수 있다(옮긴이 주).

무엇인지, 그것이 자원을 어떻게 분배하는지, 그리고 그것이 어떻게 우리의 알고리즘적 정체성을 정의하게 되는지에 대해 질문하는 1차 젠더화된[§] 정치first-order gendered politics[§§](우리는 이렇게 부를 수도 있을 것임)를 할 수도 없다. 여기서 필자는 "정체성은 타인과의 직접적인 상호작용과 매개된 상호작용을 통해 형성되기 때문에 사람들은 정확히 그들이 원하는 대로 결코 자유롭게 발달할 수 없다"는 정치경제학자인 오스카 갠디Oscar Gandy의 주장에 대한 대안을 제시한다.[14] 의식적인 타인과의 상호작용 없이 정체성이 형성될 때, 우리는 결코 자유롭게 발달할 수도 없고 발달하는 방법도 알지 못한다. 알고리즘적 젠더가 의미하는 바가 비록 우리를 시장에서 거래하거나 감시하거나 혹은 통제하기 위해 우리 데이터를 사용하는 사람들에게 점차 효과적이긴 하지만, 그것은 대체로 우리가 읽어내기 어려운 어떤 것이다.

물론 데이터 해석이 센서스 기록, 계량경제학, 심지어 IQ 검사 결과 적용을 통해서 이루어지건 말건, 데이터 해석은 항상 정체성을 매개해 왔다. 철학자 이언 해킹Ian Hacking의 "사람들을 구성하는" 통계학에 관한 연구에서부터 미디어 이론가 마크 포스터Mark Poster의 "데이터베이스 담론"에 대한 사이버문화 연구에 이르기까지 "우리는 데이터다"의 명목상의 토대가 결코 전례 없는 현상은 아니다.[15]

온라인상의 우리를 구성하는 범주의 새로운 점은 그것이 알려져 있지 않고, 흔히 전유적이며, (나중에 보게 되겠지만) 궁극적으로 조절적modulatory이라는 것이다. 즉, 오직 데이터 패턴[§§§]에만 충실한 구글 자체의 젠더 해석은 최

---

§ 젠더 특성이 반영된(옮긴이 주).

§§ 젠더 정치학gender politics은 젠더가 사회의 여러 영역에서 구체적으로 어떻게 작동하는지 살펴보는 반면, 젠더화된 정치는 정치적 이슈의 불필요한 남성화나 여성화를 말한다(옮긴이 주).

§§§ 여기서 패턴은 유형이라는 의미가 아니라 옷을 만들 때 쓰는 실물 크기의 본本이라는 의미이다(옮긴이 주).

근의 젠더화된 데이터에 따라 역동적으로 재정의될 수 있다는 것이다.

이러한 범주들은 또한 서로 다른 시간성temporality§에서 작동한다—그리고 서로 다른 시간성을 만들어낸다. 일반적으로 "역사적 데이터를 토대로 하는 예측 모델을 사용하는 것은 본질적으로 보수적이다. 그러한 모델 사용은 과거에 내려진 평가와 결정을 재생산하고 강화하는 경향이 있다"고 갠디는 우리에게 상기해 준다.[16] 이러한 유형의 범주화는 가능성의 한계를 정해버린다. 그것은 이러한 역사적인 모델을 위해 잠재적인 차이에 문을 닫아버린다. 그것을 두고 디지털 미디어 이론가인 웬디 희경 전Wendy Hui Kyong Chun은 "과거를 토대로 미래, 더 정확하게 말하면 어떤 미래를 외삽하는extrapolate§§ 프로그램화된 시각programmed visions"이라고 불렀다.[17]

그러나 무수한 편재적 감시의 흐름은 이러한 시각의 방향을 바꾼다. 구글과 같은 회사의 경우, 알고리즘은 과거를 토대로 미래뿐만 아니라 현재(즉, 실시간 검색어, GPS 위치, 메타데이터 기록)도 외삽한다.[18] 지리학자 루이스 아무어Louise Amoore가 "데이터 파생물data derivative"—"좀 더 틀에 박힌 국가의 데이터 수집과 새롭게 펼쳐지는 미래를 독특하게 연관 짓는 특정한 형식의 추상화abstraction§§§"—이라고 부르는 것과 유사하게, 이러한 시간성의 변화는 범주적 지식의 보수성을 좀 더 변하기 쉬운 무언가로 다시 틀 짓는다.[19]

알고리즘이 준準실시간 데이터를 처리할 때, 알고리즘은 정체성 자체를 위한 새로운 실행 가능한 지표가 되는, 패턴에 기반한 역동적인 추상화를 만들어낸다. 이러한 추상화는 어떤 특정한 미래를 외삽하거나 단 하나의 규범을 제정하는 데 사용되는 것이 아니라, 데이터와 알고리즘의 기량에 따라 가장

---

§ 전 사회적인 시간의 조직화 방식을 의미한다(옮긴이 주).

§§ 외삽이란 이전의 경험에 비추어, 보다 과학적인 맥락에서는 이전의 실험으로부터 얻은 데이터에 비추어, 아직 경험/실험하지 못한 경우를 예측하는 것을 말한다(옮긴이 주).

§§§ 컴퓨터 과학에서 추상화는 복잡한 자료, 모듈, 시스템 등으로부터 핵심적인 개념 또는 기능을 간추려 내는 것을 말한다(옮긴이 주).

효율적인 범주적 정체성을 만들어내는 데 사용될 수도 있다.

따라서 끊임없이 점검을 받는 알고리즘적 지식으로 구성되는 온라인 세계에서 구글이 필자의 젠더와 나이를 오인한 것은 실수가 아니다. 그것은 진정한 것에 대해서는 거의 신경을 쓰지 않지만 분류를 위한 효과적인 메트릭metric이 되는 것에는 상당히 신경 쓰는 하나의 재구성, 즉 최근에 새롭게 생겨난 알고리즘적 진실이다. 이러한 세계에서는 우리 개인의 역사와 자기-평가라는 개념에 대한 충실함이 존재하지 않는다.

철학자 앨릭잰더 갤러웨이Alexander Galloway는 비디오 게임 〈문명 III *Civilization III*〉에 대해, "컴퓨터 코드로 역사를 모형화하는 것은 (…) 캡쳐 및 코드 변환transcoding§이라는 환원주의적reductive§§ 실행이 될 수 있을 뿐인" 반면 "살았던 삶에 대한 통시적通時的§§§ 세부사항이 다름 아닌 코드의 공시적共時的§§§§ 동질성homogeneity에 의해 대체되기 때문에 (…) '역사'§§§§§는 (…) 정확히 역사의 반대이다"라고 말한다.[20] 우리 개인 역사의 복잡성은 손실 없이 깔끔하게 정돈된 디지털 포맷으로 옮겨질 수 없다. 마찬가지로 우리의 자기-평가self-assessment도 겹겹이 쌓인 주관적 가치 평가의 층들에서 나오는데, 이 모든 것은 0과 1로 완전히 이해될 수 없다.

이러한 알고리즘적 현실에는 대신 뭔가 다른 것, 즉 '유명한', '유명하지 않은', '남자', '여자', '남성 동성애자', '이성애자', '노인', '젊은이', '아프리카계',

---

§ 이미 작성되는 코드를 다른 형태의 코드로 변경하는 것을 말한다(옮긴이 주).

§§ 환원주의reductionism란 철학에서 복잡하고 높은 단계의 사상이나 개념을 하위 단계의 요소로 세분화하여 명확하게 정의할 수 있다고 주장하는 견해를 말한다(옮긴이 주).

§§§ 통시적인 것이란 어떤 시기를 종적으로 바라보는 것으로 여러 시대에 걸친 현상·특징과 관련된 것을 말한다(옮긴이 주).

§§§§ 공시적인 것이란 어떤 시기를 횡적으로 바라보는 것으로 어떤 한 시기'의 현상·특징과 관련된 것을 말한다(옮긴이 주).

§§§§§ 역사에 따옴표를 한 것은 실제 역사가 아니라 컴퓨터 암호로 모형화된 역사를 뜻한다. 이 책의 나머지 부분에서도 인용을 목적으로 하거나 강조를 목적으로 따옴표를 사용한 것을 제외하고 따옴표 처리된 단어는 이러한 의미로 사용된다(옮긴이 주).

'남미계', '코카서스계Caucasian', '아시아계', '기타', '민주당원', '공화당원', '미국 시민', '외국인', '테러리스트', 혹은 '대학 교육을 받은 자'가 의미하는 바에 대한 데이터에 기반한 모델에 대한 의존이 존재한다. 정확히 그들은 그들이 말하는 그들이 아니기 때문에 필자는 이러한 알고리즘이 만들어낸 모든 범주를 보기에 좋지 않은 작은따옴표로 벌충한다. 아이러니한 거짓을 강조하기 위해 냉소적으로 허공에 인용부호air quote§를 사용하는 것처럼, 작은따옴표가 붙어 있는 각각의 분류는 그것이 나타낸다고 알려진 그러한 범주를 알고리즘이 캐리커처caricature한 것이다. 이러한 알고리즘의 캐리커처, 혹은 필자가 **측정가능형**measurable type§§이라고 부르는 것은 그들 자신만의 역사, 논리, 이론적 근거를 가지고 있다. 그러나 이러한 역사, 논리, 이론적 근거는 필연적으로 우리 자신의 그것들과는 다르다. 구글의 '젠더'는 당장 권력 체계로서의 젠더에 관한 것이 아니라, 상업적 편의에 기반을 둔 마케팅 범주로서의 '젠더'에 관한 것이다.

결정적으로 알고리즘적 범주들은 작은따옴표가 없는 그들의 동료들을 대신하는 것이 아니라, 그러한 동료들과 함께 (때로는 서로 협력하고, 때로는 서로 갈등을 겪으며) 정체성의 부가적인 층으로서 기능한다. 필자는 남자일 수도 있지만, 동시에 필자는 '여자'이기도 하다. 일상생활에서 필자는 따분한 교수일 수도 있다. 그러나 만약 구글이 필자가 '유명인사'라는 결정을 내린다면, 필자는 잊힐 권리를 상실한다. 오프라인과 온라인은 모두 필자의 삶에 영향을 미치며 둘은 또한 서로에게 영향을 미치기 때문에 이러한 층화된 접근방법에서 필자는 반드시 오프라인과 온라인 모두에 주목해야 한다. 이러한 (온라인과 오프라인 간의 경계 — 옮긴이) 붕괴는 나중에 데이터로서의 삶과 삶으

---

§ 어떤 말을 액면 그대로 받아들이지 말라는 손짓을 말한다(옮긴이 주).

§§ 저자와의 이메일 교신에서 저자가 말한 대로 measurable type은 막스 베버의 ideal type(이념형)의 데이터화된 버전이기 때문에 "측정가능형"으로 번역하기로 한다(옮긴이 주).

로서의 삶을 개념적으로 깔끔하게 분리할 수 없게 만든다.

그리고 이러한 층화된 상호작용을 감안하면 우리의 알고리즘적 정체성은 분명 우리에게 우리 자신의 "오프라인에서의" 사회적 위치에 따라 다른 방식으로 영향을 미칠 것인데, 오프라인에서의 사회적 위치 역시 비슷하게 흔히 우리가 선택하는 것이 아니라, 알고리즘적 분류와는 다른 역학에 따라 작동하는 분류에 의해 결정된다. 마찬가지로 사람들의 온라인 정체성과 오프라인 정체성이 일치하거나 일치하지 않는다는 점에서, 이러한 상호작용의 효과는 각 범주에 할당된 상대적 지위와 그것에 이의를 제기하거나 그것을 이용할 수 있는 사람들 자신의 힘에 따라 달라질 것이다.

이 모든 것이 말하고자 하는 바는 구글과 같은 회사들이 그들의 알고리즘과 우리의 데이터를 사용해 우리의 현재와 미래에 엄청난 힘을 행사하고 또 앞으로도 계속 행사할 역동적인 지식의 세계를 만들어낸다는 것이다. 그리고 우리 역시 계속해서 데이터로 가득 차 있을 것이기 때문에, 이러한 알고리즘의 논리는 이 세계뿐만 아니라 우리도 만들어낸다. 『우리는 데이터다』의 목적은 지식의 사회적 구성social construction과 작은따옴표 표시가 되어 있는 지식의 기술적 구성technical construction의 겹겹이 쌓여 있는 층들을 연결하는 학맥을 연장하는 것인데, 이것은 본질적인 진실이 존재하지도 않고 존재할 수도 없는 연합이다.

1. 데이터의 규칙에 따라

알고리즘적 행위주체agent들이 우리를 만들고 우리를 구성하는 지식을 만들지만, 그들은 그들 자신의 일단의 규칙에 따라 그렇게 한다. 그리고 알고리즘이 주요 규칙 가운데 하나는 모든 것이 데이터로 표현된다는 것이다. 우리가 데이터로 구성될 때, 우리는 원자原子라는 관점에서 본 우리 자신이 아니다. 오히려 우리는 데이터의 관점에서 본 우리이다. 이것이 바로 디지털화

digitization인데, MIT 미디어 랩MIT Media Lab 설립자인 니컬러스 네그로폰티 Nicholas Negroponte는 이 용어를 사용해 "원자에서 비트"로의 물질 변환에 대해 말한다.[21] 이것은 또한 바이오미디어biomedia, 즉 철학자 유진 쌔커Eugene Thacker의 표현에 따르면 "생물학적 구성요소 및 과정의 정보과학적 재맥락화 infomatic recontextualization"이기도 하다.[22] 그리고 그것은 궁극적으로 데이터화 datafication, 즉 우리 삶의 대부분은 아니지만 일부가 연산이 가능한 데이터로 변형되는 것이다.[23]

중요한 것은 "우리는 데이터다"에서 "우리"는 획일적인 전체가 아니라, 특전을 주기도 하고 또 사회적으로 무시하기도 하는 다수의 차이로 특징지어진다는 점이다. 디지털 이론가인 타일러 라이겔루쓰Tyler Reigeluth는 우리가 디지털 기술을 "변화, 혁명, 혹은 새로움의 관점에서뿐만 아니라, '이전'의 혹은 현존하는 사회적·정치적·경제적 구조와의 연속선상에서" 볼 필요가 있음을 우리에게 상기해 준다.[24] 그리고 이러한 구조의 인습因習이 모든 데이터에 부담을 주기 때문에, 데이터화된 삶에 대한 어떠한 해석적 분류도 필연적으로 그러한 구조들의 그늘 아래 있는 이 세계를 규칙에 따라 배열하고 조직한다.

이러한 그림자가 수 세기 동안 데이터화된 세계 전반에 걸쳐 빠르게 확산되어 왔음에 주목하는 것은 중요하다. (비판 학자인 킴 톨베어Kim Tallbear와 알론드라 넬슨Alondra Nelson의 저서를 인용하자면) "진정한" 인종적 특성에 대한 주장을 뒷받침하기 위해 국가가 DNA를 사용하는 것에서부터 현재는 틀렸음이 밝혀진 골상학§의 역사에 이르기까지, 패권적 유형의 실증주의는 오랫동안 "부패한" 인종 동일시에 힘을 실어줌으로써 지배적인 정체성 분류의 의미를 이해할 수 있게 해주었고 따라서 그것의 타당성을 입증해 주었다.[25] 좀 더 최근에는 감시 이론가인 시몬 브라운Simone Browne의 "디지털 피부화digital

---

§ 두개골의 형상으로 인간의 성격과 심리적 특성 및 운명 등을 추정하는 학문으로 독일의 해부학자인 프란츠 요세프 갈Franz Joseph Gall이 창시했으며 성상학性相學이라고도 한다(옮긴이 주).

epidermalization"§ 개념이 우리에게 알고리즘적 인종 해석도 마찬가지로 부패했음을 상기해 준다: "특정 감시 기술에 대한 체화되지 않은 응시凝視; gaze에 의해 가해지는 권력의 행사는 (…) 감시 대상의 주장에도 인종적 신체racial body와 사람들의 정체성(혹은 정체성들)에 대한 진실을 만들어냄으로써 감시 대상을 소외시키는 작업을 하는 데 사용될 수 있다."[26]

실제로 모든 알고리즘적 해석은 (인종에 대한 부패한 진실뿐만 아니라) 기술적 역량 및 프로그램화된 방향에서만 볼 수 있는 특유의 방식으로 그들 자신만의 부패한 진실도 만들어낸다. 디지털 미디어 학자인 레브 마노비치Lev Manovich는 이것을 "코드 변환", 즉 문화적 개념이 컴퓨터의 데이터/알고리즘 온톨로지ontology§§에 보내질 때 "컴퓨터의 데이터 조직화의 기존 관례"를 반드시 따라야 하는 방식으로 정의한다.[27] 이 세계를 데이터의 규칙에 따라 지각하는 것은 곧 "컴퓨터의 논리가 미디어의 전통적인 문화적 논리에 상당한 영향을 미칠 것으로 기대될 수 있는" 방식을 인정하는 것이다.[28] 우리는 단순히 데이터로 가득 채워져 있는 것이 아니라 이윤, 배열 및/혹은 통제 동기에서 해석되고, 진실이 부여되며, 전파되는 데이터로 구성되어 있다. 그 결과로 나타나는 분류는 우리와 다른 사람들이 우리의 디지털 자기를 구성하는 담론의 지형이 된다.

겉으로는 분리되어 있지만 알고리즘적으로 연결되어 있는 두 사례를 살펴보자. 만약 필자가 미소를 지으면, 사람들이 하는 것처럼 컴퓨터는 기분이 좋은 한 남자를 보지 않는다. 컴퓨터는 필자의 '눈'이라고 여겨지는 모양을 형성하는 별개의 화소들을 해석해야만 필자의 미소를 "볼" 수 있다.[29] 그런

---

§ 피부화는 내면화internalization와 유사한 말로, 생물학적 물질성이 인종차별화되고 정치화된 물질성이 되는 과정을 말한다(옮긴이 주).

§§ 철학에서 존재론을 뜻하는 온톨로지는 컴퓨터 분야에서는 사람 마음속에 존재하는 내재적 생각이나 외재적 세계의 현상에 대하여 공유하는 개념을 컴퓨터가 이해할 수 있는 형식으로 명확하고 명시적으로 정의하고 규정하는 것을 말한다(옮긴이 주).

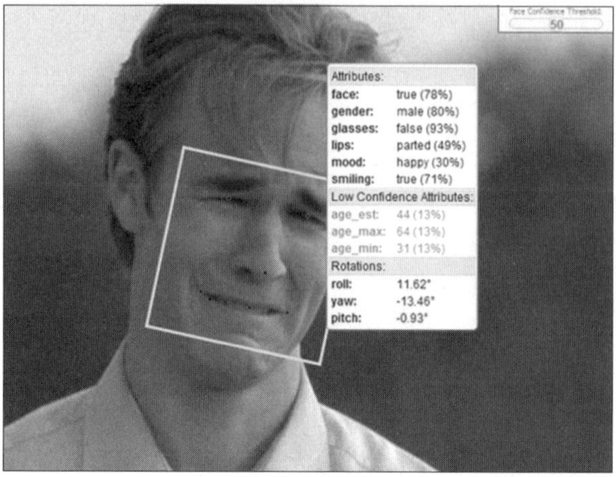

그림 I.1 Face.com의 소프트웨어가 다음의 사전事前 정의된 일단의 속성에 따라 사진을 분석했다: '얼굴', '젠더', '안경', '입술', '기분', '미소 짓는', '나이'.

자료: Kenneth Butler, "New Face.com Tool Can Guess Your Age, Determine Gender and Mood [Hands-on]," Laptopmag, April 2, 2012, http://blog.laptopmag.com.

다음, 컴퓨터는 그 이미지를 크롭하고crop§ 회전하며 크기를 조정해서 표준화된 '얼굴'을 만들어낸다. 다음으로 컴퓨터는 원형적인 '미소' 사진에 따라 대여섯 가지 알고리즘적 필터를 사용하여 그러한 수정된 이미지를 필자가 '미소 짓는지' '미소 짓지 않는지'로 평가하는 단 하나의 수(즉, 0 혹은 1 — 옮긴이)로 암호화한다.[30] 자. 보라, 하나의 데이터-'미소'data-'smile'를.

2011년 7월, 이러한 유형의 기술은 얼굴 인식 회사인 Face.com이 디지털 사진의 "기분과 주된 얼굴 표정"을 찾아내는 혁신적인 얼굴 분석 소프트웨어와 함께 처음 공개한 바로 그것이다.[31] Face.com은 그들의 알고리즘이 '미소 짓는'에 국한하지 않고 '놀란'에서부터 '화난'에 이르기까지, '슬픈'에서 '감정을 드러내지 않는'에 이르기까지 '얼굴'의 '기분'도 평가할 수 있다고 주장했다(그림 I.1). 심지어 '키스하는'이라는 얼굴 범주도 가능한데, 이 경우 '얼굴'

§ 크롭이란 사진이나 그림의 불필요한 부분을 잘라낸다는 의미이다(옮긴이 주).

은 '벌어져 있는', '키스하는', 혹은 '다문' 입술로 분류될 수 있다.

이러한 모든 묘사 상태에는 연관된 확신 비율, 즉 컴퓨터가 보는 그 '얼굴'이 실제로 정확한 '정서'를 해석하고 있다는 통계적 확실성이 수반된다. 우리의 데이터-'미소'는 Face.com의 알고리즘이 통계적으로 그렇다고 말할 경우에만 미소 짓는다. 2012년, 지구 최대의 사진 저장소인 페이스북 소유주가 Face.com의 인식 기술을 8000만 달러(추정치)에 사들였다는 것은 전혀 놀라운 일이 아니다.[32]

정서가 데이터화된 것이다. 그러나 "원자를 비트"로 바꾸는 연산적 마법과 달리, 우리의 정서는 원자들로서만 이해되지 않는다. 우리의 정서는 정체성처럼 복잡하고, 문화적 상황에 놓여 있으며, 엄밀히 말하면 연산 가능한 것을 압도해 버리는 실질적으로 앞뒤가 맞지 않는 경험이다. 알고리즘을 통해 '정서'를 정의하는 것은 전혀 다른 지식군知識群으로 우리를 안내하는 세계에 대한 해석, 즉 형언할 수 없을 정도로 혼돈스러운 세계를 조작 가능한 데이터 비트로 배열해서 이해하는 세계에 대한 해석이다.[33]

그러나 앞에서 언급한 것처럼, 우리가 데이터로 구성될 때, 우리는 데이터에 의해 나타내어질 뿐만 아니라 규제되기도 한다. 그리고 모든 데이터가 똑같이 취급되지는 않는다. 예를 들어, Face.com의 알고리즘은 결코 틀리지 않는 진실을 말하는 자truth teller가 아니다. 보이지 않는 영혼처럼 우리의 데이터는 존재하지만 눈에 보이지 않을 수도 있을 것이다. 이 말은 컴퓨터가 화소(즉, 데이터)로 우리를 만나고 우리를 나타내지만 우리를 인식하지 못할 수 있다는 의미이다. 무력한 인간인 우리가 시각적으로 거기에 있음을 입증할 수 있는 이미지 속에 얼굴이 존재할 수도 있을 것이다. 그러나 데이터-'얼굴'은 존재하지 않는다.

이 세계가 제공할 수밖에 없는 모든 특수성particularity§과 차원을 컴퓨터가

---

§ 특수성은 보편성universality, generality의 상대되는 개념이다(옮긴이 주).

다 식별해 낼 수 없기 때문에 이러한 종류의 오인이 일어날 수도 있다.[34] 특히 디지털 철학digital philosophy 분야의 지지자들에 의한 다른 시도가 있었음에도, 0과 1에 따라 온 세계를 가정하고 표현하는 것은 상당히 어려운 일이다.[35] "보이는" 것과 "보이지 않는" 것은 기술적技術的 현상이나 한계를 넘어서서 역사에 의해 빚어지는 알고리즘적 결과이다: 누가 볼 권한이 있고, 무엇을 보이게 할 것이며, 무엇을 보이지 않게 할 것인가?

(감시 학자인 켈리 게이츠Kelly Gates의 저서에 따라) 디지털 피부화처럼 얼굴 인식을 가능하게 하는 알고리즘도 정치, 즉 어떤 '얼굴'에 대해 지정된 정체성을 부여하는 프로그램화된 일단의 규칙으로 인한 부담을 안고 있다.[36] 기술상의 고장이나 알고리즘 저작자의 타고난 편견 때문에, 알고리즘이 어떤 데이터는 특별히 다루면서 어떤 데이터는 불리하게 다룰 수도 있을 것이다. 무엇이 보일 수 있는가 하는 것은 무엇이 이해할 수 있게 만들어질 수 있는가 하는 것이며, 무엇이 이해할 수 있게 되는가 하는 것은 우리가 누가 되는가 하는 것을 결정한다.

"나는 생각한다. 고로 존재한다"라는 르네 데카르트René Descartes의 금언을 이 책의 목적에 맞게 바꾼다면, 만약 우리가 데이터로 구성되어 있지만 우리의 데이터가 "보이지" 않는다면, 우리는 존재하는가?라고 바꿀 수 있을 것이다.[37] 혹은 덜 진부하게 이것을 컴퓨터 과학에 결부시킨다면, 우리는 "부정 허위 가정NAF: negation as failure"[§], 즉 "p의 모든 가능한 증거가 거짓이라면 p의 부정不定이 추론될 수 있다"라는 가정이 존재의 중심 모드mode가 되는 세계와 만나고 있다고 할 수 있을 것이다.[38] 여기서 "p의 부정not p"은 알 수 없는unknowable 것이다—그것은 모든 대안이 성공적이지 않을 때만 가정될 수 있다.

이러한 유형의 (의도하지 않은) 부정은 정확히 2009년 말에 퍼진 한 바이럴

---

§ 닫힌 시스템의 가정에 기반을 둔 것으로, 데이터베이스에서 참을 증명할 수 없으면 모두 거짓으로 간주한다는 가정을 말한다(옮긴이 주).

그림 I.2 데시 크라이어와 완다 자멘이 2009년 "HP 컴퓨터는 인종차별주의자이다"라는 제목의 유튜브 동영상에 등장한다.
자료: Wanda Zamen, "HP Computers Are Racist," YouTube.com, December 10, 2009.

미디어viral media§에서 일어난 것이다. "HP 컴퓨터는 인종차별주의자이다"라는 제목의 유튜브 동영상에서 두 사람이 모션 트래킹motion-tracking과 얼굴 인식 카메라가 내장된 새로운 HP 미디어스마트HP Mediasmart 컴퓨터에 대고 말하고 있다. "블랙 데시" 크라이어Black Desi Cryer와 "화이트 완다" 자멘White Wanda Zamen으로 식별된 이들은 이름이 밝혀지지 않은 텍사스의 한 소매점에서 일하는 사람들이다. 이 동영상(그림 I.2)은 크라이어가 자신과 그 기술을 소개하고 그의 인종과 당면한 문제를 컴퓨터와 숨김없이 이야기하는 것으로 시작된다: "나는 흑인이다. (…) 나는 내가 흑인인 것이 내 말을 알아들을 수 있는 이 컴퓨터의 능력을 방해한다고 생각한다."[39]

---

§ 바이러스가 전파되듯이 콘텐트나 상품에 대한 홍보성 정보가 사람의 입에서 입으로 전해지는 미디어로, 유튜브가 대표적인 바이럴 미디어이다(옮긴이 주).

얼굴 인식 소프트웨어는 정말 크라이어의 검은 얼굴을 식별하지 못하는 것처럼 보인다. 그는 그의 백인 동료인 자멘에게 카메라 프레임 안으로 잠깐 들어와 보라고 요청한다. 이 동영상의 우스꽝스러움은 카메라가 스크린 주변을 돌아다니는 자멘을 줌 인zoom in하고 따라다니면서 거의 즉각적으로 그녀를 인식하면서 시작된다. 이 동영상 전체의 내레이션을 맡은 크라이어는 카메라의 시야 내에서 그 자신을 시각적으로 다시 소개하는 순간, 얼굴 인식 소프트웨어의 실행이 멈춰버린다: 프레임은 자멘을 따라다니는 것을 중단하고 카메라는 본래 위치로 되돌아간다.

HP 컴퓨터가 보여준 피부색을 토대로 한 식별/비식별nonidentification의 숨김없는 비매개성immediacy은 HP의 소프트웨어에 내장되어 있는 디지털 피부화에 대한 강력한 사례를 제공한다.[40] 그 컴퓨터는 백인성whiteness[§]은 읽을 수 있었지만 흑인성blackness은 읽을 수 없었다. 실제로 그 컴퓨터는 크라이어의 흑인성을 알아보지 못했을 뿐만 아니라, 주의 깊게 백인성을 인식하고 추적하고 있던 소프트웨어의 실행이 중단되면서 자멘의 경험을 망쳐놓기도 했다.

HP는 그들의 웹사이트에 올린 짧은 성명서로 그 동영상에 대응했다: "우리는 더 배우기 위해 우리의 파트너들과 협력하고 있습니다. 우리가 사용하는 그 기술은 양쪽 눈과 위뺨 및 코 사이의 대비의 강도 차이를 측정하는 표준 알고리즘을 기반으로 합니다. 우리는 그 카메라가 전면 조명이 충분하지 않은 조건에서 대비를 '보는' 데 어려움을 겪을 수도 있을 것으로 생각합니다."[41] 이러한 대응은 여러 가지 이유에서 주목하지 않을 수 없는데, 그중에서도 특히 주목을 끄는 것은 맨 먼저 그러한 문제가 발생한 이유에 대해 기술적技術的으로 기술記述한 설명이다. HP는 "충분하지 않은 전면 조명"으로 인해

§ 백인의 속성으로, 희다는 개념이 검정의 반대색이라는 단순 명사가 아니라 인종주의, 식민주의, 기독교, 여성성, 계급성, 이성애, 규범성 등의 차원이 켜켜이 쌓여 만들어진 하나의 담론을 말한다(옮긴이 주).

알고리즘이 양쪽 눈, 위뺨, 코의 대비를 '보는' 데 어려움을 겪는 것에 대해 이야기한다. 중요한 것은 컴퓨터는 보는 것이 아니라 연산한다는 점이다.[42] 그리고 "본다"라는 은유는 HSVhue, saturation, value(색상, 채도, 명도) 대비를 연산하는 비시각적인 알고리즘적 처리에 대한 거의 보편적으로 이용 가능한 물리적 비유 역할을 하지만, 그러한 은유의 부정확함은 권력의 예리한 날이라는 예상치 못한 어려움과 맞닥뜨리게 된다.[43]

여성학 이론가인 도나 해러웨이Donna Haraway는 "현대 기술 과학에서 이용 가능해진 '양쪽 눈'은 수동적 시각passive vision§에 대한 모든 생각을 산산조각 낸다"라고 적으면서 중립적 시각neutral sight§§이 불가능함을 정면으로 지적한다.[44] '보는' 데 어려움이 있다는 것은 나쁜 시력視力의 결과만은 아니다. 시각 문화 학자인 니컬러스 머조프Nicholas Mirzoeff는 "보는" 것은 그 자체가 정치에 흠뻑 젖은 행위라고 쓴 바 있는데, 이것은 "권위와 권력을 봉합하고 이러한 제휴를 '자연스럽게' 만드는" 현상의 발현이다.[45]

그럼에도 HP는 시각sight이라는 의미를 사용해 당연한 것으로 여겨지는 그들 카메라의 기본적인 중립성을 강조한다. 그리고 이러한 중립성은 HP가 곤경을 면하게 해준 것으로 여겨진다. HP의 설명에 따르면, HP 컴퓨터는 인종차별주의자가 아니었다; 그들의 컴퓨터는 단지 기술적인/광학적인 한계를 가지고 있을 뿐이었다. HP 컴퓨터는 HP 컴퓨터의 역사나 문화적 암호화 때문이 아니라, 해결될 수 있는 단순한 조명 문제 때문에 흑인성을 인식하지 못했다. HP는 탈인종postracial 낙관론 책략을 계속 밀고나가면서 일단 이러한 기술적 문제가 해결된다면 그들의 컴퓨터는 인종에 따라 차이가 있는 여러 가지 색상을 확실히 "볼" 것이라고 주장했다.

---

§ 감각은 아리스토텔레스 이전에는 감각 기관이 대상에 의해 질적으로 변화하는 수동적인 과정으로 취급되었다(옮긴이 주).

§§ 사물을 관찰하고 파악하는 기본적인 자세라는 의미의 시각視角이 아니라, 눈을 통해 빛의 자극을 받아들이는 감각작용이라는 의미의 시각視覺을 말한다(옮긴이 주).

크라이어와 자멘의 HP 기술 경험은 겉으로 보기에 별개의 분야인 인문학과 사회과학을 컴퓨터 과학과 공학의 좀 더 엄밀한 과학적 접근방법과 우아하게 교차시킨다intersect.§ 여기서 디지털 미디어 이론가인 베쓰 콜맨Beth Coleman의 말을 빌리면, "과거 한때는 혈육의 문제였던 것이 이제는 매우 추상적인 데이터"라는 것이 훨씬 더 분명해진다. "인종은 인조人造 정보가 되었다."[46] 그리고 의도적이지는 않지만 HP 알고리즘의 인종 차원은 피부가 검은 이용자들을 불리하게 했다. 크라이어는 그 동영상의 끝부분에서 다음과 같은 농담을 한다: "나는 크리스마스를 위해 이것들 가운데 하나를 구입했다. (…) 나는 아내가 이 동영상을 보지 않기를 바란다."[47] HP 컴퓨터의 충분한 활용은 피부가 검은 이용자들에게는 허용되지 않았는데, 이것은 편견을 갖게 하는 전통적인 인종차별주의가 아니라, 피부색이 아닌 HSV 대비에 값을 매기는 기능주의적 결정에 기초한 차별이다.[48]

이러한 기능주의적 결정은 인간의 신체를 인종차별화된 새로운 층으로 감쌌다. 앞선 사례에서는 '얼굴', 따라서 '인종'이 HSV 대비라는 디지털 언어로 표현된다. 꾸밈없는 인종차별적 편견과 "피 한 방울" 규칙one-drop rule§§의 시대가 저물 수도 있는데, 왜냐하면 HP의 '인종'은 검은색 및 갈색 대對 흰색이 아니라 이해할 수 있는 데이터 대對 이해할 수 없는 데이터이기 때문이다.[49] 그것은 얼굴이 그래픽 템플릿graphical template에 잘 들어맞는지 아니면 그래픽 템플릿에 잘 들어맞지 않는지의 문제이다. HP의 분류에 함축되어 있는 부패는 노골적인 인종적 편견에 뿌리를 두고 있지는 않지만, 그럼에도 그러한 분류는 디지털 학자인 리사 나카무라Lisa Nakamura의 "디지털 인종 구성체digital racial

---

§ 원저에 'intersect'라는 표현이 자주 등장해, 저자의 표현의 뉘앙스를 살려 원래 영어 단어의 의미 그대로 '교차한다'로 번역하는데, 교차한다는 것은 교차하는 둘이 만나 서로에게 영향을 준다는 의미이다(케임브리지 영영사전 참조)(옮긴이 주).

§§ 흑인의 피가 한 방울이라도 섞여 있으면 흑인이라고 주장하면서 미국에서 사용되었던 인종 분류 원칙을 말한다(옮긴이 주).

formation"§라고 부르는 것을 반영하고 강화하는데, 디지털 인종 구성체는 백인성은 정상으로 흑인성은 비정상으로 구체화한다.[50]

화이트 완다의 '얼굴'은 인증하지만 블랙 데시의 '얼굴'은 인증하지 않는 패턴은 그것이 골프와 지미 버핏Jimmy Buffet§§의 음악을 즐김을 보여주기 때문에 백인인 것이 아니라, 의심할 여지없이 그것의 오프라인 전신前身§§§의 흔적들에서 추려내는 계산 정치학politics of computation§§§§ 때문에 '백인'이다: 만약 HP 엔지니어링 팀과 그 팀의 베타 테스터들beta testers§§§§§이 대부분 피부색이 검다면, 크라이어는 아무런 문제도 제기하지 않았을 것이라고 우리는 상상할 수

---

§ 오미와 와이넌트는 인종을 인종 구성체라고 하는 더 역동적인 사회적이며 정치적인 과정 속에 위치시킨다. 그들의 정의에 따르면, 인종 구성체는 "인간의 육체와 사회구조가 재현되고 구조화되는 역사적으로 특수한 프로젝트의 과정"이며, 이러한 과정은 다시 "한 사회를 조직하고 지배하는 원리로서의 헤게모니의 발현 과정the evolution of hegemony, in which a society is organized and ruled"과 연결된다[자료: Michael Omi and Howard Winant, *Racial Formation in the United States from the 1960s to the 1990s*, 2nd ed.(New York: Routledge, 1994), 55~56](옮긴이 주).

§§ 미국의 싱어송라이터이자 유명한 컨트리 뮤직 가수이다(옮긴이 주).

§§§ 알고리즘적 처리가 이루어지기 전에 오프라인에서 존재했던 하나의 범주로서의 백인을 말한다[자료: 저자와의 이메일 교신](옮긴이 주).

§§§§ 계산 정치학이란 후보, 정책, 혹은 법안을 선출·선택하거나 발전시키거나 반대하는 분야에서 지원·설득·동원 업무를 수행하기 위한 온라인/오프라인 데이터 소스에서 유래된 큰 데이터 세트에 계산방법을 적용하는 것을 일컫는다. 계산 정치학은 행동과학의 영향을 받았고 온라인 실험을 포함한 실험적 접근방법을 사용해 정교화되었으며, 사람들을 때로는 종합적인 수준에서 그러나 특히 개인적인 수준에서 프로파일링하고 마찬가지로 개별화될 수 있는 설득과 동원 방법을 개발하는 데 흔히 사용된다. 따라서 계산 정치학은 일단의 행위로, 그것의 발전은 빅 데이터와 그에 수반되는 분석 도구의 존재에 좌우되지만 오로지 그것들의 존재에 의해서만 규정되지는 않으며 또한 의미 있는 정보 불균형에 의해서도 규정된다. 즉, 데이터를 쥐고 있는 사람들은 사람들에 대해 많이 알지만, 사람들은 데이터 전문가들이 그들에 대해 알고 있다는 것을 알지 못한다(옮긴이 주).

§§§§§ 컴퓨터 업체에서 자사 제품을 판매하기 전에 제품에 결함이 있는지 여부를 검사하는 사람들을 말한다(옮긴이 주).

있을 뿐이다. 그러나 미국 기술 산업의 현실은 그럴 가능성을 허락하지 않는다: 2012년, 미국 노동부U.S. Department of Labor 통계를 인용하면 실리콘 밸리Silicon Valley 상위 10대 회사에서 일하고 있는 남미계 노동자와 흑인 노동자의 비율은 각각 6%와 4%에 지나지 않았다. 임원과 고위 간부로 범위를 좁히면, 그 수치는 각각 3%와 1%로 급격히 줄어든다.[51]

HP의 얼굴 인식 기술의 백인성에 대한 무언의 의도하지 않은 가정은 사회적 이점 이상으로서의 백인의 특전을 보여주는 전형적인 예이다. 그것은 외견상 중립적으로 보이는 기술 및 하부구조 프로젝트의 제일 밑바닥에 (흔히 백인 우월주의적인) 인종 논리를 끼워 넣고 있다.[52] 따라서 백인성이 규범으로, 따라서 기본값default으로, 작동할 때, 누구에게나 일관된 데이터로서의 "우리"에 대한 가능성은 방해받는다.

그러나 얼굴이 '얼굴'로 완벽하게 코드 변환될 수 없기도 하지만, 이용자들의 오프라인 위치성positionality§ 역시 완벽하게 코드 변환될 수 없다. "우리"가 동질적인 실체가 아니라 할지라도, 우리의 비대칭성asymmetry은 '우리'의 비대칭성과 완벽하게 겹쳐지지 않는다. 좀 더 알기 쉽게 말하면, HP의 알고리즘은 피부가 검게 탄 백인 이용자는 인식하지 못할 수도 있지만 더 밝은 색의 피부를 가진 흑인 이용자는 쉽게 인증할 수 있을 것이다. 따라서 인종화racialization§§ 자체를 본질화하는essentializing 규칙이 아니라, 바로 데이터의 규칙에 따라 그리고 인종 간의 차이가 데이터로 전환되는 방식에 따라 얼굴 인식이 일어난다.

---

§ 사회학에서 위치성이란 대개 문화, 민족성, 혹은 젠더와 관련하여 다른 사람들과 비교할 때 자신이 차지하고 있거나 처해 있는 어떤 특정한 위치를 말한다(옮긴이 주).

§§ 인종화란 사회적 인간을 구성하는 계급, 종족, 세대, 친족/결연, 사회적 지위와 같은 요소들이 본질적·자연적·생물학적인 특성으로 전환되는 것을 의미한다(옮긴이 주).

2. 데이터 전쟁과 데이터감시§

물론 데이터로서의 우리는 누구인가 하는 것은 우리의 이름과 얼굴 훨씬 그 이상의 것에서 도출된다. 그러나 일상적으로 데이터화되는 어떤 이용자의 행동(즉 이메일, GPS 위치, 혹은 스포츠 사이트인 ESPN.com 방문) 그 자체는 중요한 의미가 없다. 이러한 데이터가 집계되고, 함께 묶이며, 조작화될 때 비로소 데이터로서의 우리는 가치를 지니게 된다. 만약 바로 그 이용자가 또 테크 블로그tech blog인 Arstechnica.com과 집수리 사이트인 Homedepot.com 그리고 무미건조한 남성들의 잡지인 Maxim.com에도 들른다면, 그러한 빠른 인터넷 둘러보기는 중요한 의미를 지닐 수 있다. 그것은 심지어 이 이용자가 '남성'이라는 것을 92% 확신할 수 있음을 시사할 수도 있을 것이다.

우리의 데이터화된 삶이 작은따옴표가 붙은 범주들로 집계되고 코드 변환될 때, 그것은 점차 우리가 누구인지 그리고 누가 될 수 있는지를 정의한다. 그러나 이러한 집계aggregation의 의미를 이해하기 위해서는 '남자'에 대한 새로운 정의, 즉 젠더 수행gender performance§§이나 자기-동일시 대신 웹사이트 방문을 토대로 한 정의가 필요하다. 이 경우, 어떤 이용자의 데이터가 기존의 '남자' 모형에 근접하면 그 사람은 '남자'이다. 이러한 모형을 필자는 측정가능형이라 부르며, 그것은 범주적 의미를 담고 있는 디지털 컨테이너container 역할을 하는 데이터 해석이다. 그리고 회사나 정부가 이러한 측정가능형을 구성하려면 우리에 대한 많은 데이터가 필요하다.

2007년은 "데이터 전쟁Data Wars"이 막 시작된 해이다.[53] 실제로§§§ 정확히

---

§ 데이터 감시로 띄어쓰기를 해야 하나 원어인 "dataveillance"가 하나의 단어로 되어 있는 것의 뉘앙스를 살리기 위해 "데이터감시"로 붙여서 표기했다(옮긴이 주)

§§ 젠더가 수행된다는 것은 일반적으로 하나의 젠더 역할을 부여받거나 어떤 방식으로 행동하는 것을 의미한다(옮긴이 주).

§§§ 저자는 그날이 13일의 금요일과 일치함을 강조하려는 듯 보인다(옮긴이 주).

2007년 4월 13일(금요일)은 거대 검색 서비스 회사인 구글이 거대 표적화된 광고targeted-advertising 회사인 더블클릭DoubleClick을 현금으로 31억 달러에 인수함으로써 구글의 검색 정보와 더블클릭의 이용자 추적user-tracked 마케팅 데이터 간의 거대한 데이터 집적data agglomeration이 시작된 날이다. 이 거래가 성사되기 전에 마이크로소프트Microsoft와 야후!Yahoo!가 구글에 선수를 칠 계획을 세우고 있다는 소문이 있었으며, 더블클릭의 연간 수입의 20배로 평가된 구글의 최종 인수는 우리가 너그럽게 쿠"데이터coup d'ata"§라고 부르는 것을 구글에 안겨주었다.

이러한 인수 발표로 데이터 자체가 하나의 사업, 어쩌면 디지털 자본을 위한 중심 상품이 되어버렸다.[54] 그 거래가 있기 전에 구글은 필자의 이메일과 검색 히스토리에만 접근했다. 더블클릭의 광범위한 네트워크의 축복을 받은 지금 구글은 필자가 어떤 웹페이지를 방문했는지, 얼마나 자주 방문했는지, 방문했을 때 얼마나 오래 머물렀는지, 어떤 특정 사이트에 방문하기 전과 후에 어떤 페이지를 방문했는지도 알 것이다. 이러한 집계된 데이터는 결국 구글이 엄청난 수익을 올릴 수 있게 해줄 것이다.[55]

좀 더 구조적인 측면에서 말하자면 구글은 더블클릭을 인수함으로써 인터넷 전반에 걸친 감시 네트워크를 구축했다. 이러한 "감시 어셈블리지surveillant assemblage"는 우리와 우리의 온라인 행동(우리가 신경을 쓰지 않는 것이자/것이거나 심지어 우리의 절친과 공유조차 하지 않을 수도 있는 것)에 대한 탈집중화된 여러 데이터 흔적을 결합했으며, 그것들을 구글 자체의 사적 데이터베이스로 흘러 들어가게 만들었다.[56] 오늘날 구글은 10억이 넘는 구글 이용자, 하루에 30억 개가 넘는 검색 쿼리query,§§ 4억 2500만 개가 넘는 구글 계정, 그리

---

§ 저자는 군사정변을 의미하는 쿠데타coup d'état에 빗대어 데이터를 통한 쿠데타임을 암시하려는 것으로 보인다(옮긴이 주).

§§ 쿼리란 웹 서버에 특정한 정보를 보여달라는 웹 클라이언트 요청(주로 문자열을 기반으로 한 요청이다)에 의한 처리이다. 쿼리는 대개 데이터베이스로부터 특정한 주제어

고 가장 많은 이용자가 방문하는 거의 5000개 사이트를 포함해 100만 개로 추정되는 웹사이트의 트래픽에서 나오는 데이터를 기록한다.[57]

2007년, 정말로 사람들은 이러한 데이터가 사용될 수 있는 방식의 잠재적 위험에 초점을 맞출 수 있었고 그리고 일부는 그렇게 했다. 구글의 인수 발표는 즉각적인 저항에 부딪혔다. 디지털 민주주의 센터Center for Digital Democracy를 포함한 옹호단체들은 프라이버시와 반경쟁적 행위를 근거로 미국 연방거래위원회FTC: Federal Trade Commission와 EU에 합병을 중단시켜 줄 것을 호소했다. 전자 프라이버시 정보 센터Electronic Privacy Information Center 전무이사인 마크 로텐버그Marc Rotenberg는 상원 청문회에서 인수에 불리한 증언을 했다. 유명한 2001년 미국 정부 대對 마이크로소프트*United States v. Microsoft* 반독점antitrust 소송에 대한 아이러니한 후기에서 심지어 마이크로소프트도 그러한 제안된 합병이 "경쟁과 프라이버시에 대한 심각한 우려를 야기한다"는 이유에서 합병을 비판했다.[58]

그러나 데이터 전쟁은 이미 최고조에 달해 있었다. 4개월 뒤에는 이어서 마이크로소프트가 디지털 마케팅 모회사인 어퀀티브aQuantive를 매입하기 위해 63억 달러라는 막대한 돈을 지출하기 시작했다. 그 사이에 야후!는 좀 더 합리적인 가격에 두 회사를 매입했다. 야후!가 애드 네트워크ad network§인 블루 리씨엄Blue Lithium과 애드 익스체인지ad exchange§§인 라이트 미디어Right Media

---

나 어귀를 찾기 위해 사용된다. 주제어가 검색 엔진의 검색 필드 내에 입력된 다음, 그 내용이 웹 서버로 넘겨진다(옮긴이 주).

§ 애드 네트워크 가운데는 매체를 위해 광고주를 찾아주는 애드 네트워크도 있고, 광고주를 위해 매체를 찾아주는 애드 네트워크도 있다. 또 동영상 애드네트워크, 모바일 애드 네트워크, 디스플레이 애드 네트워크 등으로 세분화할 수도 있다(옮긴이 주).

§§ 수많은 애드 네트워크가 난립하면서 광고주가 동일한 수용자들에게 불필요한 광고를 중복하는 비효율성이 일어났고 이를 해결하기 위해 애드 익스체인지가 등장했다. 애드 익스체인지는 애드 네트워크들의 거래를 중개하는 서비스이며 광고 거래소(주식거래소와 비슷한 개념) 역할을 하는 곳이다(옮긴이 주).

를 100% 소유하는 데는 거금 11억 5000만 달러가 들었다. 분명 이러한 "전쟁"은 단지 당신의 프라이버시를 침해하기 위해 100만 달러 이상을 지출하는 회사들에 대한 것이 아니었다. 구글, 마이크로소프트, 그리고 야후!에게 이것은 새로운 유형의 시장 지배(즉, 단순한 검색 엔진에서부터 정확하게 정의된 상업적 선전에 버금가는 쿼리 결과를 제공할 수 있는 훨씬 더 수익성 좋은 거대 광고 기업으로 성장하기 위해 충분한 데이터를 수집하는 것)에 대한 것이었다.[59] 이 회사들은 디지털 인문주의자 프레드릭 캐플런Frédéric Kaplan이 나중에 언어 자본주의linguistic capitalism라고 부른 것, 즉 우리의 텍스트 생활의 상품화를 지배하고 싶어 했다.[60]

구글, 마이크로소프트, 그리고 야후!는 이러한 모든 이용 가능한 데이터로 그들이 동시에 전유專有하고 있는 디지털 왕국을 건설했고 그러한 왕국에 자금을 제공할 수 있었다. 그렇다, 우리는 감시당하고 있었지만, 이러한 야심찬 데이터 집계는 조지 오웰George Orwell의 "대형大兄; Big Brother" 혹은 FBI의 대파괴자 첩보 활동인 코인텔프로COINTELPRO§의 감시는 아니었다. 그렇다고 "위에/너머"를 뜻하는 프랑스어 *sur*와 "지켜본다"는 의미의 훨씬 더 프랑스적인 단어 *vellier*가 짝을 이룬 그런 200년 된 합성어와도 닮지 않았다. 이러한 틀 내에서의 감시는 순종을 촉발한다: 주민들은 더 크고, 우뚝 솟아 있으며, 변함없이 조금도 방심하지 않는 실체에 의해 관찰되고 조작당하면서 공간적으로 아래에 있는 권력으로 여겨진다.

이러한 수십억 달러에 이르는 인수의 기술적 구조 안에 내장되어 있는 감시는 더 감지하기 어렵고 더 일상적이지만, 도달범위는 더욱더 광범위하다. 구글은 우리를 "지켜보고" 있지만, 우리 역시 프라이버시에 대한 공식적인 권리를 포기시키는 서비스 계약 조건을 제멋대로 서둘러 받아들이면서 구글 서버에 자발적으로 로그인하고 있다. 이것은 분명 일종의 감시지만 무언가

---

§ counter intelligence program의 약어이다(옮긴이 주).

다른 점도 있다. 그것은 컴퓨터 과학자 로저 클라크Roger Clarke가 데이터감시dataveillance라고 부르는 것으로, 데이터감시란 "정보 기술 적용을 통해 사람들의 행위나 커뮤니케이션을 체계적으로 모니터링하는 것"을 말하는데 이것은 감시와 감시의 대상의 성질을 재구성한다.[61]

클라크 같은 사상가들에게, 감시하는 관계에 정보 기술을 도입하는 것은 감시당하는 내용은 물론 감시당하는 대상이 지각되는 방식도 변화시킨다. 감시당하는 것은 우리의 자기self가 아니라 우리의 데이터이다. 그리고 데이터감시가 관찰하고 저장하고 패턴을 분석하며 우리 자신의 데이터를 사용해 우리를 프로파일링할 때, 그것과 자유주의적liberal 프라이버시 이론[§]과의 관계가 혼란스럽게 된다. 구글, 마이크로소프트, 야후!가 수집하는 데이터는 때때로 암호화되고, 대개 익명화되며, 대체로 "개별적으로 식별될 수 없기" 때문에, 일부 프라이버시 이론가들은 만약 그와 같은 데이터가 개개의 이름을 댈 수 있는 독특한 개별적 자기로 되돌아갈 수 없다면 "별문제 없다"고 주장한다.[62]

그러나 데이터감시자dataveiller가 필자에 대해 아는 것은 그저 서로 다른 데이터 요소들의 카탈로그가 아니다. 이러한 요소들은 액면 그대로는 인식할 수 없지만 마케터, 정치 캠페인, 정보기관, 빅 데이터 연구자, 심지어 경찰서에 의해 이용될 수 있는 필자의 삶에 대한 지식을 만들어내기 위해 반드시 집계되고, 교차 참조되며cross-reference, 알고리즘적으로 분석되어야 한다.[63] 앞으로 소개될 내용을 통해 배우게 되겠지만, 구글의 데이터감시는 '나이 든' '남자'가 의미하는 바에 대한 데이터화된 템플릿, 즉 측정가능형을 만들어낸다. 웹 수용자 측정 회사인 퀀트캐스트는 '남미계' 이용자들에 대한 데이터화된 생각을 구성한다. 그리고 NSA는 믿을 수 없는 정부의 전자 저인망electronic dragnet을 사용해 누가 '테러리스트'인지를 패턴 분석한다.

---

§ 자유주의적 프라이버시 이론은 개인정보 자기-결정권을 강조한다(옮긴이 주).

이렇듯 삶 만들어내기production of life는 데이터 전쟁의 감춰진 이해관계, 즉 독특한 기관으로서의 구글(혹은 마이크로소프트 혹은 야후!)과 온라인에서 프라이버시가 전반적으로 쇠퇴해 가는 데에서 구글이 하는 역할을 훨씬 넘어서는 결과이다.

미국 경찰국의 "예측 치안predictive policing"§ 추이를 예로 들어보자. 이러한 기술에 열중하는techno-enthused 전략에서 경찰국은 범죄 통계를 사용해 범죄가 발생할 가능성이 있는 가로·세로 500피트 구역들(도시의 한 블록)을 강조해서 보여주는 지도를 만든다.[64] 어떤 블록은 금요일 새벽 2시에는 "범죄 발생률이 높지만" 화요일 오후 2시에는 "범죄 발생률이 낮을" 수도 있을 것이다. 혹은 2013년의 시카고 경찰국CPD: Chicago Police Department처럼 생각해서 블록이 아니라 사람에게 "범죄성criminality"을 할당하기 위해 이러한 논리의 방향을 바꿀 수 있을 것이다(〈마이너리티 리포트*Minority Report*〉 스타일).[65]

범죄학 연구에 따르면, (이전에 총격 피해를 입었거나, 체포 기록이 있거나, 혹은 범죄에 비슷하게 영향을 받는 다른 사람과 친구관계에 있는 것과 같은) 행동적 특성이 범죄자 혹은 폭력적 범죄의 희생자가 되는 것과 밀접히 연관되어 있다고 한다.[66] 따라서 연구자들은 만약 당신이나 당신의 동료가 형사 재판 및/혹은 범죄 경험을 가지고 있다면 당신은 형사 재판 및/혹은 범죄를 경험할 가능성이 더 높다는 이론을 제시했다. 액면 그대로 이러한 가정은 꽤 분명하다. 범죄와 교도소 수감은 개별적인 사람이 아닌 지역사회에 영향을 주는 구조적 이슈이다; 그러한 것들은 임의로 발생하는 것이 아니다.[67]

더 주목할 만한 것은 CPD가 이러한 알고리즘적 평가를 토대로 어떻게 400명의 '위험에 처해 있는' 사람들로 구성된 "히트 목록heat list",§§ 즉 '희생자'

---

§ 잠재적인 범죄 활동을 식별하기 위해 법 집행에 수학적·예측적 분석 기법을 사용하는 것을 말한다(옮긴이 주).

§§ 알고리즘적으로 총격사건에 연루될 가능성이 가장 높은 것으로 확인된 사람들(범죄자와 희생자 모두)의 목록으로, CPD 공식 명칭은 "전략적 관리 대상자 명단SSL: strategic

와 '범죄자'로 채워진 알고리즘적 범주를 만들었는가 하는 점이다. 알고리즘적으로 '위험에 처해 있는' 것으로 식별된다는 것은 당신이 몸소 시카고 "경찰"의 방문을 받을 것임을 의미한다. 그리고 시카고 "경찰"의 방문을 받는다는 것은 당신이 실제로 위험에 처할 것임을 의미한다: CPD 경찰은 "히트 목록에 있는 사람들에게 개별적으로 비록 그것이 가장 사소한 위반이라 하더라도 그 이상의 범죄 활동을 하게 되면 그들에게 본격적인 법 집행이 이루어질 것이라고 [경고할]" 것이다.[68]

여기서 우리는 '위험에 처해 있는'이라는 측정가능형의 기반이 되는 두 가지 기초적인 해석을 만난다. 첫 번째 해석에는 사회적 연계social connection 자체가 '위험에 처해 있는' 행동의 가장 효과적인 지표라는 명시적 가치 판단이 존재한다. 두 번째 해석에는 데이터를 처리하는 데 어떤 데이터가 이용 가능하며 그리고 결국 어떤 데이터가 이용되는지에 대한 암시적 가치 판단이 존재한다. 경찰국이 '위험에 처해 있는' 사람으로 할당하는 사람들은 시카고 고급 주택가 지역에 사는 부유한 백인일 가능성은 없기 때문에, CPD의 "히트 지도heat map"를 수 세기 동안 존재해 온 인종 차별주의적이고 계층 차별주의적인 치안 업무와 분리하는 것은 불가능하다. '위험에 처해 있는'이라는 측정가능형을 생성하는 데 이용된 데이터는 보편적인 미국 국민을 대표하지 않으며, 따라서 모든 국민을 똑같이 취급하지 않는다. 그럼에도 당신의 데이터가 '위험에 처해 있는' 것으로 보이기 때문에 누군가가 당신의 집을 방문하는 것은 이러한 새로운 데이터화된 세계에 대해 우리가 느낄 수도 있는 최악의 공포 가운데 일부를 재차 확인시켜 준다: 우리의 데이터는 우리가 말할 수 있는 것보다 더 큰 소리로 대변되며 또한 그것은 그것 자체의 규칙에 따라 대변된다.

이러한 규칙들 가운데 하나는 필자가 측정가능형measurable type이라고 불러

---

subjects list"이다(옮긴이 주).

온 것이다. 이 개념은 사회학에서 나온 "이념형"ideal type§이라는 개념을 전용한 것인데, 사회 이론가인 막스 베버Max Weber는 이념형을 "하나 이상의 관점에 대한 일방적인 강조가 (…) 그러한 일방적으로 강조된 관점들에 따라 하나의 통일된 분석적 구성개념construct으로 배열된 것"이라고 정의한다.[69] '위험에 처해 있는'과 같은 측정가능형은 분류적 의미의 실행 가능한 분석적 구성개념으로, 이것은 오로지 측정하는 데 이용 가능한 것만을 토대로 한다. "우리가 데이터일" 때, 우리는 우리의 삶이 데이터화되는 방식과 그러한 데이터가 알고리즘적으로 해석되는 방식 모두에게 빚을 지고 있다.

커뮤니케이션 학자 탈턴 길레스피Tarleton Gillespie는 다음과 같이 적고 있다: 알고리즘은 "사회적인 것the social의 척도가 아니다. 알고리즘은 상형문자를 만들어낸다: 그것을 새기는 도구에 의해 빚어지는 알고리즘은, 사제의 해석을 필요로 하는 (대개 신에 대한 의식에서 볼 수 있는) 강렬하지만 흔히 신화적인 이야기를 들려준다."[70] 우리는 '위험에 처해 있는'과 같은 측정가능형을 하나의 상형문자, 즉 정체성의 진실이 아니라 사제의 해석으로 생각할 수 있다. 경찰과 맞닥뜨릴 때 우리의 운명을 결정하는 것은 단순히 경찰관이 아니라 경찰을 의심하게 만드는 우리 자신의 데이터화된 사회적 네트워크에 대한 알고리즘의 해석이다.

이것은 우리를 패스콸레의 『블랙박스 사회*Black Box Society*』로 되돌아가게 만든다. 웹 감시 다이어그램에서 우리는 "원웨이 미러one-way mirror"§§라는 은유를 만나는데, 이것은 사이트 소유주들이 인터넷 이용자들의 데이터에 거의 보편적으로 접근할 수 있는 특권을 누림에도 정작 인터넷 이용자들은 그들의 데이터가 어떻게 사용되는지 모르고 있다는 의미이다.[71] 우리의 알고리즘적 정체성은 유사하게 단방향 거울 뒤에서 만들어진다: (그러한 모든 측

§ 이상형 혹은 순수형이라고 부른다(옮긴이 주).

§§ 한쪽에서는 빛이 투과되어 반대쪽이 보이지만 반대쪽에서는 빛을 반영해 거울이 되어 반대편이 보이지 않는 유리를 말한다(옮긴이 주).

정가능형들이 실제로 의미하는 것뿐만 아니라) 우리의 '젠더'가 무엇인지, 우리의 '나이'는 어떻게 되는지, 그리고 아마도 우리가 '위험에 처해 있는'지에 대해 아는 것은 대체로 불가능하다. 그러나 그럼에도 이러한 알고리즘적 일방향성unidirectionality에는 강력한 결과가 존재한다. 그러한 결과 가운데 하나는 우리가 우리 자신에 대해 알고 있고 매우 정치화된 세계에 살고 있는 존재라는 것도 알지만 우리가 우리 자신이 매우 정치화된 알고리즘적 세계에 살고 있는 존재라는 것은 모른다는 것이다. 알고리즘적 식별에 대한 대부분의 사례에서 우리는 알고리즘의 눈eyes을 통해 보이고 평가되고 명명되지만, 우리의 반응reaction은 흔히 간접적으로 느껴질 수 있을 뿐이다. 보이지 않는 창문에서 갑자기 공기가 유입되는 것처럼 우리는 우리가 감시당하고 있다는 것을 매우 잘 느끼지만 무엇이 보는지는 결코 보지 못할 수도 있다.

따라서 우리 자신의 알고리즘적 시각은 결코 완벽할 수 없다. 그 대신, 그것은 손상된 시각에다 엘스else§가 추가된 것이다. 엘스의 개념은 수량화할 수 없다. 초능력 응시 효과scopaesthesia처럼 우리는 그러한 생각에 영향을 받고, 다른 무언가가 일어나고 있다는 것을 알지만, 그것이 무엇인지에 대해서는 정확히 확신하지 못한다. 우리는 우리가 이야기되는 방식을 실제로 이해할 수 없다. 실제로 우리는 우리의 알고리즘적 정체성이 무엇인지 직접적으로 그리고 알고 있는 것처럼 경험하지 못한다. 그러나 그러한 정체성은 개의치 않고 거기에 있으며, 그것의 인식론적 부패는 우리에게 그것의 존재에 대한 주의를 환기시킨다.

---

§ 많은 프로그래밍 언어에서 제어문은 프로그램 실행 시 조건이 맞을 경우에만 실행하는 부분을 표시하는 것으로, 언어마다 문법은 조금씩 다르지만 명령어로 if를 쓰는 것은 거의 전 언어 공통이라고 봐도 된다. 대표 문법은 if(조건식) then{조건식이 참일 경우} else{조건식이 거짓일 경우}이며 then은 언어의 문법에 따라 생략되는 경우도 있다. 많은 프로그래밍 언어에서 엘스문은 생략 가능한 문법이지만 일부 프로그래밍 언어는 문법의 모호함을 엄격하게 회피하기 위해 엘스문을 강제하기도 한다. 엘스의 더 자세한 뜻은 이 책 4장을 참조하기 바란다(옮긴이 주).

우리의 알고리즘적 정체성은 우리의 데이터와 이 데이터를 해석하는 알고리즘 간의 끊임없는 상호작용에서 나온다. 이러한 역동성dynamism은 정체성의 어떠한 안정된 진실도 거부하는 더 큰 논쟁을 상기시켜 주는데, 이러한 논쟁은 철학자 주디쓰 버틀러의 젠더 수행성gender performativity§에 관한 저서에 가장 상세하게 나와 있다.[72] 우리가 젠더라고 부르는 것 그리고 우리가 일반적으로 정체성이라고 부르는 것은 우리 자신의 특정한 젠더 수행에서 유래되는 것이지, 예를 들어 남자라는 것이 의미하는 것을 둘러싼 다소 전체화하는totalizing 본질주의essentialism§§에 대한 집착에서 나오는 것이 아니다. 퀴어queer§§§ 이론가인 잭 하버스탬Jack Halberstam은 한 알고리즘 논리 안에서 이러한 젠더 수행성을 찾아낸다: 그것은 "너무 잘 처리될 수 있어서 자연스럽게 보이는 학습된 모방적 행동"이다.[73]

젠더의 자연성naturality은 가공 처리된 산출물output, 즉 새로운 행동을 수용하기 위해 어쩔 수 없이 시간이 흐르면서 변하는 산출물이다. 현재 원형적으로 남성적인 것이 되는 것은 남성들이 지금 무엇을 하고 있는지 여하에 달려 있다. 젠더(그리고, 필자의 생각에, 정체성 전반)는 가공 처리된 구성개념이다; 그것은 "기술을 가지고 있다".[74]

수행력performative power에 대한 이러한 공리公理는 온라인에서 대체로 이론

---

§ 주디쓰 버틀러에 따르면, 젠더 수행성이란 성적 정체성은 반복적인 수행 과정을 거쳐서 만들어진다는 개념이다. 즉, 여성/남성이라는 성별 이원론이 생물학적으로 타고나는 것이 아니라 사회적·문화적·역사적으로 구성됐고, 반복된 수행으로 만들어졌다는 것이다(옮긴이 주).

§§ 본질주의는 임의의 인식 대상의 종류가 존재한다고 가정 할 때 적어도 이론적으로는 하나의 인식 대상이 해당 종류에 해당하기 위해서는 필히 부합해야 하는 일련의 성격을 지정하는 것이 가능하다고 주장하는 철학적 논쟁에 중점을 둔 신념과 실천이다. 이러한 인식 대상의 일원은 물론 본질을 소외시키지 않는 한에서 본질을 벗어나는 다른 성격을 지니는 것이 가능하다(옮긴이 주).

§§§ 본래 이상한, 색다른 등을 나타내는 단어였지만, 현재는 성소수자(레즈비언·게이·양성애자·트랜스젠더 등)를 포괄하는 단어로 사용되고 있다(옮긴이 주).

적인 논쟁에서 분명히 실증적인 논쟁으로 바뀐다. 우리가 누구인지에 대한 데이터는 우리가 **실제로** 누구인지 혹은 누구가 되기로 선택하는지 하는 것보다 더 중요해진다. 온라인에서 비행기 표를 살 때 우리의 이름, 생년월일, 젠더를 적으면서 우리는 의도적으로 우리의 데이터를 수행한다perform: 그러한 데이터를 통해 미국 정부는 누가 카라카스Caracas에서 애틀랜타Atlanta로 여행할 것인지를 확인할 수 있게 된다. 그리고 식료품 가게에서 음식을 사거나, 휴대폰을 사용하여 친구를 식사에 초대하거나, 심지어 우리 동네를 돌아다닐 때도(우리의 휴대폰 내부의 GPS는 이동통신사, 페이스북, 그리고 다른 모바일 앱에 우리가 어디에 있는지, 언제 거기에 있는지, 얼마나 오래 머무는지, 잠재적으로 우리가 누구와 함께 있는지를 알려줌) 우리는 의도치 않게 우리의 데이터를 수행한다. 우리의 데이터는 끊임없이 알고리즘 기계에 의해 "감시"당하거나, 미디어 학자 마크 안드레제빅Andrejevic의 표현의 빌리면, 알고리즘 기계와 "상호작용하고" 있다.[75]

그러나 이러한 불확실성 속에서 우리는 믿을 수 없는 가능성 또한 찾을 수 있다. 정체성이 데이터의 규칙 안에서 만들어질 때, 측정가능형이라는 의미의 반본질주의antiessentialism는 우리가 그것의 불안정성을 효과적으로 이용할 수 있도록 해준다. 구글은 우리가 다시 "좋은 '남자'"가 되라고 우리를 훈육하지도 않고, 우리 또한 구글의 '남자'에 대한 담론적 매개변수가 무엇인지 알지 못한다. 마찬가지로 우리도 우리가 누구와 친구인지를 관리하는 것이 아니라 그러한 친구관계가 어떻게 데이터화되는지를 관리함으로써 CPD의 '위험에 처해 있는'에 대한 알고리즘을 혼란스럽게 할 수 있다. 이후의 장들에서 우리는 알고리즘적 식별의 논리, 그것의 연산, 그리고 우리가 그것을 어떻게 가지고 놀고, 시험하며, 궁극적으로 그것에 저항할 수 있는지를 더 살펴볼 것이다.

3. 우리의 알고리즘적 정체성

우리의 알고리즘적 정체성은 데이터의 준準실시간적 해석을 토대로 한다. 그리고 우리는 점점 더 많은 데이터를 만들어내기 때문에, 이러한 해석은 반드시 변해야 한다—온라인에서 우리가 누구인지 주조鑄造해 내는 공장은 인식론적 안정성이 부족하다. 예를 들어, 이전에는 CPD의 레이더에 걸려들지 않은 사람이 새 친구들을 사귀면서 그들의 연락처를 휴대폰에 입력했기 때문에 '위험에 처해 있는' 사람이 될 수도 있을 것이다. 당신은 이전에는 HP의 얼굴 인식 알고리즘에 따라 인식되지 않을 수도 있었지만, 사무실 전등을 새로 구입하자 이제 HP는 당신의 '얼굴'을 알아본다. 그리고 어떤 이용자가 한 웹사이트에서 다른 웹사이트로 옮겨 다님에 따라, 그 이용자는 92% '남성'에서 몇 초 안에 88% '남성'으로 바뀔 수도 있을 것이다. 오늘 당신에게 보이는 이 세계의 모습과 오늘 오후 당신이 누구인가로 보이는 것은 당신이 어젯밤에 한 것에 대한 데이터화된 스크랩으로부터 구성된다.

이러한 종류의 범주 구성원 자격의 역동성은 철학자 질 들뢰즈Gilles Deleuze가 "통제 사회societies of control"라고 부른 것을 위한 장을 마련해 준다. 이러한 사회에서 통제는 지속적인 권력과의 접촉으로 주체들을 규제하는데, 그로써 제약의 구조는 초고속 형식의 자유 부동 제어free-floating control에 따라 움직인다.[76] 이러한 제약은 스스로를 만들고 또 다시 만드는데, 들뢰즈는 이러한 과정을 다음과 같이 변조modulation로 묘사한다: "시간이 지나면서 빠르게 계속 변하는 자기-변형self-deforming 주형鑄型; mold처럼, 혹은 시시각각 체 눈의 모양이 변하는 체처럼."[77] 알고리즘의 해석 대상으로서 우리가 누구인가 하는 것 또한 '여자'에서 '남자'로 혹은 '나이 든 사람'에서 '젊은 사람'으로 이동하면서 "점에서 점으로" 바뀐다.

그러나 이러한 측정가능형들 역시 오로지 데이터로부터 만들어지기 때문에, 새로운 데이터는 역시 어쩔 수 없이 '나이 든 여자'와 '젊은 남자'를 정의하는 것을 반드시 바꾼다. 당신이 새로운 웹사이트를 방문할 때, 당신의 알고리즘적 정체성은 재조정될 뿐만 아니라, 당신을 구성하는 데 사용되는 측정가능형들 역시 변조된다. "우리는 데이터다"라는 말은 빠른 속도로 증산되고 더욱더 세세하게 만들어지는 우리의 데이터가 그냥 데이터가 아니라 해석적이고, 구조화하며, 궁극적으로 변조적인 분류를 위한 구성 물질임을 의미한다.

이론가인 티지아나 테라노바Tiziana Terranova는 이러한 역동적인 알고리즘적 생산물을 그녀가 "네트워크 권력network power"이라고 부르는 것의 측면에서 추적한다. 구글 같은 회사는 어떤 특정한 사람에게 말하는 것이 아니다. 구글은 그 사람의 데이터, 즉 우리가 분인分人; dividual이라고 생각할 수 있는 하부-개체적subindividual 단위에 귀 기울이고 그러한 단위에게 이야기를 하는데, 분인은 "사람들을 자동화된 통합과 해체의 대상인 데이터 클라우드cloud로 분해하는 것"이다.[78] 누구든 이러한 클라우드를 소유한 사람의 필요에 따라 우리는 자동적으로 통합되고 해체된다. 테라노바와 관련지어 말하자면, 사람들이 분인으로 대체될 때 젠더, 인종, 시민권(그녀가 "거시상태macrostate"라고 부르는 것) 같은 우리가 정치적으로 소유하고 있다고 보통 생각하는 정체성의 범주들은 웹 사용과 행동 데이터(그녀가 "미시상태microstate"라고 부르는 것) 같은 끝없이 이어지는 알고리즘적 의미와 비선형적으로 연결되게 된다.[79] 바꾸어 말하면, 우리는 분인, 즉 구글이 우리의 알고리즘적 거시상태 템플릿을 만들기 위해 사용하는 미시상태의 데이터를 만들어낸다. 그리고 이러한 거시상태는 필자가 측정가능형이라고 언급해 오는 것의 개념상의 조상祖上이다.

좀 더 직접적으로 말하자면, 앨릭잰더 갤러웨이가 적고 있듯이, "인터넷상에서는 어떤 특정한 이용자의 이름을 알 아무런 이유도 존재하지 않는다. 그 이용자가 좋아하는 것, 그들이 쇼핑을 하는 곳, 그들이 사는 곳 등은 알기만 하면 된다. 어떤 특정한 이용자를 둘러싼 기술적記述的 정보를 끌어 모으는 것만으로도 그 이용자의 정체성을 설명하는 데 충분하다."[80] 이용자로서 우리의 개인성individuality은 정말 중요하지 않을 수도 있다. 오히려 우리의 분인성dividuality이 알고리즘적으로 현재 우리가 어떻게 보이는지 말하도록 한다.

더욱이 어떤 이용자가 충분히 프로파일링되어 있는 한 그 이용자의 이름을 "알 이유가 존재하지 않는 것"과 같이, 오래 지속되어 오는 '남자'라는 정체성 자체도 마찬가지로 무시된다. '남자'를 구성하는 것에 대한 새로운 기술적記述的인 정보(미시상태)가 변함에 따라, 그 결과 발생하는 측정가능형(거시상태)도 그에 따라 '남자'를 재조정한다. 갤러웨이는 그의 "프로토콜protocol"의 개념을 유사한 방식으로 정의한다: "알고리즘, 그것의 외형이 많은 서로 다른 도해나 도형일 수도 있는 구조를 위한 처방전."[81]

'젠더'가 준실시간 데이터 흐름에 따라 서로 다른 도해 및 도형을 통해 만들어질 때, '젠더'는 이제 정체성의 안정된 지시대상이 아니다. 어떤 이용자는 오후 9시 30분에는 92% '남성'일 수도 있지만, 저녁에 잠을 자고 아무런 새로운 사이트도 방문하지 않은 8시간 뒤인 오전 5시 30분에는 88% '남성'일 수도 있을 것이다. 오늘 낮에 '남자'가 어떻게 보이는가 하는 것과 나중인 오늘 오후에 '남자들'이 어떻게 보이는가 하는 것 역시 지난밤에 '남자들'이 한 것에 대한 데이터화된 스크랩으로부터 구성된다. 우리가 누구인가 하는 것이 측정가능형의 의미의 변하는 원천으로부터 만들어질 때, 갤러웨이와 철학자 유진 쌔커의 말을 인용하면, 알고리즘 기계의 네트워크 권력은 "일상적 행위들이 일어날 성싶은 규칙을 정한다."[82] 필자는 이러한 변하기 쉬운 알고리즘적 정체성 모드를 이전에 **부드러운 삶정치**soft biopolitics§라 불렀는데, 이것에 대해서는 2장에서 더 자세히 기술하기로 한다.[83]

이용자 프로파일링에 대한 이전의 분석에서 필자는 법학자 캐스 선스타인

---

§ biopolitics를 '생명정치'라고 번역하기도 하나 푸코가 말하는 bio는 단순히 생명이나 생체를 뜻하는 것이 아닌 개체나 집단의 '삶의 형식이나 방식'을 의미하기 때문에 생물학이나 유전학과의 관련성을 연상하게 하는 생명정치보다는 '삶정치'로 번역한다(옮긴이 주).

Cass Sunnstein의 『리퍼블릭.콤 2.0*Republic.com 2.0*』이나 작가 일라이 파리저Eli Pariser의 『더 필터 버블*The Filter Bubble*』에 상세히 설명된 것과 같은 개인화 기술personalization technology에 대한 비판을 언급하지 않고 있다. 이들의 저서에 따르면 데이터 프로파일은 사람들의 추정된 정체성, 정치적 성향, 혹은 관심사에 따라 표적화된 광고와 콘텐트의 자기-확인적self-affirming 반향실§을 구성한다고 한다.[84] 그 대신, 필자는 훨씬 더 간접적이고 뚜렷하지 않은 하나의 통제 형식에 대해 기술한다. 이 형식은 대체로 우리의 응시에서 벗어나 있으며 매우 흔히 우리가 영문도 모르는 채 담론적 구성을 알고리즘적으로 규제하면서 무엇이 사실이고 무엇이 사실이 아닌지 보여주는 골대goal post의 위치를 바꾼다.

이러한 프로파일링 알고리즘은 계속해서 미셸 푸코Michel Foucault의 권력/지식 쌍power/knowledge doublet에서 "지식" 요소를 재정의한다.[85] 그것은 그러한 이용자들이 그들의 거시상태 구성에서 그들이 하는 형성적 역할은 대체로 인식하지 못하는 한편 새로운 데이터화된 미시상태의 경향들을 부지런히 뒤쫓으면서 이용 가능한 데이터 스트림을 측정하고 그것에 반응한다. 더 중요한 것은 알고리즘이 주디스 버틀러가 "수용할 수 있는 스피치의 한계"라고 부르는 것을 역동적으로 조절하면서 이야기될 수 있는 것과 없는 것을 결정하는 담론 기체基體§§의 범위를 정한다는 것이다.[86] 편재적 감시로 인해 우리의 데이터화된 삶으로부터 입력되는 새로운 미시상태의 무한한 원천을 토대로 업데이트되면서, 구글의 '젠더' 같은 미시상태가 만들어지고 또 다시 만들

---

§ 소리를 메아리처럼 울리게 만든 방으로 무엇을 말하든 똑같은 소리만 되돌아온다. 자기 생각과 비슷한 주장만 듣고 싶어 하는 것을 반향실 효과echo chamber effect라고 한다(옮긴이 주).

§§ 형상을 받아들이는 질료質料로, 성질이나 양量따위의 여러 변화 밑에 있으면서 스스로는 변하지 않고 그 변화를 받아들이는 것으로 아리스토텔레스가 사용한 용어이다(옮긴이 주).

어지는 과정이 끊임없이 되풀이된다.

그리고 우리 각자에게 서로 다른 '젠더', '인종', 심지어 '계층'을 비슷한 방식으로 할당하는 수백 개의 다른 회사들로 인해 단 하나의 고정된 우리가 아니라, 우리 정체성을 구성하는 실로 엄청난 수의 서로 경쟁하며 변조하는 데이터 해석이 존재한다.

프로파일링 알고리즘이 우리의 데이터를 해석하고 재해석할 때, 그 결과로 새롭게 나타나는 거시상태가 온라인에서 우리가 누구인지로, 즉 구글의 '여자', CPD의 '위험에 처한', 그리고 잠재적으로 HP의 '백인' 등등으로 보일 가능성의 조건에 대한 정의를 반복하게 된다. 그리고 우리의 측정가능형 정체성은 데이터가 변함에 따라 변하고 그러한 측정가능형들 역시 이러한 변화에 역동적으로 맞추어가기 때문에, 우리는 예술가 메리 플래너건Mary Flanagan이 "코드로 된 생명체creatures of code"라고 부르는 것, 즉 "정보가 장악해 버린 가상의 신체virtual body"에 대한 알고리즘적 범주를 만나는데, 가상의 신체는 정보가 장악해 버렸을 뿐만 아니라 동시에 그러한 신체의 "인종적·연령적·성적 범주들이 (…) 역사적 혹은 문화적으로 구체화된 범주가 아닌 인성 특징personality feature으로 구성된다".[87]

여기서 어떤 '위험에 처해 있는 백인 여자'는 반드시 그 주체가 처한 입장의 구조적 특수성 속에서 자란 위험에 처해 있는 백인 여성은 아니다. 그 대신, '위험에 처한 백인 여성'은 데이터화된 수행을 보여주는 템플릿, 즉 역사와 문화에 근거를 둔 일단의 주관적 경험이 아닌 "특징"이다. 디지털 이론가인 애나 왓킨스 피셔Anna Watkins Fisher의 표현을 인용하면, 이러한 두 해석 모드의 차이는 우리가 "이용하는" 방식과 우리가 "이용당하는" 방식 간의 비대칭성asymmetry을 강조하는데, 이러한 비대칭성은 우리를 무력화한다disempower.[88]

『모든 것의 구글화*The Googlization of Everything*』라는 책에서 문화 사학자 시버 바이디야나썬Siva Vaidhayanathan§은 다음과 같이 적고 있다: "구글과 유사한 회사들의 뜻대로 우리의 신상정보와 프로필에 대한 통제가 주어지는 한" 이 인터넷 거대회사는 이용자들이 그들의 시스템을 이용하는 것을 이용자들이 통제한다고 공언할 수도 있지만, "그와 같은 선택은 거의 의미하는 바가 없다. 그야말로 그러한 시스템에는 일관성, 호혜성, 혹은 책임이 존재하지 않는다."[89] 알고리즘적 식별의 일방성은 데이터화되는 모든 단계에서 발생하는 이러한 비일관성을 정상화한다.

『우리는 데이터다』는 정보의 규칙들이 어떻게 새롭게 나타나는 우리의 주체성subjectivity의 규칙들이 되는지를 묻는 오랜 분석적 전통을 계속 이어나가고자 하는 시도이다. 이러한 이론적 움직임은 우리 자신에 대한 우리의 이해를 통해 얻은 우리의 육체를 포스트휴먼posthuman§이나 사이보그cyborg로 대체해 버려서 몸을 지워버리거나 몸과 마음에 대한 신이원론neodualism을 확인해 주려는 것이 아니다. 오히려 필자는 회사, 정부, 그리고 연구자들이 알고리즘을 이용해 이미 포스트휴먼적 우리의 자기를 새롭고 데이터화된 식별이라는 겹겹이 쌓여 있는 층들로 어떻게 증강하는지 살펴보고자 한다.

우리의 알고리즘적 정체성은 오직 데이터만을 통해 만들어진다. 그것은 데이터베이스로부터 주워 모으는 하나의 과정이며, 우리의 행동을 데이터로 읽고, 우리의 사회적 유대도 데이터로 읽으며, 우리의 몸도 데이터로 읽는다. 그리고 그것은 그러한 읽기를 통한 역동적인 해석을 토대로 우리의 현재와 미래를 좌우한다. 미디어 이론가인 프리드릭 키틀러Friedrich Kittler는 『담론 네트워크*Discourse Networks*』에서 기술技術은 주체로서 우리가 말하고 우리가 만들어지는 담론을 적극적으로 만들어낸다고 적으면서, 필자가 주장하는 것이 알고리즘적 정체성의 핵심임을 지적한다.[90] 그러나 새로운 점은 바로 이러

---

§ Siva Vaidhyanathan의 한 팬이 본인에게 그의 이름을 발음하는 방법을 물어본 결과 "See-vuh(Shee-vuh) Vy-dee-yah-nah-thun"라고 발음하라고 알려줬다고 자신이 웹페이지에 적어놓았다[자료: https://josephhall.org/nqb/archives/000104.html](옮긴이 주).

§ 로봇 공학 및 다른 기술로 유전적 구조를 조작하고 자기의 몸을 확대·증대하여 인간에서 진화한 상상의 인류(옮긴이 주).

한 담론이 이제는 삶의 주관적 경험과 그 속에 있는 갈등으로부터가 아닌 통계와 공통성 모델commonality model의 준準실시간적인 역동적 영역으로부터 구성된다는 점이다.

그리고 여기서 우리는 "우리는 데이터다"의 정치적인 장애물을 만난다: 우리는 우리의 알고리즘적 정체성을 둘러싼 정치를 실행에 옮기는 데 필요한 어휘가 부족하다. 컴퓨터 과학 분야의 문구에 맞게 고치면, 우리는 표현력expressive power§이 부족하다.[91] 알고리즘적 '인종', '젠더', 그리고 '계층'에 대해 정치적으로 생각하는 것은 대부분 알 수 없을 뿐만 아니라 우리가 알지 못하는 채 변하는 무언가에 정치를 갖다 붙이는 것이다. 우리는 우리가 젠더에 대해 생각하는 것과 똑같은 방식으로 '젠더'에 대해 생각할 수 없다. 우리는 우리가 인종에 대해 이야기하는 것과 똑같은 방식으로 '인종'에 대해 이야기할 수 없다. 그러나 우리가 할 수 있는 것은 범주적 정의가 알고리즘적 행위주체를 통해 재구성될 때 발생하는 그러한 변화를 제대로 평가하는 것이다.

구글의 '젠더'나 CPD의 '위험에 처해 있는'과 같은 정체성의 측정가능형들은 많은 다른 나라의 다양한 데이터베이스에 걸쳐 퍼져 있고, 분인화되어 있으며dividuated, 그리고 저장되어 있다. 그러나 더 중요한 것은 그러한 측정가능형들 역시 이용 가능한 데이터 흐름에 따라 끊임없이 변하고 있다는 점이다. 그것들은 우리가 우리의 데이터와 데이터를 처리하는 여러 알고리즘 간의 지속적인 대화 속에서 즉석에서 만들어지는 "즉석just-in-time" 정체성으로 생각할 수 있는 것이다.[92] 이 장의 첫 부분에 나오는 웹-서핑을 수정해서 딱 5분 동안 온라인 세계 여기저기를 머물러 봐도 우리는 단 하나의 정체성을 구성할 수 없다. 오히려 그것은 우리에게 불안정하고 다변량적인multivariate§§

---

§ 컴퓨터 과학에서 어떤 언어의 표현력이란 그 언어로 표현되고 소통될 수 있는 아이디어의 깊이를 말한다(옮긴이 주).

§§ 여러 현상이나 사건에 대한 측정치를 개별적으로 분석하지 않고 동시에 한 번에 분석하는 통계적 기법을 다변량분석multivariate analysis이라고 한다. 즉 여러 변인들 간의 관계

일단의 변조되는 정체성을 확인해 줄 뿐이다.

다른 알고리즘적 처리(얼굴 인식 기술, 필자의 페이스북 담벼락이나 트위터 피드에 올린 필자의 글에 대한 의미론적 분석, 필자의 신용카드로 구매한 기록 등) 사례들과 짝을 이뤄, 필자가 데이터화된 움직임을 할 때마다 필자는 만들어지고 또 다시 만들어져 완전히 과잉 결정된다overdetermined. 필자의 데이터 하나만을 통해서 필자는 필자가 누구이고 필자가 누구인지가 무엇을 의미하는가에 대한 대화, 즉 필자가 알지 못한 채 그리고 우리 대부분이 상상할 수 있는 것보다 훨씬 더 많은 참여자들이 관여한 채 발생하는 대화에 관여해 왔다.

역사가인 멜빈 크랜츠버그Melvin Kranzberg의 기술의 법칙laws of technology을 다른 말로 바꾸어 표현하면, 이 세계를 알고리즘에 따라 만드는 것은 좋지도 나쁘지도 중립적이지도 않다.[93] 그러나 그것은 새롭고, 따라서 발생 초기단계에 있으며 완성되지 않았다. 그것은 어떤 이용자가, 예를 들어 23%의 확신을 가진 '여자'이자 동시에 84%의 확신을 가진 '남자'임을 허용하는 느슨하고 임시적인 주체 배열arrangement의 세계이다. 어떠한 종류의 정체성 범주도, 작은 따옴표가 있든 없든, 피상적이지 않을 수도 있지만, 동시에 믿기 어려울 정도로 심오하지도 않다. 우리는 "점 대 점point-to-point"으로 이동하기 때문에, 변조의 데이지 체인daisy chain§ 역시 이동하는데, 이것은 삶의 변화가 담론의 내용을 바꿈에 따른 범주적 의미와 정체성에 대한 회복력을 요구한다.

그러나 우리의 알고리즘적 정체성은 우리의 단일한 오프라인 정체성을 디지털 자기로 개조한 것이 아니다. 이러한 종류의 작업은 사회학자 데이비드 라이언David Lyon의 데이터 대역data doubles§§에 관한 그의 글이나 법학자 대니

성을 고려해 그 효과를 밝히는 것이다(옮긴이 주).

§ 연속적으로 연결되어 있는 하드웨어 장치들의 구성을 지칭한다. 예를 들어 장치 A, B, C를 연결할 때, 장치 A와 B를 연결하고 장치 B와 C를 연속하여 연결하는 방식의 버스 결선 방식을 말한다(옮긴이 주).

§§ 데이터 대역이란 알고리즘적 자기라고 할 수 있는데, 즉 실제의 신체적 자기가 아니고

얼 솔로브Daniel Solove가 "디지털 서류철digital dossier"이라 부른 것에 이미 잘 기록되어 있다.[94] 그 대신, 우리는 데이터 사회학자 에블린 루퍼트Evelyn Ruppert가 그녀의 데이터베이스 주체를 이론화하고 있는 방식에 따라 우리의 알고리즘적 정체성의 정확한 위치를 찾아야 한다: "주체는 그들이 누구인지와 그들의 능력, 문제 및 욕구를 보여주는 분산 트랜잭션[§] 메트릭스들의 독특한 조합으로 구성되어 있다."[95] "우리가 데이터일" 때, 우리는 고요한 파도에 의해 앞뒤로 느리게 움직이는 길 잃은 항해자처럼 불안해하면서 이러한 데이터화된 트랜잭션에 불안정하게 민감한 반응을 보이게 된다. 우리의 온라인 정체성을 일시적 이상이나 오식별misidentification로 보기보다, 서로 다른 권력의 기술들이 우리를 기존의 정체성 상자 속으로 들어가도록 설득하기 위해 필사적으로 노력하고 있는 그 순간에도, 우리의 온라인 정체성은 단지 우리가 누구이고 또 누구일 수 있는지에 대한 엄청난 다양성을 시사할 뿐이라는 것을 인정하자고 필자는 제안한다.

4. 방법론

이 책은 정확히 이해하기가 여전히 어려운 한 연구 대상을 둘러싼 수년간의 조사 연구를 토대로 하고 있다. 알고리즘이 우리에 대한 지식을 만들어내는 과정은 다루기 불편할 뿐만 아니라 알 수 없는 경우도 많다. 우리의 데이터를 수집하고, 평가하며, 알고리즘적으로 해석하는 회사, 정부, 연구자들은

우리에 대한 결정을 내리는 미래의 고용주나 수당 담당자들이 평가하는 데이터화된 자기를 말한다(옮긴이 주).

§ 트랜잭션transaction이란 데이터베이스의 상태를 변환시키는 하나의 논리적 기능을 수행하기 위한 작업의 단위 또는 한꺼번에 모두 수행되어야 할 일련의 연산들을 의미하며, 분산 트랜잭션distributed transaction이란 2개 그 이상의 네트워크상의 시스템 간 트랜잭션을 말한다(옮긴이 주).

그들의 해석을 비밀에 부치는 데 투입되는 행위주체들이다. HP의 '얼굴'과 Face.com의 '정서' 알고리즘이 전적으로 이 회사들 소유인 것처럼, 구글의 '젠더'와 '연령' 알고리즘도 전적으로 구글 소유이다.

이러한 방법론적 한계에 대응으로 필자는 일련의 경험적 사례를 들어가며 우리가 데이터로 구성되어 있음을 보여주는 이론적 개요를 설명한다. 이러한 시례 이어붙이기식 문화 연구를 통해 필자는 서로 다른 알고리즘 논리들이 우리가 우리의 디지털 삶을 살면서 의거하는 지식을 어떻게 만들어내는지를 규명하고자 한다. 정보 기술이 이 세계와 이 세계 거주자들을 점차 데이터화함에 따라, 우리의 데이터가 의미하게 되는 것은 사람도 아니고 (그렇다고 해서) 이 세계도 아닌 보편적인 "매스터 알고리즘master algorithm"으로 결정되며, 그래서 "(과거, 현재, 그리고 미래의) 모든 지식은 단 하나의 보편적인 학습 알고리즘learning algorithm에 의한 데이터에서 유래될 수 있다."[96]

그런데 오히려 서로 다른 알고리즘 지침을 통한 우리의 데이터에 대한 서로 다른 해석은 우리를 밀어내기도 하고 끌어당기기도 한다. 그리고 그러한 해석이 어떻게 이루어지는가 하는 것과 그러한 해석이 새로운 데이터에 따라 어떻게 변하는가 하는 것은 연구 대상이 어떤 알고리즘이든 그것은 움직이는 목표물임을 의미한다. 새로운 기술, 새로운 알고리즘, 그리고 특히 알고리즘적 판단의 새로운 문화적 구현implementation§은 단 하나의 "알고리즘"이라는 생각을 혼란스럽게 만든다.

이 책이 내세우는 이론적 주장은 알고리즘 전반에 대한 주장이 아니다. 오히려 그러한 주장을 통해 필자는 우리에 대한 데이터가 새로운 버전의 세계, 즉 비非알고리즘적 세계와 매우 다를 수도 있는 버전의 세계를 만들어내는 데 어떻게 사용되는지를 보여주고자 한다. 이러한 이유에서 어떻게 "우리가

---

§ 구현이란 기술적으로 정리해 놓은 규격서나 알고리즘을 프로그래밍 혹은 소프트웨어 배치를 통해 프로그램이나 소프트웨어의 부분, 다른 컴퓨터 시스템을 구축하는 것을 말한다(옮긴이 주).

데이터인지"를 보여주는 더 완전한 그림을 그리기 위해 필자는 이 예에서 저 예로, 이 측정가능형에서 저 측정가능형으로 움직인다.

5. 이 책에 대한 개관

이 책은 두 가지 서로 엇갈리는 목적을 가지고 있다. 첫 번째 목적은 알고리즘이 어떻게 젠더, 인종, 계층, 심지어 시민권과 같은 개념들을 계량적인 측정가능형으로 코드 변환하는지 이해하는 것이다. 두 번째 목적은 이러한 측정가능형들이 디지털 방식으로 네트워크화된 세계에서 통제와 권력에 대한 우리의 개념을 어떻게 재구성하는지를 인식하는 것이다. 가부장제, 백인 우월주의, 그리고 엄연한 자본주의 구조들을 둘러싼 정치적 공방은 반드시 알고리즘의 규칙에 주의를 기울여야 한다.

바꾸어 말하면, HP의 얼굴 인식 카메라는 인종들 간에 비대칭적인 이용을 조장할 수도 있는 반면, 알고리즘적 '인종'은 이러한 비대칭성을 복잡하게 한다. HP의 대응은 피부색, 공유된 역사, 혹은 심지어 DNA도 아닌 HSV 대비가 인종 개념을 대신하는 역할을 한다는 점에서 이러한 복잡성을 보여준다. 우리는 화이트 완다의 흰 몸이 아니라 HP의 '흰' '얼굴' 구성에 대해 이야기하고 있다. 그러나 우리는 그럼에도 백인성에 대해 이야기하고 있다. 인종은 끊임없이 반복해서 만들어지고 있으며, 따라서 우리는 디지털 기술 또한 알고리즘의 규칙에 따라 '인종'을 반복해서 만들어내는 방식에 반드시 초점을 맞추어야 한다.

이러한 반복적인 만들기의 밑받침이 되는 규칙들을 설명하는 것이 이 책의 궁극적인 목표이다. 이어지는 장에서 우리는 재즈, 테러리스트, (다시) 인종차별주의자인 HP, 마케팅, NSA, 시민권, 심지어 산타클로스에 대해 이야기할 것이다. 컴퓨터의 데이터/알고리즘 존재론으로의 이동은 개념적으로 정체성을 (남자든 여자든, 위험에 처해 있든 처해 있지 않든, 흑인이든 백인이든)

부정否定§과 배타성을 요구하는 치안이 유지되는 명확한 경계 너머로 이동시킨다.

이러한 이동은 매끄러운 평면plane of smoothness§§, 즉 우리가 확립된 진실의 한계를 이용할 가능성의 열린 집합open set§§§을 위한 기반을 다지는 것이다. 알고리즘적 정체성은 당신이 '남자' 혹은 '여자'라고 분명하게 말하지 않는다. 통계적 확신과 확률, 심지어 이 책이 자연 발화發火할 가능성은 결코 100%인 어떤 것이 될 수 없다. 오히려 당신은 92% 확신할 수 있는 '남자'와 32% 확신할 수 있는 '여자'일 가능성이 있다. 알고리즘적 '인종'과 '젠더'는 백인 남자인 것being a white man에 대한 것이 아니다. 그것은 87% 확신할 수 있는 '코카서스계' '남자'인 것에 대한 것이다. 알고리즘적 정체성에서 우리는 도나 해러웨이의 사이보그, 즉 "영원히 부분적인 정체성partial identity과 모순된 관점을 두려워하지 않는" 사이보그의 무생물적 실재들을 확인한다.[97]

1장. 범주화: 데이터 유용하게 만들기

'여자' 혹은 '미소 짓는'과 같은 것을 컴퓨터로 처리하기 위해서는 먼저 데이터를 유용하게 만들 필요가 있다. 1장에서 필자는 알고리즘적 지식 생산 요령에 대해 기술한다. 이러한 요령은 컴퓨터가 데이터의 패턴을 통해 범주들을 만들어내는 방식에 초점을 맞추며, 이 범주들은 필자가 측정가능형으

---

§ 명제의 참과 거짓을 반전하는 논리연산을 뜻한다. 명제 *Q*에 대한 부정을 ¬*P*, !*P*라고 표기하며, '*Q*가 아니다', '*Q*의 부정', '*Q* 이외의 경우'라고 읽는다. 예를 들어, '나는 몸무게가 50kg 이상이다'의 부정은 '나는 몸무게가 50kg 미만이다'가 된다(옮긴이 주).

§§ 저자는 들뢰즈와 가타리Guattari의 홈이 파인 공간striated space과 매끄러운 공간smooth space의 측면에서 생각하고 있다. 홈이 파인 공간은 정주민들이 주로 점유하는 공간으로서 조직적이고 고정된 공간인 반면, 매끄러운 공간은 유목민들이 주로 점유하고 있는 공간으로서 변화 가능성이 높은 유동적인 공간이다. 따라서 매끄러운 평면이란 변화 가능성이 높은 유동적인 평면을 의미한다[자료: 저자의 이메일 교신](옮긴이 주).

§§§ 열린 집합 또는 개집합開集合은 스스로의 경계를 전혀 포함하지 않는 위상 공간의 부분집합이다(옮긴이 주).

로 부르는 이 세계에 대한 알고리즘적으로 코드 변환되는 아이디어들을 구성한다. 알고리즘은 마법적이지도 않고 신비롭지도 않다. 그 대신, 알고리즘은 매우 복잡하지만, 매우 흥미롭기도(이것은 필자가 약속함) 한 (메타데이터나 마림바marimba§ 같은) 서로 다른 기술의 무리를 통해 데이터를 유용하게 만들고, 그런 다음 ('테러리스트'나 '존 콜트레인John Coltrane'§§ 같은) 서로 다른 알고리즘적 정체성을 만들어낸다.

2장. 통제: 알고리즘이 당신을 쥐락펴락할 거야

측정가능형은 알고리즘적 의미를 담는 디지털 용기 훨씬 이상의 것이다. 그것은 또한 삶과 지식이 통제되는 방식을 형성하는 역할을 한다. 질 들뢰즈의 변조 개념의 도움을 받아 필자는 우리가 온라인에서 만들어내는 넘쳐흐르는 데이터가 통제의 한 유형이 실행되게 하는 데 도움을 주는 방식을 이론화한다. 이러한 유형의 통제는 바꿀 수 없는 강한 말투의 금지하는 말인 "안돼!"라는 전통적인 권력 행사 방식을 일부 학자들이 "통제 없는 통제control without control"라고 불렀고 필자는 부드러운 삶정치soft biopolitics로 부르는 것으로 대체한다. 이러한 부드러운 삶정치는 우리의 직접적인 참여나 인식 없이 우리의 알고리즘적 정체성이 삶을 규제할 수 있는 방식을 기술한다.

3장. 주체성: 그들은 당신이 누구라고 생각하는가?

부드러운 삶정치적 측정가능형은 우리가 비행기 표를 사거나, 국경을 넘거나, 구글 번역Google Translate에서 어떤 문서를 번역할 때마다 우리 삶의 가능

---

§ 마림바는 나무로 된 건반들이 피아노와 같은 방식으로 배열된 타악기이다. 말렛mallet으로 건반을 쳐서 소리 내며 건반 아래에는 공명관이 연결되어 있다. 피아노의 검은 건반에 해당하는 건반들은 위로 올라와 있다. 마림바는 실로폰의 일종이지만 실로폰에 비해 음역이 더 넓고 낮으며 울림이 더 좋다(옮긴이 주).

§§ 미국의 재즈 색소폰 연주자이다(옮긴이 주).

성의 조건을 구조화한다. 알고리즘적 지식의 각기 다른 배열에 따라 우리가 끊임없이 만들어질 때, 이러한 **데이터화된 주체 관계**subject relations§는 우리의 가장 직접적인 경험에서 보면 낯설다. 온라인에서 우리는 개인individual이 아니라 우리는 분인들dividuals이다. 그리고 함께 생각할 개인의 철학적·정신적 지주도 없이 우리는 흔히 이용자로서의 우리 자신을 어떻게 해석할지 갈팡질팡한다. 이 장은 알고리즘이 온라인의 알고리즘적 삶에서만 독특하게 볼 수 있는 방식으로 우리를 주체로 만드는 방식을 살펴본다.

4장. 프라이버시: 죽은 프라이버시든 산 프라이버시든 원해§§

거의 모든 것이 감시당할 뿐만 아니라 그러한 감시가 좀처럼 느껴지지 않는 세계에서 사람들은 어떻게 프라이버시를 실천하나? 필자는 프라이버시의 유산을 평가하고 19세기 문구인 "혼자 있을 권리right to be left alone"를 인용해 프라이버시의 기원을 개략적으로 보여주는데, 이것은 우리 현 시대의 요구와 함께 그러한 역사를 대화에 끌어들이기 위함이다. 프라이버시는 그저 당신이 자신의 이메일에 비밀번호를 설정해 놓았는지 혹은 욕실 내 화장실에 문이 있는지에 대한 것이 될 수 없다고 필자는 주장한다. 프라이버시는 편재적 감시에 내재해 있는 체험된 제약과 통제에 대한 실질적인 대응이어야 한다. 이렇게 해서 필자는 특히 "혼자 있을" 자유가 어떻게 데이터화된 알고리

---

§ 멜라니 클라인Melanie Klein의 주체 관계 이론에 따르면, 외부 세계가 각 개인의 주관적인 세계를 매개로 하여 내면세계로 들어오게 되고 성격과 구조에 영향을 미친다고 한다. 클라인의 이론에서 주체성은 매우 중요해서, 그녀는 인간을 관계와 갈등과 변화의 주관적인 세계 속에 있는 주관적인 행위자로 본다(옮긴이 주).

§§ 저자는 자유주의적인 개인의 프라이버시는 죽었다고 주장한다. 자유주의 윤리는 프라이버시를 모든 인간에게 보장되어야 할 기본권으로 보고 프라이버시권 보호 이념을 거의 절대시하지만 자유주의 윤리의 프라이버시권 보호 이념은 가족단위로 적용됨으로써 결과적으로 가족의 한 구성원이 다른 구성원 개인의 프라이버시를 침해하기 때문이다. 따라서 죽은 프라이버시를 극복하자고 저자는 주장한다[자료: 저자와의 이메일 교신](옮긴이 주).

즘 세계로 옮겨질 수도 있는지에 초점이 맞추어져 있는 분인 프라이버시dividual privacy를 이론화한다.

결론: 기계 속의 유령

이 책의 마지막 장에서 필자는 필자의 중심 주장으로 되돌아간다: 온라인에서 우리는 데이터에 따라 만들어지고, 읽히고, 해석되며, 이해될 수 있다. 우리의 세계와 우리 세계에 의미를 가져다주는 지식은 점차 데이터화되어 간다. 그 결과 우리는 역동적이고, 소프트-코딩soft-coding§되며, 변조되는 측정가능형들의 데이터화된 규칙 속에서 이해된다. 우리가 편재적 감시로 인해 현재 만나게 되는 것들은 필자가 부드러운 삶정치라고 부르는 권력과의 새로운 관계를 시사한다. 그리고 그로 인한 편재성遍在性과 새롭게 나타나는 이러한 서로 다른 유형의 지식 구성으로 인해 우리는 주체성이 어떻게 기능하고 프라이버시가 실질적으로 방어할 수 있는 것이 무엇인지 다시 생각해보지 않을 수 없다.

---

§ 소프트-코딩이란 매크로 처리기, 외부 상수, 구성 파일, 명령줄 인수 혹은 데이터베이스 테이블과 같은 일부 외부 소스로부터 값이나 함수를 확보하는 것을 가리키는 컴퓨터 용어이다. 이것은 소스 코드 내에서 값과 함수를 코딩하는 것을 일컫는 하드-코딩hard-coding의 반대이다(옮긴이 주).

1장

범주화

데이터 유용하게 만들기

이것, 즉 현실-세계의 현상을 가져와

마이크로칩이 이해할 수 있는 어떤 것을 만들 수 있는 능력은

필자가 생각하기에

오늘날 누구나 가질 수 있는 가장 중요한 기량이다.

당신이 어떤 사람에게 문장을 사용해 이야기를 하는 것처럼,

당신은 알고리즘을 사용해 컴퓨터에게 이야기를 한다.

—크리스천 러더Christian Rudder(오케이큐피드OkCupid 설립자)[1]

※

"우리는 메타데이터에 근거해 사람을 죽인다."[2]

메타데이터metadata는 데이터에 대한 데이터이다. 그것은 당신이 어디에 있는지, 당신이 어디에서 문자를 보내는지, 그리고 그 메시지가 어디로 보내지는지에 대한 데이터이다. 그것은 당신이 보낸 이메일의 날짜와 시각, 이메일의 주제, 심지어 그것을 보내는 데 사용한 장비의 종류를 확인해 주는 데이터이다. 그것은 무선 네트워크와 광섬유 네트워크를 통해 공개적으로 흐르는 데이터로, 쉽게 날조되고 서로 연결된다. 그리고 그것은 처리된 후 알고리즘적으로 대변되는 당신에 대한 데이터인데, 당신은 아마도 알고리즘이 그런 식으로 말하는 것을 원치 않을 것이다.

위의 인용문에서 전 NSA 국장 마이클 헤이든Michael Hayden은 어떻게 메타데이터가 "마치as if" '테러리스트'에 의해 만들어진 것"같이" 대변될 수 있는지에 대해 우리의 주의를 환기시켜 준다. 즉, 누군가의 메타데이터는 기존의 패턴, 미국 정보기관 용어로는 "표지標識; signature"§와 비교될 수 있다. 그리고

§ 표시나 특징으로 어떤 사물을 다른 것과 구별하게 하는 것을 말한다.

만약 그 메타데이터가 '테러리스트' 템플릿의 "표지"와 일치한다면, 그 사람은 프레데터Predator 드론§의 공격 대상이 될 수도 있을 것이다.

이러한 데이터에 근거한 공격을 "표지 타격signature strike"이라고 한다. 표지 타격은 "표적 식별"이 아니라 "특정한 표지, 즉 테러 활동과 연관된 결정적인 특징을 지니고 있는 사람들의 집단" 식별을 필요로 하지만, 그들의 정체는 알려져 있지 않다.[3] 이 점을 명심하면서 우리는 헤이든의 표현을 조금 더 구체적으로 수정할 수도 있을 것이다: "우리는 메타데이터에 근거해 사람들을 '테러리스트'라 부른다. 나머지는 미국의 테러와의 전쟁War on Terror이 알아서 한다."

2000년대 초 미국의 드론 프로그램이 시작되었을 당시에는 타격의 "표적"이 있었다. 정보기관 관리들은 목소리, 이름, 혹은 현지 지상 정찰을 통해 용의자를 식별했다. 그런 다음 드론 조종사가 그 용의자가 있는 것으로 여겨지는 곳에 미사일을 발사했다. 그러나 2008년 미국 국방부가 파키스탄 정부의 군사정책에 의해 부과된 제약으로 좌절을 맛본 후, 미국은 그들의 전시 드론 지침을 완화했다. 현재 테러리스트는 미국이 테러리스트라고 주장하는 사람일 뿐만 아니라 미국이 데이터에 근거한 '테러리스트'로 여기는 사람이기도 하다. 미국은 공개적으로 "표적화된" 타격과 "표지" 타격을 구별하지 않지만, 이러한 변화로 인해 발생했음직한 한 가지 결과는 드론 공격 빈도의 급증이었다: 2004년에서 2008년까지 5년 동안에는 공격이 49차례 있었지만 2009년부터 2015년까지 7년 동안에는 공격이 372차례 있었다.[4]

이러한 법적 제한의 느슨함은 테러리스트를 '테러리스트'로 다음과 같이 재지표화했다: "미국이 무장 세력의 활동과 관련짓는 행동의 사전 식별된 '표

---

§ MQ-1 프레데터General Atomics MQ-1 Predator는 미국의 MALEmedium-altitude, long-endurance(중고도 장시간 체공) UAV 시스템이다. 이것은 정찰뿐 아니라 AGM-114 헬파이어 미사일과 같은 무기도 장착할 수 있다. 1995년부터 아프가니스탄, 보스니아, 코소보, 이라크, 예멘 등에서 실전에 사용되었다(옮긴이 주).

지’.”[5] 2008년 이후, 미국 정부는 개별적인 사람들뿐만 아니라 데이터 패턴(“마치” 미국이 죽이고 싶어 하는 표적“같이”, 즉 ‘테러리스트’로 보인 휴대폰 및 위성 데이터)을 대상으로 하는 “정밀” 드론 공격이라 부르는 것을 개시했다.[6] 예상할 수 있듯이 이러한 “애즈 이프as if” 방식의 정체성 식별은 “~로서as”와 같지 않다.

그리고 그때 이후 민간인 수백 명이 목숨을 잃었는데, 이는 개연성 있는 결과이다. 저널리스트인 톰 엥걸하트Tom Engelhardt는 “흔적도 없이 사라져버린 결혼식 파티는 미국이 전쟁을 일으키는 9·11 이후 시대의 진정한 표지 타격으로, 이 타격이 미국인들에게 테러와의 전쟁war on terror은 먼 대륙에서 테러 전쟁war of terror이었고 여전히 테러 전쟁이라는 것을 상기시켜 줘야 하지만 결코 상기시켜 주지 않을 것이다”라고 말한다.[7] 도심 바깥에서 사람들(과 그들의 휴대폰)이 모여서 “마치” 테러리스트 모임인 것“같이” 보이는 데이터를 만들어낸 결혼식 파티를 의도치 않게 표적으로 삼은 것은 세 차례 타격이 일어나는 지역의 영구적인 불확실성의 수준을 구체적으로 보여준다. 심지어 미국의 “살해 명단”에 없는 사람들도 “마치” 그들이 테러리스트인 것“같이” 식별될 가능성 속에 살고 있는데, 이는 그 자체만으로도 공포감을 주는 삶의 불안정성이라 할 수 있다.[8]

이렇게 ‘테러리스트’를 알고리즘적으로 처리된 메타데이터의 범주화로 조작화하는 것은 우리가 누구인지를 데이터의 규칙에서 다시 틀 짓는다. 상호 네트워크화된 세계에서 우리의 데이터화된 자기는 함께 묶이고, 패턴 분석되며, 우리 자신의 역사적 특수성에 대한 고려 없이 ‘테러리스트’ 같은 정체성을 할당받는다. 미디어 학자 마크 안드레제빅은 다음과 같이 쓰고 있다: “그와 같은 논리는 표지 타격처럼 신상 프로필과 배경이 되는 이야기에 관심이 없고, 욕망이나 동기화를 취급하지 않는다: 그것은 [이언] 보고스트Ian Bogost가 객체 지향 존재론Object Oriented Ontology의 장점 가운데 하나로 상기시켜 준 그런 의미에서 탈서사적post-narrative이다: ‘세속적인 세부 정보를 위해 인간 중심주의적인 서사의 응결성coherence을 포기한 것.'"[9]

그러나 심지어 인간 중심주의적인 서사 없이도 우리의 데이터가 알고리즘적으로 대변될 때 우리는 여전히 서사화된다. 철학자 한스 바이잉거Hans Vaihinger§가 자신의 1911년 저서 『"애즈 이프"의 철학*The Philosophy of "As If"*』에서 적은 것처럼, 우리는 전략적으로 허구화된다fictionalized: "전체적으로 관념의 세계의 목적은 실재를 묘사하는 것이 아니라 (…) 이 세계에서 우리가 나아갈 길을 좀 더 손쉽게 찾을 수 있는 도구를 우리에게 제공하는 것이다."[10] 중요한 것은 우리의 데이터를 이용해 이러한 관념들을 만들어내는 자들은 우리를 대신해 우리의 "애즈 이프" 이야기를 할 수 있는 권한을 가지고 있다. 그들은 "우리의 길"이 아닌 그들의 길을 "찾는다."

발견에 대한 이러한 "애즈 이프" 이야기 속에서 플롯plot을 이끌어가는 것은 바로 데이터이다. 헤이든이 기술한 것처럼, "인류는 인류가 존재해 왔던 그 어떤 시기보다 세상에 있는 지식을 0과 1 속에 집어넣고 있었다. 바꾸어 말하면, 우리는 세상에 있는 인간의 지식을 시진트SIGINT: signals intelligence§§에 취약한 형식 속에 집어넣고 있다."[11] 데이터로 흘러넘치는 세계에서 전통적인 분석은 NSA의 도청정보에서 영양가 있는 "세속적인 세부 정보"를 포착하지 못한다.[12] 실제로 이러한 빅 데이터 관점을 통해 그와 같은 방대한 양의 데이터를 기능적으로 이해하기 위해서는 "표적화된" 것으로부터 "표지"로의 이동이 필요하다. 데이터화된 세계를 "애즈 이프" '테러리스트' 패턴으로 줄이는 것은 논리적인 다음 단계로 인식된다.

물론 이 세계가 점차 "데이터 중심적data driven"이 되어간다는 말을 이제 흔히 받아들이면서 '테러리스트'가 여전히 미국 정부가 역사적으로 테러리스트

---

§ 독일의 철학자로, 칸트의 철학을 실용주의적으로 해석·부흥시켜 시대적 요구에 부응하고자 했다. 『순수이성비판주해』, 『"애즈 이프"의 철학』을 통해 학계·사상계에 널리 영향을 끼쳤다[자료: 네이버 지식백과](옮긴이 주).

§§ 최첨단 장비를 사용하여 신호를 포착하는 의한 정보 수집 활동을 말한다(옮긴이 주).

라고 단언했던 사람과 매우 비슷해 보이고 매우 비슷하게 들린다는 사실을 놓칠 수도 있을 것이다. 둘 모두 중동과 그 주변 국가에 있을 가능성이 매우 높다. 둘 모두 아랍어나 우르두어Urdu를 사용할 가능성이 매우 높다. 둘 모두 백인이 아닐 가능성이 매우 높다. 그리고 둘 모두는 이슬람교를 믿을 가능성이 매우 높다.

미국에서의 테러리즘에 대한 담론 구성은 아랍계 및 무슬림계 미국인 연구Arab and Muslim American studies 학자 에블린 알술타니Evelyn Alsultany가 오리엔탈리스트의 "짐"Orientalist baggage§이라고 기술하는 것에서 그대로 엿볼 수 있다.[13] 그리고 퀴어 이론가 재스비어 푸아Jasbir Puar와 뉴 미디어 학자 아미트 S. 라이Amit S. Rai의 표현에 따르면, 이 짐은 또한 "테러리스트-괴물"의 인종적 "기괴함"과 성적 "기괴함"의 교차지점과 만난다.[14] 그 결과, 괴물 같은 타인에 대한 수사修辭, 즉 테러리스트 주체를 폭력을 당해도 되는 주체로서 지정하는 것은 버락 오바마Barack Obama 대통령이 자신의 드론 프로그램에 대한 통상적인 방어 속에 쉽게 흘러들어 간다: "우리를 죽이려고 하는 자들을 죽이자."[15]

이러한 타인화된 괴물성othered monstrosity은 현 미국의 적대감을 규정할 뿐만 아니라 테러리스트로 여겨질 수 있는 사람의 조건을 확장한다. 여기서 "누군가에게는 테러리스트이지만 누군가에게는 자유의 전사이다"라는 판에 박힌 문구는 늘 분류자의 지정학적 욕구에 이로운 규칙에 따라 이러한 신원 식별이 이루어진다는 사실에 의해 강화된다.[16] 그래서 "테러리스트"로의 할당allocation이 테러리스트-괴물, 즉 죽음이 선험적으로 정당화되는 인물의 단계를 거치면, "표적화된" 공중 암살을 조정하는 이미 비인간적인 프로토콜은 더욱 비인간화될 수 있다. 현재, 테러리스트는 한 인간이 아니라 데이터 "표

---

§ 오리엔트Orient라는 단어가 인종차별이나 고정관념을 연상시키는 문화적으로 부담스러운 짐cultural baggage 같은 존재라는 의미이다(옮긴이 주).

지"이기만 하면 된다.

2012년, 한 익명의 미국 관리는 《월 스트리트 저널*Wall Street Journal*》에 다음과 같이 말했다: "당신은 그자의 이름을 반드시 알 필요가 없다. 당신은 그에 관한 10장짜리 서류를 가지고 있을 필요가 없다. 그러나 당신은 이 사람이 관여한 활동에 대해서는 반드시 알고 있어야 한다."[17] 단 1명의 식별 가능한 개인을 표적으로 삼으라는 법적 요건이 없는 상태에서 "표적"의 존재론적 지위는 기술적技術的으로 경로가 재지정된다. 미국의 '테러리스트'는 좀 더 능숙하고 정확하게 처리되어야 할 특징이기보다는 단지 단순한 전략적 편의상의 데이터화된 대상물일 뿐이다. 그것은 증가하고 있는 NSA의 데이터-기반 논리에 적합한 기능주의적 범주이다.

이러한 기능주의자들의 용어로 바꾸어 말하면, 그들은 "누가 테러리스트인가?"라는 유도 질문에 대해 논리적인 공학 전문용어로 대답한다. 암호화 소프트웨어 PGP[§]를 만든 필 지머먼Phil Zimmermann은 다음과 같이 기술했다: "문제는 수학자, 과학자, 공학자들이다—그들은 이러한 문제들을 공학 문제로 돌릴 방법을 찾을 것이다. 왜냐하면 공학 문제로 돌리면 그것을 해결할 수 있기 때문이다. (…) NSA는 상황을 공학 문제로 돌릴 수 있는 놀라운 역량을 가지고 있다."[18] 우리가 누구인가에 대한 지식은 윤리학자 루치아노 플로리디Luciano Floridi가 데이터의 "작은 패턴들small patterns"이라고 부르는 것이나 정치 이론가 스티븐 콜리어Stephen Collier가 종래의 지식의 한계를 확장해 주는 "상관관계 패턴들patterns of correlation"이라고 부르곤 했던 것에 따라 구성된다.[19] NSA의 '테러리스트'는 테러리스트의 개념을 대체하는 것이 아니라 그러한 개념에 또 하나의 층을 추가한다. 테러리스트의 분류군에는 또한 그것의 알고리즘적 사촌들도 반드시 포함된다.

---

§ Pretty Good Program의 약자(옮긴이 주).

1. '건초 더미' 속의 '바늘'

철학자 그레구아르 샤마유Grégoire Chamayou는 NSA의 역사에 대한 조사에서 (누군가가 테러리스트로 불리는 여러 가지 다른 방식 및 이유와 매우 흡사하게) '테러리스트' 표지가 정의될 수 있는 여러 방식에 대해 쓰면서 이러한 알고리즘적 지식으로의 이동을 솜씨 좋게 개관한 바 있다. 예를 들어, 그래프 매칭graph matching§이라 부르는 방법을 사용하여 더 큰 그래프, 즉 "입력 그래프input graph"의 부분집합들과 비교하기 위해 "패턴 그래프"가 본떠서 만들어진다. 만약 입력 그래프 내의 요소들이 패턴 그래프와 근사 동등성near equivalence을 찾는다면, 그러한 요소들은 그에 따라 분류된다.[20] 즉, 샤마유의 말을 따르면 그리고 그림 1.1에 주목하면, "만약 같은 주소지에 사는 빌Bill과 테드Ted가 각각 트럭을 1대 렌트해서 민감한 장소를 방문한 다음 (감자 재배에뿐만 아니라 사제 폭탄 제조에도 사용되는 것으로 알려진) 약간의 질산 암모늄 화학비료를 구입한다면, 그들은 테러리스트 표지의 행동 패턴과 일치하는 행동 패턴을 보이는 것일 것이며, 그러면 이러한 데이터를 처리하기 위해 설계된 알고리즘은 경고음을 낼 것이다."[21]

우리는 이 방법을 "건초 더미 속의 바늘"이라는 미국 정보기관이 좋아하는 은유 가운데 하나의 측면에서 더 잘 이해할 수도 있을 것이다. 미국의 전 법무차관 제임스 콜James Cole은 다음과 같이 주장했다: "만약 당신이 건초 더미 속에서 바늘을 찾고 있다면, 당신은 건초 더미 전체를 샅샅이 뒤져야 한다."[22] 그러나 실제 건초 더미는 존재하지 않는다. 오히려 건초 더미는 입력 그래프의 "관찰된 활동", 즉 어떤 활동을, 누구의 활동을 관찰할지 그리고 그러한 활동이 어떻게 데이터화될지를 판단하는 정치적 결정의 배열에 따른 기술적

---

§ 그래프 이론에서 매칭(또는 독립 간선 집합)은 공통 정점을 가지지 않는 간선의 집합을 말한다. 그래프 $G=(V, E)$가 주어졌을 때, M이 G의 매칭이 되기 위해서는 M이 E의 부분 집합이면서 M에 포함되는 간선이 같은 정점을 공유하지 않아야 한다(옮긴이 주).

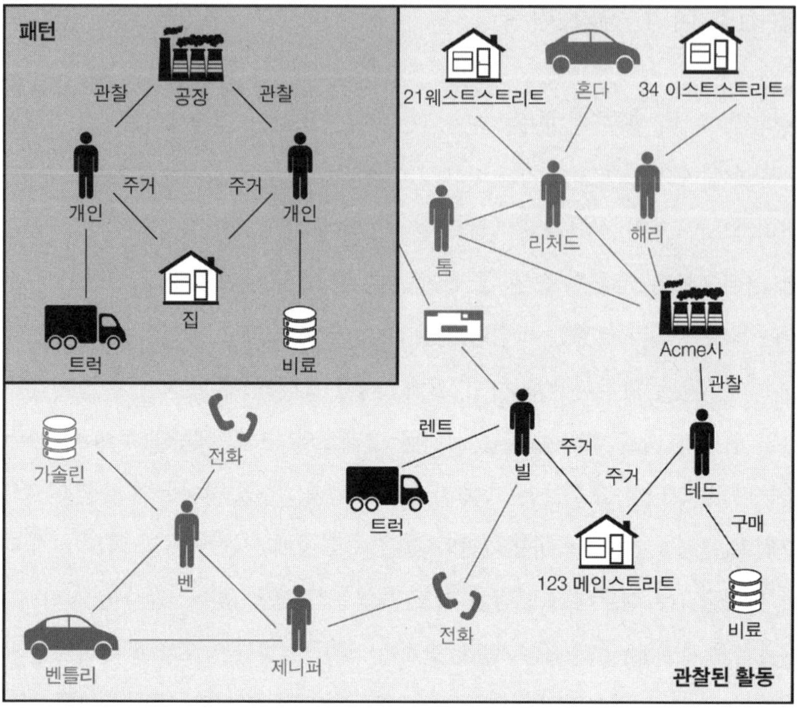

그림 1.1 '테러리스트'의 "패턴"과 이용 가능한 데이터의 "관찰된 활동"을 보여주는 그래프
자료: Seth Greenblatt, Thayne Coffman, and Sherry Marcus, "Behavioral Network Analysis for Terrorist Detection," in *Emergent Information Technologies and Enabling Policies for Counter Terrorism*, ed. Robert L. Popp and John Yen (Hoboken, NJ: Wiley-IEEE, 2006), 334.

구성물technological construction이다.

마찬가지로 바늘 같은 것 역시 존재하지 않는다. 미국 군인이나 시민을 상대로 폭력행위를 저지르려는 의도가 있는 일단의 사람이 존재할 수는 있지만, 그러한 의도는 물질인 바늘처럼 "발견될" 수 없다. 오히려 그러한 바늘은 반드시 구성되어야만 한다. 그렇게 하기 위해 NSA는 데이터화된 요소들의 "애즈 이프" 집합을 만든다. 그런 다음, NSA는 패턴 그래프와 통계적으로 닮은 것을 찾아내기 위해 그 집합을 사용하여 구성된 건초 더미(데이터 세트)를 분석한다. 앞서 언급한 가상의 '테러리스트'의 경우, 바늘은 같은 집에 거주하고, 비료를 구입하고, 트럭을 렌트하며, 동일한 공장을 관찰하는 두 사람에 대한 데이터이다. 이런 방식으로 미국 정부가 찾는 것은 바늘이 아니라, 그 '바늘'의 데이터화된 표상이다.

'바늘'은 데이터화된 세계에 대한 알고리즘적 분석을 용이하게 하는 새로운 기술적 구성물이다. 젠더, 인종, 테러리스트와 같은 사회적 구성물과 매우 흡사하게, 데이터화된 세계는 누워서 발견되기를 기다리고 있지 않다. 오히려 그것은 인식론적으로 꾸며낸 것이다. 그리고 (누가 테러리스트로 간주되는지 혹은 남자인 것이 무엇을 의미하는지에 대한) 이러한 구성물들은 국가, 미디어, 의료, 그리고 문화 전반과 같은 제도를 통해 합법화되기 때문에 또한 정치화되어 있으며, 따라서, 법학자 C. 에드윈 베이커의 표현을 빌리면, "부패되어" 있다.[23] 사회 이론가 니컬러스 로즈Nikolas Rose의 용어를 사용하면, 이러한 구성물들은 현대의 권력 관계와 분류 논리에서 태어난 "발명품"이며, 따라서 우리가 생각하기에 우리가 누구일 수도 있는가의 진정성 있는 버전이 아니다.[24]

다시 샤마유로 돌아간다: "전체 [미국 정부의] 프로젝트는 '테러리스트 지표'는 실제로 존재한다는 것을 전제로 했다. 그러나 이러한 전제는 성립되지 않았다. 다음과 같은 결론이 불가피했다: '테러리즘을 찾아내기 위한 예측적 데이터 채굴data mining에 대해 예측할 수 있는 한 가지 사실은 그것이 한결같이 틀릴 것이라는 것이다.'"[25] '테러리스트'에 대한 어떠한 단 하나의 보편적인 모델도 전 세계에서 발생하는 서로 다른 테러 공격의 매우 다양함을 어쩔 수 없이 설명하지 못할 것이다.

한 번만 읽어봐도 이러한 오류의 규칙성은 처음부터 표지 사용 포기를 시사할 수도 있을 것이다. 그러나 NSA의 공학 논리에 따라 그것은 단지 구성된 표지가 그저 더 나은 데이터를 필요로 함을 의미할 뿐이다. "모든 것의 냄새를 맡고", "모든 것을 모으고", "모든 것을 알고", "모든 것을 처리하며", "모든 것을 이용하라"가 NSA의 만트라였다.[26]

테러리스트로 간주되는 사람은 분명 하나의 구성물, 즉 어떤 특정 국가가 좋아하지 않는 사람이나 조직에 대한 분류이다. 마찬가지로 '테러리스트' 역시 구성된다. 즉 '테러리스트'는 "마치" 테러리스트에 의해 만들어진 것"같이" 보이는 데이터의 패턴을 통해 꾸며진다. 그런 다음, 이 '테러리스트'는 구성물에 대한 구성물 역할을 한다. 그러나 분명히 규정되지 않은 상대적인 테러리스트 범주와는 달리 '테러리스트' 범주는 실증적으로 존재한다. 그것은 데이터화된 모델, 즉 복사되고, 변경되며, 끊임없이 비교되는 물질적 템플릿이다.

"우리는 데이터다"는 우리가 이러한 기술적 구성물, 즉 필자가 측정가능형으로 기술하는 것으로 만들어짐을 의미한다.

여러 학문적 배경을 가진 각기 다른 일련의 학자들이 언급한 것처럼, 이러한 데이터화된 모델은 빠르게 컴퓨터 네트워크, 정부, 그리고 심지어 우리 친구들이 우리를 해석할 때 사용하는 주요 기제가 되어가고 있다.[27] 구글의 기업 데이터 수집물에서부터 NSA의 전자 저인망에 이르기까지 우리가 누구인가 하는 것은 점차 데이터 (…) 그리고 오직 우리의 데이터를 통해서 만들어진다.

지금까지 줄곧 이러한 알고리즘적 해석은 좀처럼 우리에게 알려지지 않았다. 이러한 해석은 사용되고 있는지 우리가 전혀 모를 가능성이 있는 데이터로부터 우리가 누구인지를 만들어내는데, 이러한 명백한 재귀성reflexivity의 부정은 우리 정체성의 사회 구성주의적 속성 가운데 "사회적" 구성요소를 억누르는 것이다. 그러나 누가 이러한 데이터를 어디서 가져올 것인지를 결정하는가? 어떤 데이터가 이용 가능하고 어떤 데이터가 이용 가능하지 않은가? 그리고 가장 중요한 것으로 이러한 데이터를 어떻게 유용하게 만드는가?

이 마지막 질문의 의도는 구글의 강령을 상기시켜 주기 위함에 있다: "전 세계의 정보를 배열하고 그것을 보편적으로 이용 가능하게 하고 유용하게 만드는 것."[28] 여기서 필자는 우리가 무언가를 유용하게 만드는 것이 정확하게 무엇을 의미하는가에 초점을 맞추기를 원한다. 망치는 물건을 깨뜨리는 데 유용하지만, 그러한 물건이 깨지기를 바라고 깨질 만한 가치가 있다는 가정하에서만 그러하다. 바로 그 망치는 사람을 해치거나 연극에서 소품으로 사용될 수 있다. 체호프Chekov의 명언[§]이 있었음에도, 심지어 책상 위에 놓여 있는 총도 잘못 선택된 장식물에 지나지 않을 수도 있을 것이다.

이 장은 알고리즘적 구성의 방식, 즉 정부, 기업, 그리고 연구자들이 알고리즘을 사용하여 데이터를 유용하게 만드는 방식에 대해 계속해서 살펴볼 것이다. 이러한 방식은 필자가 측정가능형이라고 부르는 것, 철학자 미셸 푸코의 말을 인용하면 "새롭게 만들어져 지식의 새로운 객체[범주]를 알려지게 하고 많은 새로운 지식을 축적하는 데이터화된 권력의 행사"에서 나오는 개념으로 시작할 것이다.[29] 측정가능형을 더 구체적으로 정의하기 위해 우리는 여러 알고리즘 사례를 둘러볼 것이다.

우리는 컴퓨터가 데이터로부터 추상적 모델을 생성하는 방식에 대해 연구하는 인공지능AI: artificial intelligence의 한 부분인 기계 학습machine learning이라는 기술에 대해 살펴볼 것이다. 우리는 70%는 '존 콜트레인'처럼, 30%는 셀로니어스 멍크Thelonious Monk[§§]처럼 연주하도록 프로그램화될 수 있는 마림바-연주 로봇에 대해 살펴볼 것이다. 그리고 점차 커져 가는 빅 데이터에 대한 관심을 감안해, 트위터 같은 서비스에서 매분 만들어지는 데이터의 거대한 원천을 통해 기계 학습 알고리즘이 우리가 알고 있는 대로의 온라인 세계를 적극적으로 재구성하게 되는 방식을 조사할 것이다.

일반적으로 말하면, 우리는 우선 컴퓨터가 데이터를 이용해 처음에는 결코 거기에 실제로 존재하지 않았던 사물들의 버전으로 만드는 방식, 즉 데이터-주도적data-driven 데이팅 사이트인 오케이큐피드OKCupid를 설립한 크리스

---

§ "1막에 권총을 소개했다면 3막에서는 쏴야 된다. 안 쏠 거면 없애버려라"라는 안톤 체호프의 명언. 이 말은 떡밥은 반드시 회수해라, 즉 쓰지 않을 장치라면 없애버리고, 등장한 요소에 대해서는 그 효과가 이어져 가야 한다는 의미이다(옮긴이 주).

§§ 미국의 재즈 피아니스트이자 작곡가이다(옮긴이 주).

천 러더Christian Rudder의 말을 인용하면, "말로 표현할 수 없는 것을 전적으로 말로 표현할 수 있는 것으로 만드는 것"에 대해 살펴볼 것이다.[30]

2. 측정가능형 정의하기

'테러리스트'는, 그것이 NSA "표지" 타격의 데이터화된 모델이건 아니면 "관찰된 활동"에 비교되는 그래프 패턴이건, 필자가 측정가능형measurable type이라고 부르는 것으로, 이것은 필자가 사회학자 막스 베버와 어빙 고프먼Erving Goffman의 "이념형ideal type"을 용도에 맞게 고친 개념이다.[31] 측정가능형은 데이터 템플릿으로, 이 세계에 대한 새로운 코드 변환된 해석을 구성하는 각기 다른 데이터화된 요소들의 결합이다. 이러한 템플릿들은 매우 흔히 이용자들에게 정체성, 즉 새로운 데이터 스트림을 기존의 데이터화된 모델에 비교하는 알고리즘적 식별을 할당하는 데 사용된다. 알고리즘적 적합도fit를 토대로 범주 구성원 자격을 할당한다: 만약 어떤 사람의 데이터가 "마치", 예를 들어 '테러리스트'가 만들어낸 것"같이" 대변된다면, 그 사람은 테러리스트로 보인다. 그리고 이어서 적합도는 측정하는 데 이용할 수 있는 데이터만을 근거로 하기 때문에, 범주 구성원 자격(과 정체성 전반)은 오로지 데이터만을 근거로 한다.

이러한 측정가능형들은 궁극적으로 경험적으로 관찰되고 데이터로 코드 변환된 분류로, 프로파일링 및/혹은 지식 추상화knowledge abstraction에 사용되는 별개의 분석 모델이 된다. 컴퓨터 과학자 브라이언 캔트웰 스미쓰Brian Cantwell Smith는 "모델을 만드는 것은 이 세계를 어떤 구분된 방식으로 생각하는 것이다"라고 적고 있다.[32] 그 결과로 생겨나는 데이터화된 모델은 시각 이론가 조해나 드러커Johanna Drucker가 데이터 객체data object§라고 부르는 것

§ 컴퓨터 과학에서 객체 또는 오브젝트object는 저장 공간에서 할당되어 값을 가지거나

이다: “모델은 어떤 특정한 데이터 세트에 대한 해석적 표현이다. 더 중요한 것은 그것은 해석자가 어떤 주어진 시간에 그것이 무엇이라고 말하는 것이다.” 그런 다음, 이러한 데이터 객체들의 정의가 새로 이용 가능한 데이터에 대해 역동적이고 재귀적인 채, 그러한 객체들은 “내보내져 다른 곳에서 이용되거나 심지어 편집될 수도 있다.”[33]

데이터의 규칙에서 우리가 누구인가 하는 것은 우리의 데이터가 어떻게 대변되는지에 좌우된다. 그리고 일반적으로 우리의 데이터는 이러한 모델들로부터 만들어진 언어로 대변된다. 혹은 스미쓰에게로 다시 돌아가면, “컴퓨터는 이러한 모델에 특별히 의존한다: 당신은 컴퓨터 속 깊은 곳에 일단의 규칙 혹은 표상이라 부르는 것의 형식으로 그 모델의 명세明細를 적어놓는다.”[34] 측정가능형 모델은 현존하는 데이터화된 객체로, 우리가 누가 될 수 있는지(그리고 없는지)와 같은 담론적 매개변수discursive parameter를 결정한다. 그 결과는 우리의 데이터가 잘 들어맞을 수도 있고 그렇지 않을 수도 있는 일련의 측정가능형 범주들이다. 그런 다음, 그러한 이후의 적합도는 분류체계가 온라인에서 우리를 알고리즘적으로 인증하는 방식을 좌우한다.

예를 들어, 2012년 한 실험연구에서 코넬 대학교Cornell University 연구자들과 페이스북은 “정서 상태가 정서 전염emotional contagion을 통해 다른 사람에게 옮겨갈 수 있어서, 사람들은 스스로 알아차리지 못한 채 동일한 정서를 경험하게 됨을 확인했다.[35] (약 70만 명이라는) 많은 페이스북 이용자를 대상으로 이루어진 이 연구에서 연구자들은 ‘긍정적인’ 표현이 연구 모집단의 뉴스 피드에서 제거되었을 때(당신은 사람들이 “나는 정말 석류를 좋아해”와 같은 글을 쓰는 것을 더는 보지 못하게 될 것임), 이용자들은 덜 ‘긍정적이고’ 더 ‘부정적인’ 업데이트를 게시했다. 유사하게 연구 모집단의 뉴스 피드에서 ‘부정적인’ 표현이

식별자에 의해 참조되는 공간을 의미하며, 변수, 자료 구조, 함수 또는 메소드가 될 수 있다. 프로그래밍 언어는 변수를 이용해 객체에 접근하므로 객체와 변수라는 용어는 종종 함께 사용된다(옮긴이 주).

제거되었을 때(당신은 석류에 대한 강조 어조의 비판을 보지 않게 될 것임), 이용자들은 더 '긍정적이고' 덜 '부정적인' 업데이트를 게시했다.

페이스북의 연구는 LIWCLinguistic Inquiry Word Count라 부르는 비교적 간단한 단어 분석 소프트웨어를 그들의 측정가능형의 토대로 사용했다. 2007년판 LIWC에서 '부정적인' 표현 및 '긍정적인' 표현의 지표는 기존의 정서 평가 척도에 따라 분류된 단어들의 목록이다.[36] 이러한 분류는 심사위원단의 심사를 받았으며, 그런 다음 2년간의 심리측정 평가 테스트 단계에 사용되었다. 마지막 단계에서 LIWC 연구자들은 예비조사 동안 0.005%보다 적게 사용된 단어를 제거했다. 그 결과, 4500개의 단어가 64개의 통계적으로 유의적인 "단어 주머니bag of words" 모델, 즉 측정가능형 모델에 속하는 것으로 나타났다.

하나의 개별적인 측정가능형으로서 '긍정적인 표현'은 "포옹하다", "공유하다", "뛰어나다*excel"(여기서 "뛰어나다*"는 또한 "뛰어난excelling"뿐만 아니라 "뛰어남excellence"도 될 수 있는 줄기임)를 포함해 408개 단어로 구성되어 있다. '부정적인 표현'의 측정가능형은 "바보 같은", "빗나간", 심지어 "괴짜"를 포함한 499개의 단어 목록에서 나온다(그림 1.2). 우리는 LIWC가 "나는 좀처럼 해산물을 친구와 공유하지 않는다 #이기적인"과 같은 상태 업데이트를 28.57% '긍정적인 것'으로 취급하는 반면, "내 머리를 후려치는 살짝 빗나간 볼링 공 #스페어 처리"와 같은 상태 업데이트는 9.09% '부정적인 것'으로 읽을 때 문제들이 어떻게 야기될 수 있는지 꽤 빨리 알 수 있다.

'긍정적인'과 '부정적인'도 분명 어떤 다른 범주나 분류처럼 오류가 발생하기 쉬운 불완전한 할당이다. 그러나 LIWC가 '긍정적인'의 측정가능형을 만든 다음에는 그것을 사용하는 빅 데이터 연구와 이후 이러한 연구에 대해 쓴 뉴스 기사에서 그것은 긍정적인 것으로 취급된다. 하나의 데이터 객체로서 그것은 그것의 이용자들에게 '긍정적인' 글쓰기와 '부정적인' 글쓰기를 판단해 주는 단 하나의 결정권자가 되며, 따라서 그것은 궁극적으로 긍정적과 부정적이 의미하는 바가 된다. 철학자 버나드 스티글러Bernard Stiegler의 글을 참

homosexual*		60	62				
honest	12	13					
honey	31	34					
honor*	12	13	47	50			
honour*	12	13	47	50			
hope	12	13	15	20	23	25	39
hoped	12	13	15	20	23	25	38
hopef*	12	13	15	20	23	25	
hopeless*		12	15	19			
hopes	12	13	15	20	23	25	39
hoping	12	13	15	20	23	25	
horny	60	61	62				
horribl*		12	16				
horrif*	12	16	17				
horror	12	16	17				
hostil*	12	16	18				
hour*	37						
house*	51	52					
how	20	21					
how's	20	21	39				
however	45						
hug*	27	30	60	62			
human	31	36					
humans	31	36					
humiliat*		12	16	17	18		
humor*	12	13					
humour*	12	13					
hundred*		11					
hunger*	60	61	63				
hungr*	60	61	63				
hurt*	12	16	19				
husband*		31	35				

그림 1.2 LIWC의 데이터 세트에는 64개의 서로 다른 범주로 배열된 4500개의 단어가 포함되어 있다. 이 그림에서 옆에 13이라는 숫자가 있는 단어는 '긍정적인' 것으로 간주되고, 옆에 16이라는 숫자가 있는 단어는 '부정적인' 것을 나타낸다.

자료: James W. Pennebaker, Cindy K. Chung, Molly Ireland, Amy Gonzales, and Roger J. Booth, "The Development and Psychometric Properties of LIWC2007," LIWC. net, 2007.

조하면, LIWC는 이 세계뿐만 아니라 우리가 누구로 보이게 될지도 기술하는 그 자체의 특별한 "문법"을 만들어낸다.[37]

LIWC 사전에는 텍스트 분석에 이용 가능한 다른 많은 측정가능형이 존재한다: '분노', '슬픔', '건강', '성적인', '일work', '여가', '종교', 심지어 '죽음'. LIWC가 텍스트의 특성을 평가하기 위해 사용하는 근사치들approximations§은 당연하게도 모든 것을 다 포괄할 수 없다. 이 세계를 추상화해서 나타내려는 모든 시도와 마찬가지로 어떠한 측정가능형도 어쩔 수 없이 불완전할 수밖에 없다. 따라서 측정가능형의 목표는 대표성의 정확성이 아닌 작동 가능성operability과 효율성을 지향한다. 디지털 인문주의자 윌러드 매카티Willard McCarty는 "컴퓨터는 본질적으로 지식 주크박스가 아니라 모델링하는 기계이다"라고 적고 있다.[38] 그래서 "좀처럼 ~하지 않는"이 '긍정적'으로 잘못 해석될 때, 그것은 그 측정가능형 자체를 버릴 이유가 아니라, 그 외에는 만족스러운 모델의 이상치outlier로 여겨진다.

서사, 맥락, 그리고 역사의 인간 중심적인 복잡성에서 벗어나 닫힌 집합closed set§§ 내의 측정 가능한 데이터화된 요소들(수학적 집합론으로 나타내면, 'sexual' = [abortion, aids, arous*, ass, asses, bi, (…) womb*])에 가까워지는 이러한 범주적 의미의 재지표화는 측정가능형에게 담론적으로 갇혀 있으면서 경험적으로 정의할 수 있는 의미의 용기容器 역할을 부여한다.[39] 이 집합은 언제든 열릴 수 있어서, 필자는 필자 자신의 필요와 해석에 맞춰 단어들을 그 사전에 추가하고 그 사전에서 뺄 수 있다. 혹은 LIWC 팀이 2015년판 LIWC

---

§ 근사 알고리즘approximation algorithm은 어떤 최적화 문제에 대한 근사해를 구하는 알고리즘을 의미한다. 이 알고리즘은 가장 최적화되는 답을 구할 수는 없지만, 비교적 빠른 시간에 계산이 가능하며 어느 정도 보장된 근사해를 계산할 수 있다(옮긴이 주).

§§ 닫힌 집합 또는 폐집합閉集合은 스스로의 경계를 모두 포함하는, 위상 공간의 부분 집합이다. 열린 집합은 닫힌 집합의 여집합이며, 반대로 닫힌 집합은 열린 집합의 여집합이다(옮긴이 주).

에서 그랬던 것처럼, 분류된 단어의 수정된 목록으로 새 버전을 만들 수도 있다. 그러나 사람들이 사용을 고려하지 않는 불활성 상태에 있는 '성적인'과 같은 데이터 객체는 단어와 의미 간의 불완전하지만 정적인 관계로 정의된다.[40] LIWC의 측정가능형 모델의 닫힌 한정된 공간 내에서는 '성적인' 담론의 역동성이 순식간에 사라진다.

측정가능형 모델은 이념형의 데이터화된 버전이다. 막스 베버가 처음 사용한 개념인 이념형은 "하나 이상의 관점에 대한 일방적인 강조와 분산되어 있고, 분리되어 있고, 거의 존재하면서도 가끔은 부재하는 아주 많은 구체적인 개별 현상의 통합에 의해 형성되는데, 이러한 개별 현상들은 일방적으로 강조되는 그러한 관점들에 따라 하나의 통합된 분석적 구성개념으로 배열된다". 그리고 평판이 좋은 모든 이념형처럼 "개념적 순수성을 지닌 이러한 정신적 구성 개념은 현실 그 어디에서도 발견될 수 없다".[41]

50년 뒤, 사회학자 어빙 고프먼은 이러한 이념형을 "무대setting, 외모appearance, 몸가짐manner"§ 간에 구성된 양식상의 일관성coherence, 혹은 좀 더 일반적으로 말하면, 특정 상황에 적합한 행동을 위한 사회적 규범으로 정의했다. 고프먼은 엠파이어 스테이트 빌딩Empire State Building 부동산 중개인인 로저 스티븐스Roger Stevens와 같은 부자가 "작은 집과 변변찮은 사무실"을 가지고 있고 "중개소 로고가 인쇄되어 있는 편지지"를 사용하지 않음으로써 그의 삶이 어떻게 부유한의 이념형을 수행적으로performatively 거스르는지 보여주는 사례를 우리에게 제시한다.[42] 스티븐스의 예가 보여주는 결함이 있는 비일

---

§ 고프먼은 자신의 저서 『일상생활에서의 자기 표현*The Presentation of Self in Everyday Life*』에서 인간의 사회생활을 무대 위의 연극에 비유하고 인상관리impression management 과정을 공연으로 보면서 이러한 공연 중 관찰자를 위해 공연의 일반적이고 고정된 형태로, 규칙적으로 기능하는 부분인 전면을 무대, 외모, 그리고 몸가짐으로 보았다[자료: 박정진, 「문화시론/한국문화의 예술적 이해를 위한 시론(II): 예술인류학의 신화적 원형과 사례 연구」, http://www.arko.or.kr/zine/artspaper88_07/19880705.html](옮긴이 주).

관성은 부유한 존재의 일방적인 이념형에 도전한다. 그는 얼마나 그의 신분에 맞지 않게 처신하는가!

따라서 고프먼의 이념형은 규범을 만들어낸다. 그리고 이러한 규범은 다시 전통적인 이념형의 방식으로 스티븐스와 같은 사람들을 그들의 신분에 맞게 처신하도록 훈육하는 데 사용된다. 사회학자 피에르 부르디외Pierre Bourdieu가 명확히 했듯이, 어떤 특정 계층의 수행은 수입이나 자기-동일시를 넘어서서 범주적 정체성을 정의하는 한없이 이어지는 문화적 자격조건cultural qualification 목록과 결부되어 있다.[43] 부유한 것이 잔고가 많은 은행 계좌를 가지고 있는 것에 대한 것만은 아니다. 그것은 또한 드뷔시Debussy[§]의 작품을 아는 것, 프랑스어를 정확히 발음하는 것, 캐비아caviar 맛을 정말 즐긴다고 주장하는 것에 대한 것이기도 하다.

앞선 이념형은 권능화된empowered 베버식式 일의성univocality[§§]에 의해 긴밀하게 묶여 있는 부유함이 의미하는 것에 대한 근본적인 이상주의적 모델이다. LIWC의 '성적인'의 측정가능형 역시 유사하게 본질적인 일방적 표상을 만들어낸다. 그러나 이념형이 부유함의 의미를 정의하는 것이 불가능한 것과는 달리, '성적인'의 측정가능형은 하나의 정의된 데이터 객체로 존재한다. 그것은 프로그램화되어 있고, 하나의 데이터 세트로 기록되어 있으며, 그런 다음 당신의 페이스북 상태 업데이트가 얼마나 '성적인'지에 대한 백분율 값을 계산하는 데 수학적으로 사용된다.

그러나 부유함이 무엇을 의미하는지—혹은 누가 '테러리스트'인지 그리고 무엇이 '성적인'지—는 불가피하게 변한다. 그것의 의미는 정의에 대한 서로 경합하는 이론적·실제적 주장들이 순환함에 따라 진화한다evolve.[§§§] 2010년에 부자가

§ 프랑스의 작곡가이다(옮긴이 주).

§§ 막스 베버는 이러한 일의성一意性에 도달하기 위해서 순수한 이념형이 필요하다고 보았다(옮긴이 주).

§§§ 책의 저자와 가진 수십 차례 이메일에서 저자는 "진화"는 매우 "비선형적nonlinear"으로

되기 위해 가져야 하는 돈의 액수와 2015년에 부자가 되기 위해 가져야 하는 돈의 액수는? '테러리스트들'이 시도하는 음모는? 2007년에서 2015년 사이의 '성적인' 단어는?(답: "양성애적인*bisexual", "제비족*gigolo", "스윙어*swinger"[§]).

어떠한 이념형 정체성의 인식론적 구성은 구체성concreteness에 의존할 수 없고 오히려 역동적 현상들의 근사치approximation에 반드시 의존해야 한다. 철학자 가스통 바슐라르Gaston Bachelard는 이것을 "추상적-구체적 객체"abstract-concrete object로, 즉 세상은 끊임없이 변한다고 가정하는 물리적 세계에 대한 불완전한 주장으로 이해했다.[44] 측정가능형도 다르지 않다. 그것들의 계산 모델은 매카티가 "지식의 고정된 구조라기보다는 알아가는 과정에서의 일시적인 상태"로 기술하는 것이나.[45]

물론 "지식의 고정된 구조"가 없더라도 지식은 여전히 구조이다. 푸코의 권력/지식에서부터 정치 이론가 안토니오 그람시Antonio Gramsci의 패권적 지식 및 대항패권적counterhegemonic 지식과 다수의 사회 구성주의적인 인식론적 비판에 이르기까지, 알려져 있는 것은 늘 권능화된 관계이다.[46] 실제로 삶은 구조가 없는 것도 아니고 그렇다고 자연적으로 발생하지도 않는다. 삶은 늘 권력에 관한 것이다.

기존의 분류 이론 역시 당연히 서로 다른 분류 유형들이 어떻게 구성되고, 변하고 있으며, 그리고 늘 불완전한지를 잘 보여준다. 사회학자 마이클 오미Michael Omi와 하워드 와이넌트Howard Winant의 인종 구성에 관한 저서와 이론가인 제프리 바우커와 수전 리 스타의 『사물 분류하기*Sorting Things Out*』처럼, 분류에 관한 학문은 권력을 쥐고 있는 사람들에 따라 그리고 권력을 쥐고 있는 사람들을 위해 구성된 담론의 세계(와 그러한 구성물들이 어떻게 역동적으로 권

진행된다는 입장을 가지고 있음을 밝힌 바 있다. 따라서 독자 여러분은 이 책에 등장하는 "진화"라는 단어는 비선형적 속성을 포함하고 있어서, "점진적으로(즉, 선형적으로) 변화하는" 현상이 아니라는 점을 염두에 두어야 할 것이다(옮긴이 주).

§ 섹스 파트너를 교환하는 부부나 연인을 말한다(옮긴이 주).

력에 몰두하는지)를 이미 연대기적으로 기록해 왔다.[47] 측정가능형들은 이러한 한결같은 변화가 준실시간으로 정의될 수 있다는 사실 자체로 이러한 학문분야를 확장시킨다. LIWC의 경우, '성적인'은 데이터 분석에 사용되는 96개의 서로 다른 단어로 구성된 목록이다. 어떤 '성적인' 단어가 추가되거나 제거될 때, 그러한 변동사항은 저장되고, 업데이트된 데이터 객체로 수정되며, 따라서 무엇이 '성적인'지를 판단하는 철저히 점검된 새로운 결정권자의 일부가 된다.

LIWC 스스로 마케팅하듯이, 우리의 "생각, 감정, 개인성, 그리고 동기 부여"는 이러한 일시적인 측정가능형 데이터 객체를 근거로 우리의 글을 통계적으로 분석한 것에 따라 만들어지고 규제된다.[48] 데이터가 우리를 정의할 때, 온라인에서 이루어지는 우리의 정서적·심리적 삶의 복잡성은 대규모의 근사적 데이터 분석을 위해 단조로워진다. 같은 맥락에서 디지털 이론가 데이비드 M. 베리David M. Berry도 "컴퓨터 과학자들에게 그것은 계산을 가능하게 조건인 연속인 것에서 이산적인 것으로의 변환[§]이다"라고 주장한다.[49] 무언가를 컴퓨터에서 작동 가능하게 하기 위해서는 처리 가능한 이산적인 요소들로 코드 변환되어야 한다. 데이터화된 삶은 과학 및 기술 학자인 쉴라 재서노프Sheila Jasanoff가 "사람들의 개인적인 속성과 행동의 복잡하게 얽힌 실체들을 객관적이고 다루기 쉬운 숫자 언어로 바꾸는 데 필요한 단순화하는 움직임"이라고 부르는 것을 경험한다.[50]

이러한 이동은 우리가 평가되고 판단되는 분류 기준을 설정하는 계량적 기준을 만들어낸다. 사학자 씨어도어 포터Theodore Porter가 『숫자에 대한 신뢰*Trust in Numbers*』에서 적었듯이, "숫자는 사람을 객체로 바꿔 조작되게 한다".[51] 최근에는 "10% '성적인'" 것의 식별이 소셜 월드social world를 페이스북과 같은 회사가 알아차리지 못하는 이용자들을 기반으로 실험을 수행할 수 있는 순

§ 아날로그적인 것을 0과 1의 이산적인 이진법으로 바꾸는 것을 말한다(옮긴이 주).

수한 기본적 실증주의로 개조하고 있다. 그 이전에는 IQ 검사가 지능에 대한 표준화된 패권적인 계량적 정의를 만들어낸 바 있다.[52] 훨씬 더 이전에는, 정치학자 제임스 C. 스캇James C. Scott과 사학자 메이 가이Mae Ngai의 글을 인용하자면, 전미全美 인구 센서스가 숫자를 통해서 우리뿐만 아니라 국민-국가nation-state 자체를 만들어냈다.[53] 젠더 및 인종 이론가인 그레이스 홍Grace Hong은 "센서스는 차이의 정규화regularization를 통해 추상적인 공간을 만들어낸다"라고 적고 있다.[54] 인종이 무엇이고, 젠더가 무엇이며, 따라서 누가 국가의 시민으로 간주되는가?—역사와 맥락이 숫자로 만들어질 때 이 모든 것이 다시 써지고 표준화된다. 실제로 사회적 삶을 수량화하는 계보는 "우리가 데이터"라는 현대의 새로움보다 수 세기 앞선다.

센서스가 무엇을 계산하고 누가 센서스에 중요한지의 조건을 특정하는 패권력 권력과 매우 흡사하게, 측정가능형들 역시 권능화된 해석의 거듭되는 반복에 대한 부담을 안고 있다. 우리 데이터의 근원에는 처리되기 전부터 가지고 있던 선험적 가치가 늘 존재한다. 이 점은 "'원 데이터raw data'라는 표현은 반어적이다"라는 오래된 주장을 반복한다.[55] 데이터의 생산은 발생 단계에서부터 기존 의미의 그물에 둘러싸여 있는데, 이 점에서 데이터는 "주어지는 것이 아니라 만들어진다".[56] 이와 같이 "원 데이터"라는 용어를 사용하는 사람은 누구나 그 데이터가 어디에서 왔는지를 억지로 잊어버린다. 우리의 측정가능형 정체성을 구성하는 데이터는 반드시 역사를 가지고 있으며, 그러한 역사는 인간의 간섭에 조금도 영향을 받지 않은 것이 결코 아니다.[57]

"연속적인 것에서 이산적인 것으로의 변환"처럼 측정가능형들이 우리의 이용 가능한 데이터로부터 만들어질 때, 우리 자신의 관점, 역사, 그리고 맥락에 대한 체험된 구체성이 이러한 정체성 식별에 대한 객체하 주장에 의해 거부된다. 이러한 거부는 여성학 이론가 도나 해러웨이가 유전학 연구의 "신체적 페티시즘corporeal fetishism"§을 비판한 것과 궤를 같이한다. 해러웨이에게 유전자는 "유령 객체", 즉 "신체들이 상호작용 망의 교점node이라는 것을 잊는" 신체의 추상화이다.[58] 페티시즘적 해석은 신체의 개별성particularity을 누락시킴으로써 신체를 정적인 지식의 배열로 코드 변환한다. 해러웨이가 "이질적 관계성heterogeneous relationality"이라 부르는 것의 체험된 실재성이 "고정된, 외견상 객관적인 것"으로 바뀐다.[59]

예를 들어, 이 책 도입부에서 보았듯이 어떤 신체를 생체 인식 기술을 통해 읽을 때, 그 신체는 생체 인식기의 '인간'에 대한 측정가능형 정의에 따라 측정되고, 분석되며, 분류될 수 있는 객체로 여겨진다. 생체 인식이 실패할 때, 그 이유는 정확히 누군가의 신체가 그 '인간 템플릿'의 데이터화된 기준과 맞지 않기 때문이다.[60]

신체적 페티시즘은 신체를 추상화하며, 따라서 '인간'을 "고정된" 데이터 객체로 만들어버린다. 그리고 그렇게 일시적으로 고정되는 동안 처리하기 힘든 세상에서 경험한 일련의 차이는 깎여나가 버린 채 사용할 준비가 된 완전체가 된다. 그것은 컴퓨터 과학에서의 추상화인데, 컴퓨터 과학에서는 '인간' 템플릿 같은 "하나의 완전한 설명whole explanation이" 인간으로 간주되는 다양한 신체처럼 "일련의 가능한 상황에 적용된다".[61]

신체적 패티시즘이 신체의 객체화이듯이, 측정가능형 식별의 범주적 페티시즘 역시 그러한 범주를 하나의 객체로 코드 변환한다. 무엇이 '성적인' 것인가에 대한 완전체가 거의 무한한 영어 단어 구성체에 적용된다. 그리고 우리는 우리의 데이터가 어떤 특정한 "완전한 설명" 데이터 템플릿과 오직 일치할 때만 인정받는다.

---

§ 페티시즘은 이상 성욕의 하나로, 이성의 몸의 일부, 옷가지, 소지품 등으로부터 성적性的 만족을 얻는 것을 말한다(옮긴이 주).

3. 알고리즘적으로 측정가능형 정의하기

원 데이터 같은 것은 존재하지 않지만, 데이터를 "요리하는" 문화적·정치적 기초 재료는 아무 손실 없이 측정가능형 산출물output로 변환되지 않는다. "무엇이 성적性的인가?"와 "누가 테러리스트인가?"는 모두 규범 속에 뿌리를 둔 질문이지만, 데이터에 대한 접근과 둘 각각이 의미하는 바에 대한 가정 모두는 이러한 권력 관계를 공정하게 공유하지 않는다.[62] 모든 데이터를 특징짓는 처음의 요리 품질은 테러리스트와 '테러리스트' 사이를 잇는 다리를 완벽하게 놓을 수 없는데, 그것은 정확히 이 두 범주가 뚜렷이 다른 둘에 대해 이야기하고 있기 때문이다.

한편으로 테러리스트는 법적·정치적 지식에서 나온 느슨하게 정의된 하나의 이념형, 즉 국가의 적으로 할당된 사람들을 나타내는 잔혹한 대용어이다. 조지 W. 부시George W. Bush 대통령이 2012년 9월 20일 양원 합동회의에서 한 연설에서 보듯이, 그것은 분석이라기보다는 명령이다: "우리와 함께 하든지 아니면 테러리스트와 함께 하든지 둘 중에 하나를 하라."

다른 한편으로 '테러리스트'는 권능화된 데이터 객체이다. 그것은 이용 가능한 데이터에 따라 누가 '테러리스트'로 간주되는지 정확하게 정의한다. '테러리스트'는 신속히 NSA 분석가의 눈에는 테러리스트로 보이게 되지만, 그것의 범주적 정의는 여전히 전혀 다르다. 어떤 사람이 테러리스트처럼 보이는 행위를 할 수도 있을 텐데, 그러면 그 사람은 테러리스트로 식별된다. 그러나 그 사람의 데이터가 NSA의 기존 데이터 템플릿과 일치하지 않는다면, 그 사람은 '테러리스트'가 아니다. 따라서 누가 '테러리스트'로 인정되는가 하는 것은 그들의 데이터가 측정될 수 있고 따라서 해석될 수 있는 사람들로 한정된다. 제프리 바우커는 다음과 같이 동의한다: "만약 그것이 원칙적으로 측정할 수 없거나 측정되지 있지 않다면, 그것은 존재하지 않는다."[63]

LIWC의 '성적인'에 대한 휴먼 큐레이션human curation§은 데이터가 어떻게 실증적 객체가 되는지에 대한 생산적인 사례를 우리에게 제공하는 반면, 일부 가장 흥미로운 측정가능형들은 인간이 아니라 알고리즘에 의해 큐레이션된다. 미국의 '테러리스트'는 정확히 이것이다: 알고리즘에 의해 구성된 데이터 객체. 그래서 인간은 알고리즘들을 코드화하고 그것들의 작동 가능한 데이터 구조를 정의할 수도 있지만, 알고리즘적 처리로 새롭게 나타나는 의미들은 뚜렷이 다른 종류의 측정가능형을 만들어낸다. 인류학자 톰 보엘스토프Tom Boellstorff가 "플랫폼-애그노스틱 이론platform-agnostic theory"§이라고 부르는 것을 따라, 이 장의 나머지 부분은 어쩔 수 없이 단 하나의 영역이나 맥락으로 범위를 제한함이 없이 이러한 뚜렷한 차이를 발굴해 내는 것을 목표로 하는 알고리즘적 지식의 이론적 틀을 개략적으로 만들어나갈 것이다.[64]

우리의 네트워크화된 사회를 상호-구성하는coconstitute 편재적 감시로 인해, 측정되는 데 이용 가능한 것들이 끊임없이 증가하고 있다. "빅 데이터"라 부르는 것을 향한 현재의 움직임, 즉 디지털 학자 대나 보이드danah boyd§§와 케이트 크로포드Kate Crawford가 다음과 같이 정의하는 것을 예로 들어보자:

> 다음과 같은 것들의 상호작용에 기초하는 문화적·기술적·학문적 현상:
> ① 기술: 큰 데이터 세트를 수집하고, 분석하고, 연결하며, 비교하기 위해 계산력과 알고리즘적 정확성을 극대화하는 것.

---

§ 추천이란 뜻으로 다른 사람이 만들어 놓은 콘텐트를 개별 목적에 따라 분류하고 배포하는 것을 말하는데, 큐레이션에는 인공지능 기반 알고리즘 큐레이션과 관련 전문가가 본인의 전문성을 바탕으로 콘텐트를 추천해 주는 전통적인 추천 서비스인 휴먼 큐레이션이 있다(옮긴이 주).

§ 애그노스틱 기술agnostic technology이란 작동 시스템에 대한 아무런 지식이 없더라도 기능을 수행할 수 있도록 하는 기술을 말하는데, 예를 들어 플랫폼-애그노스틱platform-agnostic 소프트웨어 기술은 어떠한 운영 체제나 프로세서의 조합인지에 대한 아무런 지식이 없더라도 상관없이 기능을 수행할 수 있는 소프트웨어 기술을 의미한다(옮긴이 주).

§§ 대나 보이드는 자신의 성과 이름의 첫 글자를 소문자로 사용하고 있다(옮긴이 주).

② 분석: 경제적·사회적·기술적·법적 주장을 하기 위해 큰 데이터 세트를 이용해 패턴을 식별하는 것.

③ 신화神話: 큰 데이터 세트가 진실, 객관성, 그리고 정확성의 오라aura§를 풍기면서 이전에는 불가능했던 통찰력을 생성할 수 있는 더 높은 형식의 지성과 지식을 제공한다는 널리 펴져 있는 믿음.[65]

이 책의 목적상, 빅 데이터는 비非알고리즘적, 비非-빅-데이터 형식들보다 더 진실하고 더 효과적인 것으로 간주되는 알고리즘적 지식 생산으로의 이동을 나타낸다. 엄청난 규모의 이용 가능한 데이터로부터 지식을 만들어냄으로써 빅 데이터는 놀라울 수도 있겠지만 그럼에도 정확하다고 여겨지는 측정가능형들("통찰력")을 만들어낸다. 이리하여 (빅big보다는 작은) 것에 대한 지역의 평가는 불완전할 것이라는 바로 그 이유에서 빅 데이터는 유용한 것으로 간주된다. 그보다 더 작은 것은 너무 세밀하다는 것이다, 즉 어떤 특정한 모드나 세트에 너무 초점을 맞춘다는 것이다. 이것을 비유적으로 표현하면, 나무만 보고 숲을 보지 못하는 것이 아니라 숲만 보고 숲의 생태계를 보지 못한다는 것이다.

빅 데이터는 거리§§를 두고 분석될 필요가 있는데, 왜냐하면 프랑코 모레

---

§ 벤야민은 예술작품의 유일무이한 현존성을 '오라'의 개념으로 설명한다. 예술작품의 기술적 복제시대에 위축되는 것은 그 작품의 오라이다. 그리고 이러한 위축과정이 갖는 의미는 예술의 영역을 훨씬 넘어선다. 이 오라적 경험이 전통적 경험방식이었다면 이제 복제기술은 복제된 것을 "전통"의 영역에서 분리시킨다[자료: 발터 벤야민 "기술복제시대의 예술작품: 3판 읽기(주요 테제를 중심으로 요약, 해설)", http://www.leemin.org/text7_1.html](옮긴이 주).

§§ 'at a distance'를 '멀리서' 혹은 '원격으로'라고 번역하지 않고 또 'distant'나 'distanced'를 '소원하게'라고 번역하지 않은 이유는, 이 책의 저자는 이 책에서 거리distance는 물리적 거리이자 심리적 거리를 동시에 의미한다고 말하기 때문에 어느 한쪽으로 나타내는 단어로 번역하면 다른 한쪽의 의미를 포함하지 못하기 때문이다[자료: 저자와의 이메일 교신](옮긴이 주).

티Franco Moretti§가 주장하듯이 "다시 말하면, 거리는 지식의 조건이다: 거리는 [단 하나의] 텍스트보다 훨씬 더 작거나 훨씬 더 큰 단위들에 초점을 맞추게 해준다".[66] 빅토르 마이어-쇤베르거Viktor Mayer-Schönberger와 케네쓰 쿠키어Kenneth Cukier 같은 빅 데이터 실무전문가들은 실제로 분석적 엄격성을 염려하지 않는다: "대규모로의 이동은 정확성에 대한 기대뿐만 아니라 정밀성을 얻는 실제적인 능력도 변화시킨다."[67] 그 대신, 빅 데이터는 디지털 컴퓨터와 편재적인 감시가 도입되기 이전 시대에는 모든 데이터를 저장할 수 있는 대역폭과 메모리를 가지고 있지 않았기 때문에 이전에는 우리에게 이용 가능하지 않았던 이 세계의 새로운 버전을 이해하는 것에 대한 것이다.

그러나 모레티는 데이터 과학자가 아니다. 그는 "원거리 읽기distant reading"§§라는 개념을 처음 만들어낸 것으로 널리 알려진 인문주의자이다. 독특한 의미론적·문법적 사용을 찾아내기 위해 특정 텍스트의 어떤 부분을 공을 들여 분석하는 "꼼꼼히 읽기close reading"라는 영어 훈련 실습과 달리, 원거리 읽기는 많은 양의 텍스트를 면밀히 읽을 수 없는 데서 효용성을 찾는다.[68] 한 인간이 헤밍웨이Hemingway가 쓴 작품의 모든 단어를 읽고 기억할 수는 없으며, 20세기 초반 이래 미국에서 태어난 다른 작가들이 쓴 작품에 대해서는 더더욱 그렇게 할 수 없을 것이다. 그러나 컴퓨터는 매우 쉽게 그리고 효율적으로 그렇게 할 수 있다. 물론 컴퓨터는 사내다움의 조건에 대한 헤밍웨이의 묘사나 그의 작품에 나타나 있는 사랑, 상실, 여성 혐오와 같은 주제의 미묘함까지는 이해하지 못할 수도 있다. 그러나 다시 한 번 말하지만 컴퓨터는

---

§ 이탈리아 출신의 비교 문학자이자 영문학자. 2005년에는 스탠퍼드 대학 영문학과 교수로 재직하면서 동 대학 소설 연구 센터를 이끈 바 있으며, "멀리서 읽기distant reading"라는 거시적 방법론을 제시했다(옮긴이 주).

§§ 개별 텍스트를 세세하게 읽어 의미를 파악하는 대신 데이터를 수집하고 분석하는 통계 방법을 이용해 방대한 양의 텍스트를 전체적으로 이해하자는 방법론을 말한다(옮긴이 주).

텍스트를 즐거움이나 해석을 위해 읽고 있는 것이 아니라, 어떤 단어가 있고 단어가 어떤 순서로 되어 있으며 어떤 빈도로 나타나는지를 분석하고 있다. 모레티의 "아는 것은 읽는 것이 아니다"라는 논란의 여지가 있는 선언을 따르자면, 이러한 유형의 분석은 즐거움이 아니라 지식에 관심이 있다.[69]

빅 데이터로 인해 생성되는 지식은 일반적으로 데이터 채굴로 알려진 것을 통해 알고리즘적으로 정의된다.[70] 그러나 지리학자 로브 키친Rob Kichin은 "패턴을 식별하는 것과 패턴을 설명하는 것은 다르다"라고 말한다.[71] 같은 방식으로 알고리즘적 패턴 분석이 우리의 정체성 식별에 대한 담론적 윤곽을 만들어낼 때, 우리가 누구인지는 설명할 수 없는 현상이 된다. 우리의 빅 데이터-알고리즘적 정체성은 오직 상관관계에 의해서만 통계적으로 운명 지어진다.

거의 10년 동안 세포 생물학을 연구해 온 필자의 친구 이야기를 살펴보자. 그녀가 그 일을 하려면 학술지와 세포 발달 및 실험방법론에 대한 보고서를 읽으면서 그녀의 삶 가운데 엄청나게 많은 부분을 온라인에서 보내야 한다. 세포 생물학 연구와 같은 분야, 심지어 그녀의 부전공인 단백질 품질 제어 및 신경 퇴행neurodegeneration 분야에서 최신 연구 정보에 정통하기 위해서는 상당한 노력이 필요하다. 과학 학술지 목차와 연구 관련 핵심어를 알려주는 구글 알리미Google Alerts에 대한 그녀의 집계된 RSS 피드[§]는 끊임없이 새로운 정보를 대량으로 만들어낸다. 그리고 2012년 봄 그녀는 그녀 분야의 최신 문헌에 대한 리뷰를 마무리 중이었는데, 이 일로 그녀는 훨씬 더 많은 시간을 컴퓨터 스크린을 통해 훨씬 더 많은 논문을 읽는 데 써야 했다.

이 무렵, 하나의 온라인 트랜드trend—"구글은 당신이 누구라고 생각하는가?"

---

§ 어떤 사이트가 있을 때, 그 사이트를 매일 방문해서 재미있는 새로운 기사가 있는지 확인하는 것은 번거로운데, 그 사이트를 직접 방문하지 않고 새 기사들만 자신의 컴퓨터로 배달된다면 편리할 것이다. RSSReally Simple Syndication 피드란 새 기사들의 제목만 또는 새 기사들 전체를 뽑아서 하나의 파일로 만들어놓은 것이다(옮긴이 주).

—가 트위터와 페이스북 같은 소셜 네트워크에서 회자되기 시작했다. 각 구글 계정에 당신의 '나이'와 '젠더'에 대한 인구통계학적 추정치라는 새로운 특성이 소개되었다. 이 추정치는 대체로 당신이 어떤 웹사이트를 방문하는지를 근거로 했는데, 좀 더 "개인화된" 검색 결과 세트를 제공하기 위해 방문한 모든 웹사이트는 구글에 의해 수집되고 처리되었다.

도입부에서 언급한 것처럼, 구글은 필자와 필자의 행동을 꽤 부정확하게 해석했다. 어느 일요일 브런치brunch§ 시간에 필자는 과학자인 친구에게 구글의 이러한 오판에 대해 말했다. 그녀는 그것을 보았으며 그녀 역시 구글의 그런 짐작이 우스웠다고 말했다. "실제 삶real life"에서 그 친구는 28세의 여성이었다. 그러나 "구글 삶Google life"에서 그녀는 '45세에서 65세' 사이의 '남성'이었다. 무엇보다도 그녀의 정체성이 엉뚱해 보였다. 그러나 구글의 추론 논리에 따라 생각해 본 후에는 이해가 되기 시작했다. 그 친구의 웹 습관은 거의 전적으로 그녀의 일과 일치했다. 그녀는 (대부분) 나이가 든 남자들이 쓴 논문을 살펴보고 있었고, 나이 든 남자들이 장악하고 있는 분야에 속해 있었으며, 나이 든 남자들의 감독하에서 일을 하고 있었다. 만약 당신이 모든 시간을 온라인에서 세포 생물학에 관한 과학 학술 논문을 읽는 데 보낸다면, 당신이 나이 든 남자가 아닌 누구라고 구글이 생각하지 못할 이유가 어디에 있겠는가?

젠더와 나이에 대한 이러한 명백한 실수는 나이 든 남자를 알고리즘적으로 '나이 든' '남자'로 재구성한 결과이다. 구글의 엄청난 양의 데이터를 사용하여 구글의 기계들은 (누가 '테러리스트'인지에 대한 그래프 패턴과 다소 비슷한 방법으로) '나이 든'과 '남자'가 의미하는 바를 배웠다. 그리고 마침내 필자의 친구의 인터넷 사용은 '젊은' '여자'의 행동 모델보다 더 유의적으로 '나이 든' '남자'의 행동 모델과 일치함이 드러난다.

---

§ 아침 겸 점심 식사를 말한다(옮긴이 주).

그러나 이러한 패턴-기반 인구통계학적 모델을 만들어내는 구글 자체의 방법론은 블랙박스로 포장되어 있고, 전유권專有權을 가지고 있으며, 따라서 비밀에 싸여 있다. 우리는 어떤 사람을 '나이 든' '남자'로 판단하는지 결코 정확히 알 수 없을 수도 있지만 관련된 두 알고리즘 사례를 함께 묶음으로써 구글이 측정가능형을 구성하는 데 사용하는 기저 논리를 더 잘 이해할 수 있다. 첫째, 구글에 있는 일부 연구자들은 "수용자 도달 메트릭스를 계산하기 위해 몇 가지 서로 다른 자료원들, 즉 미국 센서스 데이터, 애드 서빙 네트워크ad serving network§의 애드 서버 로그, 퍼블리셔publisher§§가 스스로 보고하는 인구통계학적 데이터, 그리고 대표성 있는 온라인 패널로부터 얻는 데이터 조합"을 기반으로 수용자들을 '나이'와 '젠더'의 측면에서 정의하는 방법을 공개적으로 제안했다.[72] 여기서, 제안된 '나이 든'과 '남자'라는 범주는 "대표성 있는 온라인 패널"을 포함해 다수의 각기 다른 데이터원을 토대로 해서 각기 다른 인구통계학적 측정가능형의 눈금을 정확히 조정할 뿐만 아니라 만들어낸다.

둘째, 샌프란시스코를 기반으로 하는 알렉사Alexa와 버지니아주 레스턴Reston을 기반으로 하는 콤스코어comScore 같은 데이터 분석 회사들도 그들 자신의 이용자들에 대한 유사한 인구통계학적 평가를 하며 그들의 방법론에 대해 훨씬 더 공개적으로 논의한다. 두 회사 모두 '나이'와 '젠더'뿐만 아니라 '교육' 그리고 당신에게 '자녀가 있는지' 여부와 같은 측정가능형을 만들어내기 위해 패널 분석에 크게 의존한다.[73] 좀 더 구체적으로 말하면, '젠더'의 측면에서 두 회사는 남자로 식별되는 이용자들과 여자로 식별되는 이용자들을

---

§ 애드 서빙은 퍼블리셔의 웹페이지나 모바일 앱 내의 어떤 광고 공간(인벤토리)에 어떤 광고를 삽입할지 결정하는 과정을 거쳐 광고를 실제로 내보내는 것이다. 이를 담당하는 컴퓨터를 애드 서버ad server라고 한다. 대형 퍼블리셔, 애드 네트워크 그리고 광고주는 본인들의 애드 서버를 갖고 있기도 하다(옮긴이 주).

§§ 여기서는 웹 퍼블리셔, 즉 웹 페이지를 만드는 사람을 말한다(옮긴이 주).

집단으로 묶은 다음 각 집단의 웹 행동도 함께 집계했다. 각 집단의 가장 빈도가 높은 검색 쿼리, 웹-브라우징 습관, 그리고 다른 온라인 행동이 '남자'와 '여자'라는 데이터 객체가 되는 것을 결정했다. '나이'를 구성할 때도 같은 방법이 사용되었으며, 우리가 생각해 낼 수 있는 어떤 성격적 특성이나 정체성에 대해서도 같은 방법이 사용될 수 있을 것이다.

이것은 컴퓨터 과학자들이 준準지도 학습semi-supervised learning§으로 부르는 것인데, 이러한 학습에서는 남자로 식별되는 이용자들의 평균적인 웹 사용 모델을 개발함으로써 '남자'가 의미하는 바를 기계가 부전자전식으로§§ 배운다.[74] 남성적 정체성에 대한 이후의 지표는 남자들이 아니라 이용자들이 '남자'로서 하는 것에 대한 데이터화된 패턴이다. 그리고 이러한 '남성' 모델에 맞는 사람은 누구나 '남자'로 범주화될 가능성이 있다.[75] 이러한 준지도 알고리즘은 우리를 구성하는 범주들에 대한 '진실'을 만들어낸다. 그러나 다음 예에서 '젠더'는 체험된 것이 아니라 잠재된 것이다. 필자의 친구는 남자가 아닐 수도 있지만, 그녀의 웹-서핑web-surfing 행동은 '남성적인' 것으로 읽힌다.

여기서 이러한 일의적一義的인 정체성 식별은 정체성과 이번 경우의 젠더 모두에 대한 이전의 이론화를 복잡하게 만든다. 원 데이터가 불가능함을 명심한다면, 구글의 '젠더'는 분명 젠더화된 삶, 논리, 그리고 정치에 신세를 진다. 남자들이 하는 것은 '남자들'이 그 후에 해석되는 것이므로, 예를 들어 과학 분야에서 성차별적으로 남자가 과대 표현되는 것을 볼 때 필자의 과학자 친구가 '나이 든' '남자'인 것이 놀라운 일은 아니다.

그러나 퀴어 이론가 J. 하버스탬이 젠더에 대해 "잘 처리되어 자연스러운 것처럼 보일 수 있는 학습된 모방 행동"이라고 기술할 때, 우리는 젠더 같은

---

§ 기계 학습의 한 범주로 목표값이 표시된 데이터와 표시되지 않은 데이터를 모두 훈련에 사용하는 것을 말한다[자료: 위키백과](옮긴이 주).

§§ paternally를 '부전자전식으로'라고 번역했는데, 이것은 '아버지의 특성이 아들에게 유전되듯이'라는 의미이다(옮긴이 주).

정체성이 어떻게 재귀적 규율성reflexive disciplinarity에 의존하는지를 본다.[76] 하버스탬의 공식公式으로 처리된 젠더 산출물은 반드시 즉각적으로 개별 주체로 되돌아가야 하는 산출물, 즉 젠더화된 수행에 대한 어떤 지각된 자연성naturality으로 계속해서 되돌아가는 반복 과정이다.

철학자 주디쓰 버틀러 자신의 젠더에 대한 해석은 하버스탬의 해석과 근접해 있다: "젠더는 과거와 미래의 문화 규범을 구조화하는 현대적인 방식, 자기 자신을 그러한 규범 속에 두고 그러한 규범을 관통하게 하는 방식, 자신의 신체가 이 세계에서 생활하게 하는 적극적인 방식이다."[77] 실제로 우리는 뒤로 물러나서 대부분의 정체성 범주들이 바라는 정상화 효과normalizing effect§를 얻기 위해서는 그것들의 주체와 직접 상호 연결되어야 한다고 생각해 볼 수 있다. 개인들에게 이러한 규범은 이념형 정체성을 다시 중심에 두기 위한 규율적 관계가 형성되게 해준다. 푸코는 『안전, 영토, 인구*Security, Territory, and Population*』§§ 강의록에서 다음과 같이 설명했다:

> 규율적 정상화disciplinary normalization[그는 결국 "규범화normation"라고 부름]는 무엇보다 어떤 모델, 어떤 특정한 결과의 측면에서 구성되는 최적의 양식을 받아들이는 것에 있으며, 규율적 정상화의 작동은 정확히 이러한 규범에 맞출 수 있는 것은 정상으로 그리고 이러한 규범에 맞출 수 없는 것은 비정상으로 여기면서 사람, 행동거지, 행위를 이 모델에 맞추려 노력하는 데에 있다. 바꾸어 말하면, 규율적 정상화에 핵심적이면서 가장 중요한 것은 정상과 비정상이 아니라, 규범이다.[78]

"규범화"에 초점을 맞추는 것은 모델의 규범에 초점을 맞추는 것이며, 그

---

§ 어떤 대상을 일정한 규칙이나 기준에 따르는 정규적인 상태로 바꾸거나, 비정상적인 대상을 정상적으로 되돌리는 과정을 뜻한다[자료: 위키백과](옮긴이 주).

§§ 심세광·전혜리·조성은 옮김(2011, 난장)(옮긴이 주).

런 다음 그러한 규범이 곧 정상적인 것으로 정해진다. 자연화된naturalized§ 젠더 산출물은 반드시 이러한 규범과 지속적인 규율적 접촉을 한다.

우리의 알고리즘적 정체성에 대해 충분히 생각해 볼 때, 우리는 이러한 규범을 철학자 이언 해킹이 "통계적 추론statistical reasoning"이라고 부르는 것의 측면에서 고려해 볼 수 있다: "우리는 행동거지가 공격적인 피통치 계층에 대한 데이터를 얻은 다음, 그 계층이 따르는 통계의 법칙을 바꾸기 위해 그 계층의 적절한 상태라고 우리가 짐작하는 것을 고치려 시도한다."[79] 이 경우, 따라서 규범은 "남자들은 *x*를 한다"가 아니다. 오히려 규범은 남자들의 집계된 행동에 대한 통계적 표상, 즉 남자들을 모니터되고, 평가되며, 마침내 통치를 받는 담론적 행위자 역할을 하는 인구 집단population 수준의 계량적 모델일 수도 있을 것이다.

해킹이 설명하듯이, 중요한 것은 이러한 통계적 추론이 어림짐작을 필요로 한다는 것이다: 통치 계층이 피통치 계층을 최적의 정체성으로 이끌기 위해 그들을 규율하는 동안, 그러한 규율의 효능은 오직 계층 수준에서만 통계적으로 해석될 수 있다. 좀 더 구체적으로 말하면, 어떤 계층을 통치 계층에 덜 공격적이게 만드는 것의 결과는 이제 스스로 달리 행동하는 개인들의 목록이 아니다. 그 대신, 그것의 결과는 피통치 계층에 대한 집계된 계량적 표상이다. 규율에 대한 개인의 반응을 보여주는 다양한 사례가 하나의 사회 변동을 나타내는 계층 수준의 통계적 척도로 축약된다.

필자의 과학자 친구로 다시 돌아가 보자. 구글은 그녀의 웹-서핑 데이터를 입력물input로 취급함으로써 알고리즘적으로 그녀에게 하나의 '젠더'를 할당했다. 그런 다음, 구글은 그녀의 데이터가 통계적으로 그것의 계량적 모델에 얼마나 잘 견줄 만한지에 따라 그녀의 데이터를 대변해 주었다. 그러나 거기에는 '젠더'에 대한 휴먼 큐레이션도 없었고, 필자의 친구는 '나이 든' '남

---

§ 자연적인 것처럼 탈바꿈하는 것(옮긴이 주).

자'가 의미하는 바를 규범화를 통해 배워 알고 있기 때문에 그녀는 '나이 든' '남자'도 아니었다. 실제로 우리가 직접 알지 못하는 상태에서 측정가능형에 따라 우리가 식별될 때, 규율성disciplinarity의 잠재력은 필자가 2장에서 통제라고 정의한 것, 좀 더 정확하게 말하면 부드러운 삶정치로 기술한 것을 경유한다. 여기서 '젠더'의 처리된 측정가능형은 대체로 규율적 재귀성disciplinary reflexivity의 관계들을 버린다. 그 대신, 그것은 컴퓨터의 계산이라는 커튼 뒤에서 조용히 정체성 식별을 읽고 처리하며 할당한다.

알고리즘적 측정가능형은 "이해하는 것은 패턴을 지각하는 것"이라는 사회 이론가 아이제이아 벌린Isaiah Berlin의 아마도 출처가 의심스러운 격언을 따르는데, 그것은 정확히 컴퓨터가 사람의 생각 자체를 변호하는 것은 고사하고 이해하는 것이 불가능하기 때문이다. 구글은 분명히 프로파일링, 마케팅, 그리고 이윤의 목적에서 이용자로서 우리가 누구인지를 아는 데 투자하지만, 알고리즘적 측정가능형을 통해 나타나는 지식은 (철학자 샌드라 하딩Sandra Harding의 저서에서 볼 수 있는) 페미니스트적 인식론의 젠더화된 지식, 혹은 [페미니스트 이론가인 벨 훅스bell hooks§의 표현을 빌리면] 서로 다른 여성이 "백인[우월주의적] 자본주의 가부장제white capitalist patriarchy"하에서 겪는 다양한 경험과 질적으로 다르다.[80]

구글은 어떤 계층을 "통치하는 것"보다 소비자들에게 도달하는 것에 더 신경을 쓰는데, 그 점에서 '나이 든' '남자'처럼 보이고, '나이 든' '남자'처럼 인터넷을 여기저기 돌아다니며, '나이 든' '남자'처럼 이야기하는 이용자는 '나이 든' '남자'로 취급될 것이다. 마찬가지로 NSA 분석가들도 규범에 따라 '테러리스트들'을 규율하라고 고용된 것이 아니다. 그 대신, NSA는 '테러리스트들'의 데이터를 추적해서 그들을 죽일 수 있도록 누가 '테러리스트'인지 알고 싶어 한다.

---

§ 벨 훅스 역시 자신의 성과 이름의 첫 글자를 소문자로 사용하고 있다(옮긴이 주).

그리고 정확히 이러한 측정가능형은 단지 행동 패턴에 따라 (따라서 어떤 바람직한 최적의 정체성의 규범화하는 힘을 피하면서) 계산되기 때문에 그것의 데이터화된 템플릿은 어쩔 수 없이 변한다. 그러나 각각의 데이터 객체를 재계산하기 위해 인간의 개입을 반드시 기다려야 하는 그것의 비알고리즘적 젠더와는 달리, 알고리즘적 '젠더'의 재귀적recursive 성질[§]은 새로운 입력물의 유입에 따라 그것의 담론적 의미를 자동적으로 재측정할 수 있다.

이러한 '젠더' 재측정은 '남자'가 매 순간 집단적으로 어떻게 수행되고 있는지를 정의하는 실증적으로 이용 가능한 잠재적인 속성에 대신 초점을 맞추면서, 젠더에 대한 전통적인 관습을 부인한다. 이 책 도입부에서 언급한 바 있는 이론가 티지아나 테라노바의 "미시상태" 및 "거시상태" 개념처럼, 새로운 미시상태 데이터가 들어가면, 새로운 거시상태 '젠더'가 나온다.[81] '젠더'와 매우 흡사하게 젠더도 시간이 흐르면서 옷에서부터 어휘와 자원에 대한 접근에 이르기까지 역동적으로 변한다. 그러나 젠더와 달리 '젠더'는 우리가 의식적으로 수행하고 개인적으로 하나의 정치적 정체성으로 이해하는 범주가 아니다. '젠더'는 우리가 알거나 요청받는 어떤 것이 아니다. 그 대신, '젠더'는 초기의 패턴으로 채워져 있는 벨로스bellows[§§]처럼 그것의 측정가능형 정의를 확장하거나 축소하면서, '젠더화된' 데이터가 그 순간에 알고리즘적으로 해석되어 말하는 것에 따라 가치가 평가되거나 가치가 절하된다.

그러나 알고리즘적 '젠더'는 쏟아지는 새로운 데이터에 따라 스스로를 역

---

§ 컴퓨터 과학에서 재귀再歸, recursion는 자신을 정의할 때 자기 자신을 재참조하는 방법을 뜻한다. reflexive도 우리말로 재귀적이라고 번역되고 있어서, 이 둘을 구분하기 위해 자기 자신 재참조를 의미하는 재귀를 뜻할 때 괄호 안에 recursive를 표기하기로 한다(옮긴이 주).

§§ 벨로스란 원형 주름통 형태의 압력측정소자로서 압력이 인가되면 벨로스가 팽창하여 변위를 발생한다. 메탈 벨로스는 압력이 둥근 형태의 관 모양의 외부에 가해질 때 수축되거나 혹은, 진공상태에서 확장되는 신축성 있는 관 모양의 기계 부속이다. 압력이나 진공이 해제되면 벨로스는 원래의 모양으로 돌아간다(옮긴이 주).

동적으로 재구성할 수도 있지만, 효과적인 측정가능형 범주는 담론의 일시적인 중단을 필요로 하는데, 그 사이에 그것의 잠정적인 산출물이 그것이 "마치" 사실인 것"같이" 조작화된다. 이렇게 해서 알고리즘적 처리는 문화 이론가 스튜어트 홀Stuart Hall이 소개한 임의 종결arbitrary closure 개념을 흉내 낸다: 자기 자신에 대해 어떠한 주장을 하거나 자신의 주체 위치subject position를 정의하는 것은 이 세계의 변화하는 성질에 대한 가상적 멈춤hypothetical halt을 필요로 한다.[82] 임의 종결은 담론의 역동성에 대한 일시정지 버튼, 즉 우리가 누구인지 분석하고 우리가 누구인지에 대한 주장을 하기 위한 공간과 시간의 개념적 정지이다.

디지털 컴퓨터는 알고리즘의 산출물에 국한되지 않고 하나의 함수를 계산할 때마다 임의적 종결을 만들어내는데, 이는 앨런 튜링Alan Turing의 기계[§]의 유산인 연속적인 계산으로부터 물려받은 기술적 특성/오류bug이다. 2에다 2를 더하는 것은 컴퓨터가 아주 짧은 1000분의 1초 동안 개념적으로 모든 처리 능력을 2에, 그런 다음 더하기 기호에, 그런 다음 2에 초점을 맞춰, 마침내 4라는 결과를 산출해 냄을 의미한다. 그러나 0과 1로 나타나는 전자 시그널이 계산을 하는 동안 마이크로프로세서를 가로지르는 아주 짧은 순간에, 세계는 안정적이고 닫힌 상태이다. 그것은 평화롭고 오염되지 않은 상태이다. 컴퓨터 프로세서가 이러한 2들과 4를 읽을 때, 컴퓨터는 다음에 무슨 일이 일어날지 전혀 모른다.

'젠더'와 같은 측정가능형이 '나이 든' '남자'가 하는 것에 대한 알고리즘적 리듬으로 이동할 때, '젠더'는 그럴 거라고 추정되는 본질주의적 정체성을 일부 잃는다. 구글이 '남자'의 측정가능형을 만들 때, 그것은 젠더의 전통적인

---

§ 튜링 기계Turing Machine에서 기계는 실제 기계가 아니라 하나의 추상 수학 개념이다. 이 개념은 영국의 수학자요 암호 해독 전문가며 컴퓨터의 대가로 알려진 앨런 튜링이 Entscheidungsproblem으로 알려진 아주 광범위한 수학 문제를 해결하기 위하여 1935년경에 소개한 개념이다. 튜링 기계는 현대 컴퓨터의 모델이 되었다(옮긴이 주).

정치적 한계를 좌우하는 권능화된 행위주체들을 쿼리하지 않는다. 오히려 구글의 '젠더'에 대한 새로운 해석은 젠더화된 행동을 데이터의 구체적인 객체로 재본질화한다.

이러한 재본질화reessentialization§는 "빅 데이터가 객체, 아는 방식, 그리고 사회적 삶에 대한 정의의 새 지형을 어떻게 분명히 보여주는지"에 대한 보이드와 크로포드의 기술記述과 비슷하다.[83] 여기서 구글 분석가와 같은 데이터 분석가들은 "어떤 데이터가 이 패턴을 충족하는가?"와 같은 전통적인 과학적 질문을 제기하기보다는 "어떤 패턴이 이 데이터를 충족하는가?"라고 묻는다.[84] 이러한 표현방식은 방법론적으로 기본적인 무지無知; unknowingness§§를 분명히 보여주는데, 이럴 경우 목적, 의도, 혹은 가설을 내세우지 않은 채 데이터를 "충족하는" 패턴들이 떠오르게 된다. "어떤 데이터가 이 패턴을 충족하는가?"에 내재된 본질주의가 알고리즘적인 산출물-지향적 "어떤 패턴이 이 데이터를 충족하는가?"로 변형된 것이다.

그로 인한 '젠더' 산출물은 구조화된 정치적 정체성이 아니라 때로 패턴의 알고리즘을 만든 저작자들도 어리둥절해할 수 있는 패턴이다. 실제로 커뮤니케이션 학자 마이크 애너니Mike Annany와 인류학자 닉 시버Nick Seaver의 저서에서 볼 수 있듯이, 공동으로 알고리즘을 만드는 서로 다른 공학자 및 작업그룹들과 더불어, 많은 알고리즘적 지시사항에 내재되어 있는 재귀적 복잡성recursive complexity 때문에 어떠한 알고리즘적 인과성 개념도 진단해 내기가 쉽지 않다.[85]

앞에서 언급한 바 있는 필자 친구의 '젠더'를 식별하는 과정에서 발생한 오류는 이러한 "어떤 패턴이 이 데이터를 충족하는가?"라는 질문과 "어떤 데

§ 예를 들어, 여성주의자들은 본질주의가 기존의 위계적 질서에 의해 오염되어 있다고 보고 젠더 정체성의 재본질화를 요구하고 있다(옮긴이 주).

§§ 여기서 '기본적인 무지'란 처음부터 어떤 패턴이 이 데이터를 충족할지 아예 알지 못한다는 의미이다(옮긴이 주).

이터가 이 패턴을 충족하는가?"라는 질문의 차이로 인해 발생한다. 구글의 측정가능형들은 작은따옴표가 없는 상대(즉, '젠더'가 아닌 젠더 — 옮긴이)이고자 노력하지 않는다. 이렇게 해서 알고리즘적 오범주화miscategorization는 **신범주화**neocategorization로 더 잘 이해될 수 있다. '나이 든' '남자'인 것은 전통적인 젠더와 정체성이 지배하는 세계에서 오류인 것처럼 보일 수도 있을 것이다. 그러나 필자의 친구는 세포 생물학 연구에 매진함에 따라 알고리즘적 '나이 든' '남자'를 계속해서 유지할 것으로 보인다.

사실, 측정가능형이 이 세계를 새로운 측정된 '진실'로 이동할 수 있게, 즉 개혁할 수 있게 해주는 것은 바로 측정가능형의 허용 가능한 그릇됨allowable wrongness이 지니고 있는 보편성universality이다. 푸코의 안전장치security apparatus[§]에 대한 지리학자 루이스 아무어의 해석을 살펴보자: "사건이 발생하는 것을 막는" 대신 "아무것도 빠져나가지 못하게 하기 위해" 안전장치는 "차라리 (…) '일이 일어나게 한다'." 이러한 장치들은 "그 자체로 좋은지 혹은 나쁜지로 가치 평가가 되지 않는 세부사항들details에 의존하기" 때문에 "우리는 푸코가 세부사항이라고 부르는 것을 우리의 데이터 요소로 생각할 수도 있을 텐데, 이러한 데이터 요소들의 그 같은 가치는 다른 요소들과의 관계를 통해서만 주어진다."[86] 아무어의 이론화에서 데이터 요소들은 상향식으로 만들어진다. 그것들은 경험적으로 이용 가능한 것에서부터 가져와 측정가능형 구

---

§ 푸코는 안전을 다루기 위하여 절도의 처벌이라는 사례를 들어서 이것이 세 가지 형식으로 변조되는 과정을 설명한다. 첫 번째 형식은 '너는 절도하면 안 된다'라는 법을 제정하고, 그 법을 어기는 자에게 처벌을 확정하는 일종의 법전체계(법체계)인데, 이는 금지된 행동 유형과 그에 대한 처벌 유형을 결합하는 이항체계로 이루어져 있다. 두 번째 메커니즘은 감시와 교정의 메커니즘에 의해 법이 관리되는 것(규율 메커니즘)인데, 여기에는 법전의 이항체계 내부에 죄인이라는 제3의 인물이 등장한다. 세 번째 형식은 안전장치인데, 여기에서는 절도라는 현상 그 자체를 일어날 수 있는 일련의 사건으로 간주하고, 권력이 이 현상에 대하여 일정한 비용을 계산한다. 그리고 이 사건이 어느 정도의 수치로 존재할 때 사회에 최적인지를 결정하여 넘어서는 안 되는 용인의 한계를 설정한다(옮긴이 주).

성에 사용된다.

결과적으로 측정가능형들은 우리가 정체성이라고 부르는 것, 역사의 복잡한 형성, 권력 관계, 그리고 우리를 우리로 만들어주는 주관적 경험에 대한 엄격한 충성을 금한다. 필자의 과학자 친구는 남자가 아닐 수도 있지만, 그녀의 데이터에 따르면 그녀는 "애즈 이프" '남자'이다. 그리고 시간을 가로질러 적어도 일시적인 일관성을 즐기는/겪는 우리의 정체성과 달리, 우리의 새로운 측정가능형식式 정체성은 시간별로 변할 수 있다: 늦은 오후에 필자의 친구의 데이터 흔적data trail은 또 다른 정체성 식별을 시사할 수도 있다.

이러한 "애즈 이프" 성질은 측정가능형들이 어디에서나 발견될 수 있음을 의미한다. 그것들은 구글에 의한 우리의 '나이'이며 '젠더'이다; 그것들은 우리의 글에 나타나 있는 우리의 '긍정적 표현들'이다. 그리고 앞으로 보게 되겠지만, 그것들은 심지어 유명한 '재즈 음악가'이기도 하다. 그것들은 누군가 혹은 무언가가 이 공간에서 이 순간에 당신이 '슬프고' '젊은' '여자'인 것처럼 보이고, 평가되며, 처리될 것이라고 말하게 해주는 임의적인 종결이다. 그리고 측정가능형은 세월이 흘러도 변하지 않는 본질을 가지고 있지 않기 때문에 데이터에 집착한다: 필자의 친구가 측은할 정도로 "아니, 난 나이 든 남자가 아니라고, 구글!"이라고 컴퓨터에 대고 소리 지르지만 소용없는 것처럼, 오직 데이터화될 수 있는 것만 포함된다. 측정가능형 정체성은 정치적 정체성에 대한 규율 권력의 경계가 아닌 알고리즘적 적합도에 신세 지고 있다.

우리가 무의식적으로 측정가능형들의 기복 있는 정체성 식별에 흔들리는 내내, 그것들은 매우 흔히 비밀스럽게 숨겨져 있고, 보호되며, 비평도 불가능하다. 웹을 여기저기 돌아다닐 때마다 우리는 샌프란시스코를 기반으로 하는 퀀티캐스트, 역시 샌프란시스코에 본사가 있는 알렉사, 그리고 워싱턴주 벨뷰Bellevue를 기반으로 하는 오디언스사이언스AudienceScience 같은 마케팅 및 분석 회사들은 측정가능형을 사용해 당신을 프로파일링한다. 우리가 어떤 제품을 구입하거나, CCTV 카메라가 모니터링하는 거리를 걷거나, 이탈리아로 휴가를 가면서 휴대폰을 가져갈 때, 우리에게 정체성이 할당된다. 심지어 지난주 병원에 다녀간 것조차도 좋든 나쁘든 우리와 타인들에게 직접적인 영향을 미치게 될 지식을 만들어낼 수 있을 것이다.

구글 공동 설립자인 래리 페이지Larry Page는 "지금 우리는 의료 데이터를 데이터-채굴하지data-mine 않는다. 만약 한다면, 우리는 아마 내년에 10만 명의 생명을 구할 수 있을 것이다"라고 주장하면서 측정가능형의 이러한 삶정치적 변종變種을 옹호했다.[87] 오늘날 기술 담론에는 측정가능형에 대한 강한 애착, 즉 데이터는 어떤 방해도 받지 않고 그리고 어떤 의사나 과학자가 할 수 있는 것보다 인간의 건강상태를 더 잘 기술하는 생명을 구하는 힘을 가진 달변가처럼 말을 한다는 믿음이 존재한다. 그러나 데이터 속의 패턴은 진실이 아니다. 그것은 알고리즘적으로 만들어진 구성된 '진실'이다.

이 장은 진실과 '진실'이 하나의 단일 핵심 개념으로 엮어 있는 것을 계속해서 풀어낼 것이다. 도입부에서 언급한 것처럼, 작은따옴표가 있는 측정가능형의 범주들은 '남자'란 무엇인가의 향상된 버전, 혹은 훨씬 더 나쁘게는 진부한 '남자 2.0'이 결코 아니다. 측정가능형이 인구 집단에 대한 지식을 생성하는 데 사용되는 굉장히 빠른 속도의 데이터 회오리바람을 포착해서 분석하는 강력한 도구이긴 하지만, 그것은 그것의 역사적 선례들을 대체하지는 않는다. 오히려 측정가능형은 또 하나의 층, 즉 우리가 젠더, 성, 혹은 테러리즘과 같은 것들을 둘러싼 정치에 대해 이야기할 때 반드시 고려해야 할 또 다른 일단의 담론적 의미를 추가한다.

4. 재즈를 학습하는 기계

꽤 놀랍게도 기계는 데이터와 알고리즘적 지시사항을 토대로 스스로 학습한다. 기계 학습machine learning이란 "데이터베이스의 원 데이터에서 정보—[따라서] 이해할 수 있는 형식으로 표현되어 있고 예측과 추론 같은 다양한 목적에 사용될 수 있는 정보—를 추출하는 데 사용되는 (…) 기술적 기반이다".[88] 좀 더 구어체로 말하면, 그렇게 해서 컴퓨터는 큰 데이터 세트로부터 새롭게 추상화된 측정가능형 의미를 만들어내기 위해 어떤 것이 무엇인지 학습할 수 있다.

우리가 보았듯이, 만약 컴퓨터가 추상적으로 '젠더', '나이', 그리고 좀 더 대담하게 '테러리스트'를 구성하는 패턴을 학습할 수 있다면, 컴퓨터는 '재즈'처럼 더 특이하고, 더 세속을 초월한 듯하며, 덜 실체적인 것도 학습할 수 있는가? 루이 암스트롱Louis Armstrong이 "재즈는 무엇인가?"라는 질문에 "당신이 아직도 질문을 해야 한다면 (…) 부끄러운 줄 알라"라고 간결하게 대응한 것은 유명하다.[89] 재즈는 느껴져야 한다는 것이다. 장르를 정의해 주는 재즈의 음색은 박자표, 기악 편성, 혹은 엄격한 리듬의 결과§라기보다는 문화 특정적인 감성과 정서의 문제이다.

허먼 그레이Herman Gray와 폴 앤더슨Paul Anderson 같은 학자들을 따라, 하나의 장르로서 재즈는 늘 폭력과 도시 분리urban segregation§§라는 인종차별의 역사, 흑인성 전반, 그리고 할렘 르네상스Harlem Renaissance§§§와 로큰롤rock and roll을 탄생시킨 예술운동의 촉발을 도운 흑인 아방가르드avant-garde§§§§의 미학적 차원과 직접 관련되어 왔다.[90] '나이 든' '남자'를 만들어내는 컴퓨터와 '재즈'는 전혀 다른 것처럼 보인다. 악기를 연주하는 동안, 컴퓨터는 재즈의 문화 정치cultural politics§§§§§ 및 그것과 미학적 형식과의 깊은 역사적 연관성을 학습할 수 있

---

§ 원문에는 'variable'이라고 표현되어 있는데 아마도 'dependent(outcome) variable', 즉 결과를 의미하는 것인지 질의했고, 저자는 원문 개정판에서는 'result'로 표현을 바꾸겠다고 알려왔다(옮긴이 주).

§§ 경제적 지위의 차이로 도시 내에서 부유층이 사는 지역과 빈민층이 사는 지역이 분리되는 것을 말한다(옮긴이 주).

§§§ 1920년대 미국 뉴욕의 흑인지구 할렘에서 퍼진 민족적 각성과 흑인예술문화의 부흥을 가리킨다. 니그로 르네상스라고도 한다. 이는 흑인의 목소리가 집단으로 표출되고 백인에게 받아들여지기 시작하는 계기가 되었다(옮긴이 주).

§§§§ 문학·예술에서 전위적인 사상을 말한다(옮긴이 주).

§§§§§ 문화 정치란 (사람들의 태도, 의견, 신념, 관점뿐만 아니라 미디어와 예술을 포함해서)

는가?

이 질문에 대답하기 위해, 우리는 마림바를 연주할 수 있는 조지아주에 사는 한 로봇으로 주의를 돌린다.[91] 타구봉§ 모양의 손 4개, 램프처럼 생긴 긴 목, 소프트볼 크기의 머리를 가진 이 로봇은 나무로 만든 4옥타브의 마림바 위에 구부려 앉은 채, 움직이기 시작한다. 이 로봇은 박자에 맞춰 머리를 끄덕이고, 심지어 눈 깜빡임과 엄청난 집중 모두를 흉내 내는 카메라 렌즈처럼 생긴 눈을 감기까지 한다. 사람 베이스 기타리스트가 이 로봇의 왼쪽에, 사람 키보드 연주자가 이 로봇의 오른쪽에 앉아 있다. 세 연주자 모두 실시간에 노래를 즉흥 연주하며, 즉흥 연주는 시간이 흐르면서 점진적으로 변화한다. 음악이 느려지거나, 좀 더 당김음§§으로 연주되거나, 심지어 키key§§§를 바꾸기까지 한다. 이 로봇은 당신처럼 연주하거나 당신의 리드를 따르고 당신의 반주를 해주도록 프로그램화될 수 있다. 그리고 존 콜트레인과 셀로니어스 멍크처럼 연주하도록 이 로봇에게 명령할 수도 있다. 이 로봇은 심지어 3명 모두를 섞어놓은 것처럼 연주할 수도 있다('콜트레인' 25%, '멍크' 25%,'당신' 50%).[92]

마림바를 연주하는 이 자동화 기계의 이름은 시몬Shimon이며, 조지아 공대Georgia Institute of Technology 연구자들이 설계했다. 2007년에 처음 개발된 시몬은 수백 명의 사람 연주자 및 다른 컴퓨터와 함께 연주를 함으로써, 로봇 공학상을 수상했을 뿐만 아니라 〈더 콜버트 리포트*The Colbert Report*〉§§§§의 "쓰레트다

문화가 사회와 정치적 여론을 형성하고 사회적·경제적·법적 실재를 야기하는 방식을 말한다(옮긴이 주).

§ 골프채나 야구방망이처럼 공을 치는 봉을 말한다(옮긴이 주).

§§ 한 마디 안에서 센박과 여린박의 규칙성이 뒤바뀌는 현상. 여린박에 강세를 놓거나 센박을 연장하거나 붙임줄로 다음 마디에 연결하여 만든다(옮긴이 주).

§§§ 음악에서 음의 높낮이를 나타내는 말로, 조調라고 한다(옮긴이 주).

§§§§ 스티븐 콜버트Stephen Colbert가 진행하는 세계적인 토크 쇼 프로그램으로, 코미디 센트럴Comedy Central이라는 채널에서 방송한다(옮긴이 주).

운ThreatDown" 세그먼트에서 2010년 특집으로 다뤄지기도 했다. 그러나 로봇이 아닌 시몬의 많은 마림바 연주 동료들과는 달리, 시몬은 결코 음악 교실에서 단 1분의 시간도 보내지 않았다. 그 대신, 시몬은 모든 시간을 공학 실험실에서 데이터베이스에 있는 데이터로부터 재즈를 연구하는 방법을 배우며 보냈다. 조지아 공대에서 시몬은 2명의 재즈 대가인 존 콜트레인과 쎌로니어스 멍크의 각 음의 높이, 리듬 패턴, 음의 세기를 파악하기 위해의 그들의 솔로 연주를 분석해 주는 기계-학습 알고리즘에 의존해서 '재즈'를 전공했다. 프로그래머들은 이러한 코드 변환된 변인들과 함께 '존 콜트레인' 및/혹은 '쎌로니어스 멍크'처럼 마림바를 연구하는 법을 시몬에게 지도했다.

존 콜트레인의 즉흥 솔로 연주를 그대로 옮겨 적은 수백 장의 악보처럼 '존 콜트레인'을 만들어내는 지각적 알고리즘이 입력되고, 존 콜트레인의 즉흥 연주가 의미하는 바에 대한 일반적인 추상적 요구를 하기 위해 컴퓨터가 입력된 그 데이터 세트에서 공통점을 찾도록 한다.[93] 각 음표와 쉼표가 입력되어 음의 높이A#5, 음의 길이(8분음표 혹은 온쉼표), 음의 세기(매우 여리게 혹은 세게)를 나타낸다.

전체적으로 볼 때 콜트레인의 모든 작품이 시몬에게 '콜트레인'이 어떤 특정한 시간에 어떤 멜로디, 어떤 당김음으로 된 리듬, 그리고 어떤 음의 세기 변화를 연주할 것 같은지를 가르쳐준다. 처음에 시몬이 지각하는 것은 그 알고리즘의 저작자들이 시몬에게 배우라고 지시하는 것(음의 높이, 리듬, 그리고 음의 세기)이다. 그런 다음, 시몬이 지각하는 의미군意味群(콜트레인은 자주 당김음을 사용한다거나 혹은 그는 A 단조로 연주하는 것을 정말 좋아한다는 것)은 '콜트레인'이 의미하게 되는 것의 측정가능형이 된다.

그러나 시몬이 그렇게 혁신적인 것은 단지 그것이 재즈 데이터로부터 음악적 측정가능형을 만들어내는 방식 때문만은 아니다. 시몬의 알고리즘적 영혼soul의 나머지 절반은 그것이 변화에 적응하는 방식이다. 우리의 소리 환경은 이 세계에서 우리가 행동하는 방식에 영향을 미치지만 그것은 또한 우리가 음악을 연주하고 구상하는 방식에도 영향을 미친다. 사람들이 우연히 드럼 서클drum circle§ 근처를 지날 때 박자에 맞춰 얼마나 빨리 걷기 시작하는지에 대해 생각해 보라. 이것이 시몬의 생성적 측면, 즉 시몬에게 50%는 '콜트레인'풍으로 그리고 50%는 '멍크'풍으로 연주하게 할 뿐만 아니라 25%는 '콜트레인'풍으로, 25%는 '멍크'풍으로, 그리고 50%는 '당신'풍으로 연주하게도 하는 "방법"이다.

실제로 시몬은 자신의 연구 스타일의 토대를 맥락을 인식하는 새로운 알고리즘 모델에 두면서 자신의 음악 연주를 실시간으로 바꾼다.[94] 훌륭한 밴드 구성원이라면 누구나 제대로 된 음악을 연주해 내는 데 가장 중요한 관행은 다른 사람들의 연주 스타일에 맞추기 위해 자신의 연구 스타일을 조절하는 것이라는 것을 알고 있다. 시몬은 '당신'을 측정가능형적 주체로, 즉 연주가 추상적인 통계적 본질(음의 높이, 리듬, 그리고 음의 세기로 정의되는 당신의 연주의 공통성 패턴) 속에 녹아 있는 '존 콜트레인'과 같은 음악가로 생각함으로써 이것을 해낸다.

'당신'은 당신 자신에 대한 끊임없이 변화하는 해석, 즉 시몬이 당신의 연주로부터 감지하는 숨겨진 패턴의 실행 취소undoing 및 재실행redoing이다. 이러한 끊임없이 재계산되는 '당신'의 모델들은 어떤 새로운 미학적 형식을 생성하는데, 이 새로운 형식은 음악적 입력물에 의존적이긴 하지만 동시에 그러한 입력물이 변하는 방식에 대해 재귀적reflexive이다. 그렇게 하기 위해 시몬은 피아노 건반이나 다른 MIDI§§-지원 장치(그림 1.3)를 통해 당신의 연주

§ 공개된 장소에서 둥글게 모여 앉아 드럼이나 타악기를 연주하는 비공식적인 사람들의 모임을 말한다(옮긴이 주).

§§ musical instrument digital interface의 약자로, 국제단체인 MMAMIDI Manufacturers Association이, 일본의 사단법인 음악전기사업협회AMEI가 제정하고 공표한 전기악기의 연주 데이터를 전송하고 공유하기 위한 업계 표준 규격이다. 물리적인 수준의 인터페이스 회로 규격, 연주 데이터를 주고받을 때 필요한 통신 프로토콜, 파일 형식 등에 대한 표준을 규정하고 있다(옮긴이 주).

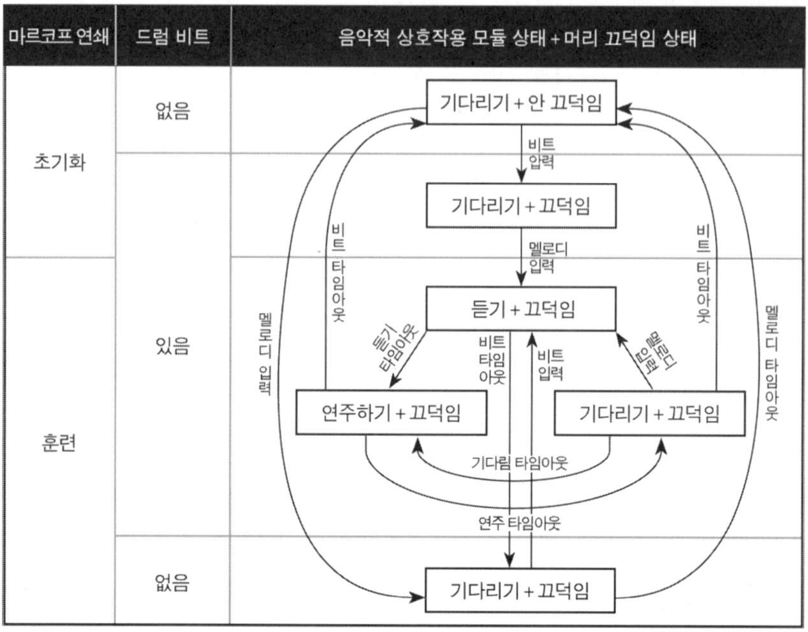

그림 1.3 시몬의 학습 알고리즘 작동 방식을 기술하는 시몬의 은닉 마르코프 모델 다이어그램

자료: Gil Weinberg, Aparna Raman, and Trishul Mallikjaruna, "Interactive Jamming with Shimon: A Social Robotic Musician," *HRI '09 Proceedings of the 4th ACM/IEEE International Conference on Human Robot Interaction*, 2009, 234.

에서 나오는 데이터를 기록하면서 은닉 마르코프 모델Hidden Markov Model[§] 통계적 분석에 의존한다.[95] 이러한 모델들이 대단히 매력적인 이유는 그것이 실행 가능한 측정가능형을 효과적으로 만들어내는 방식 때문이다. 겨우 20초 동안의 (훈련용) 음악이 입력된 후, 시몬은 당신의 소리의 핵심을 이해할 수 있다. 시몬은 8마디[§§]의 즉흥 연주에서 나올 수도 있는 공통된 리듬 패턴,

§ 은닉 마르코프 모델은 통계적 마르코프 모델의 하나로, 시스템이 은닉된 상태와 관찰 가능한 결과의 두 가지 요소로 이루어졌다고 보는 모델이다. 관찰 가능한 결과를 야기하는 직접적인 원인은 관측될 수 없는 은닉 상태들이고, 오직 그 상태들이 마르코프 과정을 통해 도출된 결과들만이 관찰될 수 있기 때문에 '은닉'이라는 단어가 붙게 되었다(옮긴이 주).

음의 세기 패턴, 그리고 음조 패턴을 찾아내면서 당신의 연주 스타일의 통계적 유사성을 계산한다.[96]

그와 같은 본질은 실제로 존재하지 않음이 분명하다. 그 대신, 당신의 연주는 하나의 모델, 즉 당신이 얼마나 자주 C 장조로 연주할 수도 있는지 혹은 얼마나 드물게 동일 음표를 연달아 두 번 연주하는지에 대한 하나의 확률적 정의로 읽힌다. 8마디의 주고-받기 형식call-and-response§ 연주에서 당신이 반복해서 시퀀스sequence§§ G#, D3, C#3, B3을 연주한다고 해보자. 시몬은 아마 이 데이터에 즉각 응수하기 위해 그것을 기억할 것이다. 아마 시몬은 당신이 연주하는 시퀀스를 흉내 내거나 배음倍音§§§을 제공하기 위해 그것을 단3도minor third§§§§로 바꿀 것이다. 아마 시몬은 G#과 D3 사이는 열광적으로 연주하고, 그런 다음 C#3과 B3 사이는 느릿느릿 연주할 것이다. 혹은 아마도 시몬은 당신의 연주 스타일을 보강해 주는, 추정되긴 하지만 새롭게 만들어낸 패턴을 토대로 다른 어떤 것을 연주할 것이다. 시몬이 연주하는 것은 '당신'이 어떤 사람인가 하는 것, 그것의 확률론적 모델, 그리고 전체 연주에서 당신의 스타일이 차지하는 현재 비율(50%)에 달려 있다.

---

§§ 악보에서 세로줄로 구분되어 있는 악곡의 가장 작은 단위로, 예를 들어 8분의 6박자의 경우 1마디에 8분음표가 6개 있다(옮긴이 주).

§ 콜 앤드 리스펀스, 응답형식, 호응형식이라고도 하는데, 음악학에서 말하는 앤티포니antiphony(번갈아 부르는 노래)의 일종으로 솔로와 코러스가 번갈아가며 노래를 부르는 형식을 말한다. 흑인 음악에서 흔히 볼 수 있는 것으로, 재즈에서 솔로 악기와 앙상블의 리프riff(재즈 연주에서 솔로에 맞춰 즉흥적으로 짧은 악절을 합주 형식으로 되풀이하는 것)가 교대로 연주하는 것도 여기에 해당한다(옮긴이 주).

§§ 동일 성부에서 다른 높이로 반복 진행하는 것을 말한다(옮긴이 주).

§§§ 보통 원래 소리의 정수배整數倍가 되는 소리를 이르는 것으로, 하나의 소리처럼 들리지만 여러 개의 소리가 모여 아름답게 내는 소리를 뜻한다(옮긴이 주).

§§§§ 도-레처럼 1음 차이를 2도라고 하고, 온음의 2도는 장2도, 반음(즉, 미-파와 시-도)이 포함되는 2도는 단2도라고 한다. 따라서 D-F(레-파), E-G(미-솔), A-C(라-도), B-D(시-레)가 단3도에 해당한다(옮긴이 주).

그러나 이러한 모든 해석은 일시적인 것이다. 1분 전의 패턴은 쓸모없으며; 현재의 패턴이 중요하다. 당신에 대한 시몬의 해석은 당신의 영향력을 알고 있는 사람과 당신이 집에 가지고 있는 아주 많은 음악 컬렉션을 반영하지 않는다. 그 대신, 그것은 매우 특정한 순간의 당신의 연주를 무기억적으로[§] 포착한 것이다. 그러한 모델은 새로운 입력물이 도착할 때 변하는데, 그때 시몬은, 예를 들어 당신의 연주에서 점차 고조되는 열정을 감지하며, 그렇게 하면서 그 모델은 효과적으로 그리고 주저함 없이 그러한 새로운 스타일에 맞출 수 있다.

'콜트레인', '멍크' 그리고 '당신'은 모두 측정가능형, 즉 개인들을 수학적인 음악 모델로 코드 변환한 것이다. 측정가능형 음악가로서 당신은 오로지 가장 최근에 데이터화된 당신의 행위에 의해 정의된 추상화된 실체이다. '존 콜트레인'은 죽었을 수도 있겠지만, 당신은 분명히 살아 있다; 그러나 당신은 오직 당신이 연주하는 방식에 따라서만 살아 있다. 시몬의 예는 우리에게 알고리즘적 처리에 의해 이루어지는 실재하는 문화 작품cultural work에 대한 탁월한 통찰력을 제공한다.

시몬의 알고리즘적 '콜트레인'과 '멍크'는 혁신적이고, 약간 변칙적이며, 궁극적으로 재즈는 어떤 것이어야 하는지에 대한 교조적인 정치doctrinaire politics[§§]가 제거된 새로운 문화 형식이다. 그 대신, 그것은 예측적인 통계적 모델링이 가지는 음악적 자유성musical liberty에 따라 '재즈'가 무엇이며 무엇이 될 수 있는지를 따른다. 문화인류학자 아이턴 윌프Eitan Wilf는 이것을 "스타일

---

§ 무기억성memoryless property이란 어느 순간의 출력이 그 시간에 입력된 데이터에만 영향을 받아, 과거나 미래의 입력이나 출력에 의존하지 않는 것을 말하고, 반대로 기억성memory property이란 과거의 사건이 현재, 미래에 대한 정보를 갖거나 현재 및 과거 모두에 의해 출력이 결정되는 등 과거, 현재, 미래가 상호 의존적인 것을 말한다(옮긴이 주).

§§ 교조적이란 역사적 환경이나 구체적 현실과 관계없이 어떠한 상황에서도 절대로 변하지 않는 진리인 듯 믿고 따르는 것을 말한다(옮긴이 주).

의 스타일화stylizing of styles"라고 불렀는데, 이것은 학습 알고리즘이 우리가 스타일을 하나의 미학적 양식으로 이해하는 방식에 이의를 제기하는 방식이다.[97] '재즈'는 재즈이지만 동시에 재즈가 아니다. 하나의 측정가능형으로서 '재즈'는 발산적인,[§] 특별히 발산적인 그 무엇이지만 동시에 인류학적으로도 발산적인 그 무엇이다.

그래서 만약 '재즈'가 전사傳寫된 독주곡들과 MIDI-입력 멜로디들로 구성될 수 있다면, 인종이 이러한 "스타일의 스타일화"에서 하는 역할은 무엇인가? 혹은 좀 더 직접적으로 표현하면, 셀로니어스 멍크와 존 콜트레인의 흑인성이 그들의 측정가능형 정의 속에 어떻게 읽혀 들어갈 수 있게 할 것인가? 이것에 대한 답은 이 책의 도입부에서 소개한 HP의 얼굴 인식 카메라 속에 '인종'이 읽혀 들어가는 것과 같은 방식 속에 있다. 원 데이터가 불가능함[§§]은 인종이 언제나 고려될 것임을 의미한다. 그것은 적어도 암시적으로나마 표현될 것이다. 그러나 HP가 화이트 완다는 인정하면서 블랙 데시는 무시할 때, 짐 크로 법Jim Crow South[§§§]에 언급된 것과 거의 완벽히 유사하게 차별적인 방식으로 분명히 드러나게 되는 인종 간 차이와는 달리, 시몬이 인종 간 차이를 보여주는 것은 숨길 수 있다.

연주자로서 시몬은 인종 평가racial assessment나 혈통을 "찾아내는" 혈액-양

---

§ 발산적(확산적) 사고란 기존의 것을 벗어나 전혀 새로운 것을 도출해 내는 능력을 갖춘 사고를 말하며, 수렴적 사고란 기존의 것으로부터 생각을 도출하는 것을 말한다(옮긴이 주).

§§ 원 데이터raw data라는 표현 자체가 반어적이고 가공하지 않은 '원' 데이터가 불가능하다는 도입부와 앞부분의 논의를 참조하라(옮긴이 주).

§§§ 1876년부터 1965년까지 시행됐던 미국의 주법으로, 옛날 남부 연맹에 있는 모든 공공기관에서 합법적으로 인종 간 분리를 시행하도록 했으며, 미국의 흑인들이 "분리되어 있지만 평등하다"는 사회적 지위를 갖게 했다. 인종 분리로 흑인은 백인보다 경제적 후원, 주거지 등에서 열등한 대우를 받았으며 이것은 경제, 교육, 사회 등에서의 불평등을 낳았다. 짐 크로는 목화 농장에서 부르던 노래에 나오는 흑인 주인공 이름에서 유래했다(옮긴이 주).

자 검사blood-quantum test§ 및 DNA 검사에 그다지 적합하지 않은 마이크로프로세서와 플라스틱 그리고 전선으로 만든 조립품으로, 명백히 인간이 아니다. 실제로 시사하는 바가 많은 시몬의 탈인종성post-raciality§§은 본의 아니게 수용자들에게 재즈를 하나의 장르로 만든 인종적 유산을 무시하라고 호소한다. '재즈'와 '펑크'가 데이터로 읽혀질 때, 그것들은 저작된 음악적/정치적 행위가 아닌 단지 패턴일 뿐이다. 그렇기 때문에 우리가 인종과 흑인성의 유산뿐만 아니라 새로운 형식의 화이트워싱whitewashing§§§과 문화 전유cultural appropriation§§§§에 대해 이야기할 때 알고리즘적 분류가 우리가 언급하는 것에 어떻게 극심한 혼란을 초래하는지 반드시 고려해 보아야 한다. 시몬이 인종을 자신의 알고리즘적 평가의 일부로 읽어 들이는 것은 피할 수 없다. 그러나 시몬은 또한 이러한 인종의 흔적을 접어서fold§§§§§ 애틀랜타의 한 공학 실험실에서 마림바로 재즈 음악을 연주하는 은색 로봇의 분명한 탈인종성으로 줄여버린다.

인종 간 차이의 가능성을 접어서collapse§ 단조로운 로봇의 음악 연주 해석으로 줄여버림으로써 시몬은 당면한 인종 논리를 넘어서며(시몬은 명시적으로 어떤 정체성 정치identity politics§§ 개념도 충실히 지키지 않음), 따라서 기술자記述

---

§ 혈액검사를 할 때 검사를 수월하게 하기 위해 원심력을 이용해 고체와 액체, 액체와 액체의 양자의 밀도 차이를 이용해 혈청과 혈구를 분리한다(옮긴이 주).

§§ 인종성이 인종적 특성이 반영된 성질이라면, 탈인종성은 인종성에서 벗어나는 성질이라 할 수 있다(옮긴이 주).

§§§ 영화 속에서 백인이 아닌 캐릭터에 백인 배우를 캐스팅하는 것으로 미국 영화계의 백인 중심주의를 비판하는 용어이다(옮긴이 주).

§§§§ 어느 한 문화집단이 다른 인종이나 문화집단의 전통 문화를 자신의 것 마냥 무단으로 사용하는 것으로, 특히 그 문화에 대한 이해 없이 사용하는 것을 의미한다(옮긴이 주).

§§§§§ 들뢰즈에게 fold란 분리되어 있는 두 존재를 접는(엮어주는) 것이며, 두 요소가 서로 얽히면서 변형되고, 생성하는 반응을 제공해 주는 것을 의미한다(옮긴이 주).

§ 위의 fold와 같은 의미로 보면 된다(옮긴이 주).

§§ 종교, 인종, 성별, 성 정체성, 성 지향성, 신경 다양성, 생물 다양성 등을 바탕으로 정치

者; descriptor로서의 인종을 거부한다. 실제로 어떤 알고리즘이나 추상화도 어떤 경험이나 역사를 완전하게 표현할 수 없다. 그러나 원 데이터 같은 것은 존재하지 않지만, 음악 연주에서의 흑인 정체성의 복잡성과 유산은 알고리즘적 해석에 의해 허물어져 버렸다. 인종은 측정가능형 속에 내장되어embedded 있지만, 그것을 파내거나 알아차리는 것은 흔히 불가능하다. '재즈'의 음악적 정체성의 일부가 그것의 역사적인 인종화된 형식을 잃어버리고 있다.

5. 데이터가 무언가를 의미하도록 만들기

'멍크'나 '콜트레인' 같은 측정가능형을 구성하는 데이터 객체들은 어떤 데이터화되지 않은 범주를 흉내 내지 않는다. 따라서 '남자'의 측정가능형은 여러 신체, 경험, 자기-동일시를 하나의 준가지적準可知的; semi-intelligible§ 개념적 전체conceptual whole로 분명히 표현하는 어떤 사회적·정치적 정체성이 아니다. 구글의 '남자'의 경험적 정체성empirical identity은 일단의 관찰된 패턴들로, 젠더 본질주의자들이 남자로 만들어주는 것what makes a man으로 믿는 것을 그러한 등식等式에서 문자 그대로 발라낸 것이다.

이것은 또한 '남자' 범주가 실제로 다음과 같이 어떤 것으로든 불릴 수 있는 이유이기도 하다: '명백하게 남성적인 데이터를 만들어내는 이용자들' 혹은 '오로지 스포츠 사이트와 전기기구 사이트만을 방문하는 이용자들', 심지어 '프로파일세그먼트3profilesegment 3'처럼 좀 더 기술적으로는 빈틈이 없긴 하지만 문화적으로는 거리감이 있는 무언가로 불릴 수도 있을 것이다. 남자는 생명을 가진 사회문화적 정체성인 반면, '남자'는 흔히 우리도 모르게 우리의

세력을 구성하고, 해당 정체성을 가진 이들의 이익과 관점을 대변하는 정치적 움직임을 뜻한다(옮긴이 주).

§ 플라톤의 사상에서 가지적인 것은 인간의 오감에 감각적으로 지각되지 않지만 객관적으로 실재하는 것을 말한다(옮긴이 주).

행동에 할당되는 데이터 객체이기 때문에, 이 둘 사이에는 줄일 수 없는 차이가 존재한다. 그리고 이러한 차이를 명심한다면, 의미론적으로 이러한 격차를 이어주는 것 외에 '남자'가 남자로 불릴 진정한 이유는 없다.

그러나 이러한 정체성 구성 역시 새로운 것은 아니다. 미디어 학자 조셉 터로Joseph Turow와 노라 드레이퍼Nora Draper는 많은 서로 다른 산업 세력이 수용자를 구성하고, 명명하며, 관리하는 방식을 구체화하기 위해 함께 힘을 모으는 마케팅의 "산업적 수용자 구성industrial construction of audiences"에 대한 글을 쓴 바 있다.[98] 마찬가지로 저널리즘 학자 C. W. 앤더슨C. W. Anderson도 뉴스 미디어가 웹으로 옮겼을 때 수용자 구성이 어떻게 변했는지 추적했다.[99] 남자와 여자에게 제품을 팔거나 그들을 위한 콘텐트를 생산하는 데 관심이 있는 기관들에게 젠더는 움직이지 않는 견고한 본질을 결코 가지지 못할 수도 있다. 그러나 젠더는 여전히 소비자 시장을 읽을 수 있고 관리할 수 있는 부분들로 좁혀주는 유용한 범주처럼 보인다.

이러한 범주들이 편재적 감시의 세계로 안내될 때, "문화적 접면cultural interface의 언어는 대체로" 동등한 점을 반영하는 "이미 친숙한 다른 문화 형식의 요소들로 구성된다"라고 한 디지털 미디어 학자 레프 매노비치Lev Manovich의 주장을 우리는 보게 된다.[100] 온라인에서 마케터나 뉴스 퍼블리셔는 결코 이용자의 젠더 정체성을 전적으로 확신하지 못할 것이다. 그러나 '남자'는 의미론적으로 편리한 플레이스홀더placeholder[§] 역할을 함으로써 '남자들'이 판매, 페이지 뷰page view, 혹은 편집 결정에 젠더화된 영향을 미칠 수 있는 무언가를 의미할 수도 있음을 높은 통계적 확신을 가지고 클라이언트들에게 알려준다.

이것은 또한 알고리즘적 '태양' 아래 있는 모든 것이 하나의 측정가능형으

---

§ 빠져 있는 다른 것을 대신하는 기호나 텍스트의 일부로, 가주어나 가목적어를 나타내는 it처럼 문장 속에 필요한 요소이기는 하나 그 자체의 뜻은 없는 것을 말한다(옮긴이 주).

로 만들어질 수 있는 플레이스홀딩 과정이기도 하다: '나이', '젠더', '수입', '민족성', '교육 수준', '자녀수', '성적 지향성', 그리고 심지어 '혼인 상태marital status'('미혼', '이혼', '약혼', '관계',§ 혹은 '스윙어'). 실제로 이 범주 목록은 이용자들이 2010년 초 〈앵그리 버드*Angry Birds*〉라는 게임을 할 때 프로파일링되는 것과 동일한 것이다.[101]

당신이 결코 끝날 것 같지 않은 돼지들의 진지 구축을 공격하라고 자살 새들suicidal birds에게 명령하면서 당신의 손가락을 휴대폰 화면에 댈 때 그것을 알지 못했을 수도 있었겠지만, 볼티모어를 기반으로 하는 마케팅 회사인 밀레니얼 미디어Millennial Media는 당신의 스마트폰 행동에 대한 데이터를 집계하고 있었다. 여기서 '스윙어'는 "당신은 스윙어입니까?"라는 질문에 동의하며 손을 드는 사람이 아니다. 진정한 '스윙어'는 바로 마케터들에 의해 추적되고 분석되는 데이터 패턴이다.

그리고 밀레니얼 미디어는 이용자들의 성적 행위의 복잡성을 알아내느라

---

§ 관계에 헌신하고 형식을 갖추고 싶으면서도 결혼은 하지 않는 것으로, 국가가 이러한 동성 간 혹은 이성 간 관계를 혼인 관계에 준하는 관계로 인정할 경우, 배우자로서의 권리와 상속, 세제, 보험, 의료, 입양, 양육 등의 법적 이익이 일부 혹은 온전히 보장된다. 이러한 시민 결합civil union은 본래 20세기 말 LGBT 인권의 신장과 함께 사회의 동성결혼 허용 요구에 대한 정치적 대체제로서 탄생했으며, 지금은 종종 동성결혼 제도로 발전하기 위한 일종의 디딤돌 또는 과도기적 현상으로 여겨지고 있다. 세계 최초의 시민 결합은 1989년 덴마크에서 시작하여, 이후 뉴질랜드, 우루과이, 프랑스, 미국의 버몬트 주 등 세계 여러 나라에 도입되었다. 이성 간에만 허가되는 시민 결합 제도는 2002년 브라질에서 처음 입법했으나 9년 후 동성커플에게도 허용했다. 2014년 11월 현재 약 20여 개 국가에서 시민 결합 제도를 운영 중이다. 시민 결합 제도는 국제적으로 확고히 정해진 기준과 규격이 없기 때문에 명칭 또한 언어, 국가, 지역, 법안별로 상이하다. 시민 동반자 관계civil partnership, 등록된 동반자 관계registered partnership, 가정 동반자 관계domestic partnership, 생활 동반자 관계life partnerships, 중요 관계significant relationships, 상호 수혜 관계reciprocal beneficiary relationships, 성인 상호의존 관계adult interdependent relationship, 관습법적 혼인common-law marriage, 시민 연대 계약civil solidarity pacts 등 다양한 명칭이 있다(옮긴이 주).

바빴지만, 이용자들과 〈앵그리 버드〉 제작사인 로비오 엔터테인먼트Rovio Entertainment는 이러한 정보가 엿보는 자들의 시선에 취약하게 만든 몇 가지 매우 중요한 보안 상태를 무시하고 있었다. 이러한 프로필 세그먼트가 만들어져 이용자들의 성적 행위에 대한 정보 수집이 시작된 직후, NSA와 영국 정보기관 GCHQ§는 〈앵그리 버드〉와 같은 앱들이 화를 낼 뿐만 아니라 "구멍이 나 있다는" 것도 사실을 알았는데, 구멍이 나 있다는 것은 데이터가 암호화되어 있지 않아 가로채기poaching에 취약하다는 의미이다.[102] 따라서 정부의 감시 저인망들은 이미 처리된 측정가능형들에 편승해, 이용자 데이터가 민간 휴대폰 네트워크를 통과할 때 그것을 포착해 그들 자신의 상태 데이터베이스state database§§에 저장할 수 있다.

그러나 미국 정부는 '스윙어'를 구성하는 것이 무엇인지 혹은 심지어 어떻게 밀레니얼 미디어가 알고리즘적으로 '민족성'을 만들어냈는지에 대해 전혀 모른다. 아마도 당신이 초기 프랫-팩frat-pack§§§ 영화인 《스윙어스*Swingers*》§§§§를 조금 지나치게 즐긴다는 이유만으로 당신은 '스윙어'일 수도 있을 것이다. '스윙어'는 단지 스윙어의 라이프스타일을 정의하는 새로운 템플릿이 되는 데이터화되고 패턴화된 일단의 수행일 뿐이다. 그와 같은 것은 측정가능형의 불완전함이자 모순이다.

이러한 불완전함에도 마케터와 웹 분석회사들은 흔히 측정가능형을 하드-

---

§ Government Communications Head Quaters의 약자(옮긴이 주).

§§ 상태 데이터베이스는 물리적 디스크에 정보를 저장하는 데이터베이스로 이용자 구성 변경 사항을 기록하고 추적한다(옮긴이 주).

§§§ 프랫 팩Frat Pack은 1990년대 후반 이후 가장 높은 수익률을 보이는 코미디 영화의 대부분에서 함께 출연한 코미디 배우의 그룹이다. 벤 스틸러Ben Stiller, 잭 블랙Jack Black, 오언 윌슨Owen Wilson, 루크 윌슨Luke Wilson, 윌 페럴Will Ferrell, 빈스 본Vince Vaughn을 의미한다[자료: 위키피디아 및 위키백과](옮긴이 주).

§§§§ 실연의 상처를 극복하지 못하는 순수한 남자의 일상을 코믹하게 그린 1996년 작품. 더그 라이먼Doug Liman 감독, 빈스 본Vince Vaughn, 론 리빙스턴Ron Livingston 및 존 패브로Jon Favreau 주연(옮긴이 주).

코딩되고hard-coded§ 큐레이션된 인구통계학적 데이터보다 더 효과적이라고 보고 있다. "탈脫-인구통계학post-demographics"에 관한 2000년대 초기 문헌을 예로 들어보자. 디지털 이론가 리처드 로저스Richard Rogers가 쓴 것처럼, 탈脫로의 이동은 "인구통계학이 (신체§§를 통치하기 위해) '삶정치적으로' 사용되어 온 방식에서부터 탈-인구통계학이 특정 사람들에게 특정 정보를 안내하거나 추천하기 위해 '정보-정치적으로info-politically'§§§ 사용되는 방식으로의 이론 이동을 나타낸다."[103] 정부와 마케터들에게 엄격한 인구통계학적 범주들은 점차 집단, 시장, 그리고 유권자들을 표적화하는 데 이전에 생각했던 것보다 덜 효과적인 것으로 인식되었다. 그리고 세월이 흐르면서 관심, 기호, 취향과 같은 비인구통계학적 분류 방식이 더 효과적이고 이윤이 많이 나게 해주는 수용자 구성 수단으로 부각되었다.[104]

말하자면, 2000년대 이전부터 이미 광고주들은 수십 년 동안 엄격한 인구통계학에 기반한 평가에서 벗어나고 있었다. 1964년, 마케팅 전문가 대니얼 얀켈로비치Daniel Yankelovich는 그가 "세분화 분석segmentation analysis"이라고 부르는 것을 따라 수용자를 구성할 것을 제안했다. 얀켈로비치는 인구통계학의 본질적인 속성이 지나치게 까다로워져 버렸다고 주장했다. 예를 들어, 하나의 단일 집단으로서 남자들에게 제품을 표적화하는 것은 단 하나의 정적인 남성적 정체성 안에서 소비자 유형의 다양성을 축약해 버리는 격이다. 그는 "시장 세분화의 전통적인 인구통계학적 방법은 경영진이 요구하는 만큼의 마케팅 전략의 방향을 제공할 가능성이 없다"라고 적었다.[105]

---

§ 데이터를 코드 내부에 직접 입력하는 것을 말한다. 기술적으로는 데이터가 실행 바이너리(exe 파일 등)에 합쳐져 있는 상태를 말한다(옮긴이 주).

§§ 푸코는 통치의 대상을 신체body으로 본다(옮긴이 주).

§§§ 정보 정치information politics란 권력, 영향력 및 협상을 토대로 한 조직 수준의 불확실성 감소 혹은 의미 형성sensemaking 과정으로, 이를 통해 조직에 이용 가능한 정보의 의미 및 관련성을 결정한다(옮긴이 주).

이에 따라, 1970년대에 마케터들은 분석의 초점을 본질주의적 인구통계학에서 업계 사람들이 현재 "사이코그래픽스psychographics"라고 부르는 것으로 바꾸었다.[106] 광고업자들은 이제 더는 제품을 근거가 없는 보편적인 남자에게 아무렇게나 내던지고 있지 않았다. 그들은 대신 SRI 인터내셔널SRI International§의 유명한 1979년 "가치와 라이프스타일VALS: Values and Lifestyles" 마케팅 조사에서 정의된 유형과 같은 유형들을 찾아냈다. 그런 다음, 마케터들은 VALS 유형들을 인구통계학, 태도, 지역적 분포, 가구 재고자산, 활동, 미디어 이용 습관, 그리고 700개가 넘는 범주들에 대한 소비 패턴의 측면에서 상세하게 계량화한 것에 따라 미국 소비자들을 구분할 수 있었다.[107]

소비자 집단들은 특이한 인구통계학적 특정성specificity§§을 잃을 수도 있지만, 그러한 상실 속에서 그들은 좀 더 미묘한 차이가 있는 특성을 얻었다. 마케터들은 젠더나 인종이나 계층이라는 융통성 없는 용어에서 벗어나 이제 "수입이 많은" 집단, "깔끔하게 정리된 작은 부지 위에 지은 고급스러운 집에 사는 자녀수가 적은 결혼한" 집단, 그리고 "대학원 이상의 학력과 그러한 학력에 어울리는 세련된 취향을" 가진 "아시아계 미국인의 구성 비율이 높은" 집단을 찾아낼 수 있었다.[108]

계층, 혼인 상태, 거주 지역, 민족성, 교육, 그리고 취향을 대강 교차시킴으로써 마케팅 회사 클래리타스Claritas의 프리즘 NE 세분화 시스템PRIZM NE Segmentation System은 2000년대 초에 앞서 말한 특성들을 집계해 "돈과 두뇌Money & Brains"라는 합성 프로파일을 만들었다. 이렇듯 서로 다른 행동 및 정체성 범주들을 단순히 혼합하는 것만으로도 마케터들은 오직 남자들만을 표적으로 하는 것이 너무나도 비효율적임을 알게 되었다. 비효율적인 주된 이유는 그것이 수입 손실과 광고 자원 낭비를 초래했기 때문이다. 2014년, 웹-수

---

§ SRIStanford Research Institute 인터내셔널은 미국 캘리포니아주에 있는 비영리 연구 조직으로 지금은 로봇 분야의 첨단 연구로 유명하다(옮긴이 주).

§§ 특정 물질적 관계에 속한 독특성을 말한다(옮긴이 주).

용자 측정 회사인 퀀트캐스트가 설명했듯이, "광고주들이 대학생 나이의 텍사스주 출신 여성들에게 도달하기를 원할 때, 그들은 여성들, 텍사스주 사람들, 그리고 대학생 나이의 사람들에게 개별적으로 도달하는 데는 관심이 없다. 왜냐하면 그들은 그러한 세 가지 속성 모두를 가진 수용자에게 도달하기를 원하기 때문이다.[109]

우리는 이러한 간단한 설명에서 마케터들이 (주로 백인의) 비판 이론이 있기 수년 전부터 이미 많이 얘기되어 온 교차성intersectionality§의 개념을 이해했고 실천했음을 알 수 있다.[110] 실제로 한 개인의 젠더 경험은 그 사람의 인종 경험과 교차할 수 있고 교차해야 한다. 그리고 이러한 경험을 통해서 그리고 킴벌 크렌쇼Kimberlé Crenshaw 같은 흑인 여성학 이론가들 덕분에 "나는 남자다" 혹은 "나는 백인이다" 같은 "단축 프레임워크single-axis framework"§§ 속의 정체성은 주체로서 우리가 누구인지 혹은 우리가 권력에 의해 어떻게 취급되는지에 대해 거의 말해주지 않는다는 것을 우리는 안다.[111] 이러한 개념들은 또한 계층, 성성性性; sexuality,§§§ 나이, 능력 등과도 교차되어야 하며, 그 반대도 마찬가지다.

그러나 심지어 교차성의 이론적 토대 위에서도 우리는 여전히 교차성이 어떤 모습을 하고 있는지 알거나 정의할 수 없다. 실제로 지난 수십 년에 걸친 교차분석의 방법론적 복잡함으로 인해 "교차하다"가 무엇을 의미하는가라는 질문에 대한 대답이 각기 달랐다. 사회학자 레슬리 매콜Leslie McCall은 역

§ 계급, 인종/민족, 젠더, 장애, 성성sexuality 등을 포함한 사회 불평등의 요소들을 교차시킴으로써 단차원적 개념화에 비해 보다 복합적인 차별의 유형을 산출하는 것을 말한다[자료: 위키백과](옮긴이 주).

§§ 단일축 프레임워크는 인종과 젠더를 상호 배타적인 경험의 범주로 취급한다(옮긴이 주).

§§§ 성적인 행위뿐만 아니라 성에 대한 우리의 태도, 가치관, 문화 등 인격의 차원까지 포괄하는 넓은 개념으로 여성의 임신, 출산, 수유 등의 경험도 모두 포함한다. 다시 말해서 성성은 인간의 성행동은 물론 개인이 갖는 성에 대한 환상, 행동, 태도, 사고, 감정, 가치관, 이해심, 성정체성 등이 모두 해당된다(옮긴이 주).

사적 근거가 있는 세 가지 접근방법을 간략하게 설명한 바 있다. 첫째, 반범주적 복합성anticategorical complexity§이 인종, 젠더, 계층과 같은 "분석적 범주를 해체하는데", 왜냐하면 체험된 경험은 항상 이러한 사회적 구성물과 깔끔하게 맞아떨어지지 않기 때문이다. 둘째, 범주 간 복잡성intercategorical complexity§§은 불평등의 관계를 입증하기 위해 "잠정적으로 기존의 분석적 범주를 차용한다". 그리고 셋째, 범주 내 복잡성intracategorical complexity은 "일상생활에서 [범주들이] 만들어지고, 경험되고, 다시 만들어지며, 저항에 부딪히는 과정"을 이해하기 위해 앞의 두 접근방법을 전략적으로 결합한 것으로, "무시되는 교차지점에 있는 특정 사회집단에 초점을 맞춘다."[112] 그러나 분석의 측면에서 이 세 가지 접근방법은 각각 우리가 또 다른 질문을 하지 않을 수 없게 만든다: 교차성에서 정확히 무엇이 교차되고 있는가?

이 두 번째 질문으로 인해 재스비어 푸아Jasbir Puar 같은 이론가들은 우리의 정체성을 정의하는 역사화되고 지역화된 인식론을 감안해 교차성을 재고하게 되었다. 결국 그녀는 철학자 질 들뢰즈와 펠릭스 가타리Félix Guattari의 말대로 정체성이 "변하지 않는 것이 아니라 '변동variation을 거듭하며' 최전면에 놓이는 어셈블리지assemblage§§§, 따라서 정체성의 사건성event-ness§§§§"을 통해 형성

---

§ 반범주적 복잡성 접근방법은 분석 범주를 해체하려는 입장에서, 사회적 삶은 어떤 변수로 환원할 수 없는 복잡성을 가지고 있으며, 고정된 범주는 범주 간의 차이를 생산하는 과정에서 불평등을 생산하는 사회적 허구social fiction 같은 것으로 가정하는 흐름이다[자료: 페르마타, 「교차성: 발제문에 덧붙인 보론」, 2017년 9월 14일, https://brunch.co.kr/@fermata/61](옮긴이 주).

§§ 범주 간 복잡성 접근방법은 잠정적으로 존재하는 분석 범주를 받아들이고 사회 집단 간의 불평등 관계와 복합적이고 상충하는 차원들을 따라 불평등의 배열이 변화하는 것을 기록하는 연구 방향이다[자료: 페르마타, 「교차성: 발제문에 덧붙인 보론」](옮긴이 주).

§§§ 어셈블리지는 두 축으로 구성된다. 하나는 기계적 어셈블리지machinic assemblage이고, 다른 하나는 언표적 어셈블리지enunciative assemblage이다. 기계적 어셈블리지는 기계들의 배치이고, 언표적 어셈블리지는 말들의 배치다. 기계적 어셈블리지는 실재하는 사물들의 배치이고, 언표적 어셈블리지는 보이지 않는 개념들의 배치이다(옮긴이 주).

되는 것으로 생각해 볼 것을 제안한다.[113] 그 결과, 그녀는 다음과 같이 해석한다: "교차적 정체성과 어셈블리지는 긴장하고 있는 대담자對談者로 남아 있어야 한다. (…) 교차적 정체성은 어셈블리지의 영구운동perpetual motion§을 잠재워 누그러뜨리고, 그러한 어셈블리지들을 찾아내 줄이며, 그러한 어셈블리지들의 위협적인 이동성을 억제하려는 시도의 부산물이다.[114] 이러한 정체성의 부산물은 그러한 어셈블리지의 역동성과 끊임없이 대화를 나눈다. 간단히 말해, 교차적 복잡성을 받아들일 때, 우리는 우리의 정체성이 무엇을 의미하는지 따라서 무엇이 교차되어 있는지를 경험적으로 정확히 이해하는 것이 불가능함으로 되돌아간다.

그러나 데이터로서 우리는 누구인가라는 측면에서 이러한 인식론적 차이는 명시적으로 코드 변환되며, 따라서 경험적이다. 구글의 '남자'는 변하는 역동적인 측정가능형, 즉 구글 자체의 데이터 어셈블리지로부터 처리된 알고리즘적 산출물이다. 그리고 각각의 알고리즘적 스크립트script의 특정성과 각 회사의 이용 가능한 데이터 풀data pool의 특수성을 감안할 때, 구글의 '남자'는 어쩔 수 없이 야후!의 '남자', 마이크로소프트의 '남자', 만들어질 수도 있는 어떤 다른 '남자'와도 다르다. 그러나 이러한 측정가능형은 각각 구체적이고 입증할 수 있는 정의를 가진 데이터 객체이다.

사실 우리는 이 장 첫 부분에서 이미 교차성의 코드 변환된 형식을 만났다. 구글의 '젠더' 및 '나이' 추론은 동일한 데이터 토대 위에서 외견상 서로 다르게 보이는 두 범주를 연결하기 위해 동일한 요소들(당신이 방문하는 웹사이트들)을 사용하여 이루어진다. 측정가능형은 오로지 데이터화된 현상과의 통계적 관계만을 토대로 하기 때문에, 구글이 젠더와 나이의 수학적 교집합

§§§§ 고정된 의미를 재생산하는 양식(상식)에 반하여 기존의 것은 변이시키고 새로운 것(사건)을 만들어내는 성질을 말한다(옮긴이 주).

§ 한번 외부에서 동력을 전달받으면 그 이상의 에너지 공급 없이 스스로 영원히 운동하는 것을 말한다(옮긴이 주).

(2개의 서로 다른 정보 세트 간에 겹치는 부분)을 토대로 어떤 이용자의 정확한 교차적인 '젠더/나이' 정체성을 식별하는 것은 전적으로 가능하다.

여기서 우리는 개념적으로는 유사하지만 이론적으로 반드시 유사하지는 않은 두 용어, 즉 수학의 교집합intersection과 사회이론의 교차intersection를 연결할 수 있다. 수학의 집합이론에서 집합 *A*가 숫자 1, 2, 4로 구성되어 있고 집합 *B*가 숫자 1, 2, 3으로 구성되어 있다면, 집합 A와 B의 교집합은 1과 2이다(즉, if $A = [1, 2, 4]$ and $B = [1, 2, 3]$, then $A \cap B = [1, 2]$). 그러나 우리가 *A*와 *B*를 숫자 목록으로서가 아니라 '나이'와 '젠더'를 나타내는 측정가능형으로 생각한다면, 이 예를 통해 수학의 교집합과 사회이론의 교차가 연결되는 것을 다음과 같이 잘 이해할 수 있을 것이다: *A*('45~65') = [제품 *X*, 사이트 *Y*, 검색쿼리 *Z*]이고 *B*('남자') = [제품 *Z*, 사이트 *Y*, 검색쿼리 *Z*]이면, $A \cap B$ = [사이트 *Y*, 검색쿼리 *Z*]이다.

위의 교차는 범주에 대한 선험적인 의존을 토대로 하고 있다: '나이 든' ∩ '남자' = ['나이 든 남자']. 이것은 앞에서 인용한 바 있는 교차적 여성주의 문화이론을 둘러싼 논쟁에 따른 것으로, 교차적 여성주의 문화이론은 대체로 범주 간 접근방법이다. 범주 간 접근방법은 형용사로 된 명세사항들을 쉼표를 사용해 길게 나열해 놓은 목록을 생성하기 위해 기존의 범주적 정체성들을 집계한다: 비非알고리즘적 삶에서 필자의 과학자 친구는 교육을 많이 받았고, 자녀가 없고, 장애도 없으며, 봉급을 많이 받는 시스젠더cisgender§이자 이성애자인 20대 백인 여자이다. '나이 든' ∩ '남자'가 두 측정가능형의 선험적 구성에 의존하는 것과 마찬가지로, 필자의 친구의 교차적 정체성은 오로지 이러한 기성의 조작화된 범주의 언어를 통해서만 이용 가능하다.

그러나 데이터-군집화data-clustering 알고리즘 덕분에 교차적 정체성 역시 선험적으로 구성될 수 있다. 비非지도 기계 학습unsupervised machine learning§§이

---

§ 생물학적 성과 사회적 성이 일치하는 사람을 말한다(옮긴이 주).

라 부르는 것을 통해 연구자들은 발생하려 하는 의미를 확인하기 위해 데이터 세트에 내재되어 있는 속성에 초점을 맞춘다. 컴퓨터 과학자 주빈 가라마니Zoubin Ghahramani는 그것을 다음과 같이 정의한다: 그것은 "기계가 단순히 입력값 $x1$, $x2$, …은 제공받지만, 지도 목표 출력값supervised target output도 그것의 환경으로부터의 보상도 얻지 않는 하나의 과정이다. 어떤 의미에서 비지도 학습은 순수한 비구조화된 잡음unstructured noise§으로 간주되는 것을 제거한 데이터에서 패턴을 찾는 것으로 생각할 수 있다."[115]

범주적 정체성에 대한 초기 경계를 정하기 위해 인간의 개입을 필요로 하는 지도 학습supervised learning 및 반지도 학습semi-supervised learning과 달리, 비지도 학습에서는 데이터의 통계적 근접성statistical proximity을 토대로 그러한 새로운 범주의 경계가 생긴다. 이리하여 우리는 교차성이 어떻게 사전 구성되지 않은 조건에서 나타날 수도 있는지 보게 된다. 이것은 교차이론에 대한 하나의 예시적인 (하지만 우리가 보게 되듯이, 피상적인) 대안인데, 푸아는 교차이론을 다음과 같이 비평하고 있다: "위치를 잡는 것이 움직임에 선행하기보다는 움직임에 의해 유발되는" 것 그리고 "과정의 복잡성을 (…) 그 결과로 생긴 산물"로 계속해서 착각하는 것.[116]

이 대안은 우리가 후진적으로regressively§§ 탈脫정체성적인 네 번째 접근방법

---

§§ 비지도 학습은 기계 학습의 일종으로, 데이터가 어떻게 구성되었는지를 알아내는 문제의 범주에 속한다. 이 방법은 지도 학습 혹은 강화 학습과는 달리 입력값에 대한 목표치가 주어지지 않는다. 자율 학습은 통계의 밀도 추정과 깊은 연관이 있다. 이러한 자율 학습은 데이터의 주요 특징을 요약하고 설명할 수 있다. 자율 학습의 예로는 군집화를 들 수 있다(옮긴이 주).

§ 넓은 의미에서 잡음은 다른 신호의 간섭을 비롯한 여러 가지 의도하지 않은 입력 신호(입력값)의 왜곡을 말한다. 구조화된 잡음structured noise이란 팩스에 선이 빠진 것, 복사한 것의 구석부분이 어두운 것, 중간 색조의 배경과 같은 작위적인 결과를 말한다. 이런 유형의 잡음은 특정 알고리즘으로 처리할 수 있다. 이에 반해 비구조화된 잡음이란 그것이 무작위적이고 작은 반점 잡음과 희끗희끗한 잡음처럼 이미지의 어떤 부분에도 나타날 수 있다는 의미에서 비구조화된 잡음이라고 한다(옮긴이 주).

으로 매우 잠정적으로 생각해 볼 수 있는 것인데, **원原범주적 복잡성**protocategorical complexity이 바로 그것이다. 예를 들어, 주디쓰 버틀러의 젠더 수행 이론에 영감을 받은 미국의 일부 기계 학습 연구자들은 '나이 든'과 '남자' 같은 폐쇄되어 있고 구체화된 선험적 개념에 내재되어 있는 교차적 본질주의의 의미를 쉽게 풀어낼 수 있기를 기대했다: [117]

> 비공식적인 커뮤니케이션에서 온라인 소셜 미디어가 점점 더 우세해짐에 따라 언어 스타일과 젠더, 나이, 인종, 출신 지역 같은 사회적 변인 간의 연관성에 대한 대규모 통계적 모델링이 가능해졌다. 그와 같은 연구의 목적이 스타일의 차이를 이해하는 것이든 아니면 "내재적 속성들"에 대한 예측 모델을 학습하는 것이든, 거기에는 흔히 언어적 선택은 바꿀 수 없는 본질적인 사람들의 범주와 연관되어 있다는 암시적인 가정이 존재한다. 실제로 상대방을 심리적으로 무장해제시킬 수 있을 정도로 정확한 예측 모델을 가능하게 함으로써 언어와 그와 같은 범주들 간의 높은 상관관계를 입증할 수 있다. 그러나 이것은 언어가 개인의 정체성을 전달하는 방식을 지나치게 단순화하거나 그러한 방식을 오해하게 만들 수 있다.[118]

이 연구자들은 1만 4464개의 개별 트위터 계정에서 가져온 데이터와 그 계정을 통해 올려진 921만 2118개의 개별 트윗tweet을 기록했다. 그들은 비非지도 기계 학습 모델을 사용해 서로 뚜렷이 구분되는 20개의 글쓰기 스타일 군집을 찾아냈는데, 그러한 군집들은 단 하나의 '젠더'를 가리키는 것이 아니

---

§§ 칸트는 형이상학의 가능성에 대한 설명(탐구)방법 가운데 후진적/분석적 방법은 우선 어떤 증명되어야 하는 것(결론 *X*)이 "마치" 실제 인식인 것"같이" 가정하고, 이 가정된 *X*에서 출발하여 이미 참으로 인정된 그리고 동시에 *X*를 위한 필연적인 전제들, 즉 그것들로부터 *X*가 추론되고 따라서 증명될 수 있는 전제들을 찾는 것을 말한다(옮긴이 주).

라, 말로 표현하지는 않았지만 함축된 인종, 계층, 나이의 차원들을 가진 서로 다른 '젠더들'을 가리킨다. 군집 알고리즘에게 '남자들' 혹은 '여자들'을 찾으라고 지시하고 싶은 유혹을 피함으로써 20개의 서로 다른 원原범주적인 교차적 정체성에 도달하는 것이 가능했다.

이러한 20개의 분류는 엄청난 데이터원源에서 나온 패턴을 토대로 한 산출물인데, 당시 《와이어드*Wired*》 편집인이었던 크리스 앤더슨Chris Anderson은 "상관관계로 충분하다"라고 쓰면서 논란을 불러일으켰다. 빅 데이터에 대한 이러한 초超실증주의적 관점은 세상을 오로지 데이터를 통해서 지각하고 따라서 표현한다. 그러한 관점은 "우리는 모델을 찾는 것을 중단할 수 있고, 데이터가 무엇을 보여줄 수 있을지에 대한 가설 없이 데이터를 분석할 수 있음"을 시사한다.[119] 물론 앞에서 논의한 바와 같이, 데이터는 결코 "단지" 데이터이지 않다. 그러나 이러한 반가설적antihypothetical 해석[§]은 방법론적 부담이 있음에도 빅 데이터 과학 자체를 위한 궤도를 설정한다.

데이터 채굴과 기계 학습 연구가 한창이다. 네트워크화된 사회의 감시 어셈블리지surveillant assemblage[§§]로부터 골라 모은 데이터는 "21세기의 석유"로, 그리고 알고리즘적 분석은 "연소 엔진"으로 부르고 있다.[120] 데이비드 라이브스David Ribes, 스티븐 J. 잭슨Steven J. Jackson, 케이트 크로포드, 로브 키친 같은 학자들의 이러한 초실증주의hyperpositivism에 대한 강력한 비판이 있음에도, 이러한 군집화 기법은 점차 효과적인 것으로 인식되고 있다.[121]

구글의 사명선언문을 다시 인용하자면, 원原범주적 복잡성은 알고리즘 세

---

§ 가설을 사용하지 않고 해석을 하는 것을 말한다(옮긴이 주).

§§ 들뢰즈는 영역 간의 경계가 허물어지고 정보화가 진행되는 현대 사회를 통제 사회라 부르는데, 통제 사회에서는 컴퓨터를 통해 개인들을 추적하며 편재적인 감시가 일상화되어 있다. 감시 어셈블리지는 장소들로부터 신체를 추상화하고, 그것들을 이중 자료data-doubles로 재결합하며 이전에는 분리되어 있던 개인 정보들을 연결, 교차 참조, 결합하면서 추적을 가능하게 한다(옮긴이 주).

계가 교차성의 논리를 유용하게 만드는 방법이다. 앞에서 언급한 트위터의 데이터 세트로부터 추출된 범주들은 하나의 과정으로서 유사한 어휘 빈도를 가진 트윗의 독특한 군집 형태를 띠는데, 그것들은 "다수의 젠더화된 스타일이 존재함을 보여주는 대규모 증거"로 해석된다.[122] 그리고 이러한 어휘 빈도는 "언어와 (…) 범주들 간의 강한 상관관계를 입증해 주는" 트윗 데이터의 단순한 패턴들로, 기존의 젠더 할당에 대한 불용不容을 시사할 뿐만 아니라 후험적a posteriori 모델의 식별 잠재력을 보여주는 사례이기도 하다.

선험적 분류가 아닌 패턴을 따름으로써 알고리즘 분석은 방법론적으로 일부 독특한 복잡함을 축약할 필요 없이 그러한 복잡함을 통합해서 '남자'와 '여자'로 읽어 들일 수 있다. 연구자들이 "언어가 개인의 정체성을 전하는 방식을 지나치게 단순화하고 오도하는 것"에 대해 경고를 하긴 하지만, 그럼에도 그들은 원범주적인 교차적 분류가 또한 "상대를 무장 해제시킬 정도로 정확함"을 인정한다.[123]

클래리타스의 프로필 세그먼트와 달리, 이러한 트위터 연구를 통해서 만들어진 측정가능형들은 "c1"에서 "c20"에 이르기까지 전혀 인상적이지 않은 이름을 가지고 있다. 예를 들어, "c14"는 심하게 '여성' 쪽에 (89.60%) 치우쳐 있으며 매우 흔히 "hubs, blogged, bloggers, giveaway, @klout, recipe, fabric, recipes, blogging, tweetup" 같은 단어를 사용했다(그림 1.4).[124] 인간으로서 우리는 이 목록에 있는 다수의 다른 범주를 추론해서 군집 14가 어떤 종류의 '젠더'인지 교차시키고 다듬어나갈 수 있다.

언뜻 보기에 'c14'는 기술 지식을 갖추고 있고, 이성애자이며, (배우자나 동거인과 같은) 동반자가 있는 20대 및 30대 백인 여성으로 구성되어 있는 것 같다. 물론 이러한 새롭게 등장한 '젠더화된' 범주들은 자진해서 밝힌 정체성이 아니라 데이터 내의 공통성commonality을 바탕으로 한 것이기 때문에, 우리는 그러한 것 가운데 어떤 것이 사실인지는 전혀 알 길이 없다. 군집 "c11"과 "c20"의 비교에도 주목해 볼 만하다. 군집 11은 심하게 '남성' 쪽에 (73.80%) 치우쳐 있으

	Size	% fem	Dict	Punc	UnPron	Pron	NE	Num	Taboo	Hash	Top words
Skews···			M	F	F	F	M	M	M	M	
c14	1,345	89.60%	75.58%	16.44%	3.27%	1.93%	1.66%	0.85%	0.14%	0.13%	hubs blogged bloggers giveaway @klout recipe fabric recipes blogging tweetup
c7	884	80.40%	73.99%	13.13%	5.27%	4.27%	1.99%	0.83%	0.37%	0.16%	kidd hubs xo =] xoxoxo muah xoxo darren scotty ttyl
c6	661	80.00%	75.79%	16.35%	3.07%	2.15%	1.54%	0.70%	0.32%	0.09%	authors pokemon hubs xd author arc xxx ^_^ bloggers d:
c16	200	78.00%	70.98%	14.98%	6.97%	3.45%	2.19%	0.90%	0.10%	0.43%	xo blessings -) xoxoxo #music #love #socialmedia slash :)) xoxo
c8	318	72.30%	73.08%	9.09%	7.30%	7.06%	1.96%	0.80%	0.56%	0.15%	xxx :') xx tyga youu (: wbu thankyou heyy knoww
c5	539	71.10%	71.55%	14.64%	5.84%	4.29%	1.94%	0.82%	0.77%	0.16%	(: :') xd (; /: 〈333 d: 〈33 〈/3 -____-
c4	1,376	63.00%	77.09%	15.81%	1.84%	1.82%	2.02%	0.78%	0.52%	0.12%	&& hipster #idol #photo #lessambitiousmovies hipsters #americanidol #oscars totes #goldenglobes
c9	458	60.00%	70.48%	10.49%	7.49%	7.70%	2.00%	0.89%	0.65%	0.30%	wyd #oomf lmbo shyt bruh cuzzo #nowfollowing lls niggas finna
c19	498	58.10%	70.25%	21.77%	3.72%	2.24%	1.28%	0.31%	0.36%	0.07%	nods softly sighs smiles finn laughs // shrugs giggles kisses
c17	659	55.80%	72.30%	12.84%	4.78%	5.62%	1.82%	0.65%	1.69%	0.30%	lmfaoo niggas ctfu lmfaooo wyd lmaoo nigga #oomf lmaooo lmfaoooo
c1	739	46.00%	75.38%	16.31%	3.15%	1.60%	2.25%	1.02%	0.11%	0.18%	qr /cc #socialmedia linkedin #photo seo webinar infographic klout
c15	963	34.70%	74.62%	15.40%	3.29%	2.42%	2.74%	1.05%	0.32%	0.17%	#photo /cc #fb (@ brewing #sxsw @getglue startup brewery @foursquare
c20	429	27.50%	75.38%	16.74%	2.09%	1.41%	3.10%	0.91%	0.23%	0.14%	gop dems senate unions conservative democrats liberal palin republican republicans
c11	432	26.20%	68.97%	8.32%	5.95%	11.16%	2.01%	0.88%	2.32%	0.38%	niggas wyd nigga finna shyt lls ctfu #oomf lmaoo lmaooo
c18	623	18.90%	77.46%	10.47%	2.75%	4.40%	2.84%	1.07%	0.82%	0.19%	@macmiller niggas flyers cena bosh pacers @wale bruh melo @fucktyler
c10	1,865	14.60%	77.72%	16.17%	1.51%	1.27%	2.03%	0.89%	0.34%	0.06%	/cc api ios ui portal developer e3 apple's plugin developers
c13	761	10.60%	75.92%	15.12%	1.60%	1.67%	3.78%	1.44%	0.36%	0.10%	#nhl #bruins #mlb nhl #knicks qb @darrenrovell inning boozer jimmer

그림 1.4 트위터 내의 젠더.[§] 이 표는 서로 다른 각각의 군집, 서로 다른 '젠더' 성향, 그리고 각 군집에 매우 흔히 사용된 단어들을 보여준다.

자료: David Bamman, Jacob Eisenstein, and Tyler Schnoebelen, "Gender in Twitter: Styles, Stances, and Social Networks," arXiv:1210.4567, 2012, 23.

며 "niggas, wyd, nigga, finna, shyt, lls, ctfu, #oomf, lmaoo, lmaooo"§§ 같은 단어를 사용한다. 군집 20 역시 마찬가지로 '남성' 쪽에 (72.50%) 치우쳐 있지만 "gop, dems, senate, unions, conservative, democrats, liberal, palin, republican, republicans"§§§ 같은 단어를 사용한다.[125]

인종, 계층, 정치적 신념, 나이, 그리고 교육 수준이 이러한 '젠더' 구성에 직접적으로 명시되어 있지는 않지만, 그럼에도 그것들의 흔적은 그 결과로 생기는 군집화된 측정가능형에 나타나 있다. 그것들은 원범주적인 것들로, 교차적으로 통합되어 각각의 군집이 된다. 문학 비평가 N. 캐써린 헤일스N. Katherine Hayles가 자신이 "계산적 관점computational perspective"이라고 부르는 것에 대한 비평에서 적고 있듯이, 그 결과로 인해 나타나는 알고리즘적 산출물은 "자연에서 발생하는 것을 반영하고 자연 자체를 만들어내는 담론 체계로 이해된다".[126] 이러한 새롭게 등장한 원범주적 교차성은 범주적 정체성에 따라 세상의 경계를 정하는 필수적인 지도 없이, "이성理性의 불가사의함과 모호함

---

§ Size = 군집의 크기; Skew… = 치우침; % fem = 여성 비율; Dict = 표준 전에 나오는 일반적인 단어(common words in a standard dictionary); Punc = 구두점punctuation; UnPron = 비표준적인 발음할 수 없는 단어나 이모티콘non-standard, unpronounceable words(예, :), lmao); Pron = 비표준적인 발음할 수 있는 단어non-standard, pronounceable words(예, luv); NE = 약어를 포함한 이름이 있는 실체named entities(예, apple's, nba, steve, fb); Num = 숫자numbers; Taboo = 금기어taboo words; Hash = 해시태그hashtags; Top words = 가장 많이 사용된 단어(옮긴이 주).

§§ nigga(s)는 흑인; wyd는 what (are) you doing?의 약어; finna는 fixing to의 약어로 going to 혹은 about to(~할 것이다)를 뜻함; shyt는 주로 온라인 게임에서 사용되는 shit(제기랄, 빌어먹을 등)의 대용어; lls는 laughing like shit의 약어로 주로 10대들이 온라인 채팅에서 lol(laughing out loud)의 대용으로 사용함; ctfu는 cracking the fuck up의 약어로 강한 즐거움을 나타냄; #oomf는 one of my friends 혹은 one of my followers의 약어로 매우 매력적인 사람을 지칭하는 트위터 용어; lmao는 laughing my ass off, lmaoo는 laughing my arms off obviously, lmaooo는 laughing my ass out of orbit의 약어로 모두 lol과 같은 의미이다(옮긴이 주).

§§§ gop는 grand old party(미국 공화당)의 약어; dems는 democrats(민주당원)의 약어; palin은 미국 공화당 소속의 여성 정치인 세라 페일린Sarah Palin을 말한다(옮긴이 주).

으로 가득 찬 담론적 설명의 복잡함 모두로부터 벗어난, 알 수 있고 계량화할 수 있는 현상"에 의해 구성된다.[127] 분명 우리는 우리의 정체성을 모호함에서 벗어나게 할 수 없다. 그러나 이러한 계산적 관점은 맥락이 없는 교차적 패턴을 읽어내고 따라서 담론의 "복잡성"과 궁극적으로는 우리의 체험된 경험의 "복잡성"을 없애준다.

막 생겨나고 있는 그와 같은 교차적 정체성은 교차이론을 역사적으로 기술해 주는 노골적인 문화 정치 행위를 없애준다: 인종, 계층, 젠더의 요소들은 우리의 교차적 정체성의 생명을 지닌 기본 소재이며 더 중요하게는 우리가 권력 관계power relations[§]를 만나게 되는 채널이다. 그 대신, 원범주적 교차성은 보이지는 않지만 새롭게 나타난 규칙에 따라 인종, 계층, 그리고 젠더와 관계를 맺는 새롭게 시작된 정치에서만 볼 수 있다. 원범주적인 교차적 정치의 가능성은 군집화된 범주가 만들어지기 전이 아니라 만들어진 후에라야만 나타난다. 알고리즘적 처리의 산출물을 몸소 경험하는 사람들이 아니라 그러한 알고리즘적 처리를 하고 있는 사람들에게 유용한 것이 바로 정치이다.

이렇게 해서 이러한 원범주적인 범주적 교차성은 디지털 미디어 이론가 웬디 희경 전의 더 광범위한 주장을 상기시켜 준다. 그녀는 다음과 같이 적고 있다:

> 네트워크는 포스트모더니즘을 종식시킨다. 네트워크는 파스티슈pastiche[§§]에 줌zoom과 개요overview로 대항한다; 네트워크는 "장소가 없는placeless" 건축물에 생명을 불어넣고 장소를 제공한다; 네트워크는 인종, 젠더, 성성性性과 같은 범주들을 우회하지만 강화하는 이웃 예측변인들을 통해 다문화주의를 해결한다;

---

§ 권력 관계란 한 사람이 다른 한 사람에 대해 사회적, 형성적 권력social-formative power을 가지고 그들이 바라는 것을 다른 사람이 하도록 할 수 있는 관계를 말한다(옮긴이 주).

§§ 혼성 작품 또는 합성 작품을 의미한다. 문체나 분위기 등 선구자에 영향을 받아 작풍이 닮는 것으로 넓은 의미에서 패러디도 포함한다(옮긴이 주).

네트워크는 포스트모던 상대주의postmorden relativism§를 데이터 분석으로 대체한다. 네트워크는 주체와 서사敍事에서 벗어나 그들이 기괴하게 연결된 하나의 공생체 속으로 짜 넣는 행위자actor와 포착된 행위로 이동함으로써 그렇게 한다. 네트워크는 집단적 상상의 토대를 "우리"로부터 당신에게로 완전히 바꿔놓는 연결을 상상한다: 공동체로부터 자기와 타인 간의 거리를 무너뜨린 후 유지하는 언제든 여전히 해결할 수 있는 집단화로.[128]

그리고 우리가 후진적regressive 유형의 후험적 정치에서 즉각적인 위험에 직면하는 곳이 바로 여기이다. 그것은 독특한 정체성이나 중요한 특징이 없는 정치이다. 그것은 사람들이 자신의 정체성을 알고 그러한 정체성대로 살아갈 수 있게 해주는 지시 대상을 놓치고 있다. 그 대신, 원범주적 교차성은 움직이는 표적이다. 그러나 이러한 알고리즘적 접근방법은 좀 더 정확한 삶의 교차적 지표 역할을 하기보다는 데이터화될 수 없는 것을 단호히 거부하는 데이터 객체를 만들어낸다.

좀 더 구체적으로 말하면, "c11"과 "c20"같은 범주로 통합되는 인종의 잠재적 속성들이 인종화된 경험의 통계적 상관관계 범위 안에 있는 인종에 대한 체험된 경험을 없애버린다. 충분히 생각하고 말할 수 있는 분명한 연관성이 없다면, 인종은 잔효殘效; aftereffect,§§ 즉 어떤 조건만 기술할 수 있을 뿐이지 그것을 비판적으로 평가하지는 않는 측정치가 된다. "c11"과 "c20"의 교차적 특성을 정확하게 해석하기 위해 우리는 백인성에 대한 고정관념은 "c20"으로 그리고 흑인성은 "c11"로 읽어 들일 수밖에 없다. 마찬가지로 시몬이 '존 콜트

---

§ 상대주의란 경험과 문화 등 여러 가지 조건의 차이에 따라 가치 판단 또는 진실의 기준이 달라진다는 것을 주요 내용으로 하는 사상이다. 모든 가치의 절대적 타당성을 부인하고 모든 것이 상대적이라고 보는 입장이다(옮긴이 주).

§§ 원인이 사라진 후 어느 정도 시간이 흐른 뒤 발생하는 어떤 결과로, 어떤 사건, 경험, 혹은 실재의 잔효는 그것을 초래한 조건이다(옮긴이 주).

레인'처럼 연주하는 방식에 흑인성이 어떻게 침투하는지 알아내려면 우리는 불가능할 정도로 주의를 기울여 들어야 한다. 이러한 탈정체성postidentity 기능은 알고리즘적인 교차적 정체성이 인종화되거나 젠더화되거나 계층화된 렌즈를 통해 나타나는 것이 아님을 의미한다. 그 대신, 그것은 무비판적인 실증주의적 측정의 결과로 나타나고 그리고 그러한 결과로 컴파일compile§ 된다.

말하자면, "c20"나 "c11"은 우리가 인종으로서의 인종에 대해 말하도록 하지 않는다. 둘 가운데 어느 것도 우리가 백인 우월주의의 권력 역학을 통해 생각하도록 하지 않는다. 그러나 둘 모두 인종화에 대한 새로운 규칙을 만들어주며, 둘 모두 우리가 주디스 버틀러의 수행성 이론을 젠더의 교차성에 적용시킴으로써 그녀의 이론을 보완하도록 한다: "젠더는 담론적으로 구성되는 정체성의 인종적·계층적·민족적·성적·지역적 양태modality§§와 교차한다. 그 결과, 불가피하게 만들어져 유지되는 정치적·문화적 교점들과 '젠더'를 분리하는 것은 불가능해진다."[129]

버틀러의 분석보다 앞섰던 저명한 흑인 여성주의자들의 생각과 매우 흡사하게, 버틀러의 젠더 수행성은 우리의 서로 다른 정체성 표지markers를 연결하는 복잡하게 얽힌 관계의 매듭을 받아들인다. 1973년, 컴바히 리버 컬렉티브Combahee River Collective§§§가 인종, 젠더, 성성, 그리고 계층의 서로 맞물려 있는 억압을 강조하면서 "이러한 억압들이 합쳐져서 우리의 삶의 조건을 만들어낸다"라고 한 것은 유명하다.[130] 이 단체의 회원인 오드리 로드Audre Lorde는 자신의 저서 『시스터 아웃사이더Sister Outsider』§§§§에서 백인 여성의 교차성 정

---

§ 컴파일이란 개발자가 작성한 소스 코드를 바이너리 코드로 변환하는 과정을 말한다(목적 파일이 생성됨). 즉, 컴퓨터가 이해할 수 있는 기계어로 변환하는 작업이다. 이러한 작업을 해주는 프로그램을 가리켜 컴파일러compiler라고 한다(옮긴이 주).

§§ 특정한 방법으로 정보를 부호화하여 보여주는 방식을 말하는 것으로, 예를 들어 어떤 실재의 상태를 어떤 그림이나, 문자의 기호로 나타낼 때 그 기호의 종류를 말한다(옮긴이 주).

§§§ 1974년 미국의 보스턴에서 결성된 유색인 여성주의자 단체이다(옮긴이 주).

치intersectional politics§의 부재를 지목하면서 다음과 같이 적고 있다: "대체로 오늘날의 여성운동에서 백인 여성은 여성으로서의 그들의 억압에 초점을 맞추며 인종, 성적 선호, 계층, 나이의 차이는 무시한다. 자매애姉妹愛라는 단어는 실제로 존재하지 않는 경험의 동질성에 대한 가식을 나타낸다."[131]

이 작가들에게 교차성은 정치적 범주들로 구성된 매우 중요한 개념으로, 이것은 자기-정체성을 인정하지 않으려 하는 사람들에 맞서 자기-정체성을 나타내는 정치적 행위를 할 수 있게 해준다. 그러나 원범주적 교차성은 비판적 정치의 가능성을 허용하지 않는다. 그것은 권력이 컴바히 리버 컬렉티브와 관련하여 흑인 동성애자 여성을 바라볼 때 흑인+동성애자+여성의 선험적 교차 없이는 흑인 동성애자 여성을 완전하게 이해할 수 없다는 식으로 바라보는 것을 무시한다. 또한 그것은 유색인 여성주의자 체리 모라가Cherríe Moraga와 글로리아 안살두아Gloria Anzaldúa가 편집한 『내 등이라 불린 다리*This Bridge Called My Back*』에서부터 사회학자 퍼트리샤 힐 콜린스Patricia Hill Collins의 『흑인 여성주의 사상*Black Feminist Thought*』에 이르기까지, 교차적 분석이 노력해서 개척해 온 정치적 가능성도 무시한다.[132]

통계적인 계량적 측면에서의 젠더, 인종 및 계층 간의 연계성만큼 다면적이고 다층적으로 무언가를 정의하고자 하는 움직임은 필자가 이 장의 앞부분에서 공학工學의 순수한 절차적 논리로서 논의한 것에서 비롯된다. 구글의 최고 시각 디자이너였던 더그 보우먼Doug Bowman은 구글을 그만둔 후 쓴 한 편지에서 다음과 같이 적고 있다: "어떤 회사가 공학자들로 채워질 때, 그 회사는 공학에 의존해 문제를 해결한다. 각각의 결정을 간단한 논리 문제로 줄여버린다. 모든 주체성을 줄이고 그저 데이터만 바라본다."[133]

주관적 평가가 없다면 우리의 '젠더', '인종', '계층'은 우리가 젠더, 인종, 계층

§§§§ 주해연·박미선 옮김(2018, 후마니타스)(옮긴이 주).

§ 정체성의 각 영역에 존재하는 불평등들이 서로 교차하는 데서 오는 불평등의 문제(예, 인종 차별×여성 차별)를 정치와 결부시키는 것을 말한다(옮긴이 주).

을 마주하는 방식과 비슷한 점이 거의 없다. 이런 이유로 "개인화personalization" 라는 개념이 대체로 존재하지 않는데, 개인화란 한 이용자로서 당신은 역사와 개인적인 관심사를 지닌 한 개인으로서 당신을 토대로 한 콘텐트를 수신할 만큼 충분히 독특하다는 가정이다. 그 대신, 우리는 **프로파일화**profilization를 통해서, 즉 반드시 우리가 아니라 우리의 데이터가 '젠더화되고', '인종화되며', '계층화되게' 하는 범주적 의미의 교차를 통해서 소통된다.

현대의 공학 논리에 대한 보우먼의 비평은 디자인의 미래에 대한 비평이었지만, 같은 논리가 알고리즘 문화 전반에도 적용될 수 있다. 만약 젠더가 공학의 상응하는 여러 복잡한 문제들에 의해 틀 지어진다면, (다른 관점이나 목소리가 아닌) 더 많은 데이터가 '젠더'의 생김새가 어떨지를 결정한다. 앞에서 언급한 바 있는 트위터에 관한 연구는 젠더의 위계질서에 대한 다소 반항적인 여성주의자의 공격이 아니다. 2개 이상의 '젠더'가 존재하는 세상을 인정하는 것은 단지 공학 논리를 사용하여 수용자를 구성하는 좀 더 미묘한 의미 차이가 있는 관점일 뿐이다. 미묘한 의미 차이가 있어 보일지라도, 이러한 측정가능형 정체성과의 관계는 우리가 누구일 수도 있는지를 결정할 수 있는 능력을 우리에게서 빼앗는다. 만약 우리가 알고리즘이 정의하는 "존재"를 수행한다면, 우리는 그러한 "존재"가 의미하는 바에 대한 통제력을 잃는다.

예를 들어, 자크 블라스Zach Blas는 자신의 작품의 초점을 기술과 성성性性의 교차에 맞추는 퀴어 예술가이다. "얼굴 무기화 스위트Facial Weaponization Suite"라 부르는 한 프로젝트에서 블라스는 디지털 초상 사진을 토대로 개인의 성적 지향을 얼굴 특징을 통해서 평가한 일부 연구자들의 연구를 비평한다.[134]

이 성성sexuality에 관한 연구들은 방법론적으로 사진 속 인물의 얼굴 표정에 의지해 그 사람이 '남성 동성애자'인지 '여성 동성애자'인지 분석하면서, 초규범적hypernormative이긴 하지만 과학적으로 신성시되는 게이더gaydar§가 진

§ 게이gay와 레이다radar의 합성어로, 사람의 성적 지향이 동성애자, 또는 양성애자, 이성

짜임을 증명한다. 블라스는 스스로 자신이 퀴어라고 확인해 준 사람들을 모집해 카메라 앞에 앉힌 다음, 엑스박스 키넥트Xbox Kinect§로 스캔한 후, 참여자들의 얼굴에 대한 집계된 생체 인식 스캔값들을 종합했다.[135] 그 자신만의 '퀴어성queerness'의 측정가능형을 구성한 후, 블라스는 이 새로운 '퀴어' '얼굴'을 늘려도 보고 새로운 모양으로 만들어보기도 하면서 얼굴에 대한 집계된 출력값들을 이렇게도 해보고 저렇게도 해본 결과, 그것이 이해 불가하다는 결론을 내렸다: 그것은 '퀴어'도 아니고 '얼굴'도 아닌, 그가 "패그 페이스fag face"§§라고 부르는 것이 되어버렸다. 바꾸어 말하면, 그는 얼굴들을 유용하지 않게 만들었다. 그 뒤에 블라스는 이 쓸모없는 "패그 페이스" 모델로 기형의 분홍색 플라스틱 마스크를 제작했다.

이러한 미술 작품들은 사람들의 실제 얼굴에 생체 인식값을 부여하려는 어떤 시도도 알고리즘적으로 혼란스럽게 만든다. 블라스의 작품은 데이터의 규칙, 측정가능형의 규칙에 따라 작동된다. 그것은 (퀴어성이 아닌) '퀴어성'에 따라, 따라서 데이터화된 성성性性이 우리 삶에 갖는 의미를 인정하면서, 받아들이고 분석하며 비평한다. NSA의 '테러리스트' 예와 매우 흡사하게, '남성 동성애자'와 '이성애자'의 측정가능형은 정치적으로 분명치 않은 장점을 가지고 있다. 누군가가 한 개인의 성성에 대해, 신경 쓰는 것은 말할 것도 없고, 생각하는 것은 디지털 기술의 매력적인 업적이 아니다. 그것은 우리의

애자인지 판별하는 직관적 능력을 말한다. 게이다는 대체로 비언어적 증거와 성소수자에 대한 고정관념에만 의존하는 경향이 있다. 여기에는 현란한 신체 언어 사용, 그 사람이 말할 때의 목소리 톤, 공공연하게 관념적인 성 역할에 반대되는 모습, 그 사람의 직업과 치장 습관과 같이 사회적 행동과 매너리즘에 민감한 요소들을 포함하며, 이 예시에 포함되지 않은 다른 요소도 작용할 수 있다(옮긴이 주).

§ 키넥트는 콘트롤러 없이 이용자의 신체를 이용하여 게임과 엔터테인먼트를 경험할 수 있는 엑스박스 360과 연결해서 사용하는 주변기기이다(옮긴이 주).

§§ 어번 딕셔너리Urban Dictionary에 따르면, 패그 페이스란 지겹고, 얼간이 같고, 바보 같고, 두렵고, 짜증나게 하는 사람, 따귀를 때려주고 싶은 사람person who is asshole, jerk, stupid, bugaboo, annoying person, someone you want to slap을 가리킨다고 한다(옮긴이 주).

주체성의 뿌리를 분명히 강탈한 것으로, 성적 정체성을 경험이나 욕망이 아닌 얼굴로 정의하는 기술에 미쳐 있는 뻔뻔스러움이다.

2장에서 필자는 측정가능형이 우리도 모르게 그리고 우리의 저자권authorship도 없이§ 어떻게 우리를 위해 우리 자신을 표현해 주는 것 이상을 하는지에 대해 살펴볼 것이다. 측정가능형은 또한 적극적으로 조절한다; 측정가능형은 그것이 기술하고자 하는 인구 집단에 가장 잘 맞추기 위해 스스로 변조한다. 측정가능형의 불명확성fuzziness은 측정가능형의 유연성malleability으로 바뀐다. 그리고 이러한 유연성은 마침내 그리고 꽤 직접적으로 통제로 미끄러지듯 나아간다.

6. 소결론

알고리즘과 데이터는 이중으로 서비스(구글은 "그것을 유용하게 만든다")도 수행하고 동시에 그러한 사용에 따라 우리의 삶을 사전-구성prefiguration도 하면서 우리의 세계를 배열한다. 그러나 데이터는 우리의 규칙이 아니라 그 자체의 규칙에 따라 작동된다. 정치학자 제임스 C. 스캇은 훌륭한 자신의 저서 『국가처럼 보기*Seeing like a State*』에서 국가가 무계획적인 범주적 단순화 규정을 통해 사회 규범을 어떻게 조작하는지 보여주는데, 그것은 인구 집단과 권력을 연결해 주는 지속적인 "가해성 프로젝트project of legibility"이다.[136] 그는 다음과 같이 쓰고 있다: "그와 같은 집계 데이터aggregate data§§를 모으고 해석하는 사람들은 그들의 범주에 어떤 허구적이고 임의적인 성질이 존재한다는 것과 그들이 문제가 되는 수많은 변동을 숨기고 있다는 것을 안다. 그러나

---

§ "우리의 저자권도 없이"란 "우리가 (어떤 콘텐트 생산에) 정식 저자로 참여하지도 않은 채", 즉 "우리가 (그러한 콘텐트의) 저자로서 어떤 참여나 기여함도 없이"라는 의미이다(옮긴이 주).

§§ 모아서 요약한 데이터를 말한다(옮긴이 주).

일단 정해지고 나면 이러한 임의적인 성질의§ 범주들은 불가피하게도 유사하게 범주화된 모든 사례가 사실상 동질적이고 균일한 것처럼 운용된다."[137]

측정가능형의 개괄적 데이터는 어떤 인구 집단의 진실 그 이상이다. 알고리즘적 처리는 통제의 성질을 띠기 때문에, 그것은 "현실로의 출발departure for reality"이다.[138] 우리에게 이러한 규정을 할당하는 국가의 관점에서 우리가 누구인가라는 우리의 정체성은 국가 소유이다. 우리는 단순히 범주화된 것이 아니다. 우리는 동시에 조작되고 통제되어, 데이터베이스나 기록 목록에 수록되어 있는 항목으로 동일하게 취급된다.

그러나 우리의 알고리즘적 세계를 구성하는 측정가능형은 끝이 없다. 스캇이 말하는 그 자체의 기계화를 위해 데이터를 사용하는 국가라는 특이한 행위주체와는 달리, 거기에는 어떤 단 하나의 독특하고 권위 있는 '젠더' 범주도 존재하지 않고, 그렇다고 전 세계에 있는 모든 데이터베이스가 공유하는 단 하나의 영원한 '스윙어' 개념도 존재하지 않는다. 측정가능형은 의미의 플레이스홀더이지만, 그러한 의미들은 어쩔 수 없이 지역적local이다. 측정가능형은 특정한 신뢰수준에 따라 특정한 순간에 특정한 일단의 규칙에 의해 작동하는 편견 및/혹은 패턴에 대한 경험적 평가이다. 구글은 우리가 누구인지와 우리가 누구인지가 의미하는 바를 결정하는 데 비교적 센 발언권을 가질 수도 있지만, 거기에는 당신을 다른 무언가로 부르는 수도 없이 많은 행위주체가 존재한다.

이러한 데이터 세계 전역에 걸쳐 우리는 거대한 데이터 생산 생태계에 참여한다. 우리는 데이터를 만들고, 그러한 데이터가 의미하는 바를 알고리즘에 보여주며, 우리가 서로 다르게 행하는 것은 그 결과로 인해 만들어지는 측정가능형들이 변할 수 있게 한다. 당신이 쓰는 블로그 게시물이 오늘은 20%

---

§ 저자는 원문에서 thin이란 단어를 사용하고 있는데, 저자에게 문의해 본 결과 여기서 thin은 arbitrary quality라는 의미라고 한다(옮긴이 주).

'성적일' 수도 있지만, 업데이트된 2015년판 LIWC 사전은 새로운 단어가 그 목록에 포함됨에 따라 그러한 평가를 22%로 바꿀 수도 있을 것이다. 2014년, 『옥스퍼드 영어사전*Oxford English Dictionary*』에 "(연예인들의) 의상 불량wardrobe malfunction"이 포함된 것처럼, 이 세계는 머뭇거리면서 진화한다§. 이러한 진화의 배경 속에 특정한 의미를 가두려는 우리의 시도는 결코 끝나지 않는 과정이다. 그러나 측정가능형은 불완전할 뿐만 아니라 대체로 자동화되어 있다. 측정가능형은 "의상 불량"은 공식적인 영어 어휘 목록에 포함될 자격이 있다는 것을 공표하는 수석 편집인을 두고 있지 않다.

소프트웨어 개발에 "베타beta"라는 단어를 사용하는 것과 지메일Gmail을 포함해 우리 모두가 사용하는 프로그램 가운데 얼마나 많은 프로그램이 "베타" 프로그램인지에 대해 생각해 보라. "베타" 프로그램이란 최종 출시되기 이전의 형식이며 공식적으로 배포되지 않은 프로그램을 말한다. 베타 프로그램은 아직 개발 단계에 있는 것으로, 이전에는 베타 테스팅beta testing으로 알려져 있었으며 (흔히 적은 수의) 이용자들이 그것의 최종 배포 버전에서 오류를 찾아 제거하기 위해 프로그램을 이리저리 사용해 본다. 레프 매노비치는 우리의 디지털 기술 사용을 다음과 같이 기술했다: "구글 어쓰Google Earth 이용자는 이 앱을 사용할 때마다 매번 다른 '지구'를 경험할 가능성이 있다."[139] 이 세계 자체와 구글이 우리에게 이 세계에 대해 제시하는 표상 모두 끊임없이 변하고 있다.

우리는 알고리즘적으로 처리되는 데이터에 대해 다음과 같은 식으로 생각해 보아야 한다. '젠더'와 같은 측정가능형이나 시몬의 '당신' 버전은 진실이 아니라 베타이다. 측정가능형은 그것이 완벽하지 않고 무언가 새로운 쪽으로 언제나 변하고 있다는 것을 인정한다. 측정가능형은 미완성으로 남아 있

§ 앞서 밝힌 바대로 이 책의 저자는 진화를 매우 비선형적인nonlinear 현상으로 보기 때문에 '머뭇거리면서'라는 표현을 사용한 것으로 보인다(옮긴이 주).

으며, 따라서 안정될 거라고 기대될 수 없다. 측정가능형은 100% 신뢰구간에 결코 도달하지 않을 것이다—그러나 다시 한 번 더 말하지만 누가 과연 도달할 수 있을까? 인체 냉동 보존술cryonics에 수백만 달러를 쏟아붓고 수십억 달러가 카리브해나 스위스의 조세 피난처에 숨겨져 있는 것으로 미루어 볼 때, 심지어 죽음과 세금도 잠재적으로 피할 수 있다. 베타 버전을 거친 후 출시되었는데도 결과적으로 테스트 기간 동안 감춰져 있던 오류가 비로소 발견되는 컴퓨터 소프트웨어는 근대성의 진실과 완벽이라는 개념에서는 오점이 아니다. 오히려 그것은 삶의 진실, 끝이 없는 진실이다.

어떤 프로그램 로고나 제목 옆에 붙어 있는 "베타"는 우리에게 프랑코 모레티Franco Moretti식式 유한성과의 거리distance from finitude를 제공한다. 베타 버전은 기능적으로 오류의 징후를 암시하지만, 사용을 통해 그러한 오류를 해결하는 데 도움을 줄 것을 당신에게 요청한다. 지식 자체가 베타 버전 속에 있는 것으로 여겨지면서, 우리는 담론 속의 '오류들'을 해결하기 위해 이루어지는 종잡을 수 없는 변화 속에 영원히 있게 된다. '여자'가 베타 버전 단계에 있을 때, 여자들이 점차 축구에 흥미를 가짐을 시사하는 데이터는 그에 따라 '여자'가 바뀔 수 있게 한다. 맹목적으로 추이를 따르는 것이 단지 패션 리더와 브루클린Brooklyn의 뮤직 스노브music snob§에게만 해당되는 것은 아니다. 그것은 우리가 깃들어 있는 측정가능형이 우리의 데이터화된 삶으로부터 새롭게 입력되는 것에 역동적으로 반응하는 방식의 일부이다.

그래서 만약 어떤 마케터가 우리를 '여자'라 부르거나 심지어 정부가 우리를 '테러리스트'라 부른다면, 그것은 정말 무엇을 의미하게 되는 걸까? 도입부에서 소개한 바 있는 법학자 프랭크 패스콸레의 『블랙박스 사회』에 대한 언급은

---

§ 옛날에는 신분이 낮은 자를 가리켰으나, 19세기 영국에서 신사인 체하고 허세를 부리는 속물들이 많이 나타난 것을 작가 윌리엄 새커리William M. Thackeray가 1848년 그의 작품 『스노브 독본讀本*The Book of Snobs*』에서 그들을 비웃은 이후 널리 사용되었다[자료: http://barbarossa 2015.tistory.com/67](옮긴이 주).

다음과 같이 다시 틀 지어질 필요가 있다: 우리는 우리가 무엇으로 불리는지도 모르지만 우리가 무엇으로 불리는 것이 항상 변하고 있다는 것도 모른다. 다수의 목소리가 서로 다른 역동적인 측정가능형에 따라 우리를 묘사한다.

알튀세르Althusser§의 이데올로기론에 입각한 글들이 시사하듯이, 만약 경찰이 "어이, 존!"이라고 소리친다면, 그가 누구를 말하는지 필자는 안다. 그러나 "어이, 존!"이라고 말하는 컴퓨터는 다른 규칙으로 필자를 묘사한다. 그것은 필자를 이야기하는 것이 아닌 필자에 대해서 이야기한다. 그것은 한 사람 혹은 개인 주체로서 필자와 소통하려는 것이 아니다. 그 대신, 그것은 범주-기반 프로필에 따라 필자를 호명한다interpellate.§§

그러나 그러한 프로필은 하나의 통합된 주체가 아니라 수학적 평형을 유지하는 다층화된 지식의 집계로서 '존'을 인공두뇌학적으로 유지하면서 매일 다시 만들어진다. '존'은 "적시just-in-time" 정체성, 지식에 대한 다양한 서로 다른 해석과 기록을 통해 분명하게 표현되는 임의적으로 닫힌 주체closed subject이다. 2016년 7월 30일 오후 6시 24분 현재, '필자'는 구글 + NSA + 시몬이 무

---

§ 알제리 출신으로, 파리의 고등사범학교École Normale Supérieure에서 헤겔 철학을 공부했으며, 그곳에서 철학 교수로 재직했다. 그는 프랑스 공산당을 선도하는 이론가였으며 그의 주된 논쟁들은 사회주의의 이데올로기적 근거에 대한 여러 위협들에 대한 응답이었다. 이 위협에는 마르크스주의 사회학과 경제학에 영향력을 미치기 시작한 경험주의와 유럽의 공산당들을 분열시키기 시작한 휴머니즘 사회주의 및 민주-사회주의가 포함된다. 그는 초기 마르크스의 소외론, 인간주의와 후기 마르크스의 역사유물론 사이에 인식론적 절단이 존재한다고 보았으며, 반인간주의, 반경제주의, 반경험주의와 반주체주의를 주장했다. 프랑스 구조주의의 다른 부류와 결코 간단히 얽히는 우호적 관계를 갖고 있지 않았음에도 알튀세르는 흔히 구조적 마르크스주의자로 불린다. 흔히 알튀세르의 이데올로기론은 자크 라캉의 상상계 논의를 반영했고 라캉의 그것에 미달한다고 알려져 있으나, 실제로는 스피노자의 논의가 더 강하게 반영되어 있다(옮긴이 주).

§§ 알튀세르에 따르면 이데올로기가 우리에게 말을 거는 '호명'의 절차를 거치는 순간, 우리는 비로소 주체로 칭해지게 된다. 즉, 호명은 우리가 일상에서 언어와 이미지로 전달되는 이데올로기에 의해 스스로 구축되는 과정이라고 할 수 있다[자료: 마에스트로, "알튀세르의 '호명'," 2010년 2월 2일, http://luckykgm.egloos.com/ 2739935](옮긴이 주).

한히 필자에 대해 생각하는 그것이다. 그리고 2016년 7월 30일 오후 6시 25분에 5분간의 웹 서핑을 마친 '필자'는 다른 누군가이다.

인공두뇌학 분야는 이용자로서 우리가 어떻게 컴퓨터에 의해 관리 가능한 안정적 실체인지 우리가 이해할 수 있도록 도와준다. 2장에서 논의되겠지만, 인공두뇌학적으로 평형상태를 유지하는 것은 어떤 시스템의 입력물의 유동성을 받아들이는 동시에 그에 따라 수정된 산출물을 조정하는 것이다. 우리의 알고리즘적 정체성이 우리에게 권력을 휘두르는 방식은 입력물(원인)보다 산출물(결과)과 관련 있다. 산출물을 만드는 것(알고리즘 그 자체)은 우리의 미래를 관리한다.

우리와 지식이 무엇이 되는지는 진실의 함수가 아니다. 그것은 우리에게 그것이 '진실'이라고 말하는 알고리즘 산출물의 함수이다. 필자는 구글이 '필자'라고 말하는 것이다. 만약 필자가 필자의 웹-서핑 습관을 상당히 바꾼다 하더라도, 구글은 한 이용자로서 필자를 포기하지 않을 것이다. 그 대신, 구글은 필자에 대한 해석을 필자의 데이터가 그들의 알고리즘적 생활-세계 life-world§에 적합한지에 따라 재개념화할 것이다.

2장에서 조사해 보겠지만, 그러한 삶이 측정되고, 유용해지며, 권력 체계로 가장한 구글, 퀀트캐스트 같은 광고 회사나 심지어 NSA에 의해 마침내 통제될 수 있는 한, 이러한 재개념화는 삶의 근원과 의미가 중요하지 않음을 시사한다.

---

§ 생활세계는 독일 철학자 에드문트 후설Edmund Husserl에 의해서 학문적으로 정리된 이후 사회학 등 여러 분야에 적용, 변용된 개념이다. 가장 일반적인 정의로서 생활세계는 '일상생활세계everyday life-world'라는 의미이다. 일상생활세계는 인간의 의식주를 기본으로 하는 미시적이고 반복적이며 사적인 삶의 영역을 지칭한다(옮긴이 주).

2장

통제

알고리즘이 당신을 쥐락펴락할 거야

통치된다는 것은 그럴 권리를 가지고 있지도 않고
그렇다고 그렇게 할 수 있는 지혜도 덕도 가지고 있지 않은 창조물에 의해
감시받고, 조사받고, 염탐당하고, 지시받고, 법률에 끌려 다니고, 숫자화되고,
규제받고, 등록되고, 세뇌당하고, 설교당하고, 통제되고, 점검당하고, 평가되고
가치가 매겨지고, 검열당하고, 명령받는 것이다.

— 피에르-조제프 프루동Pierre-Joseph Proudhon[140]

❋

"오늘날의 체력검사는 넌척Nunchuck[§]을 사용한다. 당신은 넌척을 사용할 수 있는가?" 당신은 "그렇다"를 선택한다. 첫 번째 종목은 "표적 맞추기 연습: 벽에 맞고 나온 공이 땅에 떨어지기 전에 받아쳐서 표적에 맞춰라"이다. "스윙 속도와 강도를 조절하는 것이 샷을 겨냥하는 데 매우 중요하다." "시작"이라는 단어가 번쩍이면, 몹시 빛나는 당신의 작은 아바타가 몸을 구부린 채 손에 라켓을 쥐고 있는 것을 볼 수 있다. 큰 표적이 당신 앞에 있는 벽돌로 된 벽에 부착되어 있다. 당신은 조작봉을 사용해 서브를 넣고 벽 정중앙에 있는 표적을 맞춘다. "남은 표적" 수가 10에서 9로 바뀐다. 새롭게 생겨난 당신 자신의 사이보그 팔의 움직임을 토대로 당신의 아바타는 공이 벽에 맞고 튀어나올 때 그 공을 따라다닌다. 표적을 10번 다 맞히면 "종료"라는 단어가 나타나고 화면이 검게 사라진다.

두 번째 종목은 "야구공 치기: 투수가 계속 공을 던질 것이니 빠르고 간결한 스윙에 초점을 맞춰라!"이다. 야구장으로 옮긴 당신의 아바타는 세로줄

§ 닌텐도 위Nintendo Wii에 특화된 보조 컨트롤러이다(옮긴이 주).

무늬가 있는 바지를 입고 한 손으로 배트를 감아쥔 채 미동도 하지 않고 서 있다. "시작"이라는 단어가 다시 한 번 더 번쩍이면, 투수가 당신이 서 있는 방향으로 공을 던진다. 조작봉을 쥐고 당신이 스윙을 하면 나무가 갈라지는 소리가 들린다. 왼쪽 상단 구석에 있는 기록판에 "히트: 1, 남은 공: 29"이라고 표시된다. 당신이 맞춰야 할 공이 29개 더 남아 있으며, 당신이 집중하고 스윙을 할 때마다 당신의 아바타도 당신과 함께 스윙한다. 마침내 게임이 "종료"된다.

세 번째 종목은 "도징dodging[§]: 당신의 트레이너가 당신에게 연이어 공을 던질 것이니 공에 맞지 않기 위해 몸을 왼쪽 오른쪽으로 움직이면서 피하라"이다. 마지막 "시작"이란 단어가 번쩍이면, 아래턱에 수염을 기른 한 남자가 오른손을 뻗어 빨간색과 노란색이 섞여 있는 테니스공을 잡고 당신을 향해 던진다. 당신은 조작봉과 넌척을 오른쪽으로 움직여 날아오는 공을 잘 피한다. 점수가 1점씩 올라간다. 60초 동안 이 캐릭터는 당신을 향해 때론 한 손으로 때론 두 손으로 공을 던진다. 정신없이 이어지는 공 투척이 끝나면, 마침내 한 번 더 "종료"라는 단어가 나타나고, 당신은 실제 자신의 숨your real breath을 돌리기 위해 실제 자신의 손your real hands을 실제 자신의 무릎your real knees 위에 올려놓는다.

당신은 결과를 기다린다. 세 가지 무작위 활동을 한 후, 당신의 아바타의 운동 능력이 평가된다: 당신의 "위 피트니스 나이Wii Fitness Age"가 '43세'라고 붉은 글씨로 나타난다. 화면 왼쪽 삼각형은 3개의 축으로 되어 있다: "균형감각", "스피드", "체력". 삼각형 안에 자리하고 있는 청록색의 작은 삼각형이 당신의 "균형감각"은 3등분선의 4분의 3 지점에, "스피드"는 3등분선의 2분의 1 지점에, 그리고 "체력"은 3등분선의 4분의 1 지점에 있음을 보여준다(그림 2.1).

---

§ 몸을 움직여 상대의 방해나 던지는 공으로부터 벗어나는 동작을 말한다(옮긴이 주).

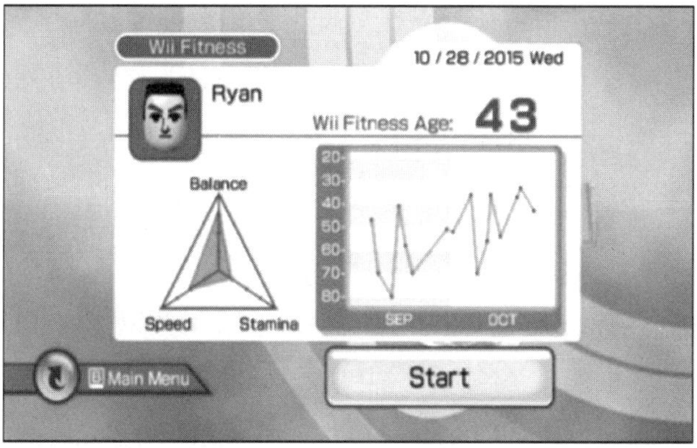

그림 2.1 닌텐도 위 스포츠의 스크린샷

이러한 평가는 2007년 닌텐도 위 게임Nintendo Wii game인 위 스포츠*Wii Sports*에서 나온 것이다. 이 게임을 해본 사람은 이러한 위 '나이'가 나이에 대한 것이 전혀 아니라는 것을 곧 알아차린다. 그것은 정확성, 기민함, 지구력에 대한 것이다. '나이'의 측정가능형은 하나의 추상화abstraction,[§] 즉 닌텐도가 당신을 '43세'라고 말하게 만드는 데이터에 지나지 않는다. 매일 당신이 이 게임을 할 때마다 (당신의 생일이 아닌 364일과는 달리)[§§] 당신의 '나이'는 변할 것이다. 그러한 숫자의 변화는 시간에 따라 당신의 상태를 추적하는 그래프 위에 나타난다. 오늘은 '43세'이다가 내일은 '80세'가 되다가, 운이 좋거나 연습을 많이 한 덕분에 누구나 갈망하는 가능한 최소의 나이인 '20세'가 될 수도 있다.

수백만 명의 사람들이 이 게임을 즐겼고, 수백만 명의 사람들이 특별히 운이 따르지 않는 가운데(복싱이 플레이어들을 가장 낙담하게 만듦) 게임을 마친 후 나타나는 '나이'에 다소 기분을 상해했다. 당신의 '나이'는 당신의 신체 능력을 겉으로 보여주는 경험적 대용물, 즉 당신의 게임의 성공적 수행을 보여

§ 컴퓨터 과학에서 추상화는 복잡한 자료, 모듈, 시스템 등으로부터 핵심적인 개념 또는 기능을 간추려 내는 것을 말한다(옮긴이 주).

§§ 생일이 아닌 나머지 364일 동안은 나이가 변하지 않는다는 의미이다(옮긴이 주).

주는 계기판일 뿐만 아니라 당신이 한동안 운동을 하지 않았음을 상기시켜 주는 신호 역할을 한다. 그래서 그 숫자는 남은 오후 시간 내내 당신의 머릿속을 떠나지 않는다. 실제로 이 특정한 측정가능형은 매우 신성화되어서 설령 위 스포츠가 당신에게 특별히 많은 '나이'를 할당하는 바람에 당신이 멀리건mulligan§을 달라고 하더라도 당신은 다음 날까지 재검사를 할 수 없다.

한편으로 우리의 '나이'는 명백하게 권력과 연결되어 있다. '나이'처럼 측정가능형은 우리가 누구인지에 대한 의미를 만들어내며, 위 스포츠와 관련하여 그 의미는 우리가 우리 자신에 대해 기분 좋아하거나 기분 나빠하게 만들 수도 있을 것이다. 이것은 권력의 규율적 양식으로, 철학자 미셸 푸코에 의해 이론화되었으며 파놉티콘, 즉 원형 교도소panopticon§§로 도해화圖解化된 것으로 유명하다: 만약 타인에 의한 감시/해석이 존재한다면, 우리는 지각된 사회 규범에 따라 우리 자신을 규율함으로써 권력 작업work of power을 한다.[141]

---

§ 골프에서 최초의 티샷이 잘못되었을 때 그 샷을 무효로 하고 한 번 더 티샷의 기회를 주는 것을 말한다(옮긴이 주).

§§ 파놉티콘 또는 판옵티콘, 패놉티콘, 팬옵티콘은 영국의 철학자이자 법학자인 제러미 벤썸Jeremy Bentham이 제안한 일종의 감옥 건축양식을 말한다. 파놉티콘의 어원은 그리스어로 '모두'를 뜻하는 pan과 '본다'를 뜻하는 opticon을 합성한 것으로 벤썸이 소수의 감시자가 모든 수용자를 자신을 드러내지 않고 감시할 수 있는 형태의 감옥을 제안하면서 이 말을 창안했다. 프랑스 철학자 미셸 푸코는 자신의 저서 『감시와 처벌 *Surveiller et punir*』(1975)에서 벤썸의 파놉티콘 개념을 다시 부활시키고 고찰했다. 푸코에게 파놉티콘이란 벤썸이 상상했던 사설 감옥의 의미를 훨씬 뛰어넘는 것이었다. 그것은 새로운 근대적 감시의 원리를 체화한 건축물이었고, 군중이 1명의 권력자를 우러러보는 '스펙터클의 사회'에서 1명의 권력자가 다수를 감시하는 '규율 사회'로의 변화를 상징하고 동시에 이런 변화를 추동한 것이었다. 푸코의 파놉티콘은 현재 정보화 시대의 전자 감시와 많이 흡사하다. 1970년대 중반 이후 다양한 감시와 통제의 방법이 컴퓨터 데이터베이스, 폐쇄회로 카메라, 신용카드와 같은 전자 결재나 인터넷을 통한 소비자 정보의 수집이라는 형태로 널리 사용되었다. 푸코에게 파놉티콘은 근대 권력을 아주 잘 설명해 주는 장치이다. 파놉티콘을 통해 새로운 권력행사 방식을 알 수 있다고 보았다. 파놉티콘에서 고찰한 푸코의 권력은 소유하는 것이 아니라 작용하는 것이며 억압하는 것이 아니라 생산하는 것으로 보았다[자료: 위키백과](옮긴이 주).

측정가능형은 또한 삶정치적biopolitical이다. 그것은 서로 다른 데이터를 종합하여 하나의 지적인 전체intelligible whole로 만들고, 그런 다음 이러한 지적인 전체가 "전체" 인구 집단을 관리하기 위해 사용된다. 위 스포츠의 알고리즘 논리를 이용한 단순한 세 종목의 게임 평가를 통해 도출된 단 하나의 '나이'는 우리 개인의 역사의 복잡성들을 줄여서 추상화된 단일 범주 척도로 단순화해 버린다. 당신은 당신을 당신으로 만드는 모든 복잡성을 갖춘 당신이 아니다. 당신은 61개('20세'~'80세')의 서로 다른 범주들 가운데 한 범주에 일시적으로 속해 있을 뿐이다. 우리는 아프거나, 장애가 생기거나, 게임 전반에 대한 초보자일 수도 있지만, 위 스포츠가 그러한 정보를 그것의 알고리즘이 이해할 수 있는 데이터로 코드 변환하지 않는다면, 그것은 우리의 점수와 무관할 것이다.

건강, 웰빙, 그리고 삶의 전반적인 상태에 대한 이러한 새롭게 생겨난 지표는 인구 집단 전체의 삶을 조정한다.[142] 위 스포츠의 '나이'가 "삶을 지배하는 권력power over life"이라는 푸코의 삶정치 슬로건을 가볍고 미학적으로 유치한 방식으로 분명히 표현하고 있지만, 이 게임은 우리가 다르게 행동하거나 좀 더 건강한 습관을 선택하라고 우리를 격려할 수도 있을 것이다.[143] 그리고 삶정치는 어떤 인구 집단에 대한 데이터에 의존하기 때문에, 우리의 삶은 그 인구 집단의 구성원으로서 우리가 데이터에 의해 이해될 수 있는 방식을 토대로 통제된다. 그래서 우리 삶에서 일어나는 일의 세부사항을 기술하는 단지 3개의 버튼을 가진 회전하는 위 스포츠 컨트롤러를 통해 이 게임은 기술적으로 범위가 한정된 방식으로 우리를 이해할 수 있다.

다른 한편으로, 니컬러스 로즈Nikolas Rose의 푸코의 통치성governmentality에 대한 이해를 차용해서 표현하자면, 우리의 '나이'는 또한 우리를 "거리[§]를 두

---

§ 앞의 각주에서 설명했듯이, 여기서 거리는 물리적 거리와 심리적 거리 모두를 의미한다(옮긴이 주).

고" 권력과 연결시켜 준다.[144] 이러한 통치성은 멀리서 "사람들이 행하는 것 그리고 그들에게 일어나는 것을 책임지는 안내자의 권위 아래에 사람들을 둠으로써 일생에 걸쳐 그들을 지휘하는 임무를 맡는다."[145] 좀 더 구체적으로 말하면, '나이' 같은 측정가능형은 규율성이 행사될 수 있게 하는 통로를 가능하게 하는 이상의 것을 한다. 게다가 측정가능형은 우리가 누구로 보일지, 우리가 우리 자신을 누구로 볼지, 그리고 우리에게 어떻게 자원을 배정할지를 "지휘하는" 지식도 만들어낸다.

이 경우, '80세'인 것이 당신이 태양을 80바퀴 제대로 돌았다는 것을 의미하지 않을 수도 있지만, 그것은 당신이 경험한 바 없는 담론에 당신을 머무르게 한다. 건강 검진이 실제로 나이 든 사람에게 높은 콜레스테롤을 경고할 수도 있지만, 위 피트니스 나이 '80세'로 판정받은 사람에게 정도의 차이는 있으나 심장마비가 올 가능성이 있음을 보여주는 과학적 증거는 있지 않다. 그 대신, 위 스포츠의 '나이'의 측정가능형은 인식론적으로나 존재론적으로 나이와 무관한 채 사람들의 입에 회자된다. 그러나 '나이'는 여전히 담론적 정의를 통해 "지휘한다". 그것은 여전히 우리의 건강에 대한 주의를 할당한다. 그것은 '젊은' 것과 '나이 든' 것이 의미하는 바를 설정한다. 그것은 젊음은 좋은 것으로 나이 든 것은 나쁜 것으로 구체화한다. 간단히 말하면, 측정가능형들은 '나이'가 무엇인지에서부터 누가 '건강'한지 그리고 심지어 무엇이 '좋은'지에 이르기까지 서로 다른 담론들이 의미하게 되는 바를 데이터화된 형식으로 결정한다. 그러나 이러한 범주들이 알려져 있지 않다면 어찌 되는가? 파놉티콘과 달리 만약 우리가 우리를 보면서/평가하면서/규율하면서 지각하게 되는 식별 가능한 실체가 존재하지 않는다면 어찌 되는가?

좀 더 구체적으로 말하면, 1장에서 기술한 바 있는 구글의 '젠더'와 매우 흡사하게, 만약 우리가 '80세'라는 것을 우리가 모름에도 우리가 그런 나이의 사람으로 취급당한다면 어찌 되는가? 만약 '80세'와 이 나이에 동반되는 건강에 대한 생각이 당신의 동의 없이 당신 프로필에 첨부된다면, 당신의 세계가 어떻게 달라질 수도 있겠는가? (야구, 테니스, 그리고 도징 데이터에 대한 알고리즘적 평가에 지나지 않는 것을 지표적으로 보여주는) '80세'라는 범주가 변한다면 당신의 세계는 어떻게 보일 것 같은가? '80세'가 이제 골프, 복싱, 볼링 종목에서 당신이 올린 점수를 기반으로 한다면 어찌 되는가? 그리고 닌텐도가 그들의 알고리즘을 업데이트해서 골프 대對 다른 스포츠에서 이용자들이 올린 평균 이상의 점수를 감안하여 골프에 점수를 부여하는 방식으로 수정하면 어찌 되는가? '80세'는 여전히 무언가를 의미하지만, 그것이 의미하는 것은 아무런 고지告知 없이 변한다.

이 장은 통제라는 렌즈를 통해 이러한 질문들에 답하는 것을 목표로 한다. 디지털 이론가 셉 프랭클린Seb Franklin은 통제를 "자기-조절self-regulation, 분배, 통계적 예측과 관련 있는 일단의 기술적技術的 원리"로 기술한다. 또한 통제는 "어떠한 구체적인 장치나 일단의 행위를 초월해 지속되는 세계관인 후기 자본주의에 뿌리를 내린 인식의 틀episteme을 기술한다."[146] 그래서 이러한 인식의 틀은 "('스티어링steering'과 '프로그래밍' 같은 연관된 개념뿐만 아니라) 정보 저장, 처리 및 전송이 생물학적 삶과 사회적 삶의 기본적인 과정을 구성할 뿐더러 그와 같은 형식의 삶의 기능 전체를 모형화하고 지도하는 도구가 될 수 있다는 (…) 가정하에 인간과 사회적 상호작용을 대규모로 재개념화하는" 역할을 한다.[147]

이러한 통제의 규칙들은 측정가능형으로 재개념화되는 우리가 데이터를 통해 주체로서 위치하게 되는 기준을 인식론적으로 설정할 뿐만 아니라 조절한다. 이 장에서 필자는 통제가 일부 이론가들이 "알고리즘적 조절algorithmic regulation"이라고 부른 것에서 어떻게 분명하게 드러나는지 살펴본다. 이러한 알고리즘적 조절의 역할을 더 잘 이해하기 위해 필자는 질 들뢰즈가 기술한 바 있는 "변조modulation" 개념을 사용한다. 그리고 마지막으로 필자는 통제가 어떻게 전통적인 통제(지각하기 어려운 통제 혹은 거리를 두고 이루어지고 좀처럼 느끼기 힘든 통제) 없이 집행될 수 있는지 살펴본다.

지금까지 필자가 제시한 많은 예는 온라인 마케팅과 광고를 중심으로 한 것들이었다. 그것들은 도처에 존재해 있고 또 겉으로 무해無害해 보이기 때문에 이러한 유형의 정체성을 지적해 보여주는 것은 매우 쉬운 일이다. 그러나 이 장에서 필자가 자세히 설명하듯이, 우리의 알고리즘적 정체성은 또한 훨씬 더 눈에 띄지 않는 여러 다른 방식으로 우리를 조절한다.

이러한 통제 없는 통제를 기술하기 위해 필자는 알고리즘적 조절의 몇 가지 사례, 특히 삶정치적 차원의 사례들을 살펴보기로 한다. 유행성 독감을 미국 질병통제센터CDC: Center for Disease Control보다 6주 앞서 예측하기 위한 유명한 빅-데이터 프로젝트인 구글 플루Google Flu가 주된 역할을 할 것이다. 필자는 어떻게 연구자들이 알고리즘적으로 '산타클로스Santa Claus'를 큐레이션하며 단순한 모바일 앱이 우리에게 어떻게 우리가 '우울한지', '불안해하는지' 혹은 'PTSD[§]로 고통 받고' 있는지를 알려줄 수 있는지 살펴본다. 이러한 사례들을 사용하여 필자는 부드러운 삶정치의 개념, 즉 알고리즘적 행위주체들이 삶정치적 기제에 따라 어떻게 측정가능형 범주를 만들어내는지 살펴본다. 그리고 필자는 어려움이 있겠지만 '젠더'와 같은 개념들이 정확히 어떻게 규범을 시행하고 또 반체제적인 행동이나 새로운 추이를 위한 공간을 만들어낼 수 있는지 이해하기 위해 인공두뇌학 분야를 조심스럽게 살펴볼 것이다.

1. 알고리즘적 조절과 통제

철학자 질 들뢰즈의 자주 인용되는 에세이 「통제 사회에 대한 후기*Postscript on the Societies of Control*」는 고작 다섯 쪽밖에 되지 않지만, 1990년에 출간되자 그 에세이는 디지털 문화 이론화의 중요한 전환점으로 받들어졌다. 만약 이 "후

---

§ "posttraumatic stress disorder"의 약어로, 심리적 외상(정신적 충격) 후 스트레스 장애, 즉 끔찍한 경험을 한 뒤 나타나는 우울증·초조감·죄의식·공포감·성격 변화 따위를 말한다(옮긴이 주).

기"의 개념적 본질이 수십 년간의 들뢰즈의 작품 전체에 걸쳐 살아 숨 쉰다는 사실만 아니라면, 문체가 간결하고 이례적이라 할 만큼 명료한 이 에세이는 완고한 들뢰즈주의자들을 놀라게 했을지도 모른다. 셉 프랭클린은 『천 개의 고원*A Thousand Plateaus*』(1976)에서 처음 모습을 드러내는 구상構想에서부터 『시네마 2*Cinema 2*』(1985), 미셸 푸코에 관한 들뢰즈의 1980년대 중반 저서, 1987년에 출간된 강의록, 그리고 구술 정리된 이탈리아의 자치론자 안토니오 네그리Antonio Negri와의 1990년 토론집에 이르기까지 이러한 궤적을 추적한다.[148]

궁극적으로 이 "후기"의 철학적 핵심은 규율적 권력에서부터 통제로의 획기적인 변화를 상세히 묘사하는데, 그러한 변화는 도발적인 학문적 연구와 감시, 정체성, 정치에 관한 글들에 대한 도발적인 해석(특히 이 책에 이르기까지)을 낳으면서 그때 이후 꾸준한 토론과 비평의 대상이 되어왔다.[149] 그러나 이 책의 목적을 위해 필자는 들뢰즈의 계보系譜로부터 골라 모은 일반적인 주제 두 가지를 강조하고자 한다. 첫째, 권력은 "끊임없이 계속되는 훈련이 학교를 대체하고, 지속적인 통제가 조사를 대체하는 경향이 있는" 관계적 친밀함에 주의를 기울이는 동시에 "열린 환경"의 관용적 거리 두기permissive distancing를 통해서 작동할 수 있다.[150] 변조 개념이 이 주제를 가장 잘 기술한다. 둘째, "우리는 이제 더는 대중/개인의 짝을 상대하지 않는다. (분해 불가능한 — 옮긴이) 개인individual은 (분해 가능한 — 옮긴이) '분인dividual'이 되었으며, 대중은 표본, 데이터, 시장, 혹은 '은행'이 되었다."[151]

첫째, 들뢰즈의 변조modulation에 대한 자세한 설명에서 변조의 개념을 분리해 내면, 변조는 여러 다른 의미를 가지고 있으나 다음과 같은 중심 아이디어 한 가지는 서로 공유하고 있다: 안정성stability을 따르는 역동성dynamism과 변량variance이다.[152] 음악에서 변주는 한 키key에서 다른 키로의 변화이며; 심지어 으뜸음 음계tonic scale가 변하는 동안에도 멜로디는 계속된다. 전기공학에서 변조는 파형의 속성을 변화시키는 것이며; 반송파의 주파수나 진폭이 변하는 동안에도 아날로그 파동은 계속 이동한다. 그리고 어떤 종류의 철학에서 변조는 전이metastasis를 더 잘 관리하기 위한 변동성variability의 개념이다.

들뢰즈는 변조를 (교도소 같은) 규율용 울타리라는 딱딱한 주형과 유용하게 대비對比하면서 적절하게 정의한다: "시간이 지나면서 빠르게 계속 변하는 자기-변형 주형처럼, 혹은 시시각각 체 눈의 모양이 변하는 체처럼."[153] 규율 사회라는 주형은 딱딱하고 고정되어 있는 반면, 통제의 변조라는 스스로 모양을 바꾸는 주물은 유연하며 역동적이다. 이 경우, 변조는 실리 푸티Silly Putty§와 비슷하다. 당신이 그것을 가지고 놀 때, 실리콘 재질은 잡아당겨지고 으깨지고 신문 잉크로 얼룩지며 마침내 빨간 플라스틱 용기 안에 다시 들어감에도 어느 정도 온전한 상태는 유지한다.

이러한 실리 푸티 같은 변조는 통제의 자기-재귀적self-reflexive 인식의 틀을 조절하는 틀frame을 규정한다. 그것은 또한 현대의 알고리즘적 정체성 식별 계산 과정에 대한 이해하기 쉬운 은유 역할을 하기도 한다. 규범과 권력 관계라는 딱딱한 주형 밖으로 나갈 때를 주체들이 분명하게 인식하게 해주는 경찰, 학교 체계, 그리고 공장 관리자와 같은 규율 제도와는 달리, 통제 사회의 변조적 특성은 이상적으로 일탈 허용의 경제economy of tolerable aberration§§를 허락한다.

예를 들어, 만약 우리가 실리 푸티로 만들지 않은 계란을 가져와 그것을 가지고 놀기 시작한다면, 결국 우리 손은 냄새 나는 흰자와 노른자로 뒤범벅될 것이다. 관용성이 없는 울타리의 주형이 계란의 내용물이 껍데기 안에 (혹은 죄수를 감방에) 더 잘 있게 할 수도 있겠지만, 그러한 주형은 교도소에

§ 고무 찰흙처럼 갖고 노는 장난감. 동그란 공 모양으로 만들어 던지면 튀어 오르나 찰흙같이 여러 가지 형태로 변형시킬 수 있다(옮긴이 주).

§§ '일탈 허용의 경제'란 만약 규칙을 위반함으로써 알고리즘이 새롭게 나타나는 행동을 찾아낼 수 있다면 약간의 규칙 위반을 허용하는 경제를 말한다[자료: 저자와의 이메일 교신](옮긴이 주).

감금되어 있지 않은 생활의 역동성과 쾌활함을 관리한다는 점에서는 효과적이지 않다. 남자, 좋음, 불법에 대한 고정된 단 하나의 이상형들은 모두 머지않아 그 목적을 달성한 후에도 더 오래 살아남아 있다가 결국은 쓸모없어지게 될 것이다.

변조하는 실리콘 계란은 역동성, 변화, 그리고 결국에는 재구성reconfiguration을 견뎌낸다. 통제의 한 요소로서 변조는 계란처럼 되는 것에 덜 신경 쓴다. 그것의 초점은 이 세계의 변하는(즉, 원래의 타원형 계란에서 평평해진 계란으로, 으깨진 덩어리로, 아마도 심지어 다시 원래의 계란으로) "점 대 점point-to-point"§ 속성에 맞추어져 있다. 변조는 시간이 흘러도 변하지 않는 계란의 물질적 온전성integrity에 내재되어 있는 본질주의를 거부하고, 그 대신 어떤 주어진 순간의 계란의 상태와 재질에 따라 계란이 무엇인지 식별하는 것을 선호한다.

둘째, 규율성disciplinarity은 (무언가를 못하게 하기 위해) 지명指名할 수 있는 고유한 개인과 이야기를 하지만, 들뢰즈는 그 대신 우리가 "통제되는 '분인적' 물질의 코드code"에, 즉 우리의 하부-개체적 자기의 여러 점 대 점 표상에 주의를 기울인다고 보고 있다.[154] 우리는 온라인에서 필자를 조절하는 요소들(필자의 분인 데이터, 필자의 측정가능형 정체성, 그리고 궁극적으로 그러한 데이터에 따라 알고리즘적으로 필자에게 할당되는 어포던스§§)이 변조되고 조작되는 동안에도 개인인 존John으로서의 필자가 영향을 받지 않는 것으로 보일 수도 있

---

§ 이 책에서 점 대 점이란 'from point to point', 즉 이 점에서 저 점으로 필요한 선이나 궤적 없이 이동하는 변조의 특성을 표현한 것이다[자료: 저자와의 이메일 교신](옮긴이 주).

§§ 어포던스affordance는 어떤 행동을 유도한다는 뜻으로 행동유도성이라고도 한다. 뿌리말 어포드afford는 원래 '~할 여유가 있다, ~해도 된다, ~을 공급하다, 산출하다'라는 뜻을 가지고 있으나 보통 사전에 없는 뜻으로 인간 컴퓨터 상호작용, 인지 심리학, 산업디자인, 인터랙션 디자인, 환경 심리학, 인공지능학 분야에서는 '서로 다른 개념을 연결하는 것'이란 뜻으로 쓰이기도 한다. 다시 말해, 물건과 생물(주로 사람) 사이의 특정한 관계에 따라서 제시되는 것이 가능한 사용, 동작, 기능의 연계 가능성을 의미한다(옮긴이 주).

다는 점에서 통제의 이중적인 거리distance/친밀함intimacy을 본다.

이러한 종류의 분인 변조dividual modulation는 우리가 인식할 수도 있는 것보다 더 널리 퍼져 있다. 예를 들면, 블리자드 엔터테인먼트Blizzard Entertainment의 MOPRPG§ 게임인 〈월드 오브 워크래프트*WoW: World of Warcraft*〉는 플레이어들을 위한 균형 잡힌 게임 환경을 유지하기 위해 게임의 코드를 꾸준히 업데이트하는 것으로 유명하다. 단 한 번 업데이트로 즉시 플레이어의 스탯stats§§[예를 들어, 검劍 공격은 약화시키면서(너프nerf) 마법은 강화시킴(버프buff)]을 올리거나 내릴 수 있다. 좀 더 구체적으로 말하면, 만약 당신이 주문을 거는 마법사처럼 어떤 특정 클래스class로 플레이하기를 선택한다면, 당신은 이러한 변화가 당신의 캐릭터는 물론 당신과 플레이하는 상대방에게도 영향을 미치기 때문에 그러한 변화에 대처해야 할 것이다.

2012년, 〈월드 오브 워크래프트〉에서 으레 "화염" 마법을 사용한 마법사들은 이 게임의 버전 5.1 패치가 그 마법의 시간이 흐름에 따른 주기적인 피해를 줄인 후 그것에 적응해야 했다. 1년 뒤, 이 게임의 마법사는 "화염"을 훨씬 더 약화시킨 버전 5.4 패치에 또 다시 적응해야 했다. 각 캐릭터의 플레이 능력은 블리자드 개발자들이 게임 내의 불균형을 어떻게 지각하느냐에 따라 변한다. 과도하게 힘이 센 클래스와 스킬skill은 재미, 가입률, 그리고 궁극적으로 매출액을 줄인다. 그래서 블리자드는 일시적이긴 하지만 공평하다는 생각을 갖게 하기 위해 주기적인 업데이트를 통해 마법 걸기, 아이템, 그리고 자원 변수들을 조정하면서 게임 플레이의 균형을 맞춘다.

마법사란 어떤 사람인가라는 생각은 이러한 변조하는 코드화된 게임 메카

---

§ "multiplayer online role playing game"의 약자로, "다중접속 온라인 역할 수행 게임"을 말한다(옮긴이 주).

§§ statistics의 약자로, 통계화 가능한 기록을 말한다. 즉 플레이 시간, 전투 이력, 여태까지 죽인 적들의 숫자, 게임오버를 당한 횟수, 게임 클리어 횟수 등의 통계화 가능한 기록을 나타낸다(옮긴이 주).

닉스game mechanics[§]에 좌우된다. 하나의 마법 걸기 능력을 수정하는 것은 업데이트할 때마다 수반되는 수백 가지의 다른 너프nerf[§§] 및 버프buff[§§§]와 더불어 이용자들이 매일 항해하는 기복 있는 디지털 지형을 조각해 낸다. 게임학자 실리아 피어스Celia Pearce의 표현을 인용하면, 이러한 변화는 이용자들이 때로는 분명히 드러나지만(플레이어들이 부지런하게 패치 노트를 참고하면서 매 업데이트를 둘러싸고 논쟁이 야기됨) 대부분은 무의식적인 조정을 통해 적응하지 않을 수 없게 만들면서 전체 "플레이 커뮤니티"에 영향을 미친다.[155]

꾸준한 게임 업데이트는 또한 클래스에 기반을 둔 고정관념을 부채질하는데, 그러한 고정관념에 따라 마법사를 플레이하는 것은 쉬운 것으로 여겨질 수도 있는 반면(반복해서 너프되어야 한다는 것은 과도하게 힘이 셈을 시사함), 최근에 버프된 사제 클래스는 더 어려운 것으로 여겨질 수도 있다. 무엇이 마법사를 만드는지에 대한 지식과 마법사가 되는 데 따르는 어려움과 편익은 그 게임의 일생에 걸쳐 달라지며 종국에는 게임 후 포럼을 가득 채우고도 남는다. 마법사의 정체성과 그 게임의 주변 문화는 모두 블리자드의 일의적一義的인 각각의 재설계에 따라 바뀐다.

대부분의 플레이어들에게 업데이트는 그들의 게임 플레이에 형언할 수 없는 영향을 미친다. 그들이 그것을 알건 모르건, 각각 새로운 버전의 프로그램화된 변화는 플레이어들이 움직이는 매직 서클magic circle 영역 안에서 플레이함을 의미한다.[156] 모든 변경된 게임 요소는 개인을 규율함으로써가 아니라 게임 내 캐릭터의 구성적 정체성을 재구성함으로써 마법사를 구성하는

---

§ 게임 메카닉스(좀 더 정확한 발음은 미캐닉스)란 즐거운 게임 플레이를 연출하기 위한 목표와 규칙 그리고 빠른 피드백 주기의 구조를 가지며, 이는 게임이 아닌 것을 게임화를 적용하고 결합할 수 있는 구성 요소이다(옮긴이 주).

§§ 성능이 하향되었다는 뜻으로 쓰이는 온라인 게임상의 은어이다(옮긴이 주).

§§§ 게임 중 일시적으로 능력치를 상승시키거나 특수능력을 부여하는 것을 말한다(옮긴이 주).

것을 경험적으로 재조정한다. 매월 〈월드 오브 워크래프트〉에 로그온하는 수백만 명의 사람들에게 게임 플레이를 하는 방법에 대한 가능성은 그들이 모를 수도 있고 이해 못 할 수도 있는 방식으로 조건화된다.

이러한 움직이는 영역은 인터넷 기업가 팀 오라일리Tim O'Reilly가 "알고리즘적 조절algorithmic regulation"이라는 개념에서 처음으로 공식화한 것의 실제적인 예비 결과물이다. 오라일리에게 이러한 알고리즘적 조절은 당연히 "프로그래머가 그들의 코드와 알고리즘을, 말하자면, 법에 구체화되어 있는 결과를 얻기 위해 계속해서 업데이트되는 도구 모음으로 간주하는 것과 매우 유사한 방식으로 간주되어야 한다."[157] 이러한 공식화에 따라, 법은 공식적으로 안정적인 권리 칙령으로 존재하는 반면, 바로 그 동일한 법이 이해되고 유지되며 시행되는 수단인 메카닉스는 이러한 은유적인 "업데이트된 도구 모음"에 따라 변조된다.

알고리즘적 조절에 의해 제공되는 통제 능력은 미국 헌법을 구성하는 7591개 단어의 법리法理나 코드 변환의 미래를 초월한다. 〈월드 오브 워크래프트〉의 업데이트는 이 게임의 서비스 약관의 법리적 요소들을 시행하는 이상의 것을 한다. 법 이론가 로렌스 레식Lawrence Lessig이 『코드 2.0*Code 2.0*』에서 "통제의 구조architecture of control"라고 기술하고 있는 것을 구성하면서, 그러한 업데이트는 이 게임의 코드에 표현되어 있는 규칙 집합rule set에 따라 삶이 무엇인지 그리고 무엇이 될 수 있는지를 구조화한다.[158] 〈월드 오브 워크래프트〉 이용자들은 게임을 하면서 이 게임의 소프트웨어에 명시되어 있는 논리에 의해 통제된다. 지하 감옥의 벽은 당신이 거기에서 걸어 나오지 못하게 막는다. "화염" 마법은 시간이 흐르면서 그것이 줄 피해를 설정하는 프로그램화된 값만큼만 강력하다.

법학자 줄리 E. 코헨Julie E. Cohen은 자유주의적 자기(이론상 자신의 주변 환경과 일대일 대화에 참여하는 통합된 개인)의 테두리 밖에서 생각하기 위해 레식의 이론을 수정한다. 코헨에게 코드는 네트워크화된 분인적 형식으로 작동한다. 이용자들은 레식의 특이한 "코드는 법이다"[§]라는 프레임워크와 겹치기도 하고, 그 프레임워크에 대해 과잉결정overdetermination[§§]을 내리며, 따라서 그 프레임워크를 교란하는 서로 다른 맥락에서 다수의 코드에 직면한다.[159] 코헨은 계속해서 다음과 같이 말한다: 코드는 "법이나 시장으로 환원될 수 없는 거버넌스governance[§§§]의 한 양식이다. (…) 그것은 인공물artifact과 구조architecture가 그것의 이용자들을 구성하는configure 방식에 대한 조사를 인정하고 허락할 것이다."[160] "업데이트된 도구 모음"은 우리의 법체계뿐만 아니라 우리의 일상생활도 조절하면서 정확히 우리를 "구성하는" 것들이다.

프랑스의 유명한 심리치료사(이자 들뢰즈의 공동연구자이자 친구)인 펠릭스 가타리가 알고리즘적 인증algorithmic authentication을 통해 도시의 특정 지역에 대한 조건적 접근을 허락하는 세계를 상상했던 1980년대로 거슬러 올라가 한 미래학자의 사례를 살펴보자.[161] 여기서 가타리의 세계를 항해할 가능성은 사람들의 전자카드의 분인 정체성에 의해 조건부로 조절된다. 이 카드는 원칙상 중앙 서버와 교신을 하며, 그러면 프로그램화된 규칙 집합에 따라 건물에 들어가거나 집에서 나갈 수 있는 권한이 부여된다. 오늘날 이러한 유형의 접근이 일상적이긴 하지만, 이 장치의 통제 징후에 대해 깊이 생각해 보라.

---

§ 레식은 현실 공간에서 법규범을 이해해야 하는 것처럼 사이버공간에서 코드가 어떻게 규제하는지 이해해야 한다고 주장한다. 지금의 사이버공간을 만들어내는 소프트웨어와 하드웨어, 즉 사이버공간의 코드가 바로 그 사이버공간을 어떻게 규제하는지를 이해해야 한다는 것이다. 이 코드가 바로 사이버공간의 법이다(옮긴이 주).

§§ 과잉결정은 어떤 하나의 원인만으로도 그러한 결과를 낳는 데(결정하는 데)에 충분함에도 어떤 하나의 관찰된 결과가 다수의 원인에 의해 결정될 때 발생하는 것을 말한다. 즉, 그러한 결과를 야기하는 데 필요한 이상으로 많은 원인이 존재하는 것이다. 과학 철학에서 이것은 어떤 결론을 정당하는 데 필요한 이상으로 많은 증거가 이용 가능함을 의미한다(옮긴이 주).

§§§ 일반적으로 과거의 일방적인 정부 주도적 경향에서 벗어나 정부, 기업, 비정부기구 등 다양한 행위자가 공동의 관심사에 대한 네트워크를 구축하여 문제를 해결하는 새로운 국정운영의 방식을 말한다(옮긴이 주).

오늘날 대학교 네트워크는 대부분의 학교 건물에 대한 조건부 접근을 부여한다: 교수는 흔히 24/7[§] 출입 권한을 누리지만, 학생은 아침 8시에서 저녁 6시 사이로 출입이 제한될 수도 있을 것이다. 이러한 규칙이 받아들여지고 제도화되지만, 그럼에도 문이 잠겨 당신이 들어가지 못한다는 것을 알게 되고 아무도 당신을 들여보내려 하지 않는다는 것을 알 때까지는 분명히 드러나지 않는다. 지리학자 나이절 쓰리프트Nigel Thrift와 숀 프렌치Shaun French가 적고 있듯이, 여기서 우리는 우리의 체험된 물리적 경험에 "생기를 불어넣고", 따라서 그러한 경험을 만들어내는 공간의 알고리즘학algorithmics과 만난다.[162] 우리는 좀처럼 이러한 생기animation가 작용하는 것을 보지 못하기 때문에 통제 사회는 효과적이다. 우리는 흔히 좀처럼 의문을 제기하지 않으면서 조절 논리를 받아들이는데, 왜냐하면 정확히 그것은 우리의 개인성individuality이 아니라 분인 대용물dividual proxy로서 우리의 전자 카드와 접속하기 때문이다.

그러나 이러한 종류의 통제는 또한 물리적으로 당신을 들어가지 못하게 막지 않은 채 이루어진다. 이 경우, 통제는 우리가 누구이고, 누가 될 수 있는지, 또한 둘 모두에 대해 어떤 발화utterance가 이루어지고 무엇이 이해될 수 있는지에 직접적인 영향을 미치는 세계에 대한 지식에 "활기를 불어넣으면서" 당신을 담론에 들어가지 못하게 (할 뿐만 아니라 담론에서 나오지 못하게) 막을 수 있다. 확실히 권력은 폭력을 휘두르는 강력한 경찰봉과 군대의 폭탄 안에 있다. 그러나 권력은 또한 (지금은 널리 알려진 푸코의 권력/지식 개념을 통해) 국가를 어떻게 부르는지, 사회가 어떻게 생겼는지, 국가가 무엇을 할 수 있는지, 인구 집단은 어떻게 정의되는지를 보여줌으로써 우리를 통치하기도 한다.[163] 이러한 프레임워크에서 통제의 목적은 유순한 개인의 신체를 만들어내는 것이 아니다. 오히려 통제의 목적은 사회의 담론 지형을 안정화해 주는 정의, 즉 우리의 삶을 구조화하는 지식의 매개변수들이다.

---

§ 1주일에 7일, 하루 24시간 내내(옮긴이 주).

더 중요한 것은 권력이 그 자체의 욕구를 위해 담론을 만들어내고 제약한다는 것이다. 담론 지형을 정의하는 것이 말할 수 있거나 말할 수 없는 것 그리고 해석될 수 있거나 없는 것을 좌우한다. 이것을 철학자 주디쓰 버틀러는 "용인되는 표현speech의 경계"라고 기술한다.[164] 그러나 지식은 표현은 물론 지식으로 인한 이해성intelligibility 훨씬 그 이상의 것이다. 이 책과 관련해서 말하자면, 지식은 또한 범주 구성원과 범주의 의미를 조절하는 문제이기도 하다. 이러한 담론의 지형에 대한 정의는 성 만들어내기production of sex에 관한 버틀러의 초기 저작물과 교차하는데, 버틀러에 따르면 성의 "담론적 경계"는 "신체가 지속되는 그리고 지속되지 않는 규칙을 조절함으로써 신체로서의 자격을 주는 경계"를 설정한다.[165] 버틀러에게 (표현만이 아니라) 개인의 신체가 판독 가능하기legible 위해서는 반드시 이러한 정의된 경계와 잘 들어맞아야 한다.

앞의 대학교 건물 사례로 되돌아가면, 사람들의 분인 ID 카드가 그 시스템 내에서의 가해성可解性을 결정한다. 그러나 교수는 이름을 가진 개인으로서의 사람들individual people이 아니다. 그 대신, '교수'는 데이터베이스(여기에서 "교수", "직원" 혹은 "학생"과 같은 신원이 이용자 ID 카드에 첨부됨)에서 분명히 밝혀지는 하나의 범주로, 이 범주는 마침내 특정 ID 카드 숫자 및 접근 권한이 포함되어 있는 분인 목록에 입력된다. '교수' ID 카드를 소지한 모든 사람의 삶은 데이터베이스 엔지니어가 프로그램화한 규칙 집합에 좌우된다. 그리고 이 엔지니어는 또한 임의로 혹은 보안 위협이 있는 동안 이러한 범주적 신원을 토대로 접근을 허락하지 않을 수 있다. 이전에는 방해받지 않고 캠퍼스를 무제한 자유롭게 돌아다닐 수 있는 자로 알려져 있던 '교수'가 의미하는 바가 그에 따라 진화한다. 나 존은 개인적으로는 이러한 접근 제한에 규제를 받지 않지만, 현재 '교수' ID 카드를 소지한 사람들은 규제를 받는다.

이러한 가능성의 조건들은 '교수'가 갈 수 있는 곳뿐만 아니라 '교수'가 누구일 수 있는지도 조절한다. 이에 후속되는 변조가 일부 학자들이 "행위의 지휘conduct of conducts"라고 기술한 것, 즉 우리가 누구인지는 물론 우리가 누구인지가 의미하는 바도 결정하는 삶의 규범과 관행을 좌우한다.[166] 따라서 오라일리의 "업데이트된 도구 세트"는 단순히 법이나 지도를 단 한 차례 보정하고 마는 것이 아니다. 그러한 도구 세트는 "점 대 점으로" 움직이는 변조하는 구조에 담론적 안정성을 강요하는 그러한 행위들을 변치 않고 지속적으로 수정한다(버틀러의 표현을 빌리면, 그러한 행위들의 경계를 새롭게 정한다).

앞의 사례들에서 어떤 시스템의 알고리즘 규칙 집합rule set, 즉 코드의 구조architecture of code를 계속적으로 재작성함으로써 이러한 끊임없는 수정을 촉진하는 것은 바로 인간 엔지니어이다. 그러나 이 장 후반부에서 발견하게 되겠지만, 각 시스템의 통치 규정뿐만 아니라 그러한 규정을 변화시키는 과정 자체를 프로그램화함으로써 알고리즘 또한 알고리즘 규칙 집합을 재작성할 수 있다. 여기서 범주적 접근, 즉 '교수들'이 어떤 건물에 들어갈 수 있는지에 대한 관리를 책임지고 있는 우리의 데이터베이스 엔지니어는 유사한 직무를 수행하는 알고리즘에 의해 대체될 수도 있을 것이다. 그러나 알고리즘은 확실한 보안 위협이 무엇인지에 대한 인간의 해석에 특권을 부여하기보다 이용 가능한 데이터(예, 지속적으로 채굴하는 온라인 뉴스 리포트, CCTV 자료 영상, 혹은 심지어 어떤 막 시작된 '위협'에 대해 언급하는 로컬 트위터 스트림)를 토대로 어떤 지속적인 수정이 필요한지 자동적으로 결정할 수 있다.

좀 더 일반적으로 말하면, 이러한 유형의 알고리즘적 조절에서 우리는 (우리의 일상적인 운동, 배란 주기, 수면 패턴, 심지어 자세의 특성과 같은) 모든 것을 데이터화하는 쪽으로 밀어붙이는 현재의 거의 강박적인 행보가 어떻게 컴퓨터가 단순히 해독할 수 있는 정보로 삶을 코드 전환하는 것 훨씬 이상의 것이 되는지 보게 된다. 이러한 데이터화 과정은 또한 물질적으로 이러한 데이터 "점들points"을 권력과 연계하는 과정이기도 하다. 권력은 우리가 판사나 경찰 앞에 서 있을 때만이 아니라 우리가 데이터화된 발걸음을 옮길 때마다 우리를 확인함으로써 우리와 예외적일 정도로 친밀해지고 효율적이게 된다. 권력은 우리를 안다. 권력은 우리에게서 배운다. 권력은 우리 삶의 지식의 저작자가 되며, 우리는 권력에게 단어들을 제공하기만 하면 된다. 들뢰즈의 통제 사회는 이러한 친밀성에 의존하고 있다. 주체로서 우리는 우리가 매순간 만들어내는 미묘한 차이를 효과적으로 재측정하는 규제 제도와의 유동적이긴 하지만 지속적인 접촉을 완곡하게 촉진한다.

2. 커피와 데이터감시

이 책의 앞 부분에서 언급한 바 있는 캘리포니아주, 샌프란시스코에 있는 웹 분석 회사 퀀트캐스트는 "우리의 데이터 세트는 매우 광범위해서, 1시간마다 모든 미국 온라인 이용자와 커피를 마시는 것과 같다"라고 자랑한다.[167] 2014년 현재 퀀트캐스트는 하루에 "최대 30페타바이트petabytes§"를 처리하는데, 이것은 "400억 개의 미디어 소비 이벤트media consumption event§§"를 포함하는 양이다.[168] 실제로 들뢰즈의 이론적인 "점 대 점"에 관한 상세한 지식은 인터넷 추적의 거대한 세계에서 실제적인 유사점을 발견한다. 우리가 어떤 웹사이트를 방문하는지, 우리가 어떤 제품을 구매하는지, 우리가 어떤 쿼리를 검색하는지, 심지어 우리가 어떤 단어를 타이핑하는지에 대한 것 모두가 인터넷 마케팅 및 프로파일링 산업에 종사하는 거의 모든 회사의 기술적 감시 어셈블리지를 통해 진공청소기로 빨려 들듯 들어간다. 추적이 없다면 이러한 수십억 달러의 분석 시스템은 완전히 못 쓰게 될 것이다. 우리의 데이터를 연결해 주는 기제가 없다면 우리는 잊힐 것이다.

그러나 추적을 통해 우리는 거의 영원히 기억된다.[169] 이것이 바로 퀀트캐스트 (혹은 구글 혹은 페이스북) 같은 회사가 매우 많은 수익을 올리는 이유이

§ 페타는 10^{15}을 뜻한다(옮긴이 주).

§§ 이것은 퀀트캐스트가 사용하는 용어로, 웹 페이지 방문, MP3 듣기, 온라인으로 TV 시청하기 등을 의미한다(옮긴이 주).

다. 예를 들어, 당신은 Wordpress.com에 접속할 수도 있다. 접속하자마자 "측정 태그measurement tag" 쿠키cookie(당신의 컴퓨터에 저장되는 고유의 난수亂數를 가지는 작은 텍스트 파일)가 퀀트캐스트 서버로 "전화를 걸어" 당신의 컴퓨터에 할당된 고유 숫자가 그 사이트에 방문했음을 알려준다. 그런 다음 당신은 Live.com에 접속할 수도 있을 텐데, 퀀트캐스트 쿠키는 그러한 사실을 읽고 이번에는 Live.com에서 퀀트캐스트 서버에 또 다시 "전화를 건다". 당신이 이 사이트에서 저 사이트로 이동할 때마다 이러한 극도의 경계 태세를 취하고 있는 이 고자질쟁이/커피 데이트coffee date§는 엄청난 교차-서버cross-server 활동 목록을 모은다: 퀀트캐스트는 "미국의 각 온라인 이용자를 한 달에 평균 600차례 본다."[170]

퀀트캐스트가 생각하는 우리는 누구인가는 각각의 이용 가능한 데이터화된 이동에 대한 반복적인 기록을 토대로 한다. 이러한 분인 쿠키 데이터만을 가지고 마케팅 회사는 당신의 웹-브라우징 습관을 서로 다른 '젠더', '민족성', '계층', '교육 수준', '자녀 수', '나이', '소속 정당', '정치적 참여political engagement'의 측정가능형과 비교할 수 있다. 당신이 결코 컨트캐스트에게 '나는 46세의 백인 남자임'을 말하지 않지만 1장에서 본 구글처럼 퀀트캐스트도 당신의 온라인 행동을 토대로 당신의 정체성을 추론한다. 퀀트캐스트는 그들이 측정하는 모든 것을 사용하여 '당신'을 만들어내는데, 이 점을 가장 잘 표현하는 것은 바로 퀀트캐스트 자신이다: "실제 모델들은 수백 개의 요인을 포함한다"(그림 2.2).[171]

전 세계의 퀀트캐스트들은 '당신'을 진화하는 디지털 종種으로 이해한다. 당신의 정체성의 총합은 데이터화된 "요인들"의 매트릭스와 그러한 요인들이 가장 들어맞는 측정가능형을 토대로 하고 있다. 그리고 데이터가 더 많아지면 데이터화된 의미도 더 많아지고, 더 많아진 데이터는 이용자 *X*가 측정

§ 커피를 마시기로 한 데이트를 말한다(옮긴이 주).

요인

	사이트 X 방문	사이트 Y 방문	앱 Z 사용	범주 K 방문	장치 유형 M	남성으로 알려짐
남성 속성	●		●	●	●	X
방문자 1		●		●		
방문자 2	●		●	●	●	X

	사이트 X 방문	사이트 Y 방문	앱 Z 사용	범주 K 방문	장치 유형 M	대졸자로 알려짐
대졸자 속성	●	●		●		X
방문자 1			●	●		
방문자 2	●	●		●		X

[각 속성에 대해 과정 반복]

주: 예시를 위한 사례일 뿐임. 실제 모델은 수백 개의 요인을 포함함.

그림 2.2 이 퀀트캐스트 매트릭스는 그들의 추론 모델이 이용자의 '젠더'와 '교육 수준'을 결정하기 위해 사이트 방문, 휴대폰 앱, 웹사이트 범주, 장치 유형을 어떻게 사용하는지를 보여준다.

자료: Qnantcast, "Understanding Digital Audience Measurment," 2014, www.quantcast.com.

가능형 *Y*에 속할 통계적 유의성을 더 높여준다(그림 2.3 참조). 마케팅 회사들은 흔히 그들의 추론 모델의 효능을 자랑하는데, 한 회사는 당신이 단지 서로 다른 웹사이트를 8곳만 방문하면 당신의 '젠더'를 확실하게 알아낼 수 있다고 주장한다.[172] 그러나 우리는 온라인에 접속해 있을 때 사이트를 8곳만 방문하는 일은 좀처럼 없다. 우리는 한 달에 웹사이트를 수천 개는 아니더라도 수백 개는 방문한다. 그리고 우리가 더 많은 웹사이트를 방문하는 것이 퀀트캐스트 같은 추적 회사에게는 더 좋다: "기계-학습 추론 모델은 시간이 흐를수록 정말 더 똑똑해진다. 추가적인 미디어 자산과 관련된 노출이 계속해서 추론 모델에 추가될수록, 파급 효과가 발생한다. 그러한 추정에 대한 실시간 업데이트가 추가된 관찰에 대해서뿐만 아니라, 방문 그래프 부근에 있는 웹 자산과 그 부근에서 발생하는 모든 관련된 노출에 대해서도 이루어

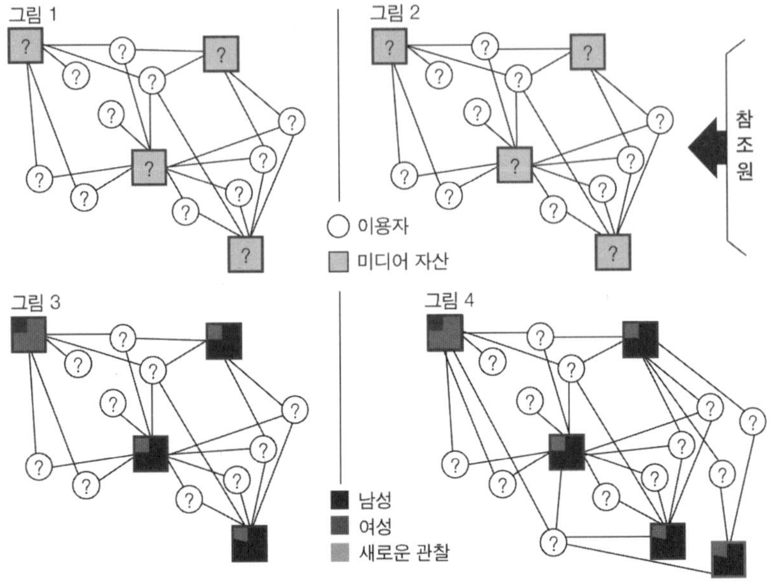

그림 2.3 2008년 한 방법론 백서에 나와 있는 퀀트캐스트의 한 합성 이미지는 그들의 '젠더' 추론 모델이 웹사이트들에 어떻게 적용되는지 설명하고 있다.
자료: Quantcast, "Quantcast Methodology Overview," 2008, www.quantcast.com[지금은 이용 불가].

진다.[173]

이 모델이 "더 똑똑해지는" 방식을 가장 잘 설명하는 것은 베이즈 확률론 Bayesian probability§의 통계적 방법이다. 토머스 베이즈Thomas Bayes는 아마추어 수학자였는데, 1763년에 출간된 유작遺作 『확률론의 한 문제에 대한 에세이 *An Essay towards Solving a Problem in the Doctrine of Chances*』에서 그는 무엇보다도 한 가지 단순한 사실을 주장했다: 우리는 어떤 현상에 대한 새로운 데이터가 도착할 때 그 현상의 의미를 업데이트한다.[174] 미디어 학자 핀 브런턴Finn Brunton

---

§ 베이즈 확률론은 확률을 지식 또는 믿음의 정도를 나타내는 양으로 해석하는 확률론으로, 확률을 발생 빈도나 어떤 시스템의 물리적 속성으로 여기는 것과는 다른 해석이다(옮긴이 주).

은 우리에게 다음과 같은 훌륭한 설명을 제공한다:

> 이 세계에 처음 와본 어떤 외계인 여성이 자기 인생에서 처음으로 해넘이를 보고 있다고 상상해 보라. 그녀는 다음과 같이 묻는다: 저 태양은 내일 다시 떠오를까? 아무것도 모르는 그녀는 태양이 다시 떠오를 가능성을 반반으로 보고, 일단 흰 구슬 하나와 검은 구슬 하나를 주머니 속에 넣는다. 태양이 떠오르면 그녀는 또 하나의 흰 구슬을 주머니에 집어넣는다. 그 주머니 속에서 흰 구슬을 끄집어낼 확률(즉, 그녀의 현재 증거를 토대로 태양이 떠오를 확률)은 2개 가운데 1개에서 3개 가운데 2개로 변한다. 그다음 날 태양이 다시 떠오르면, 그녀는 또 하나의 흰 구슬을 집어넣게 될 것이고, 그러면 확률은 4개 가운데 3개가 되고, 계속해서 이런 식으로 바뀌게 된다. 시간이 흐르면서 그녀는 태양은 다시 떠오를 거라는 확신에 가까워질 (그러나 결코 그러한 확신에 도달하지는 못할) 것이다. 어느 끔찍한 아침, 만약 태양이 떠오르지 않는다면, 그녀는 검은 구슬을 주머니에 넣을 것이고 그러면 그 확률은 그녀의 관찰의 역사에 비례해서 줄어들게 될 것이다.[175]

베이즈 확률은 우리가 우리의 이 세계에 대한 의견과 해석을 어떻게 수정하는지에 대한 통계적 표현이다. 우리는 매일 우리의 뇌를 재포맷reformat하지도 않고, 그렇다고 이 세계가 변하지 않고 정체되어 있기를 기대하지도 않는다. 베이즈는 이러한 역동적인 세계관을 역확률inverse probability§ 과정을 통해 수학적으로 정확히 보여주고자 했다. 퀀트캐스트의 모델은 그것이 실제로 열

---

§ 조건부 확률 P(B|A)를 알고 있을 때, 전제와 관심 사건이 관계가 정반대인 조건부 확률 P(A|B) 구하는 방법이다. 예를 들어, 전 세계 인구 중 이 병을 앓는 사람이 1% 정도로 알려져 있다고 가정할 경우 검사 결과가 양성으로 나온 사람이 이 병을 앓을 확률은 약 8%{[(1/100) × (9/10)]/[(1/100) × (9/10) + ((99/100) × (1/10)] = 0.08333}이다(옮긴이 주).

심히 공부하기 때문이 아니라 그것이 알려지지 않은 정보의 가능성을 줄이기 위해 기旣정의된 정보를 사용하기 때문에 "시간이 흐르면서 더 똑똑해진다".

위의 외계인 여성이 점차 태양에 대한 지식을 꾸준히 발전시켜 가는 것과 매우 흡사하게 시간 경과에 따라 이용자들을 추적하는 마케팅 회사는 추리 통계가 제공하는 향상된 확률로 이익을 얻을 것이다. 그리고 해돋이가 결코 필연적 결론이 될 수 없는 것과 매우 흡사하게, 우리가 어떤 측정가능형에 속하게 될지도 결코 확신할 수 없을 것이다. 우리는 늘 중간에 존재한다.

만약 위의 외계인 여성이 온라인에 접속한다면, 그녀는 99% '여자'로 이해될 수도 있다. 그러나 100%의 통계적 확신은 불가능하기 때문에, 그녀는 동시에 4% '남자'가 될 수도 있다. 심지어 바로 다음 날, 이전에 그녀를 99% '여자'로 식별해 준 사이트들이 전날 밤 획득된 새로운 데이터로 인한 파급 효과 때문에 통계적으로 더 '남자다워'짐에 따라 이 외계인 여성은 97% '여자'로 이해될 수도 있을 것이다.

이러한 종류의 변조는 개념적 평형감sense of conceptual equilibrium을 만들어낸다. '여자'라는 재귀적 측정가능형 정체성 식별은 인구 집단의 전반적 행위에 대한 반응으로, 퀀트캐스트의 감시 네트워크와 접촉하는 사람들의 행위 지휘를 통제하는 동시에 배운다(따라서 변화시킨다). 변형transmutation(들뢰즈는 사용하기로 선택한 단어임)은 텔로스telos, 즉 명확한 목적도 없이 우리가 변조를 진화적이라고 생각하도록 촉구하기 때문에, 이러한 변화는 선형성linearity§을 가지고 있지 않다. 그러나 철학자 파올로 토타로Paolo Totaro와 도메니코 닌노Domenico Ninno가 물질성과 과정 모두에서의 들뢰즈의 "점 대 점" 관계의 점진적 연속성을 그대로 되풀이하면서 "자기를 대상으로 연산하는 연산"인 알고리즘의 재귀 함수recursive function§§에 대해 기술하고 있다는 점에서 이러한 변

§ 뉴턴식 사고관은 세상을 평형적이고 선형적이라고 보지만, 복잡계적 사고관은 세상을 비평형적이고 비선형적으로 본다. 진화론도 마찬가지다. 진화를 선형적인 과정으로 보는 학자도 있지만 동시에 비선형적인 과정으로 보는 학자들이 있다(옮긴이 주).

화는 알고리즘적이다.[176]

그러나 선형성이 없음에도, 즉 어떤 특이한 규범을 향한 지각된 추력推力의 부재에도, 알고리즘적 조절은 여전히 정체성에 대한 "담론의 경계"를 설정한다. 변조적 정체성 식별을 통해 권력은 암시적인 방식으로 우리를 규칙에 따라 배열하고 통제한다. 우리의 데이터가 믿을 수 없을 정도로 은밀한 조건하에서 수집되는 동안, 이러한 통제는 우리에게 거리를 두고 이루어진다. 많은 학자들이 점차 멀어지고 있는 권력과 주체와의 거리에 대해 언급했는데, 마이클 하트Michael Hardt와 안토니오 네그리는 『제국*Empire*』에서 "커뮤니케이션과 통제는 거리를 두고 효율적으로 이루어질 수 있다"라고 간결하게 적고 있다.[177] 혹은 다시 나이절 쓰리프트에게로 돌아가면, 그는 소프트웨어가 어떻게 "상황을 확정하는 데에 적용될 수 있는 행위 규칙을 구성하는지" 설명하면서, "그러나 이러한 행위 규칙은 거리를 두고 작동한다"라고 말한다.[178]

이러한 논의의 중요한 한 가지 단서조항은 이러한 거리를 두고 이루어지는 통제가 사람들이 실제의 폭력에 면역되게 해주지는 않는다는 점이다. 인류학자 아이와 옹Aihwa Ong은 거리가 있는 변조를 나타내는 용어인 "위도적緯度的 시민성latitudinal citizenship"§이라는 표현을 통해 "위도적 활동은 특히 변동이 심한 수익과 알 수 없는 시장 위험market risk에 의해 계속해서 모니터되는 동시에 더 오래된 규율 형식에도 기생함"을 우리에게 상기시켜 준다.[179] 그리고 디지털 학자인 텅-후이 후Tung-Hui Hu는 "주권적 권력이 데이터-중심적data-centric 도구들과 접하고 있는 가변적인 방식"을 우리의 네트워크 사회가 어떻게 촉진하는지 기술하고 있는데, 그는 이것을 "데이터 주권sovereignty of data"이라고 부른

---

§§ 재귀再歸는 수학이나 컴퓨터 과학 등에서 자신을 정의할 때 자기 자신을 재참조하는 방법을 뜻한다. 주로 이 방법은 함수에 적용한 재귀 함수의 형태로 많이 사용된다(옮긴이 주).

§ 옹이 말하는 '위도latitude'는 아시아, 유럽, 북미 사이의 위도와 같이 전통적인 경계에 걸쳐 있으면서도 위도가 새로운 종류의 위계적 경계와 관계를 만들어내고 있는 지구를 설명하는 개념으로 볼 수 있다[자료: 저자와의 이메일 교신](옮긴이 주).

다.[180] 시대에 뒤쳐진 것처럼 보이는 권력 행사 방식이 우리가 지금까지 경험해 본 최고의 하이-테크 시대에도 여전히 분명히 남아 있다. 사람들이 디지털 기술에 접속하는데도가 아니라 디지털 기술에 접속하기 때문에 사람들은 교도소에 가거나, 다치거나, 죽임을 당하거나, 혹은 위협을 받는다.

그러나 알고리즘적 조절은 우리의 데이터화된 디지털 자기에게 이론적으로 새로운 무언가를 암시한다. 인터넷을 구성하는 기술이 제공하는 이중적인 거리/친밀함에는 무언가 독특한 것이 있는데, 한 3류 광고회사 이사는 아마도 그것을 "디지털 디퍼런스digital difference"라고 부르고 싶겠지만 우리는 그것을 셉 프랭클린의 통제의 인식 틀episteme이라는 측면에서 생각해 볼 것이다. 만약 우리와 우리를 구성하는 측정가능형이 베이즈의 신뢰도 측정과 같은 방법에 따라 재구성되고 도구화된다면, 우리는 늘 동시에 '남자'도 되고 '여자'도 될 것이다. 우리 데이터를 처리하지만 그 데이터가 우리에게 무엇을 의미하는지를 결코 밝히지 않음으로써 우리 삶을 형성하는 담론적 지형은 알고리즘적으로 추론되는 절차적 전개unfolding 상태라는 블랙박스 안에 갇혀버린다.

이 책의 앞부분에서 지적했던 점을 반복하자면, 알고리즘적 조절 속에 함축되어 있는 통제는 자유주의적인 공적 영역의 조각화fragmentation를 공격하는 알고리즘적 "개인화personalization"에 대한 비평과는 다르다. 이 주장에서 뉴스 사이트와 검색 엔진은 전문화된 콘텐트를 가지고 있는 데이터-기반 프로필, 즉 결국 이상적인 민주적 담론 가능성을 깨버리는 자기-확증적self-affirming 에코 체임버echo chamber§를 만들어내는 프로필을 표적으로 삼는다.[181] 한 예로 어떤 이용자는 프로파일링된 자신의 측정가능형 정체성을 근거로 보수적인 FoxNew.com의 기사를 볼 수도 있을 것이다. 우리는 결과적으로 나타나는 의견의 양극화와 정확한 정보의 부재에 초점을 맞출 수도 있지만, 그 대신

§ 닫힌 시스템 안에서 어떤 정보나 아이디어, 신념들이 교환될수록 증폭되고 강화되며, 그와 다르거나 반하는 시각들은 검열되거나 불허 혹은 축소 반영 되는 상황 혹은 내가 동의하는 의견만을 듣는 환경을 말한다(옮긴이 주).

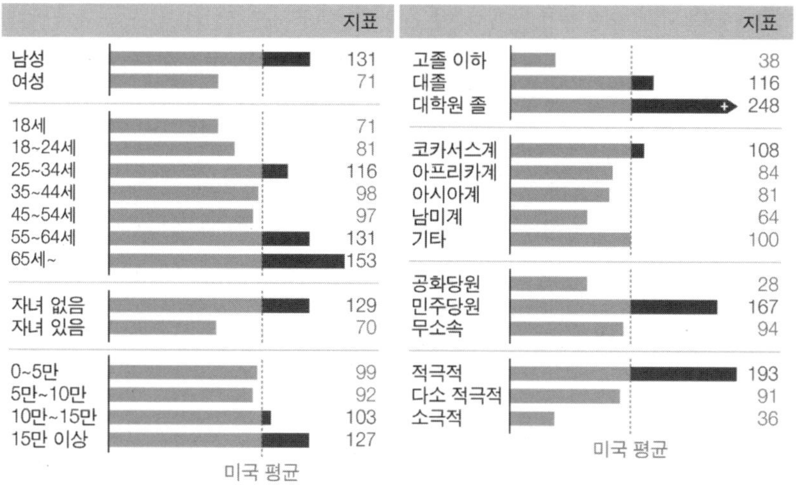

그림 2.4 2014년 퀀트캐스트의 추론 분석에 따른 TheNation.com 이용자의 인구통계학적 분석

자료: Quantcast, "TheNation.com's Audience Profile on Quantcast," 2014, www.quantcast.com.

필자는 '공화당원', '남성', '백인'이 의미하는 것에 대한 지식이 우리의 현재와 미래의 가능성을 결정하는 과정을 강조하고자 한다.

'공화당원', '남성', '백인'의 측정가능형은 그저 콘텐트, 즉 FoxNews.com의 기사를 할당하는 전달 통로 이상이다. 만약 이용자로서 당신이 '공화당원', '백인', '남성' 측정가능형에 딱 들어맞는다면, 당신이 방문하는 사이트들은 한 '백인' '공화당원' '남성'의 방문을 받게 될 것이다. 동일한 데이터가 더 근본적인 편집 결정에 사용될 수 있기 때문에, 이 정보는 한 개인 자신의 즉각적인 경험 너머로 확장된다.

예를 들어, 만약 TheNation.com 같은 진보적인 뉴스 사이트가 그들의 퀀트캐스트 인구통계 프로필을 훑어본다면, 그들은 그들 사이트 이용자의 대다수가 '남성'이고 '대학'이나 '대학원'을 졸업했으며, '코카서스계'라는 것을 알게 될 것이다(그림 2.4). 이 데이터를 가지고 있는 편집인은 두 가지 결정 가운데 하나를 내릴 수도 있을 것이다. 첫째, 이 편집인은 비-'코카서스계'

'민족' 집단에게 어필하고, 여성 이슈를 더 강조하며, 심지어 교육 접근권의 격차에 대해 이야기하는 콘텐트를 만들어냄으로써 수용자를 확대할 수 있을 것이다. 둘째, 이 편집인은 《더 네이션*The Nation*》의 독자를 구성하고 있는 몇몇 지배적인 측정가능형을 확인함으로써 기존의 콘텐트를 계속 밀고 나가며 심지어 그러한 충성스러운 독자들을 위해 더 나은 콘텐트를 제공하는 데 훨씬 더 초점을 맞출 수 있을 것이다. 뉴스 사이트가 측정가능형 데이터를 이용하는 방식은 콘텐트, 수용자 평가, 심지어 직원 채용 결정에도 담론적 영향을 미친다.

그러나 《더 네이션》은 남미계 콘텐트를 만들어내기 위해 작가를 고용할 수도 있지만, 다른 한편으로 그들 사이트에 방문하는 그러한 '남미계' 사람들이 남미계 사람이 아님을 발견할 수도 있을 것이다. 이러한 사이트들의 인구통계학적 구성은 유동적이며, '남미계' '여자'와 같은 정체성과 남미계 여자가 관심을 가지고 있을 수도 있는 실제 이슈 간에는 생생한 구분이 존재한다.

그리고 남미계 독자를 표적으로 하는 작가와 달리, '남미계'의 활동영역 안에 작가는 어떤 글을 써야 할지 진정 감을 잡지 못한다. 그것은 스페인어 콘텐트에 대한 것인가? 이민과 남미에 대한 것인가? 비록 이 작가가 자신을 남미계로 밝힌다 하더라도 그녀는 퀀트캐스트의 추론 알고리즘에 의해 '남미계'로 범주화되지 않을 수도 있기 때문에 정체성 식별에 전혀 도움이 되지 않는 다른 어떤 것에 대한 것인가? 이러한 담론적 공약불가능성incommensurability[§]은 정체성을 데이터로 코드 변환한 결과이며, 이 경우 각각의 고쳐진 범주를 구성하는 사람들의 체험된 경험은 그러한 범주를 흔히 알아보지 못한다.

그리고 '남미계' 이용자들이 서로 다른 사이트로 이동함에 따라, '남미계'의 측정가능형도 거기에 맞춰 변한다. 이 경우에서 우리는 또한 범주적 의미의 점진적인 재구성이 어떻게 정체성의 영구적인 일시성transience을 확립하는

§ 공통된 요소가 없어 약분할 수 없음 혹은 같은 표준으로 잴 수 없음을 뜻한다(옮긴이 주).

지 볼 수 있다. '남미계'가 일시적인 지시 대상 이상의 어떤 것으로 적용된다면, 그것을 지식의 지표로 사용하는 것은 분석적으로 문제가 된다. 지금 이 순간 '남미계'는 무언가를 의미할 수도 있을 것이다. 그러나 그 순간이 지나면, '남미계'는 다른 어떤 것을 의미한다. 어떤 잠재된 정치도 남아 있지 않다. 거기에는 현실에 기반을 둔 어떤 정치적 정체성—'남미계'와 남미계임을 의미하는 것 간의 연관성—도 존재하지 않는다. '남미계'는 오직 측정 가능한 데이터화된 행동의 일시적 상관관계에 따라 삶을 배열한다.

철학자 앙투아네트 루브루아Antoinette Rouvroy는 다음과 같이 적고 있다: "알고리즘적 통치성은 그것이 영향을 주는 체화된embodied 개인들을 단순히 무시하며 그것의 유일한 '주체'로서 '통계적 신체', 즉 계속해서 점진적으로 변화하는 '데이터 신체data body'를 가지고 있다."[182] 푸코의 권력/지식 가운데 지식 구성요소가 계속해서 점진적으로 변화하는 가운데, 우리는 들뢰즈의 "영속적 훈련perpetual training"이 우리가 이미 취한 조치들에 대한 군집화를 토대로 새로운 담론 경로를 만들어내는 방식에서 그러한 영속적 훈련을 더 잘 목격할 수 있다. '남자'가 하는 것은 '남자'인 이용자들이 대부분 하는 것이다. 그러한 '남자들'이 새로운 습관을 형성하고, 새로운 것을 시도하며, 인간으로서 성장함에 따라, '남자'는 우리를 위해 프로파일화profilization, 즉 사전-구성된prefigured 삶을 통해 직접적으로 그리고 '남자'인 것이 의미하는 바의 수정을 통해 간접적으로 이 세계를 배열하면서 "점 대 점" 상태를 유지한다.

위의 직접적인 형식에서 우리는 이론가 티지아나 테라노바와 디지털 미디어 이론가 웬디 희경 전과 같은 학자들이 한 말의 속뜻을 보게 된다; 테라노바는 "부드러운 통제soft control"라 부르면서 그리고 춘은 "부드러운 통치soft government"/"프로그램화할 수 있는 시각programmable visions"이라 부르면서 그러한 것들이 네트워크 문화 내에서 우리의 미래를 예측해 가면서 만들어간다고 주장한다. 테라노바는 다음과 같이 적고 있다:

새롭게 나타나고 있는 산출물은 신중하게 수집되고 마지막에 가늘고 촘촘한 빗으로 처리되는 과정을 거친 후에 그 가치가 정해져야 될 필요가 있다; 그것은 반드시 최소한의 힘으로 변조되어야 한다. (…) 이것은 특정한 유형의 통제로, 부드러운 통제이다. 그것이 덜 혹독하기(흔히 그것은 그것에 대해 부드러운 것이라고 전혀 가지고 있지 않음) 때문에 부드러운 것이 아니라, 그것이 엄격한 통제에 폭력적으로 그리고 흔히 자살 충동을 느낄 정도로 대응하는 통제 체계 내에서 이루어지는 실험이기 때문에 부드러운 것이다.[183]

또한 웬디 희경 전에게 "미래란 (…) 과거, 즉 미래가 될 수 있는 능력이 있는 컴퓨터에 밀접하게 연결되어 있는데, 왜냐하면 컴퓨터는 과거 데이터를 토대로 미래를 만들어내고 예측하기 때문이다. (…) 이러한 미래는 과거를 토대로 미래를, 좀 더 정확하게 말하자면, 어떤 미래를 추정하는 프로그램화할 수 있는 시각에 좌우된다".[184] 이러한 프로그램화할 수 있는 부드러운 통제는 우리 주변 어디에나 존재한다. 온라인 가게에서 물건을 살 때, 수상쩍어 보인다는 이유로 우리는 보안요원의 추적을 받지는 않는다. 그러나 우리는 그 가게에 대한 매우 제한된 시각을 보게 된다. 우리는 서로 다른 측정가능형들의 집계로 인식되고 평가받는다.

그러나 이러한 미래 예측을 넘어, 알고리즘적 조절은 간접적으로 현재 시제의 우리의 측정가능형 분류를 변조한다. 이러한 조절의 결과는 일련의 알고리즘적 미세 조정을 통해 강요되는 어떤 특정한 관점 이상의 것이다. 다시 말해, 알고리즘적 조절은 우리에게 어떤 의지할 수단도 제공하지 않으면서 우리를 구성하는 지식, 즉 "용인할 수 있는 표현의 경계"의 산물産物을 분명히 표현한다. 데이터로서 우리가 누구인지는 다른 사람의 알고리즘적 해석을 분명히 밝히는 것이 된다. 그리고 그러한 해석은 이전의 의미가 통계적으로 유효하지 않은 순간 (우리의 정체성을 둘러싸고 있는 정치와는 매우 달리) 이전의 의미를 버린다.

3. 측정가능형의 삶정치

미셸 푸코가 적었듯이, 삶정치는 "삶을 지배하는 권력power over life"이다.[185] 인구 집단의 일부로서의 주체들subjects에게 먼저 말을 거는 쪽은 권력인데, 인구 집단 속에서 개인의 삶은 소牛와 같은 하나의 종합 "군체群體"§로 뭉뚱그려짐으로써, 전통적으로 인간의 조건을 정의하는 사랑, 상실, 기쁨의 비정형적인 혼란의 상태amorphous mess를 단조롭게 만들어버린다. 필자는 존John, 즉 특정한 필요와 욕구를 가진 개별적인 삶정치적 주체가 아니다. 필자는 존, 즉 엄청나게 많은 인구 집단 속에 속해 있는 믿기 힘들 정도로 중요하지 않은 구성원이다.

이러한 완전히 파괴된 인구 집단의 토대로부터 삶정치는 우리를 다시 만들어낸다. 그러한 군체로부터 새로운 유형의 범주적 경계가 나타난다. 인구 집단은 결혼을 했거나 하지 않은, 젊거나 나이 든, 자녀가 있거나 없는 남자와 여자로 구성될 수도 있을 것이다. 자연적인 삶을 구성하는 이러한 단절들caesuras은 삶정치적 행위를 정의하는 자원 및 통치 권력의 분배 수단이 된다.[186] 예를 들어, 미국 내에서 이루어지는 건강 캠페인은 좀처럼 뚜렷하지 않은 광범위한 미국인을 표적으로 삼는 것이 아니라, 10대 미국인으로 초점을 좁히며 소녀를 대상으로 하는 메시지와 소년을 대상으로 하는 메시지도 흔히 서로 다르다.

영부인이었던 미셸 오바마Michelle Obama의 2010년 움직이자!Let's Move 캠페인은 아동 비만을 줄이는 것을 목표로 했는데, 이것은 바로 그러한 예 가운데 하나이다. 이 캠페인으로 인해 미국인 군체는 "어린이와 10대"(6~17세) 그리고 "성인"(18세 이상)으로 범위가 좁혀지고, "오늘 태어난 어린이들이 건강 체

---

§ 같은 종류의 개체가 모여 일을 분담하여 사회생활을 하며 살아가는 집단을 말한다(옮긴이 주).

중을 가진 성인으로 자랄 수 있도록" 각 집단에 서로 다른 운동 목표가 할당된다.[187] 정부 정책과 공교육은 이러한 프로그램에서 힌트를 얻어, 선전과 체육수업을 이용해 명백히 규정된 공중보건 목표를 강조한다. 이 경우, 운동을 통한 식이요법은 각 개인의 욕구와 형편에 따른 개인화된 처방이 아니라 정부 관료들이 신성시하는 범주적 대량 처방이다.

표면적으로는 이러한 건강 캠페인이 나쁘지는 않지만, 그것은 불가피하게 통제하고 있으며 따라서 본질적으로 삶정치적이다. 이 예에서 미국 정부는 우리의 습관에 변화를 일으키기 위해 그들의 권력 지위를 사용하는데, 지지자들은 이것을 "너징nudging"§이라고 부를 수도 있겠지만 반대자들은 이것을 조작manipulation이라고 부를 수도 있을 것이다.[188] 그러나 우리가 삶정치를 생각하는 방식 속에는 데이터, 즉 데이터화된 양식들에 수량화할 수 있는 목표를 할당하기 위해 인구 집단을 데이터화된 분인 형식들로 추상화한 것에 대한 의존이 함축되어 있다: "어린이와 10대"는 하루 60분, 1주일에 최소 5일, 8주 가운데 6주 동안 활동적이거나 하루에 1만 2000보를 걸어야 한다.[189] 걸을 경우, 사람들은 가장 기본적인 계보기를 가지고 자신이 그날 걷는 집계된 걸음 수를 모니터링할 수 있다. 좀 더 현대적인 계보기는 당신의 자녀가 몇 걸음을 걷는지 계산해서 그 정보를 기존의 클라우드 기반cloud-based 데이터 세트에 업로드함으로써 당신과 당신 자녀의 시간 경과에 따른 걸음 패턴에 대한 일련의 과거 자료를 기록할 수 있다.

디지털 기술 이용자로서 우리가 따라가는 이러한 데이터화된 자극은 삶정치에 엄청나게 깊게 적용된다. 한때는 정부, 과학자, 의사들이 힘들게 수집했던 건강 및 의료 데이터가 이제는 우리 자신의 개인용 기기에 의해 자동적으로 모니터링되고 업로드된다. "삶을 지배하는 권력"은 하나의 구호로서 인

---

§ 사람들에 관한 대량 정보를 바탕으로 사람들이 더 나은 선택을 하도록 제안하는 행동과학 테크닉을 빅 너징big nudging이라고 한다(옮긴이 주).

상적일 정도로 장엄해 보일 수도 있겠지만, 그러한 권력을 촉진하는 기술은 우리의 휴대폰만큼이나 평범하다. 그리고 이러한 기술의 가격은 내려가고 이용 가능성은 높아지고 있기 때문에 엄청나게 많은 전 세계 사람들, 특히 수치화된 자기QS: Quantified Self 커뮤니티를 구성하고 있는 사람들은 잠을 더 잘 자고, 더 건강하게 먹고, 더 효율적으로 운동하기 위해 이러한 양식의 자기-추적self-tracking을 사용한다.

QS는 사람들이 자기에 대해 더 잘 알기 위해 신체와 환경(섭취한 음식의 종류, 소비한 칼로리, 기분, 혈중 산소 수치, 인슐린 수치, 심지어 수면의 질)을 데이터화하는 행위이다. QS 사람들은 이것을 '자기 - 지식"self-knowledge이라고 부른다.[190] QS 커뮤니티 구성원들은 자기 - 데이터화self-datafication를 이용해 그들의 목표 진척 상황을 추적함은 물론 이전에는 관련되어 있지 않던 2~3개의 현상들 간의 관계를 만들어내기도 한다. 예를 들어, 하루에 내가 3000칼로리 이상을 먹고 운동하러 가지 않을 때 나는 언제나 잠을 잘 자지 못하는 경향이 있다."

기술적으로 매개되는 자기-추적은 많은 QS 이용자들에게 흔히 더 건강하고, 더 생산적이며, 더 많은 성취감을 주는 삶을 허락한다. 만약 사람들이 그들의 일일 칼로리 섭취량을 모니터링할 수 있다면, 그들은 비만과 비만을 둘러싼 건강 문제를 피할 수도 있을 것이다. 만약 그들이 그들의 수면 패턴에 부정적인 영향을 주는 것이 무엇인지 안다면, 그들은 더 효과적으로 쉴 수 있고 또 일할 수 있다.

그러나 이러한 새로운 자기-추적 체계를 통해 우리 역시 '건강한' 것과 '건강하지' 않은 것에 대해 각기 다른 관계를 발전시킨다. 인류학자 돈 나푸스Dawn Nafus와 제이미 셔먼Jamie Sherman이 "부드러운 저항soft resistance"이라고 부르는 것에는 (흔히 "개인의 데이터 점이건 지식의 전체 범주이건, 무엇이 관련 정보를 구성하는지에 대해 비판적으로 문제를 제기하는") QS 이용자들과 ("사람들을 구슬려 기준을 지키게 하려는") QS 앱 제작자들과 모바일 건강 산업이 정의한 지배적인 형태의 "건강함" 간의 지속적인 몸싸움이 존재한다.[191] 그러나 움직이자!의 경우에는 한 개인 성인으로서 당신은 1만 2000보 미만으로 일일 걸음 수가 실망스러워도 건강의 화신化身이 될 수도 있다. 당신의 데이터가 자기-추적 기기 자체의 평가를 뒷받침해 줄 때 비로소 당신은 알고리즘적으로 '건강한' 사람으로 여겨질 것이다.

'건강한'에 대한 1만 2000보 측정가능형을 위압적으로 정해버리는 것과 동일한 평가 논리가 '우울', '전반적인 웰빙', '뇌손상', '불안', '스트레스' 혹은 심지어 'PTSD'[§] 같은 각기 다른 다양한 '기분'에도 적용된다. 미국 국방부의 자금 지원을 받는 모바일 앱 T2 무드 트래커*T2 Mood Tracker*를 예로 들어보자. 이 앱은 "걱정하는/걱정하지 않는", "산만한/집중하는", "불안한/평온한"과 같은 상반된 기분 상태를 나타내는 좌우로 움직이는 9개의 연속선을 토대로 당신이 얼마나 '불안해하는지' 알려준다(그림 2.5).[192] 9개의 각 척도에 따라 당신의 현 정신상태의 좌표를 그릴 수 있기 때문에, 이 앱은 장기간에 걸쳐 추적하면 이전에는 이용 가능하지 않았던 진단에 대한 실마리를 당신에게 제공할 수도 있는 할당된 계량적 수치로 당신의 '불안'을 계산해 준다.

이 경우, 한때 골고루 잘 섞여 있어 다루기 힘들었던 우리 정신 상태의 복잡성에 흠집을 내어 '불안한'과 '불안하지 않는' 사이에 일련의 숫자를 집어넣음으로써 '불안'은 뒤 이은 삶정치적 활동에 이용할 수 있는 대용물이 된다. T2 무드 트래커로 당신은 당신의 '불안'을 장기간에 걸쳐 추적할 수 있으며, 그러한 데이터화된 '기분'은 자기-수치화된self-quantified 다른 데이터와 함께 계산되고, 연결되며, 분석된다. 움직이자! 프로젝트에서 측정된 수 주 동안의 지속적인 적은 걸음 수와 T2 무드 트래커상의 높은 수준의 '불안'을 서로 연결해 보면 이 둘이 서로 관련되어 있음을 알 수도 있을 것이다. 그리고 그

---

§ posttraumatic stress disorder의 약어로, 흔히 '외상 후 스트레스 장애'라고 번역하나 여기에는 심리적 충격 후 스트레스 장애도 포함된다. 따라서 '외·내상 후 스트레스 장애'가 원래 의미에 좀 더 가깝고 볼 수 있다(옮긴이 주).

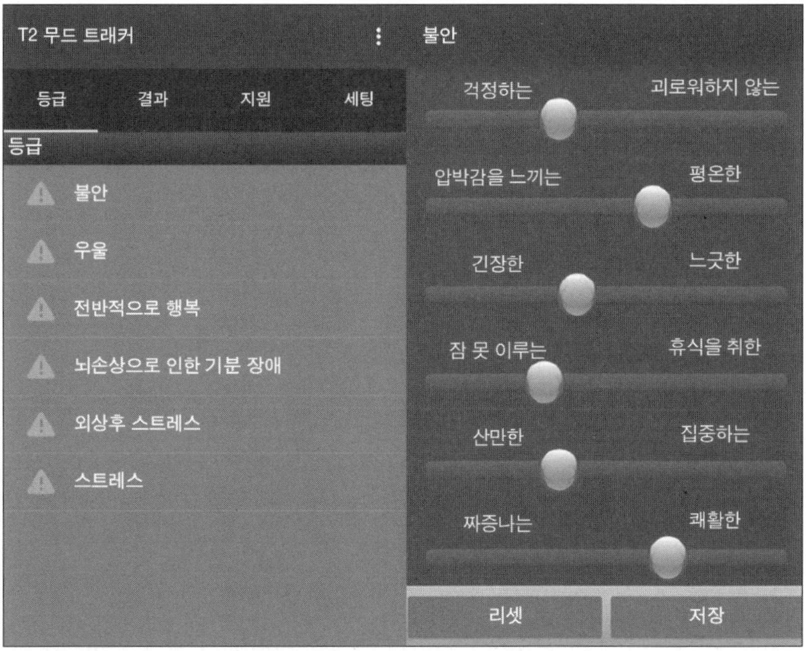

그림 2.5 T2 무드 트래커 모바일 앱에서 가져온 2개의 스크린샷
자료: T2, "About T2 | t2health," 2014, http://t2health.dcoe.mil.

러한 상관관계는 다양한 아마추어 진단과 "부드러운 저항" 행위를 조장한다. 그럼에도 이러한 서로 다른 데이터화 기술은 삶정치의 "삶을 지배하는 권력"을 좀 더 개인적인 차원으로 옮기며, 그렇게 함으로써 그러한 과정에서 삶정치의 정의를 수정한다. QS의 경우, 삶정치는 삶의 정치 그 자체일 뿐만 아니라 데이터의 정치 그 자체이기도 하며, 데이터의 정치는 또한 삶에 대한 새로운 지표 그 자체가 된다.

좀 더 간결하게 표현하면, 데이터가 물질적으로 표상하는 것은 이제 삶정치와 연계되어 있다. 그래서 만약 정신 건강 전문가가 아니라 아이폰iPhone의 어떤 앱이 우리의 '불안'과 '우울'을 평가하고 진단할 수 있다면, 이러한 측정 가능형으로의 이동이 우리의 삶정치의 미래에 어떤 다른 영향을 미칠지 우리 자신에게 물어보자.

신체적 질병으로 계속 이어가 보자. 역사적으로 미국 같은 나라들은 질병통제국CDC: Centers for Disease에 해당하는 자국의 기관을 통해 공중 보건을 연구하고, 의료 동향을 기록하며, 마침내는 독감과 같은 전염병의 창궐을 일반 대중과 의료 전문가에게 알린다. 아이오와주, 디 모인Des Moines에 있는 주 관리들이 독감과 유사한 증상으로 병원에 오는 환자들의 수가 비정상적이라고 생각한다면, 그러한 환자들의 데이터가 수집되고 분석되어 중부 아이오와주에 독감 발생을 공식 선언할 증거로 사용될 것이다. 주 당국은 학교 휴업 결정을 내리고, 손 씻기에 대한 공익광고를 내보내며, 아픈 것으로 의심되는 사람들을 격리할 수 있을 것이다.

그러나 이 방법에는 감추어진 결함이 있는데, 그것은 작동이 지체된다는 점이다. 독감에 걸린 사람은 의사의 진단이 있고서야 비로소 아픈 사람으로 분류될 것인데, 그러한 진단이 내려지기까지는 독감 증세가 나타나고 난 뒤로부터 수 주週가 걸릴 수 있다. 이러한 내재된 잠복성의 부담을 안고 있는 삶정치적 행위주체는 그러한 데이터가 도착할 때까지 결정을 내리는 것을 기다려야 한다. 그러나 만약 당신이 사람들이 병원에 가기 전에 혹은 심지어 그들이 독감에 걸렸다고 의심하기도 전에 그들에게 접근할 수 있다면 어떤가? 만약 당신이 T2 무드 트래커가 '불안'을 평가하고, 퀀트캐스트가 '젠더'를 평가하며, 심지어 NSA가 '테러리스트'를 평가하는 것과 비슷한 방법으로 '독감'을 진단할 수 있다면 어떤가?

2009년 구글 플루 트렌즈Google Flu Trends를 출시했을 때 구글은 이 점을 염두에 두고 있었다. 수백만 개의 시간당 검색 쿼리 스트림을 사용하여 구글은 전 세계의 건강 데이터에 대해 실제로 알지도 못하면서 그것에 접근했다. 서로 다른 질병, 여러 종류의 약, 대안적인 치료방법에 대한 검색은 모두 "독감 활동의 좋은 지표"일 수도 있을 것인데, 그래서 구글 플루 트렌즈는 "집계된 구글 검색 데이터를 [사용해] 독감 활동을 추정했다."[193] 준準실시간으로 이루어지는 검색 쿼리에 대한 대량 데이터감시mass dataveillance를 통해 구글은

CDC의 추정보다 6주나 앞서 독감 발병을 보고할 수 있음을 알게 되었다.[194] 인간의 자유 의지와 의료시설 방문에 의존하는 CDC 모델은 순식간에 낡고, 보수적이며, 업그레이드가 필요한 것처럼 보였다.

CDC의 데이터-기반 추정의 확실한 후계자인 구글 플루 트렌즈는 그 대신 검색어와 과거의 독감 데이터를 연결해 주는 "단어 주머니bag of words"[§]에 의존했다. 이 단어 주머니는 2003년부터 2008년까지의 수천억 개의 검색 쿼리 잔해殘骸들로부터 만들어졌는데, 그 결과 가장 흔히 검색되는 용어 5000만 개가 추려졌다. 그런 다음, 이 5000만 개의 검색어가 1152개의 독감 시기 데이터 점에 대해 회귀될regressed 때 n이 약 160이라는 결론에 이르렀다. 그것을 달리 표현하면, 독감 발병 시기에 구글 이용자들이 가장 자주 검색한 용어들이 '독감' 징후를 보여주는 새로운 지표가 되었다. '독감'에 대한 구글의 데이터화된 모델은 그러한 독감 시기 데이터 점과 통계적으로 가장 들어맞는 가장 적합한 용어 약 160개로 구성되었다.

만약 아이오와주에서 2005년 10월, 2006년 2월, 2007년 2월, 2008년 3월에 독감이 발병했다면, 구글은 그들의 거대한 검색 저장소에 쿼리해서 그 네 시기에 어떤 용어가 가장 자주 검색되었는지 알아낼 수 있을 것이다. 이러한 과정을 통해 '독감'의 단어 주머니에는 "내 딸은 콧물을 흘려요", "맙소사, 내 아들이 토하니 도와주세요", "땀을 너무 흘려서 나는 잠을 잘 수가 없어요"와 같은 문구가 포함될 수도 있을 것이다. 실제로 구글의 정보 기밀 유지로 인해 이러한 분석에 사용된 약 160개의 용어를 실제로 알 수는 없다. 구글 엔지니어들이 그들의 데이터 모델(예를 들면, "고등학교 농구 경기"를 취소하는 것은 미국의 독감 발병률과 높은 상관관계가 있었음)을 큐레이션하지는 않았지만, 통계적 회귀가 그러한 진단 일선에서 가장 큰 역할을 했다. 데이터는 그 자신

---

§ BoWbag of words란 단어들의 순서는 전혀 고려하지 않고, 단어들의 출현 빈도에만 집중하는 텍스트 데이터의 수치화 표현 방법이다(옮긴이 주).

의 규칙에 따라 그리고 구글 자체의 알고리즘 논리에 따라 지배했다.

그러나 이러한 약 160개의 각기 다른 쿼리들이 유행성 독감을 나타내는 새로운 지표가 되었을 때, 구글은 독감이 의미하는 바를 완전히 바꿔놓았다. 독감은 이제 더는 실제로 콧물이 흐르거나 토하거나 잠을 설치는 것을 견디는 것에 대한 것이 아니었다. 그것은 독감 시즌이 되었을 때 "토하다"를 반복적으로 검색하는 것에 대한 것이었다. 독감은 '독감'이 되면서, 그것의 삶정치적 미래에 독특한 변화가 있음을 시사했다.

구글 플루 트렌즈는 독감 증상이 있는 사람이 아닌 특정 도시, 주, 국가의 웹 행동에 '독감'을 할당했다. CDC 독감 감시 및 발명 대응팀Influenza Surveillance and Outbreak Response Team 팀장인 린 피넬리Lyn Finelli를 포함한 연방 관리들이 구글 플루 트렌즈의 데이터와 다른 정부 및 비정부 정보원을 "항상" 이용했다는 사실을 우리는 알고 있다.[195] 피넬리에게 구글 플루 트렌즈란 "어떤 시스템보다 빨리 발병 경고를 제공할 수 있었고 (…) 더 빠른 경고를 통한 더 빠른 예방 및 통제 조치가 시행될 수 있으며, 이것은 독감 환자 발생을 막을 수 있었다."[196] 따라서 미국 정부의 유행성 독감에 대한 대응은 구글이 '독감'을 정의한 방식과 구글의 알고리즘이 '독감'의 활동을 인식한 방식과 직접적으로 연결되어 있었다.

상업 분야에서 빅스Vicks 같은 회사는 고용한 마케터들에게 구글 플루 트렌즈 데이터를 이용해 귀 적외선 체온계Behind Ear Thermometer 광고의 표적 수용자를 파악하도록 했다. 이 경우에 시카고에 기반을 둔 블루 칩 마케팅 월드와이드Blue Chip Marketing Worldwide는 '독감' 활동이 많은 주들을 찾아냈다. 그런 다음, 이 회사는 그러한 주에 거주하는 사람들 가운데 '젠더', '나이', '혼인 상태'와 그들이 '부모'인지를 토대로 그들의 표적 수용자를 확정했다. 마지막으로 블루 칩은 그러한 프로필을 가지고 있는 이용자의 GPS 위치가 그 체온계를 판매하는 소매점으로부터 반경 3마일 내에 들어올 때를 기다렸다가 반경 3마일 내에 들어오면 그들의 휴대폰으로 표적화된 광고를 보냈다.[197] 구글의

'독감' 측정가능형은 실험적인 분석적 범주일 뿐만 아니라 (주州와 자본의 관점에서 볼 때) 정확성이 요구된 실행 가능한 범주이기도 했다. 이런 의미에서 구글의 측정가능형은 강력했을 뿐만 아니라 수익성도 있었다. 단 그것이 정확했을 경우에만.

2012년, 구글의 예측은 다소 과장된 것으로 밝혀졌다. 구글이 예측한 '독감' 발병 가운데 실제로 발병한 것은 절반뿐이었다. 빅 데이터big data를 통한 '독감' 데이터화를 향한 경주는 병원 방문과 실제 독감 발병 사례수와 같은 스몰 데이터small data가 설명한 많은 복잡한 것들을 도외시했다.[198] 1장에 사용된 표현을 이 장의 목적에 맞게 고쳐 표현하면, 구글은 숲은 보았는데 나무를 보지 못했다. 구글은 아픈 나무를 돕는 방법을 정신없이 구글링Googling했던 다른 모든 나무들은 보았지만 정작 아픈 나무는 보지 못했다.

많은 사람들이 "독감 게이트Flugate" 이후 앞다투어 구글을 비판한 가운데 일부 사람들은 심지어 그것(과 빅 데이터 전반)을 실패로 여기기까지 했는데, 이것은 거의 교조적이라[§] 할 정도로 데이터 패턴이 삶의 미스터리를 푸는 디지털 만능열쇠digital skeleton key로 간주되었음을 상징적으로 보여준다.[199] 그러나 이러한 비판에는 구글 플루 트렌즈의 알고리즘 모델에서 실제로 일어나던 것에 대한 명쾌한 설명이 빠져 있다. 구글은 독감을 측정하고 있던 것이 아니라, '독감'을 측정하고 있었다. '독감'의 측정가능형은 개념적으로 독감과 별개의 것이다. 당신은 누군가에게 '독감'에 대해 이야기할 수도 있을 것이다. 그러고는 심지어 그녀의 입술에 키스를 할 수도 있을 것이다. 그러나 그렇다고 그녀가 당신에게 독감을 옮길 수는 없을 것이다. 물론 '독감'에 걸린 사람이 진짜 독감에 걸리지 않는 한, '독감'은 작은따옴표를 벗어나서 다른 사람에게 전염될 수 없다.

---

§ 교조적이라 함은 역사적 환경이나 구체적 현실과 관계없이 어떠한 상황에서도 절대로 변하지 않는 진리인 듯 믿고 따르는 것을 말한다(옮긴이 주).

일부 논평가들이 선언했듯이, 구글 플루 트렌즈는 실패했는가? 어떤 의미에서 구글의 예측은 108주週 가운데 100주에서 실제 CDC 수치에 이르지 못했기 때문에 실패했다고 할 수 있다.[200] 그러나 다른 의미에서 구글은 실패하지 않았다. 만약 우리가 2장에서 소개한 바 있는 "베타"라는 개념을 받아들여 '독감'을 고정된 약 160개의 핵심어 목록이 아닌 역동적인 재귀적 측정가능형으로 조작적 정의를 내린다면, 적어도 이론적으로 '독감'은 개선 잠재력을 보여준다고 할 수 있다. 그것은 실패한 것이 아니라, 첫 번째 시험을 망쳤을 뿐이다.

18세기 초, 삶정치가 태동했던 시기로 되돌아가면, 국민-국가들은 (구글 플루 트렌즈가 한 것처럼) 권력을 가진 사람을 대신해 시민들의 삶에 개입하기 위해 데이터를 사용했다. 좀 더 즉각적이고 규율적인 형태의 권력과는 달리, 삶정치는 오로지 반대 의견 진압이나 제국주의적 영토 확장에 대한 것만은 아니었다. 그것은 삶의 일시적인 항상성homeostasis§을 조장했던 정치에 대한 것이었다. 만약 사람들이 건강하고 해충과 질병에서 벗어나 있다면, 그들은 왕의 고귀한 영토를 위해 더 열심히 일할 수 있을 것이다.

푸코의 글을 인용하면, 따라서 삶정치적 행위는 "어떤 인구 집단에 특유한 군집 효과를 하나로 묶어주고, 살아 있는 대중에게 발생할 수 있는 무작위적인 일련의 사건을 통제하고자 하는 기술, 그러한 사건들의 확률을 (필요하다면 그러한 확률을 수정함으로써) 예측하거나 최소한 그러한 사건들의 결과를 벌충하고자 하는 기술" 역할을 했다.[201] 예측하고 군집 효과를 집계하며 궁극적으로 자원을 통제하는 장소로서 이것은 단지 수십 년 전에 예견되었던 구글 플루 트렌즈의 바로 그 기술이다.

구글의 '독감'에 대한 기술적 실패는 삶정치적 행위의 실수가 아니었다. 그것의 문제는 '독감' 범주 자체의 경직성이었다. 방법론적으로 말하자면, 구글

---

§ 삶의 특성 중 하나로, 자신의 최적화 상태를 지속적으로 유지하려는 특성이다(옮긴이 주).

은 약 160개 검색어의 개별적인 맥락을 없애버리고 하나의 측정가능형으로 묶어버림으로써 한 데이터 요소["나는 (육체적으로) 아파"]와 다른 데이터 요소 ["나는 (심리적으로) 아파"]를 차별화할 수도 있는 변동성을 기능적으로 무시했다. 구글이 '독감'에 대한 그들의 해석을 역동적으로 업데이트하기 위해 이용 가능한 다량의 데이터를 취하면서 독감을 예측한 것과 동일한 방식으로 '독감'의 측정가능형을 만들 수 있다면 좋을 텐데. 업데이트되는 '독감'을 통해 그 범주의 즉각적인 실패는 잠재적으로 해결될 수 있을 것이다.

그리고 미국의 한 연구자 집단은 2012년부터 2013년까지 정확히 그렇게 했다.[202] 이 연구자들은 구글 단어 주머니 속의 상수 $n = {\sim}160$을 모니터링한 것이 아니라 '독감'와 유사한 특정 쿼리들의 값이 시간이 흐르면서 어떻게 변하는지 살펴보면서, 독감이 아니라 '독감'을 추적하는 알고리즘을 작성했다. 예를 들어, "신속 독감rapid flu"이라는 문구는 2009년의 전반적인 독감 발생과 거의 상관이 없거나 전혀 상관이 없음이 밝혀졌다. 그러나 그 후 몇 년간은 매우 상관관계가 높았다. 그리고 2013년, 그 문구는 전적으로 "긍정적인 상관관계"가 있는 것으로 여겨졌다. 더 흥미로운 것은 로비투신Robitussin이라는 졸음을 유발하는 감기약에 대한 쿼리가 2009년 '독감' 발병사례에서는 약간의 "긍정적인 상관관계"가 있었고, 2010년 사례에서는 "아무런 상관관계가 없었고", 2011년 사례에서는 다소 "부정적인 상관관계"가 있는 것으로 떨어졌다. 그리고 2012년 사례에서는 "아무런 상관관계가 없는" 것으로 되돌아왔다가, 2013년 사례에서는 다시 "긍정적인 상관관계"가 있는 것으로 올라갔다(그림 2.6). 새롭게 등장한 '독감' 측정가능형은 이러한 검색-쿼리 정확성에 대한 변조적인 평가에 맞추어 조정되었다.

CDC의 공식 소식통이 매주 소규모의 새로운 독감 데이터를 발표할 때, 연구자들의 적응형adaptive 독감 알고리즘은 그들의 '독감'이 얼마나 정확한지 평가했고 그에 따라 그것의 정의를 재조정했다. 그러한 대안적 '독감'이 거의 모든 측정값에서 구글의 '독감'을 능가하면서, 그러한 지속적으로 업데이트

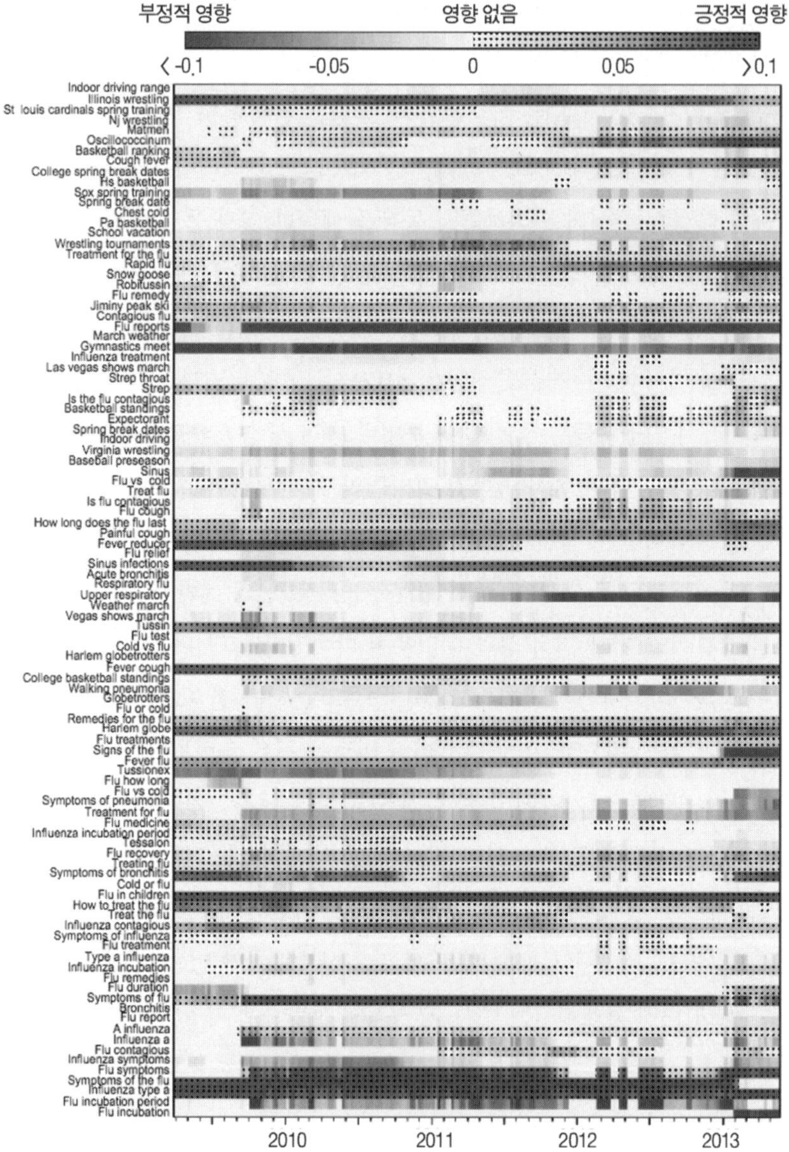

그림 2.6 각 검색어를 '독감'과 관련지음에 따른 각 검색어의 효능 분석

자료: Mauricio Santillana, D. Wendong Zhang, Benjamic Althouse, and John Ayers, "What Can Digital Disease Detection Learn from (an External Revision to) Google Flu Trends?" *American Journal of Preventive Medicine* 47, no.3(2014): 345.

되는 알고리즘은 2009년에서 2013년까지의 데이터 사용에서 현저하게 더 나은 결과를 보여주었다.[203] 구글의 인간 개입에 의존하기보다 기계적으로 잘못을 다시 바로잡는 이러한 새로운 '독감' 측정가능형은 재귀적인 알고리즘적 조절 행위를 보여주는 전형적인 예이다. 그러나 하나의 과정으로서 그것 역시 전혀 새로운 것이 아니다.

4. 알고리즘적 조절로서의 인공두뇌학

자동적이면서 지속적으로 재조정되는 '독감'이 인상적일 정도로 미래적인 것처럼 보일 수도 있겠지만, 그것의 토대가 되는 이론은 우리에게 꽤 친숙하다. 이러한 스스로 업데이트하는 '독감'은 인공두뇌학 분야의 기초가 된 20세기 중반의 시스템 및 컴퓨터-과학에 관한 글들과 아주 닮아 있다.[204] 인공두뇌학은 조절을 하나의 기술적 문제로 보는 학문이다. 이상적인 인공두뇌 기계는 가장 기본적인 인공두뇌 사례인 온도조절장치처럼 고장을 방지함은 물론 기능성을 보장하기 위해 자동화된 균형 잡기balancing act를 수행한다. 노버트 와이너Norbert Weiner 같은 유명한 사람들의 인공두뇌학에 관한 연구들이 대체로 통제를 사회적 항상성social homeostasis 측면에서 틀을 지었는 데 반해, 우리는 유사한 항상성이 측정가능형 변조라는 형식으로 새롭게 나타나는 것을 볼 수 있다.

설명을 더 이어가면, '독감' 측정가능형은 이러한 인식적 형식의 인공두뇌 기계로, 새로운 입력물을 토대로 시간이 흐르면서 본질적 의미를 규정하는 구성요소들이 변하는 담론의 그릇이다. 현상 유지status quo에 투입된 문화적 게이트키퍼들gatekeepers의 명령은 전통적인 범주적 정의를 수립하고 재확인해 주지만, 인공두뇌 시스템에는 이러한 종류의 보수적인 정치가 존재하지 않는다. '독감', '어제', 그리고 '60세'가 진실로 알려지는 것과 똑같이 가치 있게 여겨지는 것은 바로 그러한 기계 자체이다. 무엇이 '독감'이고 무엇이 '독감'이 아닌지에 대한 그러한 기계의 내밀한 작업 방식은 그것의 활력을 보장하는 이론적으로 생각지도 않던 과정이다.

문학비평가 N. 캐써린 헤일스N. Katherine Hayles가 약술한 대로 인공두뇌학의 문화적 역사에 대해 생각해 보면, 인공두뇌 시스템이 서서히 안정성을 유지할 수 있게 될 때 그것은 또한 새롭게 출현하는 의미를 만들어낼 수 있는 능력도 가지게 된다.[205] 구글 플루 트렌즈의 경우에서 '독감' 측정가능형이 알고리즘적 산출물을 상대로 한 인식론적 작업에서 이러한 창발성創發性; emergence§을 볼 수 있다. 인공두뇌학에서의 창발성은 한때 기준이었던 규범으로부터의 일탈로 시작되는데, 우리는 그것을 차이difference라 부를 수도 있을 것이다. 철학자 루시아나 파리시Luciana Parisi와 티지아나 테라노바는 "삶이 엔트로피entropy§§를 지향하는 것이 아니라 더 높은 복잡성을 초래하는 일탈, 돌연변이, 그리고 변동을 지향함에 [따라]" 이러한 차이가 "생겨나고, 따라서 삶이라는 격변하는 기계가 작동하게 된다"라고 적고 있다.[206]

'독감'의 인식론적 차이는 "대학교 봄방학 기간"에 대한 쿼리 같은 새로운 입력물이 2012년까지 '독감'과 아무런 상관관계가 없을 수도 있음을 의미한다. 그런 다음, 2012년에서 2013년까지 우리는 그 쿼리의 "긍정적인 영향"이 작지만 널리 증가하는 것을 볼 수 있다. '독감'은 그에 따라 변조하는 기존 용어들로만 구성되어 있지 않다. 그것은 또한 독감과 관련되어 있지는 않지만, 정확히 대학생들이 봄방학으로 수업이 없는 한 주일을 즐기는 경우와 같이 점차 '독감'과 유사한 새로운 용어들도 받아들인다.

이러한 인공두뇌 시스템에서의 창발성은 욕심이 많으며, 많은 욕심으로

---

§ 새롭게創 드러난다는發 뜻으로, 남이 모르거나 하지 아니한 것을 처음으로 또는 새롭게 밝혀내거나 이루는 것을 말한다(옮긴이 주).

§§ 열에너지의 변형과 관련된 현상을 설명하기 위해 에너지energy라는 단어와 그리스어의 변형tropy이라는 말을 합성한 것으로 물질의 열적 상태를 나타내는 물리량을 말한다. 엔트로피는 자연계에서 항상 증가하는 방향으로 나타나는데, 이것을 엔트로피 증가의 법칙이라고 한다(옮긴이 주).

인해 그러한 창발성은 시스템이 안정적으로 작동할 수 있도록 스스로 변조하게 하기 위해 가능한 한 많은 입력물을 집어삼킨다. 이것은 일탈이며, 이러한 일탈은 오류가 아니라 하나의 특징이다. 어떤 의사는 환자와의 대화에서 자신의 봄방학에 대해 이야기하는 환자에게 코웃음을 칠 수도 있을 것이다. 전통적인 삶정치 시스템은 환자의 봄방학 여행 계획은 독감과 무관한 것으로 간주할 것이다. 그러나 독감을 과거의 생각으로 살펴보지 않는 포용력이 있는 시스템은 이러한 엉뚱한 일탈과 엔트로피를 통계적으로 아주 흥미로운 것으로 여긴다.

그 시스템 내의 엔트로피는 최고의 속성은 아니라 하더라도 생산적인 속성인 것은 정확히 하나의 시스템이 그 시스템 안으로 들어오는 모든 가능한 변이variant를 예견할 수 없기 때문이다(독감 자체가 독감을 기술하는 측정가능형만큼이나 진화하는 생물학적 현상인 것에 대해 생각해 보라). 일단의 (역동적인) 규칙에 따른 이러한 막힘없이 흐르는 자기-조직화self-organization의 일상적 과정은 철학자 유진 쌔커Eugene Thacker가 무리swarm에 관한 그의 글에서 다음과 같이 통제 없는 통제control without control라고 기술하는 것을 구체적으로 표현해준다: "전적으로 분산되고, 자기-조직적이고, 융통성 있으며, 강력한 집단 조직화group organization 모델로, 집단 조직화는 특정한 목적을 지향할 수도 있고, 특정한 방식으로 동원될 수도 있으며, 목적이나 의향을 전 세계적 규모로 표현할 수도 있다."[207]

이러한 융통성 있는 자기-조직적 절차주의proceduralism§는 환자의 봄방학에 관한 이야기를 묵살하는 의사가 존재한다는 의미가 아니라, 주週가 바뀔 때마다 그것의 "긍정적인" 혹은 "부정적인 영향"을 계산하는 알고리즘이 존재한다는 의미이다. 새롭게 나타난 강력한 포용력으로 인해 거의 모든 것이

§ 현대의 절차주의는 어떤 원칙이 정당성을 확보하기 위한 필요충분조건을 그러한 원칙이 어떤 "이상적인 절차"에 의해 도출되었는지 여부로 찾는다[자료: 서울대학교 철학사상연구소, 『처음 읽는 윤리학』(동녘, 2013)](옮긴이 주).

'독감'에 대한 예측의 일부가 된다. 새롭게 나타난 속성은 무엇인지, 낡았거나 둔화하고 있는 속성은 무엇인지, 그리고 '독감'과 전혀 관련 없는 것은 무엇인지를 결정하는 것은 오직 데이터 계산을 통해 만들어지는 상관관계 패턴의 몫이다.

'독감'의 세부적인 것을 통계적으로 결정함으로써 구글 그리고 구글의 학문적 수정주의자들revisionists[§]은 '독감'의 담론적 경계를 좁혔다. 그리고 이러한 새로운 의미는 우리의 삶에 직접적인 영향을 미칠 수 있다. 미국 정부, 빅스, 그리고 자신의 건강 분석에 구글 플루 트렌즈를 이용한 모든 사람은 '독감' 측정가능형이 유용할 것을 요구했다. 그에 따라 구글 플루 트렌즈의 인공두뇌 시스템은 다른 어떤 것들 이상으로 '독감'에게 큰 특권을 주었다. 아이러니하게도 구글 플루 트렌즈의 1차적인 목표는 결코 건강이 아니었다. 그것의 목표는 '독감'을 타당하고 정확한 측정가능형으로 만들고 유지하는 것이었는데, 이것은 나중에서야 실제 세계의 건강상의 이득으로 이어질 수도 있을 것이다.

'독감'의 실제 세계 효능과 상관없이 '독감'은 의미 있는 것으로 지각되었다. 광고비가 지출되었고, 뉴스와 주州 관리들은 '독감' 측정가능형이 진짜라고 말했다. 우리가 원했든 원하지 않았든 '독감'은 우리 세계의 일부가 되었다. 어떤 가상적인 상황을 고려해 보자. 당신과 당신의 이웃은 언제 봄방학이 시작되는지 궁금해서 각자 구글에 들어가서 "봄방학"을 검색해 볼 수도 있다. 동일한 우편번호 지역에서 "'독감'과 유사한" 쿼리의 급증은 지역 초등학교 폐쇄로 이어질 수도 있을 것이다.

혹은 좀 더 가상적인 상황으로 당신의 "봄방학" 쿼리로 인해 어쩌면 당신의 프로필에서 당신은 '독감'에 걸린 사람이 될 수도 있다. 그리고 보건 관리

---

§ 수정주의란 기존 사상을 해당 사상의 전통적 입지에서 벗어나 다른 방향으로 개량, 변질, 수정하는 행위 또는 그러한 이념을 뜻하는 용어이다(옮긴이 주).

들이 감염되어 있을 가능성이 있는 사람들에게는 공연 사실을 알리지 말 것을 공연 표 판매자들에게 요구하기 때문에, 당신의 프로필에 당신은 '독감'에 걸려 있기 때문에, 당신은 좋아하는 밴드가 당신이 사는 도시에 오는 것을 보지 못할 수도 있을 것이다. 당신은 독감에 걸리지 않았을 수도 있지만, 당신의 데이터는 당신이 '독감'에 걸렸다고 말한다. 그리고 '독감'에 대해 아는 것은 불가능할 뿐만 아니라 그것은 주週 단위로 변하기 때문에, 궁극적으로 당신은 '독감'이 무엇인지 이해할 수 없다.

혹은 훨씬 더 가상적인 상황으로 당신이 세계적인 초강자이고 우호적이지 않은 어떤 정부를 전복하기를 원한다고 상상해 보자. 초강자라는 지위로 인해 당신은 그 나라의 인터넷 트래픽 저장소에 접근할 수 있는데, 이는 당신이 그 나라의 인터넷 망을 통해 이동하는 모든 데이터를 패턴 분석할 수 있음을 의미한다. 그리고 그러한 데이터를 이용할 수 있는 당신은 다음과 같이 서로 다른 몇 가지 측정가능형을 만들어내는 일에 착수할 수도 있을 것이다: '친-혁명적', '반-혁명적', 그리고 '정치에 무관심한'. 이 데이터로 당신은 누가 그 정부를 지지했는지, 누가 그 정부를 경멸했는지, 그리고 누가 신경 쓸 필요도 없다고 생각했는지 더 잘 알 수 있을 것이다. 꽤 두드러지게도 이것이 바로 정치 캠페인이 "미세표적화microtargeting"라고 부르는 것인데, 미세표적화란 데이터-주도적 프로필을 통해 잠재 투표자에게 보내는 정치 메시지를 인구통계학, 관심사, 그리고 취미를 토대로 맞춤화하는 것을 말한다.[208]

그리고 전혀 놀랄 것 없이 이것은 또한 미국 국제개발단USAID: U.S. Agency of International Development이 2010년부터 2012년까지 준주네오ZunZuneo라는 "쿠바 트위터"로 쿠바를 와해시키기 위한 계획성 없는 시도에서 행한 것이기도 하다. 미국 정부가 지원하는 이 마이크로블로깅 서비스는 쿠바 이용자들을 문자 메시지 네트워크를 통해 처음에는 정치에 무관심한 콘텐트에 연결해 주었으며, 최대 4만 명의 쿠바 이용자들에게 도달했다. 케이맨 제도Cayman Islands와 스페인 지주회사들의 감독을 받는 것처럼 보이는 그들의 "소셜 네트워킹" 위장막

아래에서 미국 정부가 고용한 청부업자들은 또한 낙관적으로 "쿠바의 봄"이라 불린 것을 조성하기 위해 앞에서 언급한 세 가지 정치적 측정가능형을 개발했다.[209] 시행 2년 만에 자금이 바닥나자 이 프로젝트가 취소되긴 했지만, 준주네오에 의해 구성된 이러한 정적인 측정가능형들은 우리가 변조적인 측정가능형의 인공두뇌학적인 힘을 더 제대로 인식할 수 있게 해준다.

말하자면, 만약 USAID/준주네오의 연구자들이 그들의 일을 확장해 누가 '친-혁명적'인지뿐만 아니라 '친-혁명적인' 사람들이 무엇을 원하는지도 확인한다면, 미국 정부는 이러한 패턴 분석된 데이터를 이용해 어떻게 일상의 삶이 쿠바 정권에 의해 더는 충족되지 않았는지 입증할 수 있을 것이다. '반-혁명적인' 이용자들은 쿠바 정권의 옹호자로 여겨질 수도 있겠지만, '반-혁명적인' 사람을 만들어낸 데이터는 또한 현 정권 지지자들을 억압하는 최상의 방법을 제안할 수 있을 것이다. 만약 데이터가 알고리즘적으로 그들이 무엇 때문에 반란을 일으키게 되는지를 확인할 수 있다면, 심지어 '정치에 무관심한' 사람들이 동원될 수도 있을 것이다.

집단적 정체성이 집단적으로 그 자체를 이해할 수 있는 기회를 갖기 전에 그러한 정체성을 규칙에 따라 배열할 뿐만 아니라 예측하기 위해 그들의 데이터원을 사용함으로써 정치적 담론의 상당 부분을 준주네오가 좌우했을 것이다. 지리학자 루이스 아무어Louise Amoore는 이러한 잠재력을 변하는 위험계산기changing calculus of risk라고 기술하고 있다: 알려진 위험을 관리하는 것 외에도 현재 회사 및 정부 행위자들은 아직 알려지지 않은 것이나 잠재적으로 일어날 수 있는 것에 영향을 줄 수 있는 능력을 즐기고 있다.[210] 만약 준주네오가 '반-혁명적', '친-혁명적', 그리고 '정치에 무관심한'을 정치 풍토의 변화에 맞추어 조정하면서 지속적으로 이러한 범주들을 추적한다면, 미국 정부는 '친-혁명적'이라는 개념을 이론적으로 이해하고 잠재적으로 사전 구성할 수 있을 것이다.

물론 이러한 변화 가운데 많은 것이 오류를 포함하고 있겠지만("봄방학"과

'독감'을 생각해 보라), '친-혁명적인' 사람이 USAID에게 알려지지 않은 정치 프로젝트, 발생 초기의 사건, 혹은 아직 윤곽이 드러나지 않은 합의를 풀 수 있는 실마리를 제공할 수 있다는 전망은 편재적 감시와 측정가능형 분석을 통해 이해되는 삶의 인식론적 위험을 보여준다. 그리고 당신을 콘서트에 가지 못하게 만드는 '독감'과 달리, 이 가상적 사례는 단순히 이용자의 행동을 조절하는 것을 넘어 범주적 정체성 자체를 규정한다. '젠더'를 효과적으로 사전 구성하는 것은 '젠더'를 둘러싼 정치적 투쟁의 여지를 거의 남기지 않는다. 그리고 '반-혁명적인'을 효과적으로 사전 구성하는 것은 또 다른 정치체 body politic§의 정치적 미래를 지배하는 상당한 권력을 국가에 가져다준다.

이러한 미래는 전적으로 사변적§§이고 심지어 지독하기까지 하지만, 그것은 우리의 한계를 넘어 우리가 알지도 못한 채 규칙에 따라 배열되고 또 재배열되는 디지털 삶의 근본적인 위험에 이른다. 이러한 알고리즘적 단조鍛造§§§에서 데이터의 규칙에서 우리는 누구인가 하는 것은 하나의 분석으로 구성되며, 그러는 내내 그러한 분석은 하나의 정체성으로 취급된다. 이렇듯 분석과 정체성 간의 구분을 없애는 것이 구글 플루 트렌즈의 몰락의 원인을 시사할 수도 있을 텐데, 구글 플루 트렌즈는 2015년 8월에 운영을 중단했으며 '독감' 데이터는 그들 자신의 예측 모델들을 컴파일하는 협력 보건 기관들에게 넘겨주었다.[211] 구글 플루 트렌즈 폐쇄의 합당한 이유는 여전히 발표되지 않았지만, 그럼에도 우리는 우리의 알고리즘적 정체성의 미래를 위한 핵심 역학을 마주하게 된다. 우리의 정체성과 사고를 사회적인 것으로 만들지 않고는 그리고 자원과 권리가 어떻게 비대칭적으로 분배되는지에 대한 전반적인 이해 없이는 그러한 분배에 대해 비판할 수 없다.

---

§ 옥스퍼드 사전에 따르면, 정치체란 특정 정부하에 있는 특정 국가의 모든 사람을 뜻한다(옮긴이 주).

§§ 경험에 의하지 않고 순수한 이성에 의하여 인식하고 설명한다는 의미이다(옮긴이 주).

§§§ 금속을 두들기거나 눌러서 필요한 형체로 만드는 일을 말한다(옮긴이 주).

5. 부드러운 삶정치

구글 플루 트렌즈에서의 통제는 이 장의 시작 부분에서 논의한 위 스포츠의 "타지 말고 걷자" 사례와 전혀 다르다. 우리의 '나이'는 (정말 야구를 잘하는 성적 매력이 있는 이상적인 '20세' 같은) 특정한 규범성normativity을 향해 우리를 규율할 수도 있는 반면, 인공두뇌학적 측정가능형에 함축되어 있는 통제는 할당의 통제이다. 구글 플루 트렌즈의 경우, 그것은 건강 자원의 할당이다. 빅스의 구글 플루 트렌즈 이용 사례에서 그것은 광고비, 주목, 그리고 잠재적인 건강 요법의 할당이다. 그러나 이 세 가지 모두에서 그것은 또한 다음과 같은 훨씬 더 지속적이고 심오한 무언가에 대한 것이기도 하다: 사회학자 데이비드 라이언David Lyon은 "사회적 분류social sorting"라고 칭하며, 지리학자 스티븐 그레이엄Stephen Graham은 "소프트웨어 분류software sorting"라고 기술하는 것을 포함하는 지식의 할당.[212]

'독감'을 앓고 있다는 것과 어떤 특정한 '나이'가 되었다는 것은 실제로 우리가 결정하는 일이 아니다. 우리는 알고리즘에 의해 '독감'에 걸리고 어떤 특정한 '나이'가 된다. 그리고 알고리즘이 담론 구성을 결정할 때, 우리는 늘 한 발 뒤처져 있게 될 것이다. '독감' 과 '나이'는 우리의 규칙이 아니라 데이터의 규칙에 따라 만들어져 배치된다.

그래서 '독감'이 주週가 바뀜에 따라 그것의 의미를 바꾸는 능력이 있을 때, 우리는 한 발 뒤처져 있을 뿐만 아니라 낡은 지도를 사용하고 있다. 당신이 빅스의 마케터이고 어떤 광고의 표적을 오직 '독감'이 유행하고 있는 주州에 사는 '여자들'로만 삼고 싶어 한다고 상상해 보라. '독감'의 측정가능형은 매주 평가되는 시간에 민감한 데이터에서 발견되는 새로운 패턴에 따라 변조되면서 잠재적으로 유동적이다.

그러나 '여자'도 마찬가지로 유동적이다: '여자'가 무엇인지는 '독감'이 변할 수 있는 만큼 변해서, 그것의 인공두뇌학적 모델이 새로운 데이터를 어떻게 처리하느냐에 따라 '여자'를 정의하는 새로운 사고방식에 역동적으로 맞추어간다. 현재 만약 '여자들' 상당 부분이 아르헨티나의 축구 관련 사이트와 제품에 대한 관심을 보여주기 시작한다면, 그러한 아르헨티나 축구 관련 요소들은 서서히 '여자'가 의미하는 바의 본질적인 부분이 될 것이다.

좀 더 앞의 예로 되돌아가면, 퀀트캐스트의 분석 알고리즘은 어떤 이용자의 '젠더'가 무엇인지 그리고 그 이용자에게 '자녀가 있는'지 여부와 같은 여러 측정가능형 추론 정체성 식별을 하기 위해 이용자들의 웹-브라우징 데이터를 살펴본다. 위아데이터북WeAreDataBook과 같은 웹사이트가 새로 만들어져 퀀트캐스트의 데이터감시 네트워크에 연결될 때, 그 사이트 이용자들이 누구인지 처음에는 모른다. 아무도 아직 그 사이트에 방문하지 않았으며 사전 인구통계학적 평가도 받지 않은 상태이다.

그러나 프로파일링된 이용자들이 무리지어 방문함에 따라, 그 사이트의 '젠더'와 '자녀' 구성이 '남성', '여성', '자녀가 있는', '자녀가 없는' 방문자들의 상대적 빈도에 상응해서 변한다. 퀀트캐스트 전집universe§의 새로운 데이터 요소로서 WeAreDataBook.com은 곧 '여성' 65% 그리고 '남성' 35%라는 편중된 구성원을 가지고 있는 사이트로 정식 인정받는다. 이러한 비율은 WeAreDataBook.com의 제멋대로 폐쇄적이고 일시적이긴 하지만 권능이 부여된 '젠더'를 실증적으로 보여준다.

그러나 WeAreDataBook.com 방문자들이 다른 사이트를 방문하거나 또는 새로운 방문자들의 유입/유출로 그러한 사이트들 자체가 '인구통계학적으로' 변함에 따라, WeAreDataBook.com의 '젠더' 명세明細는 반드시 재조정된다. 이 사이트의 '젠더' 값은 현재 '여성' 66%와 '남성' 34%이다. 표적화된 광고에서는 하나의 범주가 웹 전체에 걸쳐 사용되기 때문에, 빅스 같은 회사

§ 전집은 모집단population보다 더 큰 집단이다. 예를 들어, 남성 잡지에 나타난 '젠더' 의식을 조사하고자 할 때 분석의 대상, 즉 표집의 대상이 되는 남성 잡지 전체를 모집단이라고 하고 남성 잡지를 포함하는 모든 잡지를 전집이라 할 수 있다(옮긴이 주).

는 '여자들'은 누구든 어떤 광고가 시작되는 바로 그 순간에 '여성'으로 범주화된 사람이라는 점을 받아들이지 않을 수 없다.

잠시 백분율과 기계-학습 추론 알고리즘의 복잡성에서 벗어나 생각해 보면, 이러한 종류의 역동성은 상식이다. 기계-학습된 2008년 '여자' 모델은 낡고, 틀림없이 한물갔으며, 필시 구식이다. '그녀'는 스냅챗Snapchat§이나 틴더Tinder§§가 무엇인지 모른다. '그녀'는 코앞에 다가와 있었던 전 세계적인 금융위기를 모를 수도 있을 것이다. '그녀'는 아랍의 봄Arab Spring§§§에 대해 들어본 적이 결코 없으며, 우버Uber나 리프트Lyft의 "공유" 자동차가 시간을 거꾸로 달려 거리에서 '그녀'를 치어도 그녀는 그것이 무엇인지 알지 못할 것이다. 퀀트캐스트가 2008년에 개발한 측정가능형 모델은 삶 자체의 역동성을 설명할 필요가 있다. 새로운 사이트, 새로운 단어, 새로운 상호작용, 그리고 새로운 종류의 성능이 데이터화될 때, 그것들은 이러한 재귀적으로recursively 업데이트된 ('민족성', '계층', '나이' 그리고 심지어 '교육'뿐만 아니라) '젠더' 버전을 유지한다.

우리는 퀀트캐스트 자체의 이중 원천에서 얻어지는dual-sourced 추론 방법론을 사용하여 이러한 인구통계학적 정체성의 업데이트되는 알고리즘적 버전을 더 잘 이해할 수 있다. 첫째, "퀀트캐스트는" 작은 쿠키 정보 조각들을 수집하고 집계하여(이용자 *X*가 웹사이트 *Y*로 갔음) "매월 1억 개 이상의 웹 종착지를 직접 측정하고, 1조 개 이상의 새로운 데이터 기록을 통합하는데", 이를

---

§ 사진 및 영상 메시지를 보낼 수 있는 SNS 애플리케이션으로, 보낸 메시지는 확인 후 최대 10초 안에 사라진다는 독특한 시스템을 갖고 있으며, 미국 등에서 10대와 20대를 중심으로 큰 인기를 얻고 있다(옮긴이 주).

§§ 데이팅 애플리케이션으로, 2012년에 개발되었으며 2014년쯤부터 하루당 10억 건의 스와이프swipe를 기록했다. 초기 스와이핑 앱의 하나로, 다른 이용자의 사진을 보고, 오른쪽으로 쓸면서 호감을 나타낼 수 있고, 왼쪽으로 쓸면 다른 사람의 사진으로 넘어갈 수 있다(옮긴이 주).

§§§ 2010년 12월 17일, 튀니지 혁명 이후에 폭발하여 2011년에 절정, 그리고 2020년 현재까지도 여파가 미치고 있는 아랍권의 민주화 시위를 말한다(옮긴이 주).

통해 그들은 하루에 30페타바이트로 추산되는 데이터를 처리할 수 있다.[213]

둘째, 퀀트캐스트는 또한 추가로 "시장 조사 회사, ISP(광대역 및 다이얼-업), 그리고 툴바 벤더toolbar vendor가" 제공하는 데이터원들을 결합하며 "200만 명이 넘는 개인들(미국인은 150만 명)을 커버하는 다수의 참조점reference point§ 데이터"도 사용한다. "퀀트캐스트는 그들 모델의 추론 능력을 입증하고 확립하며 향상하기 위해 계속해서 새로운 참조 데이터원을 추가하고 있다."[214] 퀀트캐스트의 '남성'과 '여성'은 새로운 데이터 세트와 퀀트캐스트 추론 모델의 향상 그리고 가상공간에서의 삶과 죽음의 일상적 리듬을 토대로 무한히 재再컴파일된다.

필자는 이전에 이러한 자동적인 범주적 재컴파일링 절차를 부드러운 삶정치라고 부른 바 있다.[215] 파리 패션 위크Paris Fashion Week에 유행이 지난 스웨터를 입는 것처럼, 오늘 2008년 측정가능형을 사용하는 마케팅 캠페인은 그것이 무엇이든 크게 실패할 것이며 불쾌한 비웃음의 대상이 될 것이다. '여성 2008'을 사용하여 소통하는 것은 당신이 현재 상태의 정체성과 이야기를 할 수도 없고 2008년 이후 발생한 그 어떤 것도 이해할 수 없음을 의미할 것이다. 그리고 측정가능형들은 세월이 흘러도 변치 않는 본질(현재 경험적으로 측정될 수 있는 것 바깥에 있는 공유되는 안정적인 정체성)을 즐기지 않기 때문에, 그들의 변조는 필수적인 특성이다.

정확한 측정가능형으로서 효과적인 가해성可解性을 보장하기 위해 '여성들'이 계속해서 재조정되는 한, 빅스 같은 회사는 '여성들'이 여성들인지 실제로 알지 못한 채 표적화된 광고를 그들에게 내보낸다. 부드러운 삶정치는 범주적 정체성 자체의 정의에 주목하는데, 이로 인해 그러한 정체성은 상관관계가 있는 가장 최신 데이터 패턴에 따라 인공두뇌학적인 형태를 띠게 된다.

---

§ 구조화된 통신망 모형에서 정의된 기능 블럭 상호 간의 정보 교환을 위한 개념적인 접속점으로, 일반적으로 통신망 구조모형에서 자주 쓰이고 있다고 한다(옮긴이 주).

이러한 더 부드러운 유형의 삶정치는 전통적인 삶정치와 동일한 방법(통계학과 인구 집단 수준의 분석)을 사용하여 특정 인구 집단을 표상하는 배타적인 담론의 경계를 만들어낸다. 그리고 이러한 새로운 방식의 표상은 흔히 신성시 되는 정체성의 특이한 진실을 상태-기반 센서스 명부와 심지어 자발적인 동일시(정체성 식별)에 내맡긴다. 그 대신, 그러한 센서스 명부와 "나는: 남자이다I am a: Man" 드롭다운 메뉴 옵션은 시너지 효과가 있는 합성 알고리즘적 '남자' 범주를 만들어내기 위해 다른 조각들을 대동帶同하는 단순한 데이터 조각이 된다. 딱딱한 삶정치에서는 국가가 서로 다른 운동 목표를 할당하기 위해 어린이와 10대를 성인과 구별한다. 부드러운 삶정치에서는 국가(혹은 필시 국가와 계약한 회사)가 '독감'에 걸린 이용자들에게 이메일, 표적화된 콘텐트, 혹은 기침약 쿠폰을 보낸다.

부드러운 삶정치의 지배는 인구 집단의 삶을 통치하는 개별 정책 목록 훨씬 이상의 것이다. 그것은 또한 이러한 정책들이 사회학자 니컬러스 로즈가 그러한 인구 집단에 대한 "포용 회로circuits of inclusion"§라고 부르는 것을 통해 소통되는 방식이기도 하다.[216] 삶을 정의하는 범주들을 구성할 권한을 부여받은 사람들은 삶정치적 삶biopolitical life의 미래에 대한 저자권著者權; authorship을 가진다. 그리고 가장 뛰어난 측정가능형을 가지고 있는 사람들은 삶정치적 개입에 사용될 전달 통로 역할을 할 가능성이 매우 높다.

좀 더 명확히 말하면, 딱딱한 삶정치는 이미 만들어져 있는 젠더, 인종, 계층, 나이 등의 엄격한 구성에 따라 인구 집단들을 평가하면서 사회적 수준에서 삶에 관여한다. 부드러운 삶정치는 통계적 군집화 모델과 우리의 데이터화된 삶의 조각들로 채워져 있는 방대한 데이터베이스를 통해 삶정치적 수

---

§ 사회적 포용social inclusion이란 가난이나 사회적 소외로 위험에 놓인 사람들이 그들이 살고 있는 사회에서 정상이라고 생각되는 표준적 삶과 웰빙을 향유하고, 경제적·사회적·문화적 생활에 완전히 참가하는 데 필요한 기회와 자원을 얻는 것을 보장하는 과정을 말한다(옮긴이 주).

단을 사용하여 '젠더', '인종', '계층', '나이' 등을 만든다. 따라서 부드러운 삶정치는 측정가능형들을 단순히 '젠더', '인종', '계층', '나이' 등이 될 필요가 있는 것을 위한 일시적인 포장으로 사용하여 기술-사회적techno-social 수준에서 삶에 관여한다. 결과적으로 만들어진 측정가능형들은 푸코가 "모든 사람에게 (…) 그들이 상대하게 되고 또한 편안해할 경험적 질서를 확립해 주는 문화의 기본 규약들—언어, 지각의 스키마schema, 교환, 기술, 가치를 지배하는 것들"이라고 기술하고 있는 것을 위한 인식적 평균이 된다.[217]

구글 플루 트렌즈, 퀀트캐스트, 빅스는 처음부터 끝까지 범주들을 구성함으로써 삶정치적 정책을 통해 우리에게 관여할 뿐만 아니라, 정책(의 영향—옮긴이)이 미치는 매개체를 변조하기도 한다. 우리의 행동의 "경험적 질서"는 아주 먼 곳에서 온다. 그리고 이러한 질서는 공표되지 않을 수도 있고 우리가 그것을 즉각적으로 지각하지 못할 수도 있지만, 그러한 질서의 조용하면서도 견고한 조절은 무엇이 사실이고 무엇이 사실이 아닌지, 그리고 우리가 이 세계에서 삶정치적으로 어떻게 보이는지를 규정한다.

부드러운 삶정치는 디지털 기술로 포장되어 있는 외견상 방해받지 않는 초고속도로superhighway에서 권력이 어떻게 작동되는지에 대해 생각해 볼 수 있는 한 가지 방법이다. 이 도로에서 우리는 흔히 통제를 곧 황색으로 바뀔 것 같은 빨간색 교통신호나 당신 차를 향해 걸어오는 화가 난 경찰관으로, 혹은 인터넷 용어로 표현하면 당신에게 어떤 특정 사이트가 정부의 전송 중단 요청이나 인터넷 서버 다운 혹은 형편없이 작성된 코드로 인해 이용이 불가능하다는 사실을 경고하는 "HTTP 404 찾을 수 없습니다HTTP 404 Not Found"라는 에러 메시지로 이해한다.

그러나 앨릭잰더 갤러웨이가 주장하듯이, 인터넷 프로토콜protocol은 또한 트래픽도 조절한다: 인터넷 프로토콜은 TCP/IP의 논리와 규칙 집합에 따라 커뮤니케이션을 표준화하고, 패킷packet을 분배하며, DNSdomain name server를 둘러싸고 있는 서로 경쟁하는 정책들에 의거하여 도메인 주소를 할당한다.[218] 다시 말해, 고속도로 위의 다른 차들, 도로 건설 및 보수, 그리고 구글 지도Google Maps의 알고리즘적 경로 지시는 통제 요소들의 역할을 한다. 이러한 예들은 명백하지도 의도적이지도 않을 수 있지만, 그럼에도 그들의 존재는 특정한 삶의 선택과 정치적 활동을 하지 못하게 한다.

다음으로, 우리는 주디쓰 버틀러 풍風의 변화하는 지식에 대한 담론 지형으로 되돌아가서, 스티븐 콜리어 같은 이론가들이 권력에 대한 "위상수학적 접근"[§]이라 부른 것에 좀 더 완전하게 집중할 수도 있을 것인데, 권력에 대한 위상수학적 접근에서는 서로 다르며 재결합된 다양한 기술이 하나의 통일된 상태의 권력 관계를 만들어내기 위해 협력하여 일한다.[219] 이러한 체계에는 우리의 삶에 직접 영향을 미치는 결정을 내리는 (정부 같은) 단 하나의 뿌리 깊은 기관이 존재하지 않을 수도 있다. 오히려 여러 이질적인 방법을 통해 안정성을 유지하는, 잠재적이면서도 거리가 있는, 다른 어떤 것이 존재한다. 부드러운 삶정치는 이러한 안정성이 어떻게 분명해지는지를 입증해 보이는 하나의 시도이다.

6. 측정가능형의 중심 찾기

우리의 분석을 권력에 대한 좀 더 위상수학적 이해로 이동함에 따라, 우리는 패권적 의미를 강요하는 실재하는 사회 규범 자체를 무시하고 싶을지도 모른다. "이것이 바로 남자인 것이 의미하는 바이다"라고 거만하게 선언하는

---

§ 위상수학位相數學; topology은 연결성이나 연속성 등 작은 변환에 의존하지 않는 기하학적 성질들을 다루는 수학의 한 분야로, 이주, 시장 변화, 신기술로 인한 사회·문화적 다양한 변화에 대한 이해를 도울 수 있다. 위상수학이란 한 네트워크를 구성하는 요소들의 배치 혹은 공간적인 구성 연구를 의미한다고도 할 수 있는데, 여기서 중요한 것은 요소들 간의 거리가 아니라 서로의 관계이다. 위상수학은 문화적 요소들 간의 관계와 변천을 보여줌으로써, 이러한 변화를 연구할 수 있게 해준다(옮긴이 주).

기관은 단 하나도 존재하지 않기 때문에 남성성의 규범은 불안정해지게 된다. 그러나 비알고리즘적 세계에는 정당 노선에 따른 젠더화된 의미를 조정하는 대大중재인들이 여전히 남아 있다: 종교기관, 가족, 의사, 정부 관료, 그리고 심지어 약탈적일 정도로 성적 관심이 지나친 페페 르 퓨Pepe Le Pew§와 같은 미디어 표상.

그럼에도 남성성의 정의를 떠받치는 규범은 반드시 바뀐다. 그러한 규범은 분명히 드러나는 투쟁과 분명히 드러나지 않는 도도한 사회 변화의 흐름을 통해 재조정된다. 그러나 알고리즘 세계에서는 이러한 규범의 변화가 매우 흔히 거리를 두고 일어난다. 규범은 고르지 않게, 서서히, 조용하게 우리에게 다가온다. 우리는 그것이 무엇인지 알지도 못하고 우리가 좋은 '남자'인지 아닌지 알지도 못한다. 그래서 우리가 어떤 특정한 위치에 놓이게 되는 것being positioned을 모를 때 무슨 일이 일어나는가? 그리고 운이 꽤 좋게도 우리가 어떤 특정한 위치에 놓이게 되는 것을 안다 할지라도 그러한 위치 지정이 의미하는 바를 모를 때 무슨 일이 발생하는가?

이러한 일련의 질문을 통해 우리는 다음과 같은 훨씬 더 생산적인 질문에 이를 수 있다: 알고리즘 세계에서 "규범"은 무엇인가? 대부분의 경우 그것은 단순히 구글의 '남자'나 퀀트캐스트의 '남미계' 같은 핵심 요소의 수학적 평균이다. 혹은 UC 버클리Berkeley 연구자들의 경우, 그것은 최근 역사에서 가장 인기 있는 사회적 구성물 가운데 하나인 '산타클로스'의 알고리즘적 평균이다.

애버리지익스플로러AverageExplorer라 부르는 한 알고리즘에 의해 탄생한 '산타클로스'는 명백히 산타클로스를 포함하는 일련의 Santaclaus.jpg 디지털 이미지들의 시각적 평균, 즉 정제된 분명한 핵심 요소들이다.[220] 이러한 핵

---

§ 1945년 처음 소개된 루니 툰즈Looney Tunes와 메리 멜로디즈Merrie Melodies라는 만화 시리즈물의 등장인물. 프랑스 줄무늬 스컹크로 묘사되는 페페는 끊임없이 사랑을 추구하지만, 불쾌한 스컹크 냄새와 공격적인 로맨스 추구로 다른 등장인물들의 회피 대상이 된다(옮긴이 주).

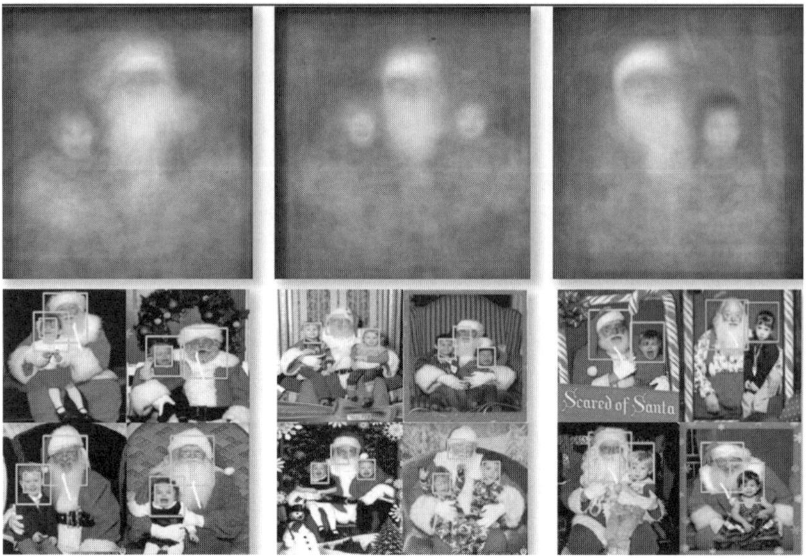

그림 2.7 애버리지익스플로러의 '산타클로스'로부터 나온 시각적으로 평균화된 서로 다른 세 가지 사진

자료: Jun-Yan Zhu, Yong Jae Lee, and Alexei A. Efros, "AverageExplorer: Interactive Exploration and Alignment of Visual Data Collections," *ACM Transactions on Graphics (TOG)* 33, no.4(2014): 160.

심 요소들은 그 사진들 가운데 좀처럼 변하지 않는 부분이다: 흰 턱수염, 빨간 모자를 쓴 하얀 얼굴, 빨간 옷을 입은 큰 몸통, 산타의 무릎 위에 있는 어린이.

이러한 평균은 안정적인 인공두뇌학적 시스템의 본질적인 핵심이다. 새로운 Santaclaus.jpg들이 그 알고리즘에 입력될 때, 그것의 인공두뇌학적 산출물은 재정의된, 평균화된 '산타'이다. 애버리지익스플로러의 경우에서 '산타'는 백인 남자 같고, 뚱뚱하고, 무릎 위에 어린이가 앉아 있고, 빨간색과 흰색으로 된 모자를 쓰고 있으며, 흰 턱수염이 나 있다(그림 2.7). 예를 들어, 레자Reza라는 이름을 가진 어떤 사람이 이러한 평균화된 '산타' 이미지를 크리스마스 기간에 몰mall에서 산타클로스 일을 할당하기 위한 템플릿으로 사용한다면, '산타'로 채용될 수 있는 사람의 유형은 상당히 제한된다.

그러나 우리가 흑인 산타, 야윈 산타, 여성 산타, 얼굴에 수염이 별로 없는 산타를 포함하는 다른 유형의 산타를 추가적인 입력물로 사용한다면 어떤가? 레자는 새롭게 평균화된 '산타'를 사용하게 될 것이고, 따라서 새로운 잠재 고용인 풀pool을 갖게 될 것이다. 빨간 코트에 빨간색과 흰색으로 된 모자를 쓰고 무릎 위에 어린이가 앉아 있는 모습은 여전하겠지만, 피부색, 신체의 크기, 젠더, 그리고 얼굴의 털에 차이가 생김에 따라 그로 인한 평균화된 산타의 모습은 다소 다를 것이다.

이러한 '산타' 인공두뇌학적 모델은 계속 이어져 나오는 각 사진의 무수히 많은 데이터화된 차이에 맞게 조정된 새로운 시각적 평균을 측정했다. 이러한 산출물에서 나오는 핵심 요소들은 어쩔 수 없이 이전과 다를 수밖에 없는 가운데 '산타'의 업데이트된 통계적 정체성이 된다. 레자의 경우에 맞춰 좀 더 실제적으로 말하자면, 그것들은 누가 좋은 '산타'이고 누가 좋은 '산타'가 아닌지를 결정하는 규범이다. 어떤 나쁜 '산타'는 파란 옷을 입고 오는 바람에 고용되지 않을 수도 있을 것이다. '산타' 모델은 산타의 역사적 혈통을 거부하고, 그 대신 알고리즘적 입력물로 사용된 산타클로스.제이피지에만 의존한다.[221] 그러한 산출물을 구성하는 핵심 요소만이 중요하게 여겨진다.

핵심 요소는 이러한 알고리즘적 군집이 만들어지고, 사용되며, 재구성되는 방식을 통제하는 계산된 규범이다. 마찬가지로 '젠더', '인종', '계층'도 핵심 요소들이지만, 레자의 '산타'를 위한 입력물이 되는 엄선된 사진들과는 달리 그것은 우리의 알고리즘적 미래의 양식이 되는 우리의 일상적인 데이터화된 삶이다. 퀀트캐스트 같은 회사의 경우, 그들이 인공두뇌학적 모델링에 사용하는 입력물은 "웹 페이지 보기, MP3 다운로드하기, 어떤 광고에 반응하기, 위젯 시작하기, 비디오 보기, 제품 구입하기, IM[§]으로 채팅하기"에서부터 "온라인 게임 하기"에 이르기까지 모든 것을 포함할 수 있다.[222] 이러한 모든 활동이 데이터화될 때, 그것들은 ('산타' 사진과 같은) 어떤 좀 더 규모가

§ instant messenger(인스턴트 메신저)의 약어이다(옮긴이 주).

큰 범주 구성원들의 기술자記述者가 된다. 이러한 활동들의 평균이 처리될 때, 그것은 우리의 알고리즘적 정체성의 통계적 핵심을 형성한다.

레자는 누가 산타클로스로 채용될지 그리고 누가 엘프 1Elf 1에 만족해야 할지를 결정하는 중요한 일을 책임지지만, '젠더', '인종', '계층'을 평가하는 알고리즘에게는 그것과 비교할 만한 개인적 의무가 없다. 그 대신, 이러한 측정가능형의 핵심 요소들은 사심이 없는 추상적인 모델이다. 어떤 데이터든 일시적으로라도 그 모델에 맞기만 하면 그것에 임시 구성원 자격이 부여된다. 당신은 빨간 옷을 입기를 거부하기 때문에 '산타' 일을 하지 못할 수도 있겠지만, 당신의 데이터화된 백인성은 당신이 대신 '코카서스계'를 겨냥한 광고와 콘텐트를 받아들일 것임을 의미할 수도 있다. 당신이 이전에 남긴 데이터 흔적 때문에 '자녀가 있는' '여자'를 위한 온라인 건강 캠페인은 삶정치적으로 당신을 표적으로 삼을 것이다. 그리고 지금 당신이 만약 추가 정보를 얻기 위해 LetsMove.gov에 방문한다면 그것은 미국 정부에 그들의 캠페인이 '어머니들'에게 전달하는 데 효과적임을 시사해 준다.

이러한 데이터 스트림의 끊임없는 변화 속에서 인공두뇌학적 주요 지시사항은 계속해서 중심, 즉 인공두뇌 기계에게 일시적인 정의를 제공하는 데이터화된 의미의 군집 밀도clustered density를 찾는 것이다. 레자의 경우, '산타'는 빨간 옷을 입고 빨간색과 흰색으로 된 모자를 쓰고 있다. 퀀트캐스트의 경우, '여자'는 가정해 보건대 다음 네 가지 요소를 포함할 수도 있을 것이다: WomensHealth.gov, jezebel.com, Cosmopolitan.com, 그리고 가수 겸 작곡가인 다 윌리엄스Dar Williams의 MP3.

데이터-채굴 언어로 말하자면, '여자'를 정의하는 이러한 평균이 바로 중심이다. 이 예에서 보면, 이 중심은 각 측정가능형의 통계적 평균이 위치하는 2차원 그래프상의 점이다.[223] 첫 번째 사례에서 '여자'라는 개념은 예상대로 그래프의 한 가운데에(x = 0, y = 0) 기준이 되는 중심이 있을 수 있다(그림 2.8). 메르카토르 투영도Mercator Projection map§처럼 이러한 권능이 부여된 관점은 완

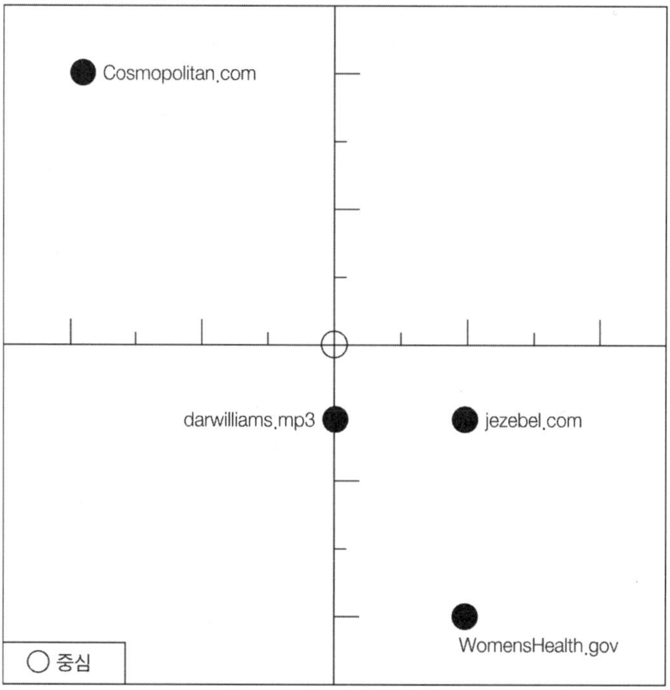

그림 2.8 중심(0, 0)은 '여자'를 정의하는 도표상의 안정성을 시사한다.

벽한 정태성靜態性; staticity을 가지는데, 정태성을 계속해서 인공두뇌학적으로 말하면, 모든 조건이 동일하다면 변경할 필요가 없다는 의미이다. 그것의 정태성은 영원히 지속될 것이다: 만약 당신이 WomensHealth.gov, jezebel.

---

§ 점장도법Mercator projection은 1569년 네덜란드의 게르하르두스 메르카토르가 발표한 지도 투영법으로서 벽지도에 많이 사용되는 대표적 도법이다. 원통중심도법과 원통정적도법을 절충한 이 도법은, 경선의 간격은 고정되어 있으나 위선의 간격을 조절하여 각도관계가 정확하도록(정각 도법) 되어 있다. 따라서 적도에서 멀어질수록 축척 및 면적이 크게 확대되기 때문에 위도 80° 85° 이상의 지역에 대해선 사용하지 않는다. 이 도법의 가장 큰 특징은 지도상 임의의 두 지점을 직선으로 연결하면 항정선과 같아진다는 것이다. 따라서 항해용 지도로 많이 사용되어 왔다. 또 방향 및 각도관계가 정확하기 때문에 해류나 풍향 등을 나타내는 지도에도 많이 쓰인다(옮긴이 주).

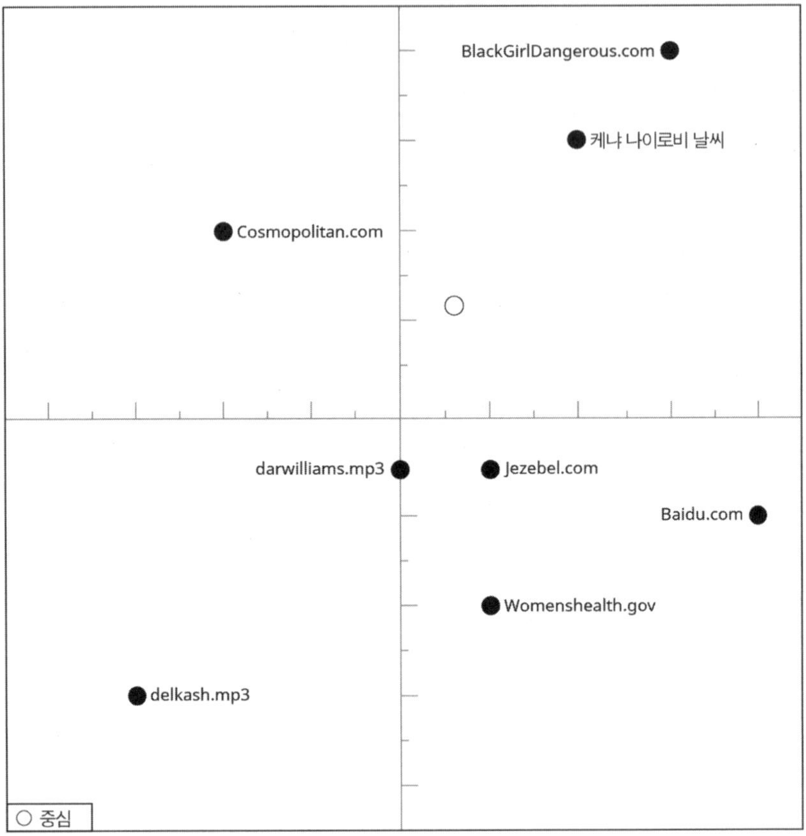

그림 2.9 새로운 입력물들이 입력된 후 중심(2, 1)이 이동한다.

com, Cosmopolitan.com을 방문하고 다 윌리엄스의 MP3를 다운로드한다면, 당신은 '여자'이다. 만약 그렇게 하지 않는다면, 당신은 '여자'가 아니다.

이러한 '여자다운' 입력물을 토대로 하면, 평균 '여자'는 엄청나게 희게 보일 것이다. 그러나 예를 들어 다수의 '여자'가 유색 성소수자 블로그 BlackGirlDangerous.com 같은 다른 사이트를 방문하기 시작하고, 중국 검색 포털인 Baidu.com을 들르고, "케냐 나이로비 날씨"와 같은 용어를 검색하며, 이란 가수 델캐슈Delkash의 음악을 다운로드했다고 해보자(그림 2.9). '여자'의 새로운 평균은 약간 다를 것이다. 그로 인해 '여자'를 정의하는 중심이 종잡을 수 없는 '여자들'에 따라 이동해서, 소비자 행동을 분석하는 데 영향을 미치는 일시적인 통계적 기준점 역할을 한다.

이 경우, 백인 여자들이 '젠더' 정체성 형성에서 그들의 패권적 지배를 일부 포기했기 때문에 '여자'의 정체성이 변한 것이 아니다. 그것은 '여자들'이 통계적으로 유의미하게 다른 사이트를 방문하기 시작했다는 것에 지나지 않는다. 그리고 더 많은 쿼리와 사이트들이 누적됨에 따라 '여자'의 통계적 정체성은 서서히 (0, 0)에서 멀어져 각각의 새롭게 만들어지는 중심에 일시적으로 재배속再配屬될 것이다.

이러한 유형의 알고리즘적 조절에는 담론상의 '여자'의 전형을 둘러싼 분명한 투쟁이 존재하지 않는다. 배제exclusion§가 거의 느껴지지 않으며, 역사적으로 어떤 젠더 정체성 내에서 사람들을 분리하는 인종 및 계층 구별은 그 결과로 만들어지는 '젠더' 모델이 그것을 입증하는 통계적으로 유의미한 데이터를 포함하는 경우에만 존재할 수 있다. 따라서 컴트캐스트 같은 회사는 그들의 '여자' 모델의 핵심 요소들이 문화적 게이트키퍼들이 확실하게 여자로 정의할 수도 있는 것과 일치하는지에 대해 거의 신경 쓰지 않기 때문에, 따라서 포용inclusion이 기본 공리公理§§가 된다.

만약 우리가 늘 알고리즘적 분류보다 한 발 뒤처져 있다면, '여자들'은 누구인가에 대한 생각은 단순한 추세 계량기trend meter에 가깝다. 그러나 이 장의 주요 이론가들 가운데 한 사람으로, 정체성의 패권적 진실을 와해시켜 해방의 정치를 위한 급진적 전술을 수립하기 위해 패러디parody와 드래그drag§§§

---

§ 사회적 배제social exclusion란 사회나 개인이 특정 그룹 내의 사회적 통합에 필수적이면서도 다른 그룹의 구성원들이 일반적으로 누릴 수 있는 다양한 권리, 기회, 자원(예: 고용, 민주적 참여, 이득)으로부터 체계적으로 배제되어 있는 상태를 말한다(옮긴이 주).

§§ 일반 사람과 사회에서 두루 통하는 진리나 도리를 말한다(옮긴이 주).

§§§ 사회적으로 고정된 성 역할에 따라 정해진 옷과 행동거지 등을 다른 성에 맞춰 바꾸는 것을 일컫는다(옮긴이 주).

에 기대를 거는 주디쓰 버틀러와 달리, '여자들' 내의 분산variance§이 '여자들'에 의해 집단적으로 수행된다면 그것은 곧바로 '여자'가 된다.[224] 바꾸어 말하면, 정체성에 따라 수행된 어떤 집단적 행위는 그러한 정체성의 구성원들이 심지어 그러한 수행의 결과를 인식할 기회를 가지기도 전에 퀀트캐스트의 인공두뇌학적 피드백 루프feedback loop§§에 의해 영토화된다territoralized.§§§

하드-코딩된 고정성fixity을 지키는 대신, 쓸모없는 것들은 버리는 한편 '여자'라는 '젠더'에 새로운 핵심 요소들은 전략적으로 위치시키면서 '여자' 범주는 조용히 변한다. 이러한 가차 없는 용기容器 재조정이 바로 쉴 새 없이 우리가 측정되고, 이야기되며, 표현되는 방식이다. 그러고 나서 우리는 시간이 흐르면서 마누엘 카스텔스Manuel Castells§§§§가 사회학적 관점에서 가장 잘 설명한 실천과 갈등을 통해 알고리즘적 정체성을 배양하면서cultivate 통상 그러한 정체성을 계속 보유하지 않는다.[225] 오히려 우리의 데이터화된 삶을 여러 마케터와 정부의 신자유주의적 성향에 유용하게 만들어주면서 그 모델들 내에 우리를 일시적으로 통합시키는 것은 바로 알고리즘적 지식이다.

'젠더'는 다른 무엇보다도 더 인공두뇌학적 시스템으로, 젠더화된 정치가 아니다. '젠더'의 새로운 핵심 요소들이 창발하는, 즉 새롭게 나타나는 것은 '젠더' 개념을 구체화해 주는 동시에 그 범주를 무언가 새로운 것에 맞게 재목적화해 준다repurpose.§§§§§ 그로 인해 '젠더화된' 비평을 시도할 수도 있는 문화

---

§ 통계적인 표준편차의 제곱을 말한다[자료: 저자와의 이메일 교신](옮긴이 주).

§§ 개체의 행위가 인과 관계를 거쳐 자기 자신에게로 되돌아오는 현상을 말한다(옮긴이 주).

§§§ 들뢰즈와 가타리가 말하는 영토화territorialization란 기계들의 배치, 즉 인간을 포함한 사물들이 접속해서 일정한 배치를 형성하는 것을 말한다. 그들에 따르면 세계는 기계들의 접속이며 기계들의 접속은 항상 배치를 형성하며 그 배치는 가변적이어서, 영토화, 탈영토화deterritorialization, 재영토화reterritorialization가 일어난다(옮긴이 주).

§§§§ 마누엘 카스텔스는 자신의 저서 『정체성 권력』(정병순 옮김, 한울, 2008)에서 세 가지 정체성, 즉 정당화 정체성legitimizing identity, 저항 정체성resistance identity, 기획 정체성project identity에 대해 이야기하고 있다(옮긴이 주).

§§§§§다른 목적이나 용도에 맞게 만들거나 고치는 것을 말한다(옮긴이 주).

정치cultural politics는 확고한 '여자' 정체성을 단단히 붙잡을 수 없는데, 왜냐하면 그러한 정체성은 존재하지 않기 때문이다. 그것은 종단적인 범위도 가지고 있지 않고 권능을 부여받은 안정된 행위주체도 없는 순식간에 지나가는 역사적 인공물이다. 새로운 입력물이 입력됨에 따라, '젠더'는 새로운 데이터를 더 잘 분류해 주는 더 나은 핵심 요소들을 찾으면서(이것은 '여자'를 새롭게 재정의하는 데 필요한 더 나은 적합도를 제공함) 그것의 중심을 재조정한다.

그러나 1장에서 본 NSA의 '테러리스트'가 테러리스트가 되는 것과 매우 흡사하게, '젠더'도 결국에는 젠더가 된다. '여자'가 의미하는 바의 담론적 의미는 '여자'와 여자 간의 차이를 가로질러 여자라는 개념 자체에 스며들어 가는데, 이는 '독감'이 국가와 회사들이 독감에 대해 생각하는 방식에 영향을 미치는 방식과 유사하다. 그리고 Cosmopolitan.com을 방문하는 '여자들'이 급증하는 것은 《코즈모폴리턴》 편집인에게 여성에 초점을 맞춘 그들의 새로운 콘텐트가 의도한 수용자들에게 성공적으로 도달하고 있음을 시사해 줄 것이다. 그러나 더 중요한 것은 '여자들'은 온라인에서 여자들을 표적으로 삼고 싶어 하는 사람들에게 일시적인 여성성 개념 역할을 할 것이라는 점이다. 어떤 측정가능형이 아무리 잘못되더라도, 거기에는 '여자'는 여자라는 지칠 줄 모르는 낙관적 믿음을 열심히 조장하는 기본적인 통계적 신뢰도가 존재한다.

측정가능형은 내구성이 있기tolerant 때문에 유용하다. 측정가능형을 사용하는 사람들은 데이터 유입이 있더라도가 아니라 데이터 유입으로 의미가 발생할 거라는 것을 믿는다. 그리고 그러한 유입 속에는 가정된 역동성이 존재하기 때문에, 우리는 그러한 측정가능형의 데이터-주도적인 담론상의 유연성을 차량 서스펜션suspension§의 코일 스프링coil spring에 비유한다. 구조적으로 가단성可鍛性§§이 있어서 실제적으로 자체의 무게 차이를 견딜 수 있는

§ 자동차에서 차체의 무게를 받쳐주는 장치이다(옮긴이 주).

§§ 고체가 외부의 충격에 깨지지 않고 늘어나는 성질을 말한다(옮긴이 주).

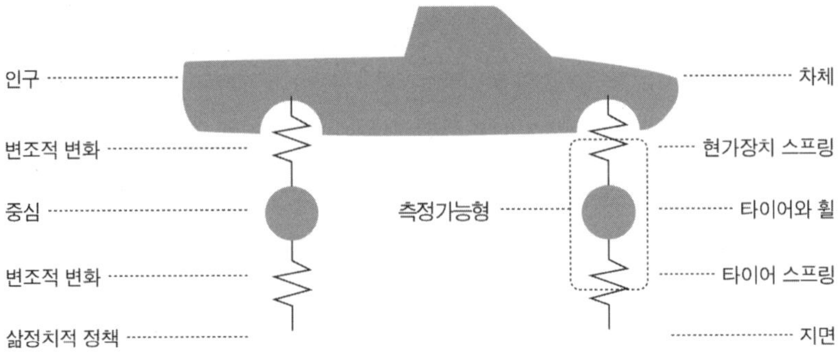

그림 2.10 부드러운 삶정치 개념도와 트럭 서스펜션의 기계적 구조를 연결하고 있는 다이어그램

트럭의 완충장치로 인해 트럭은 파손되지 않고 비교적 많이 흔들리지도 않는다(그림 2.10). 즉, 삶정치의 측면에서 말하자면, 정책은 심지어 정책을 전달하는 범주들이 변하는 동안에도 유지된다.

이러한 측정가능형 인공두뇌학적 시스템들은 어떤 범주의 구성원이 의미하는 바의 골대goalpost를 끊임없이 옮기는데, 이는 삶권력biopower과의 새로운 관계를 구체화해 주는 통제 없는 통제이다. 그것들은 멀리서 우리를 정의하지만 믿을 수 없을 정도로 상세하게[§] 우리를 평가한다. 퀀트캐스트의 광범위한 데이터 금고가, 예를 들어 먼 거리에서 우리를 규칙에 따라 배열할 수도 있기 때문에, 퀀트캐스트가 감시하는 데이터는 우리와 우리의 내밀한 자기를 통제 장치와 연결해 주는 1시간 간격의 점 대 점 커피 데이트coffee date이다. 우리 데이터에 대한 이런 종류의 알고리즘적 처리는 우리로서의 우리 그리고 우리의 규칙에 따른 우리를 알지 못할 수도 있지만, 이러한 시스템들은 더 적절하게 그리고 모험적으로 우리가 누구이고 또 그들의 규칙에 따라 우

---

§ 측정가능형이 가진 이중성, 즉 거리distance와 친밀함intimacy을 표현하는데, 다시 한 번 더 말하지만 여기서 거리는 물리적/심리적 거리를 말하며 또한 영어 intimate는 사람과 함께 쓰이면 '친밀한'이라는 의미로 쓰이지만 지식이나 정보따위와 함께 쓰일 때는 '상세한'이라는 의미로도 사용된다(옮긴이 주).

리가 누가 될 수도 있는지를 학습한다.

이러한 종류의 구속적인 프로그램화된 시각은 사회학자 가브리엘 타르드 Gabriel Tarde가 19세기 말에 "탄력적 환경elastic milieu"이라 기술한 것을 구성한다. 좀 더 구체적으로 말하면, 철학자 마우리치오 라자라토Mauricio Lazzarato가 타르드를 인용하고 있는 것처럼, "먼 거리에서 한 사람이 다른 사람에게 영향을 미치는 것을 가능하게 해주는 기술 덕분에 일반 대중들 사이에서 발명과 모방은 '완전히 탄력적인 환경에서 파동이 전파되는 것처럼 거의 즉각적으로' 전파된다."[226] 이런 고마운 기술은 감시 어셈블리지와 빅-데이터 조사 및 분석의 탐욕스러운 식욕으로 함께 연결되어 있는 우리의 데이터화된 상호작용들이 서로 점점 더 근접되게 해준다.

라자라토의 사회적 삶의 "발명"과 그에 이은 "모방"은 사회적 사실social facts의 창조와 그에 이은 변조로 변형된다. 측정가능형 개념을 통해 생각해 보면, 이러한 사회적 삶은 '젠더', '독감' 혹은 심지어 '산타클로스'의 부드러운 삶정치적 역동성에 따라 변조된다. 우리가 자발적이지도 않고, 알려지지도 않았고, 그렇다고 우리 스스로에 의해 관리될 수 없는 방식으로 다른 사람들에게 연결될 때, 이러한 끊임없이 조정하는 사회적 세상은 우리 자신의 개별적인 관점과 결코 진정으로 일치될 수 없는 하나의 산물이 될 것이다. 업신여김을 당하는 연인처럼 그것은 친밀하기도 하고 동시에 거리가 있기도 하다.

우리의 알고리즘적 정체성의 변조적 유연성을 우리 자신의 비알고리즘적 정체성과 일치시키지 못하는 것은 철학자 발터 벤야민Walter Benjamin의 오라aura라는 개념을 상기시킨다. 벤야민에게 오라는 "거리가 아무리 가깝다 할지라도 그러한 거리로 인해 나타나는 독특한 현상"으로 간주될 수 있다.[227] 저기에 있는 "저 산들은" 정확한 실체적인 성질을 보지 못하게 하는 거리감을 강요한다. 그것들은 너무 멀리 있어서 어떤 특정한 역사, 어떤 특정한 시점에 영원히 연결되지 않는다. 그것들은 의미를 정의하기보다는 의미를 발산한다. 그리고 그러한 산을 다시 만들어내려는 어떠한 시도도 반드시 본질을 놓칠 것이다.

마찬가지로 발명의 어떠한 모방이나 사회적 삶의 변조는 동등한 정도의 거리 삭제를 내포하고 있다. 벤야민은 예지력을 가지고 객체들이 재생되는 과정에서 오라를 잃을 때 정치적으로 일어나는 것(즉, 우리에게 안성맞춤이게도 그가 보기에 "실재reality를 대중에게 맞게 조정하고 대중을 실재에 맞게 조정하는 것이 무한적으로 이루어지는 과정인 통계가 그 중요성을 더해가는" 가운데서 분명히 드러나고 있는 어떤 움직임)에 대해 기술했다.[228] 그리고 끊임없이 재조정되는 세계에서 이러한 대중 통제는 사회학자 제이넵 투펙치Zeynep Tufekci가 "일반 시민의 공학적 제조engineering the public"라고 기술한 것과 이론적으로 닮았다. 풍부한 개인 수준의 데이터와 그러한 데이터를 거대한 빅-데이터 수준의 규모로 볼 수 있는 능력 덕분에 우리는 투펙치가 "계산 정치학computational politics"으로 정의하는 것을 마주하게 된다. 계산 정치학은 우리의 사적인 데이터화된 삶에 대해 거리를 두고 이루어지는 빅-데이터 해석에 따라 우리의 정치적 세계에 이용할 수 있는 가능성의 범위를 공학적으로 제조한다.[229]

그리고 1장에서 언급한 바 있는 인문학자 프랑코 모레티의 멀리서 읽기와 마찬가지로, 우리와 텍스트 사이의 공간은 새롭게 나타나는 독창적인 인식론적 관점을 만들어낸다. 측정가능형에 대한 우리의 경험은 이러한 멀리 떨어져 있지만 친숙한 사고와 나란히 함께 가지, 결코 이러한 사고와 서로 엇갈리지 않는다. 측정가능형 분석의 거리는 멀리 떨어져 있는 물질성physicality이나 모호한 부정확성에 기반을 두고 있지 않다. 오히려 측정가능형은 어떤 특정한 순간에 정의될 수 있기 때문에, 그것은 문화 분석에서 하나의 독특한 현상이다. 측정가능형은 개념적 근접성 면에서는 우리와 멀리 떨어져 있지만, 즉각적인 경험주의로 그것의 오라를 거절한다. '부유한 백인 여자'는 실제로 순간적인 CPU 주기[§] 간 1000분의 1초 동안일지라도 찾아낼 수 있고 식별할

---

§ CPU 주기cycle란 CPU가 정상 동작 중인 상태일 때 흘러간 클락clock 수를 의미하는데, 여기서 클락이란 클럭은 순차회로sequential circuit에 가해지는 전기적 진동의 속도를 나타내는 단위이며 Hz로 표기한다(옮긴이 주).

수 있는 무언가를 의미한다.

그러나 불투명성opacity과 일시성temporality에 내포되어 있는 상징적인 거리로 인해 이러한 알고리즘적 지식에 반응할 수 있는 우리의 개인적 능력, 즉 우리 자신이 주체임을 알아내고 그러한 주체라는 위치를 토대로 분명한 주장("나는 백인 남자이고, 그래서 나는 *x*를 말해")을 할 수 있는 능력은 기능적으로 쓸모없게 된다("나는 바로 지금 이 순간에 '백인' '남자'이고, 그래서 내일 '백인'이며 '남자'인 것이 의미하는 바가 오늘 의미하는 바와 다를 수 있을지라도 나는 *x*를 말해"). 이러한 삶과 알고리즘적 삶 간의 분리는 실재와 실재가 아닌 것 간의 은유적 구분에 대한 재정의가 아니다. 알고리즘적 해석은 우리의 정체성이 그런 것과 꼭 같이 실재적이며, 우리의 정체성은 우리의 알고리즘적 정체성이 그런 것과 꼭 같이 구성적이다. 그 대신, 그것은 인공두뇌학적인 알고리즘적 정체성 식별이 우리를 우리가 결코 확신할 수 없는 새로운 주체의 위치에 갖다 놓는다는 사실을 받아들이는 것이다.

7. 소결론

2008년, 《와이어드》의 전前 편집인 크리스 앤더슨Chris Anderson은 "이론의 종말"을 알리는 기사를 쓴 바 있다. 이 빅 데이터에 대한 예찬에서 앤더슨은 n = 전부all인 세상으로 인해 우리가 알고 있는 이론은 쓸모없게 될 것이라는 의견을 제시했다. 만약 당신이 "전부"에 접근할 수 있다면, "전부"가 의미하는 바에 대한 가설을 세울 필요가 없다고 그는 설명했다. 이 주장은 부끄러워할 줄 모르는 기술-유토피아주의techno-utopianism라는 비난을 받았으나, 앤더슨은 어떻게 해서든 영국 통계학자 조지 E. P. 복스George E. P. Box의 통찰력을 있는 문장을 독자들에게 소개하는 데는 성공했다: "모든 모델은 틀렸지만, 일부는 유용하다."[230]

일단 우리가 모든 모델의 기능적 불완전함을 받아들이면, 우리는 복스의 말의 후반부가 어떻게 실제로 가장 중요한지 보게 된다. 어떤 모델에서 유용한 것은 권능이 부여된 것이다. 즉, 구글이나 퀀트캐스트가 유용하다고 결정하는 것은 진실이 된다. 그것의 결함에 상관없이 어떤 모델이 수행되느냐 하는 것이 빅 데이터가 "말하는" 것과 그리하여 인구 집단들이 정의되는 방식을 결정한다. 앤더슨의 이론의 종말이라는 표현의 전체성totality은 실제의 알고리즘적 산출물 속에 농축되어 있다.

알고리즘적 모델을 매우 강력하게 만드는 것은 (이러한 유용함의 특수성과 더불어) 바로 이러한 그릇됨wrongness의 보편성이다. 일반화 그 자체처럼 알고리즘적 작업에서 생성되는 지식은 오류 비율이 분명함에도 거의 진실로 간주된다. 바로 여기서 "당신을 제외한 남자들은 정말 재미없어, 진Gene!"과 같은 댓글은 이용자 *X*는 92% '남자'라는 주장을 만나게 된다. 두 경우 모두에서 우리는 어떤 본질, 즉 바깥으로 발산하는 어떤 범주적 진정성authenticity에 매달리는데, 왜냐하면 그것이 없이는 그 집단에 속한다는 것이 아무런 의미가 없는 것처럼 보일 것이기 때문이다.

그러나 남성성과 달리 '남자'의 측정가능형은 그것의 정보적 가치를 우리의 데이터화된 행동의 목적 없는 유동성과 결합하면서 정말이지 무無; nothingness에 매달린다. 어떤 알고리즘적 행위주체가 데이터를 포착하고, 그것에 '남자'라는 의미를 할당하며, 그에 따라 그것의 일반화를 조정한다. 그런 다음, 그것은 훨씬 더 많은 것을 포착하고, 할당하며, 재조정하기를 기대한다. 어떤 면에서 지식과 이와 같은 정체성을 만드는 것은 해방적liberating이다. 그것은 일시적으로 전통적인 담론에 채워져 있는 족쇄를 제거해 준다. 그러나 그것은 동시에 지식을 우리가 완전하게 인식하지 못하거나 장담컨대 우리가 편안함을 느끼도록 다시 틀 짓는다reframe.

지식을 새롭게 만들어내는 것을 알고리즘적 현상, 즉 "모델들이 잘못되었지만" 그럼에도 여전히 사용되는 현상으로 다시 틀 지음으로써 우리는 빅 데이터의 이론적 토대가 없는 객관성의 기만을 보게 된다. 유용한 것은 유용하다고 결정되는 것이다. 이용은 모델 저작자의 의향이나 무계획적인 생성을 제외한 그 어떤 것에도 달려 있지 않다. "이론의 종말"은 만약 퀀트캐스트가 이익 내기를 원한다면 어떤 사람이 '여자'처럼 구매하는 한 누가 진정 '여자'인지에 대해서 아무도 상관하지 않음을 의미한다. 위 스포츠를 만든 프로그래머들은 당신 나이가 매일매일 바뀌지 않는다는 것을 알고 있지만, 그 게임 자체의 '나이' 버전은 그것의 오락적 기능을 수행하기 위해 시간을 편리한 대로 해석한다.

구글 플루 트렌즈가 실패했음에도 다시 제자리로 돌아와 사용되고 있다는 점에서 그것은 앤더슨의 재목적화된 만트라를 가장 잘 구현具現할지도 모른다. '독감'은 결코 독감이 아니었으며, 대다수의 사례에서 구글 플루 트렌즈는 완전히 틀렸다. 그로 인해 구글은 그 사용을 중단했는가? 결코 그렇지 않았다. 왜냐하면 빅 데이터의 논리는 진실의 편도 아니고 경험적인 현실 세계의 정확성의 편도 아니기 때문이다. 오히려 *n*=전부와 의미를 만들어내기 위한 측정가능형의 사용은 항상 "시험 중in beta"이며 이러한 권한이 부여된 이용에 따라 가치가 평가된다. 충분한 데이터, 상관관계, 변조가 있음에도 구글의 '독감'은 여전히 틀렸을 수도 있지만 동시에 점차 더 유용해질 수도 있을 것이다. '진실'을 향한 공학-기반의 목적인telos§에 관한 알고리즘적 지식은 바로 이러한 행운을 바라는 희망에 기반을 두고 있다.

이 장에서 통제는 어떤 당연한 것으로 여겨지는 자율적 의지에 반해서 당신을 이끄는 통제가 아니다. 그 대신, 그것은 당신의 세계를 틀 짓는 통제이다. 그것은 당신이 이용자로서 (그뿐만 아니라 어떤 범주의 구성원으로서) 당신의 삶을 살면서 획득할 수 있는 가능성을 결정한다. 측정가능형으로 인해 지식과 범주는 그것의 정치와 그것의 역사를 잃는다. 안정된 정체감이 없다면

§ 목적인目的因이란 만약 어떤 사물이 존재한다면 그것이 존재하게 된 이유를 말한다(옮긴이 주).

변조적인 일시적 의미의 전달 통로(우리는 이 통로 속에서 존재하고 이 통로는 우리를 기술함) 역할을 하는 사람들은 유순해지고 비판에 면역이 되기 때문에 그들의 독특한 정체성을 잃는다. 알고리즘적으로 우리는 누구인가 하는 것은 이해할 수 있는 형용사의 목록이 아니라, 바로 그 순간 구글, 퀀트캐스트, 그리고 미국 정부가 충분히 만족스러워하는 패턴들의 잡동사니이다. 그것들은 그들에게는 유용하지만 궁극적으로 우리에게는 아무런 의미가 없다.

따라서 1장에서 언급한 '스윙잉swinging'은 단순히 '스윙어들'과 소통하기를 원하는 회사에게 판매되는 하나의 범주적 플레이스홀더placeholder§이다. 사회학자 카이 에릭손Kai Eriksson의 말을 인용하면, '스윙어'에게는 "특권을 가진 기관들이나 원칙들 간의 심각한 대립이 존재하는 것이 아니라, 오히려 (…) [푸코가] '그들 자신의 조직을 구성하는 (…) 다양한 힘의 관계'[라고 부르는 것] 내에서 끊임없는 투쟁과 변형이 존재한다".[231] 이러한 관계들은 "끊임없이 재배열되고" 있다; 이러한 관계들은 우리가 충분히 인식하지 못하는 가운데 연줄을 만들고 일을 도모한다. '스윙잉'이 섹스 파트너를 교환하는 것에 대한 것이 아니라는 것은 전혀 특별한 것도 없다. 그것은 단지 담론적으로 배열되는 것에 대한 것이다.

그리고 이러한 끊임없이 재배열되는 담론으로 인해 우리의 정체성에 안정감이 존재하지 않는다. '당신'은 각기 다른 측정가능형화된 의미 항아리들의 무리이며, 이러한 항아리들이 변할 때 '당신'도 똑같이 변한다. 새로운 데이터가 쏟아져 들어올 때마다 각 항아리는 다시 주조되기 때문에, '당신'도 이러한 항아리들도 영속성을 갖지 못한다. 어떤 항아리가 '당신 것'이라는 어떠한 주장도 그 항아리가 더는 이전의 항아리가 아니라는 사실에 의해 뒤집힌다. 그 항아리는 이미 바뀌었다.

---

§ 어떤 집합의 임의의 원소의 명칭으로 바꾸어놓을 수 있는 수식(논리식) 내의 기호(옮긴이 주).

3장

주체성

그들은 당신이 누구라고 생각하는가?

어리석은 소리와 외침

한 목소리로 우리는 모든 것을 배제해

—블랙 아이즈Black Eyes,[§] 「라울 펙Raoul Peck에게 보내는 편지」

---

§ 2001년 8월부터 2004년 3월까지 워싱턴 D.C.에서 활동했던 포스트-하드코어post-hardcore 밴드이다(옮긴이 주).

※

뉴욕에서 열린 줄리안 어산지Julian Assange의 2014년 책 출간 기념 파티 초대장 링크가 맨해튼에 있는 베이비캐슬즈Babycastles라는 갤러리의 페이스북 페이지에 게시되었다. "이것을 백인들의 반어법으로 보아야 할 것인가 아니면 이것이 실제로 일어날 것인가?" "이게 정말인가?"와 같은 회의적인 댓글이 달리긴 했지만, 파티가 열리기 수 주 전에 초대 손님 명단이 가득 찼다.[1] 위키리크스WikiLeaks를 설립한 것으로 유명하지만 스웨덴에서 성폭행 혐의로 명예가 손상된 어산지는 런던의 에콰도르 대사관에 사실상 구금되어 있었다. 그러나 광대역 영상 채팅 덕분에 그의 얼굴이나마 잠시 풀려나 그 갤러리의 벽에 비추면서 이 행사가 열릴 것으로 믿고 초대에 응한 손님들과 대화를 나눴다.[2]

파티가 열리는 동안 아산지의 책 『구글이 위키리크스를 만났을 때*When Google Met WikiLeaks*』로 촉발된 토론은 구글의 사명선언문과 미국 NSA의 사명선언문이 놀라울 정도로 유사하다는 것에 집중되었다. 구글은 전 세계의 정보를 취해서 그것을 "유용하게" 만든다.[3] NSA는 "어떠한 경우에도 조국과 우리 동맹국들에게 유리한 결정을 얻어내기" 위해 전 세계의 데이터를 진공청

소기처럼 빨아들인다.[4] 구글은 데이터를 지식, 배열order,[§] 광고를 위해 사용하고, NSA는 데이터를 지식, 배열, 국가권력을 위해 사용한다.

국가와 자본 간의 차이에 상관없이 우리의 삶에 대한 데이터의 끝없는 생산은 항상 우리의 일부 조각들이 모아지고, 저장되고, 분류되고, 지표화되며, 이용될 것임을 의미한다. 이 두 조직의 사명선언문에서 볼 수 있는 지식 생성 과제는 외견상 차별이 없는 검색 쿼리, 소셜 네트워크 연결, GPS 위치의 세계를 장악해서 그것을 의미 있게 만드는 것이다. 데이터가 범주들의 틀로 주조鑄造되면, 그 결과 이 세계의 측정가능형들이 만들어진다. 그리고 그 결과 생성되는 우리의 알고리즘적 정체성('테러리스트'나 '스윙어'로서 그리고 우리가 '스포츠'를 좋아하는지 여부)은 철학자 주디쓰 버틀러가 행위자로서의 이용자를 구성하고 이어서 우리가 누구인지 그리고 온라인상에서 우리가 누가 될 수 있는지를 조절하는 "역량 강화적 제약enabling constraints[§§]의 분야"라고 부르는 것을 형성한다.[5]

우리의 알고리즘적 정체성의 이러한 제약은 우리를 어떤 독특한 종류의 주체 관계subject relation 안에 위치시키는데, 이것은 구글과 NSA 모두 그들이 각 기관의 프로파일링 필요에 따라 우리의 데이터를 유용하게 만들 때 예시해 주는 그런 주체 관계이다. 이러한 주체 관계는 예술가 메리 플래너건Mary Flanagan이 "결합된 주체 위치combined subject position"라고 기술한 것과 더불어 시작되는데, 그 안에서는 가상 시스템이 어떤 이용자의 물질적 육체와 그녀의 아바타의 디지털 육체가 한 쌍을 이루는 "그 이용자의 다중 위치 선정"을 감안한다.[6] 우리의 알고리즘적 정체성은 (구글, NSA, 그리고 더 많은 행위주체를

---

§ 사물을 어떤 방식으로 배열(정리)한다는 의미이며, 그렇게 배열된 결과는 질서로 나타나기 때문에 질서라고도 볼 수 있다[자료: 저자와의 이메일 교신](옮긴이 주).

§§ 행위자가 만약 그렇지 않다면 가능하지 않는 무언가를 가능하게 해주는 제약으로, 통제적 제약governing constraint은 이와 반대로 행위자가 무언가를 하는 것을 방해하거나 오직 특정한 방식으로 하도록 하는 것을 말한다(옮긴이 주).

통한) 이러한 서로 다른 위치성들positionalities§의 거의 무한한 조합을 통합하기 때문에, 필자는 이러한 결합된 위치 안에서 어떤 관계 논리를 뽑아내고자 하는데, 그것은 우리 데이터에 대한 패턴화된 연관적 해석associative interpretation에 따라 담론적으로 우리를 위치시키고 또 재위치시키는relocate 논리이다.

이러한 연관어聯關語들 속에서 우리는 인위적으로 만들어진 주체가 아니라, 철학자 로지 브라이도티Rosi Braidotti를 참조하면, 인위적으로 만들어진 "애즈 이프" 주체이다.[7] 예를 들어보자면, 어떤 이용자는 미국 시민이 아니지만, 그녀의 데이터에 대한 NSA의 알고리즘을 토대로 할 때 그녀는 "애즈 이프" 미국 '시민'이다. 이러한 "애즈 이프" 관계에서 우리는 2장에서 언급한 바 있는 디지털 이론가 셉 프랭클린의 "인식 틀episteme로서의 통제"에 대한 해석, 즉 "그와 같은 삶의 유형들의 기능적 전체성entirety을 모델화하고 알려주기 위해 (…) 인간과 사회적 상호작용을 대규모로 재개념화하는 것에 따라 정의된다".[8] NSA에게 이러한 재개념화된 제약은 불투명한 일단의 기밀문서, 책략 및 기술 뒤에 감추어진 채 대체로 비밀리에 만들어졌다.

2013년 5월까지는 그랬다. 그해 여름이 막 시작되었을 때, 에드워드 스노든Edward Snowden은 하와이에 있는 관리자들에게 자기가 간질을 앓고 있기 때문에 병가를 내고 싶다고 말했다. 그 NSA 계약직원은 노트북 4대를 들고 조용히 홍콩에 도착했다. 그 후 수 주 동안 스노든은 기자들에게 미국 정부의 전 세계적인 감시와 데이터 채굴 프로그램에 관한 수십만 건의 기밀문서를 누설했다.

이러한 자료들은 "어떠한 경우에도 조국과 우리 동맹국들에게 유리한 결정을 얻어내는 것"을 목적으로 하는 NSA의 "닥치는 대로 수집하는collect it all" 접근법의 1급 기밀 세부사항을 폭로했다. 정부 간 감시 어셈블리지는 수십억 명의 사람들의 데이터와 신상명세를 기록했고 처리했다.[9] 우리의 휴대폰 대

---

§ 어떤 입장에 자기를 두는 것을 말한다(옮긴이 주).

화, 우리의 빙Bing 검색 쿼리 목록, 우리의 페이스북 계정 정보, 우리가 지챗GChat에서 나누는 인스턴트 메시지, 심지어 야후!에서 갖는 우리의 영상회의의 스크린샷에서 가져오는 메타데이터metadata의 거의 모든 것이 미국 정부 데이터베이스 내에서 맹목적으로 기록되고 목록화되었다. NSA의 감시 프로그램은, 당시 NSA 국장이었던 케이쓰 앨릭잰더Keith Alexander 장군의 말을 인용하면, "원하는 것이 무엇이든 그것을 찾을 수 있도록 건초더미 전체"를 수집했다.[10] 이로 인해 촉발된 감시, 프라이버시, 그리고 그 안에서의 역학을 둘러싼 논쟁은 수년 동안 전 세계적인 공적 담론을 장악했다.

우리가 이러한 스노든이 누설한 NSA의 기밀문서를 통해 알았듯이, 가장 일상적인 데이터화된 사건도 우리가 NSA의 정체성 식별 규정 내에서 우리가 어떻게 위치하는지를 결정할 수 있다. 러시아에서 NBC의 브라이언 윌리엄스Brian Williams와 가진 인터뷰에서 에드워드 스노든은 NSA 분석가가 어떻게 이용자로서의 당신의 정체성을 구성하기 위해 하찮은 것으로 추정될 수 있는 데이터 조각들을 사용하는지, 따라서 당신의 결합된 주체 위치에 연이어 또 하나의 조건을 추가할 수도 있는지에 대해 설명했다:

윌리엄스: 내가 여기로 여행하고 있었기 때문에, 어젯밤 레인저스Rangers 대對 캐네이디언스Canadiens 경기의 최종 점수를 내가 구글로 검색했다는 것을 [NSA에 있는] 누군가가 알았거나 그것에 관심을 가졌습니까?

스노든: 당신은 내가 레인저스의 게임 점수를 찾아보는 것에 도대체 누가 정말 관심을 가질까라고 말할 수도 있을 겁니다. 그런데 정부나 해커 혹은 어떤 다른 불법적인 개인은 관심을 가진다고 말할 겁니다. 그들은 그것에 매우 관심이 많은데, 왜냐하면 그것은 당신에 대해 많은 것을 말해주기 때문입니다. 우선 그것은 당신이 아마도 영어를 사용할 것이란 점을 말해줍니다. 그것은 당신이 아마도 미국인이고, 이 스포츠에 관심이 있다는 것을 말해줍니다. 그리고 그들은 당신의 습관이 무엇인지를 알 수도 있을 것입니다. 당신이 그

점수를 확인했을 때 당신이 어느 나라에 있었는지도 알 수 있을 것이고, 당신이 여행할 때 그것을 확인했는지 아니면 그냥 집에 있을 때 확인했는지도 알 수 있을 것입니다.

그들은 당신의 생활 패턴이라 부르는 무언가에 대해 말할 수도 있을 것입니다: 당신이 언제 이러한 종류의 활동을 하고 있는지? 당신이 언제 기상하는지? 당신이 언제 잠자리에 드는지? 당신이 일어나고 잠자리에 들 때 어떤 휴대폰이 당신 주위에 있는지? 당신이 아내가 아닌 누군가와 함께 있는지? 당신이 무언가를 하고 있는지? 당신이 있어서는 안 될 어떤 장소에 있는지? 정부—당신도 알다시피 독단적인—에 따라서는, 비록 어떤 종류의 활동이 기술적으로 불법적이지는 않다 하더라도 우리가 탐탁찮아 하는 종류의 활동에 당신이 참여하고 있는지에 대해서도 알 수 있을 것입니다. 그리고 비록 그것이 당신에게 전적으로 무해하다고 할지라도, 비록 당신이 숨길 것이 하나도 없다고 할지라도, 비록 당신이 잘못된 어떤 일도 하고 있지 않다고 하더라도, 이러한 모든 것은 당신에게 적용되는 수준의 철저한 조사로 이어질 수 있습니다. 이러한 활동들은 오해될 수 있고, 잘못 해석될 수 있으며, 정부가 당신에게 나쁜 짓을 할 의도가 없음에도 한 개인으로서 당신에게 해를 가하는 데 사용될 수 있습니다. 문제는 그러한 능력 자체가 규제되지 않고, 통제되지 않으며, 위험하다는 것입니다.

윌리엄스: 이 모든 게 내가 "레인저스 대 캐네이디언스 경기의 최종 점수"를 구글로 검색했기 때문에?

스노든: 그렇습니다.[11]

구글로 검색한 경기 점수는 당신의 '국적'이나 심지어 '혼인 상태'에 대한 이야기로 이어지는 데이터화된 서류 역할을 할 수도 있을 것이다. 외관상 쓸모없는 이러한 작은 데이터 조각들에 따라 NSA는 '당신'을 만들어내고 '당신'에 대해 많은 것을 추론한다.[12] 이쪽의 어떤 스포츠 경기와 저쪽의 당신 휴대폰 GPS 위치를 따로 떼놓고 보면 이 둘은 어쩌면 아무런 의미가 없는 것처럼 보일 것이다. 그러나 패턴을 찾아내기 위해 알고리즘적 눈으로 그 둘을 함께 살펴보면, 이 데이터는 모든 것을 의미하게 될 수도 있을 것이다.

스노든의 폭로는 NSA의 편재적 국가 감시의 광범위한 규모를 전 세계에 경고했다. 그리고 그렇게 함으로써 그의 폭로는 NSA의 스파이 활동의 합법성을 의심하게 만들었다. "닥치는 대로 수집하는" 것은 NSA의 감시가 미국 시민들의 데이터를 수집할 것이라는 것을 필연적으로 의미했으며, NSA의 무시할 수 없는 감시 접근법은 국민-국가가 역사적으로 시민권을 할당한 유효성이 입증된 방식에 대해 근본적인 의문을 갖게 만들었다. 이전에는 속인주의jus sanguinis나 속지주의jus soli에 따라 사람들에게 공식적인 시민권이 주어졌다.[13] 속인주의에 따라 어떤 사람이 국가적 정치체의 합법적 일원이 되는 것은 그 사람의 부모가 시민임을 의미했다. 속지주의에 따라 국가적 정치체의 합법적 일원이 되는 것은 그 사람이 그 국민-국가의 국경 안에서 태어남을 의미했다.

공식적인 국가 소속을 알리는 이러한 라틴어명의 두 대립하는 원칙은 정치 이론가 한나 아렌트Hannah Arendt가 말하는 "권리를 갖기 위한 권리"가 매우 정치적으로 수여됨을 확인해 준다.[14] 그러나 NSA는 실제로 개개의 사람들을 염탐하고 있지 않았다는 사실(NSA는 그들이 할 수 있으면 무엇이든지 다 염탐함)에 덧붙여, 인터넷상에서는 혈통증명서나 출생증명서로 신원을 확인할 수 있는 사람들이 존재하지 않았다. NSA는 누가 미국 시민이고 누가 미국 시민이 아닌지 어떻게 정확히 알 수 있었을까? 혹은 좀 더 구체적으로 말해, 온라인상에서 미국 시민과 국가 간의 주체 관계는 무엇인가? 분명, 인터넷상에서 속인주의나 속지주의를 재현하는 것은 거의 불가능하다. 우리는 여권이나 신분증을 가지고 인터넷을 서핑하지는 않는다. 우리의 IP 주소는 우리가 인터넷에 접속할 때마다 바뀔 수 있다. 그리고 만약 미국 시민이나 외국인이 동시에 동일한 컴퓨터를 사용한다면 어떻게 되는가?

이에 NSA는 이 장 도입부의 사례 역할을 했던 새로운 알고리즘적 정체성 식별 방법을 만들어냄으로써 이러한 정치-기술적 난관을 헤쳐나갔다. NSA는 국가 감시의 범위를 제한하는 대신, 완전히 새로운 시민 개념을 만들어냄으로써 우리가 우리 자신을 온라인상에서 이용자로서, 국가권력에 대한 주체로서 생각할 수 있는 방식을 적극적으로 다시 틀 지었다. 그래서 구글이 개인의 이름을 '유명인사'로 만들거나 퀀트캐스트가 프로필을 '여자'로 만든 것과 똑같이, NSA도 만약 표적 데이터 주체가 최소한 "51% 외국인"으로 여겨진다면 "합법적" 감시를 인가하면서 표적 인터넷 트래픽에 '외국인성foreignness'(결국 '시민권')을 할당한 데이터-기반 평가를 실행함으로써 이용자를 '시민'으로 만들었다.[15]

필자는 전에 이러한 형식의 시민권을 **알고리즘주의**jus algoritmi라고 불렀다.[16] 알고리즘주의는 속인주의 및 속지주의와 달리 확고하고도 안정적으로 이론화되어 있지 않은 공식적인 시민권이다.[17] 그것은 정보화된 일시적 시민권으로, 이용자들의 데이터화된 행동에 따라 계속해서 재평가된다.

따라서 알고리즘주의는 필자가 나중에 데이터화된 주체 관계로 정의하는 것에서 발견되는 새로운 잠재력을 이해하는 데 유용한 모델 역할을 한다. 어떤 이용자가 어떤 날은 미국 '시민'이다가, 또 어떤 날은 '외국인'일 수도 있을 것이다. 알고리즘주의에 의한 '시민권'은 (혈통, 출생증명서, 여권이 아니라) 오직 사람들의 데이터 하나에 대한 알고리즘적 해석을 토대로 한 법적으로 명시된 범주적 평가이다. NSA에게 '시민권'은 끝끝내 증명될 수 없는 그 무엇이다. 그것은 이러한 '시민권'의 알고리즘적 중재자들에 의해 계속적으로 수행될 수 있을 뿐이다.

이 장이 할 일은 데이터의 관계들과 오직 데이터에 따라 우리가 인위적으로 만들어진 주체(즉 인위적으로 만들어진 '시민')일 때 야기되는 문제, 가능성, 그리고 이론적 이슈를 일목요연하게 설명하는 것이다. 중요한 것은 이 장이 데이터의 범위를 벗어나는 주체 관계들에 대해서는 생각하지 않는다는 점이다. 우리의 알고리즘적 정체성의 데이터화된 주체 관계들은, 웹-브라우저 용어로 말하면, 우리가 주체로서 이 세계와 만나는 이미 이론화된 방식들에 추가되는 "확장add-on" 프로그램으로 이해된다. 즉, 알고리즘주의에서의 관계는 속인주의와 속지주의에 의한 국가 귀속 위에 있는 하나의 층 역할을 한다. 그것은 플래너건의 "결합된 주체 위치" 내의 또 하나의 층 역할을 한다.

이러한 확장 프로그램의 목적은 두 가지이다. 첫째, 필자는 데이터화된 주체를 이론화하기를 원하는 것이 아니다. 톰 보엘스토프가 "플랫폼-애그노스틱 이론platform-agnostic theory"이라 부르는 것으로 되돌아가, 알고리즘적 분류에 대한 "사례연구와" 알고리즘적 분류가 이루어지는 "개별 현장을 넘어서서 패턴과 역학에 대해 주장하는" 더 큰 논리를 확인하기 위해 데이터화된 주체 관계를 이론화하기를 원한다.[18] 우리의 알고리즘적 정체성에서 비롯되는 데이터화된 주체 관계는 알고리즘적 처리가 데이터화된 삶을 제약하거나 촉진하는 방식을 분석할 수 있는 전반적인 틀을 구성한다.

둘째, 필자는 우리의 알고리즘적 정체성이 데이터 세계에서 우리가 체험하는 것과 어떻게 완벽하게 일치하지 않을 수도 있는지를 밝혀내고자 하는데, 이것은 무언의 불일치unspoken misalignment로 필자는 이것을 막연히 엘스the else라 부른다. 나중에 읽게 되겠지만, 주체화subjectification에 대한 현대의 이론들은 흔히 자기-인식self-recognition을 요하는 인간의 재귀성reflexivity을 끌어들이는 직접적인 권력-사람power-person 관계에 초점을 맞춘다. 그러나 NSA의 시민권의 경우, 이러한 데이터화된 주체 관계들은 그것들이 먼 거리에서 우리를 위치시키는 방식(과 우리가 그것들에 대응하는 방식)에서 뚜렷한 차이가 있으며, 따라서 그것들의 작동을 이해하기 위해서는 뚜렷이 다른 분석방식이 필요하다.

이어서 우리는 구글 번역Google Translate 사례를 통해 언어가 어떻게 알고리즘적으로 코드 변환되는지 살펴볼 텐데, 구글 번역은 우리 자신의 언어를 완벽하게 반영하지 않는 '언어'를 만들어낸다. 우리는 데이팅 사이트인 오케이큐피드에서 우리가 누구와 '짝'짓는가 하는 것이 어떻게 반드시 우리가 실제로 연인관계에 이를 수도 있는 사람에 대한 충실한 해석일 필요는 없는지에 대해 살펴볼 것이다. 그러나 우리는 미국의 알고리즘주의적 '시민권'과 '외국인성'이 어울리지 않게 우리의 오프라인상의 시민권과 외국인성 위에 자리함으로써, 데이터화되지 않은 형식과는 다른 독특한 주체 관계를 어떻게 만들어내는지에 대해 먼저 살펴볼 것이다. 좀 더 간결하게 말하면, 우리는 어떤 이용자가 어떻게 동시에 '시민'과 외국인 혹은 '외국인'과 시민이 될 수 있는지 살펴볼 것이다.

1. 알고리즘적 '시민권'

NSA의 '시민권'은 한나 아렌트의 "권리를 갖기 위한 권리"를 온라인 세계에서 알고리즘적으로 재개념화한 것이다. 그리고 그러한 본래의 "권리"는 어떤 이용자의 데이터가 알고리즘주의에 의한 시민권자임을 말해줄 경우에만 배정된다. 즉, 심지어 어떤 이용자가 미국 시민이라 하더라도 (그리고 그 이용자가 새 컴퓨터를 사고, 새로운 라우터를 설치하고, 로그온하기 전에 부지런히 손을 씻고, 모니터에 자신의 여권을 그리고 키보드에 출생증명서를 테이프로 붙이더라도) 그 이용자는 여전히 NSA의 알고리즘 및/혹은 분석가들에게 자신의 시민권을 증명해야 한다.[19] '시민'임이 증명될 때까지는 혹은 에릭 홀더Eric Holder 법무장관의 2009년 비망록 「NSA FAA[§] 최소화 절차 A*NSA FAA Minimization Procedure A*」의 다음과 같은 표현에 따르면, 우리는 모두 '외국인'이다:

> 표적이 미국 시민인지 여부에 대한 특정한 정보가 없을 때, 미국 바깥에 있거나 혹은 위치가 알려지지 않는 것으로 합리적으로 여겨지는 사람은, 그 사람이 미

§ Federal Aviation Administration(미국 연방 항공청)(옮긴이 주).

국 시민으로 분명하게 밝혀지거나 그 사람의 커뮤니케이션 정황의 속성이 그 사람이 미국 시민이라는 합리적인 믿음을 불러일으키지 않는 한, 비非-미국인으로 추정된다.[20]

무죄추정innocent until proven guilty§의 원칙과는 달리 미국 헌법이 보장하는 권리(시민-주체가 되는 것의 공식적인 이점)는 어떤 이용자가 NSA가 만들어놓은 데이터화된 연관성 템플릿에 따라 행동할 경우에만 온라인에서 작동한다. 알고리즘주의는 변조적이고 불안정한 국가 귀속 할당인 잠정적 '시민권'에 의존하는데, 그러한 국가 귀속 할당에서 어떤 NSA의 표적의 "외국인성"을 최소한 "51% 확신할" 수 있다면 그 표적은 '외국인'이다.[21] 그리고 NSA는 여러 비관습적인 국가 귀속 신고에 따라 "외국인성"을 계산한다(그림 3.1): "미국 정보기관에 의해 외국의 권력이나 외국 영토와 연관되어 있는 개인에 의해 사용된 것으로 합리적으로 여겨지는 계정/주소/식별자"가 있는 커뮤니케이션; "외국의 권력이나 외국 영토와 연관되어 있는" 것으로 "합리적으로 여겨지는" 누군가가 "'친구 목록'이나 주소록"상에 존재함; 한 개인이 "외국의 권력이나 외국 영토와 연관되어" 있음을 보여주는 "합법적인 수단에 의해 획득된" 메타데이터 기록; 그리고 외국 사람과 연관되어 있는 "인터넷 프로토콜 레인지range 및/혹은 특정 전자 식별자나 서명(예, 특정 유형의 암호기법§§이나 스테가노그래피§§§)."[22]

훨씬 더 믿기 힘들겠지만, 브라질 신문 《조르나우 우 글로부*Jornal O Globo*》에 누설된 다른 문서들은 이메일과 전화 대화에 사용된 언어(영어를 제외한

---

§ 피고인이 유죄로 판결이 확정될 때까지는 무죄로 추정한다는 원칙(옮긴이 주).

§§ cryptology란 암호 기법과 암호 해독을 다루는 기술 또는 학문 분야를 나타낸다(옮긴이 주).

§§§ 그리스어로 감춰져 있음을 뜻하는 stegano와 통신을 뜻하는 graphos가 결합한 단어로, 감춰진 글, 즉 비밀 메시지를 뜻한다(옮긴이 주).

b. 인터넷 커뮤니케이션에 관하여

- 정보는 그 전자 커뮤니케이션 계정/주소/식별자가 미국 정보기관에 의해 외국의 권력이나 외국 영토와 연관되어 있는 개인에 의해 사용된 것으로 합리적으로 여겨지는 전자 커뮤니케이션 계정/주소/식별자와 직접 커뮤니케이션하는 데 사용되었음을 보여준다;
- 정보는 그 전자 커뮤니케이션 계정/주소/식별자의 이용자가 미국 정보기관에 의해 외국의 권력이나 외국 영토와 연관되어 있다고 합리적으로 여겨지는 개인과 직접 커뮤니케이션했음을 보여준다;
- 정보는 그 전자 커뮤니케이션 계정/주소/식별자가 미국 정보기관에 의해 외국의 권력이나 외국 영토와 연관되어 있는 개인에 의해 사용된 것으로 합리적으로 여겨지는 전자 커뮤니케이션 계정/주소/식별자의 "친구 목록"이나 주소록에 포함되어 있음을 보여준다;
- 정보는 그 전자 커뮤니케이션 계정/주소/식별자가 미국 정보기관에 의해 외국의 권력이나 외국 영토와 연관되어 있다고 합리적으로 여겨지는 개인과의 전화 통화나 다른 커뮤니케이션을 하는 동안 전달되었음을 보여준다;
- 공개된 인터넷 게시글이 전자 커뮤니케이션 계정/주소/식별자를 미국 정보기관에 의해 외국의 권력이나 외국 영토와 연관되어 있다고 합리적으로 여겨지는 개인과 연결시킨다;
- 전자 감시, 물리적 수색, 전화 이용 상황 기록 장치나 추적 장치의 사용, 혹은 기타 정보와 같은 어떤 합법적인 수단에 의해 획득된 외국의 첩보intelligence 정보에 대한 여러 NSA-지원 지식 데이터베이스에 포함되어 있는 정보는 전자 커뮤니케이션 계정/주소/식별자가 이전에 외국의 권력이나 외국 영토와 연관되어 있는 개인에 의해 사용되었음을 보여준다;
- 전자 감시, 물리적 수색, 전화 이용 상황 기록 장치나 추적 장치의 사용, 혹은 기타 정보와 같은 어떤 합법적인 수단에 의해 획득된 메타데이터 기록을 처리한 결과로서 NSA 분석가에게 이용 가능한 정보는 전자 커뮤니케이션 계정/주소/식별자가 외국의 권력이나 외국 영토와 연관되어 있는 개인에 의해 사용됨을 보여준다; 혹은,
- 정보는 인터넷 프로토콜 레인지 및/혹은 특정 전자 식별자나 서명(예, 특정 유형의 암호기법이나 스테가노그래피)이 사람들에 의해 거의 오로지 사용되거나 혹은 외국의 권력이나 외국 영토와 연관되어 있는 사람들에 의해 널리 사용됨을 보여준다.

그림 3.1 누설된 209년 "NSA FAA 최소화 절차 A"에서 가져온 이미지는 인터넷 이용자의 커뮤니케이션이 '외래적'으로 간주될 수도 있는 서로 다른 여덟 가지 방식을 보여준다.

자료: Eric Holder, "Exhibit A: Procedures Used by the National Security Agency for Targeting Non-United States Persons Reasonably Believed to Be Located Outside the United States to Acquire Foreign Intelligence Information Pursuant to Section 702 of the Foreign Intelligence Surveillance Act of 1978, as Amended," 2009, 5~6, www.aclu.org.

모든 언어로 알아들을 것) 또한 "외국인성"을 만들어내는 하나의 변인임을 보여주었다.[23] 정말로 기술적 지식이 풍부한 포르투갈어를 쓰는 브라질인 "친구"와 당신이 암호화된 인스턴트 메시지로 소통하면 당신은 '외국인'이 될 공산이 크다.

온라인에서 우리의 데이터는 우리와 국가와의 관계를 분명하게 보여주는 것인데, 그 이유는 정확히 우리의 데이터는 가장 쉽게 입수할 수 있는 것이며 따라서 NSA가 그들이 감시하는 인구 집단을 표현하는 가장 쉬운 방법이기 때문이다. 이러한 특징은 우리의 알고리즘적 정체성의 데이터화된 주체 관계라고 필자가 언급한 것의 시원적 차이origin difference§의 토대가 되는데, 거기에 (신체나 이름 같은) 시민권을 식별하는 안정된 핵심이 부재하다는 것은 NSA는 어떤 이용자의 배열된 데이터 자국에 대한 해석을 통해서 그 이용자의 "권리를 갖기 위한 권리"를 구성한다는 것을 의미한다. 각 이용자의 국가 귀속 지정은 그 이용자의 데이터화된 행동을 통해 생성된 정보만을 토대로 한 것이다.

물론 우리의 세계는 늘 1차적 사고primary thought§§와 자기-정체성을 넘어서는 기록부들registers§§§을 통해서 만들어져 왔는데, 철학자 질 들뢰즈와 그의 데이비드 흄David Hume의 경험주의에 대한 수정주의적 해석은 이 점을 잘 지적한 바 있다.[24] 들뢰즈는 흄을 연관association§§§§의 철학자로 해석하면서 주체성

---

§ 여기서의 차이는 들뢰즈가 자신의 저서 『차이와 반복』에서 말하는 차이로 그는 모든 의미는 차이를 통해 만들어진다고 본다. 그리고 시원적 차이란 '우리가 말하는 우리'와 '데이터가 말하는 우리'의 의미가 최초로 분리됨으로써 나타나는 의미 차이를 말한다[자료: 저자와의 이메일 교신](옮긴이 주).

§§ 감각적 입력 정보의 결과에서 비롯되는 사고를 말한다(예, "저 컵케이크는 정말 맛있게 보여")(옮긴이 주).

§§§ 출생 기록부 등을 말한다(옮긴이 주).

§§§§ 흔히 연상으로 번역되나 여기는 관계에 방점이 있기 때문에 연관으로 번역한다(옮긴이 주).

과 경험 자체를 연접적인conjunctive 것으로 이해한다: 둘 다 주체와 객체, 자기와 타자의 동시-발생co-occurrence 안에서 이론화된다. 이러한 상호 침투하는permeating§ 주체성은 일부 학자들이 "신물질주의new materialisms"라고 명명한 것을 둘러싼 현대 페미니스트 이론의 더 큰 반인본주의적 전환antihumanist shift 안에서 조화를 찾는다.[25]

그리고 알고리즘주의가 실행되는 과정에서 우리는 국가권력이, 여성주의 이론가 도나 해러웨이의 저서에 의해 우리에게 친숙한 과외課外의 주체 관계인, 개인의 유기적 자기에 대한 자유주의적인 한계 밖에 있는 요소들과만 오로지 접속하는 것을 본다. 해러웨이의 기술적으로 증강된 자기인 사이보그는 자연적인 것과 인공적인 것 간의 전통적인 존재론적 차이를 거부하며, 따라서 비非인간nonhuman 세계로 확장되는 주체성을 고려하도록 우리에게 요구한다.[26] 해러웨이는 여자와 같은 범주 속에 들어 있는 자생적인 본질주의에 반대하면서 (휴대폰이 우리의 자연스러운 능력을 넘어서서 사회적 상호작용을 가능하게 해주는 것처럼) 자연성이 동요를 일으킬 때 인간성은 바뀌지만 망가지지는 않는다고 가정한다. 궁극적으로 우리는 우리 자신에 우리가 만들고 사용하는 기술이 더해진 것인데, 이는 우리의 자기의 지위를 재수립하는 것일 뿐만 아니라(해러웨이는 사이보그가 "결연히 부분성, 아이러니, 친밀함, 외고집에 몰두하고 있다"라고 적고 있음) 기술을 통해 전달되는 우리의 행위를 재평가하는 것이다(해러웨이는 계속해서 "우리의 기계들은 불안할 정도로 활기 넘치며 우리 자신은 깜짝 놀랄 정도로 무기력하다"라고 적고 있음).[27]

문학 비평가 N. 캐써린 헤일스의 포스트휴먼에 대한 분석은 주체성을 이상화된idealized 억제된 자연성naturality으로부터 더욱 멀어지게 한다. 헤일스에게 포스트휴머니즘posthumanism은 역시 정보§§를 포함하기 위해 이러한 기술-

---

§ 예를 들어 프랑스 철학자 폴 리쾨르Paul Ricœur는 한 개인의 정체성 확립에 타자의 침투 현상을 중요시하는데, 여기서의 침투는 주체와 객체, 자기와 타자의 관계에서 상대의 영향이 스며든다permeate는 의미이다(옮긴이 주).

주입적techo-infused 주체 관계를 물질적 신체와 신체에 동반되는 기계 이상으로 증강하는데, 이것은 우리의 정체성, 우리의 생각할 수 있는 능력, 기계들이 하는 것, 그리고 기계들의 처리 능력이 공동으로 만들어내는 것이다.[28] 이러한 신체/기술/정보의 "혼합물amalgam"§은, 헤일스의 표현에 따르면, "이질적인 구성요소들을 모아놓은 것, 경계가 구성과 재구성을 계속하는 물질-정보적 실체"이다.[29]

'시민권'에 대한 알고리즘주의적 해석을 위해 우리의 데이터를 끊임없이 계속해서 평가하는 데서 우리는 헤일스의 혼합물을 만난다. 그리고 우리는 마찬가지로 사회학자 알론드라 넬슨Alondra Nelson의 국가의 DNA 해석에 관한 저서에서, 문화인류학자 킴 톨베어Kim Tallbear의 부족部族의 혈액 양자blood quantum§§ 해석에 관한 연구에서, 그리고 사회학자 클래라 로드리게스Clara

---

§§ 헤일스는 포스트휴머니즘 관점이 기본적으로 정보가 물질적 형식과 분리된 별개의 개념으로 받아들여지고 있음을 인지하고 있으나, 자신이 보기에 이렇게 정보와 물질의 분리가 가능하다는 사고는 물질을 정보의 종속 혹은 보조적 대상으로 여기는 것에 지나지 않고 그렇게 될 때 둘 사이의 위계를 생성하게 되기에 위험하다고 지적한다[자료: 성정혜, 「비판적 포스트휴머니즘으로 살만 루시디 읽기: 『악마의 시』에 나타난 휴먼/포스트휴먼」, 《영미연구》 35권(2015): 29~41쪽](옮긴이 주).

§ 헤일스는 인간을 이제까지 생각해 왔던 어떤 고정된 존재로 상정하는 것이 아니라, 변화 가능한 열린 존재로 보며, 포스트휴먼에 대해서도 마치 임의적인 것들이 패턴을 만들었다가 사라지기를 반복하는 정보의 흐름처럼 순수 계몽적 주체가 아니라, 혼합물이자 이질적 구성물들의 집합체로 본다[자료: 전혜숙, 「현대미술 속의 신체변형: 포스트휴먼적 '경계존재'의 실행 방식들」, 《현대미술사연구》 31권, 31호(2012): 133~160쪽](옮긴이 주).

§§ 혈액 양자는 애초에 연방정부가 원주민 부족들의 시민권을 제한하기 위한 노력의 일환으로 그들에게 부과한 시스템이었다. 나바호 네이션Navajo Nation을 비롯한 많은 원주민 자치국들Native nations은 여전히 이 시스템을 그들의 시민권 요구조건으로 사용하고 있다. 부족마다 혈액 양자를 사용하는 방식에는 차이가 있다. 예를 들어 나바호 네이션의 시민이 되려면 나바호족의 피가 최소 25% 섞여 있어야 하며, 터틀 마운틴Turtle Mountain의 경우는 시민이 되려면 터틀 마운틴족의 피가 일부라도 섞여 있기만 하면 되고 전체 혈액 가운데 인디언의 피가 최소 25%가 포함되어 있으면 된다(옮긴이 주).

Rodriguez의 미국 인구총조사와 민족성에 대한 패권적 해석에 관한 글에서 이러한 정보 제공적informational§ 평가를 만난다.[30] 사이보그/포스트휴먼 자기들selves(이 둘은 모두 권력과의 지나치게 단순한 개인-국가 관계를 거부함)로서, 국가와 관련해 우리는 누구인가 하는 것은 분명 여권旅券을 쥐고 있는 개별적 신체 이상이다.

그리고 꽤 분명하게 시민권 자체에 대한 생각은 늘 국가가 그들 자신의 주체들을 어떻게 고르지 않게 읽는지로 되돌아가야 한다. 많은 개인이 국가의 증명서로 시민권을 공식적으로 보장받지만 그러한 권리의 포용적 실행을 즐기지는 못한다. 예를 들어, 역사가 메이 나이Mae Ngai는 미국의 아시아계 이민자들은 "불가능한 주체impossible subject"§§로, 그들은 심지어 시민으로 귀화한 후에도 이민자라는 정체성과 인종적 정체성 때문에 완전한 시민 대접을 받지 못한다고 주장한다.[31] 혹은 우리는 학자 에들리 왕Edlie Wong에게로 시선을 돌릴 수 있는데, 그녀는 미국의 후기 재건시대post-Reconstruction§§§에 백인성을 시민권의 인종 형식의 기본 설정값으로 재천명한 "시민권의 허구"를 강조한다.[32]

결국 우리는 철학자 로지 브라이도티Rosi Braidotti의 저서에 이르게 되는데, 브라이도티의 "유목민nomad" 개념은 포스트휴먼/사이보그의 혼합된 부자연성amalgamated unnaturality을 알고리즘주의에서 예시된 변조하는 알고리즘적 정체성 식별과 이론적으로 통합하는 가장 적절한 방법 역할을 할 수도 있을 것이다. 하나의 이론화된 주체로서 유목민은 중심center에서의 삶을 버리고, 그 대신 혼성적인pastiche 것과 간성적인interstitial 것을 결합해 놓은 것들 속에서 산

§ 'informational'과 'informative' 모두 '정보 제공적'이라는 의미이지만, 전자는 단순히 정보를 포함한다는 의미로 그 정보가 유익할 수도, 유익하지 않을 수도 있는 데 반해 후자는 유익한 정보를 제공한다는 의미로 사용된다고 한다(옮긴이 주).

§§ '존재할 수 없는 사람이자 해결될 수 없는 문제'라는 의미(옮긴이 주).

§§§ 재건 시대는 미국의 역사에서 두 가지 의미로 해석할 수 있다. 첫 번째는 남북 전쟁에 이은 1865년부터 1877년까지의 전국을 아우르는 재건 시기, 두 번째는 1863년부터 1877년까지 미국 남부의 변화를 아우르는 의미이다(옮긴이 주).

다. 이 유목민은 전적으로 관계적이어서, 우리의 사회적 연합social association과 객체적 연합objective association은 우리의 신체/기술/데이터와 교차한다.§ 브라이도티의 저서는 주체성 개념의 초점을 사람의 신체, 고유한 이름이나 심지어 개인성individuality에 맞추기를 거부함으로써 국가와 제도적 기관 바깥에 사는 주체로서의 들뢰즈와 심리치료사 펠릭스 가타리의 유목주의nomadism 이론을 새롭게 보강한다.[33]

브라이도티의 유목적 사고에 따라, 속인주의와 속지주의의 명백한 본질주의는 알고리즘주의의 관계적이고 연관적인 용어들로 대체된다. NSA에게 어떤 이용자는 결코 그냥 '시민'이 아니라 그 이용자의 데이터화된 사회적 관계에 따른 '시민'이다. 어떤 이용자가 누구와 이야기하는지 혹은 "친구 목록"에 누가 포함되어 있는지는 각 인터넷 이용자와 미국 정부 간의 데이터화된 관계를 결정하는 생산적인 연관적 특성이다. 1장에서 언급한 바 있는 사회적 실재의 "애즈 이프as if" 만들기를 상기하면, 브라이도티의 유목민 역시 "애즈 이프" 연관 철학을 따른다: 어떤 유목민은 그것이 "마치" *y*인 것"같이" *x*를 경험한다. "애즈 이프"로 인해, 거기에는 고국도 없고, 정체성의 안정성도 없으며, 따라서 이상적인 시민권이 주는 어느 정도의 영구적인 신성함 위에서 살 수 있는 능력도 없다. 오히려 유목민들은 "어떤 일련의 경험에서 또 다른 일련의 경험으로 이동할 수 있는 능력[으로 인해] (…) **마치** 어떤 경험이 다른 경험을 연상시키거나 상기시키는 것**처럼**" 산다.[34]

브라이도티의 유목민을 여자 = *x*와 같은 정체성을 본질화하는 고정성fixity을 사용하는 권력의 모더니즘적 구조에 대한 대응으로 맥락화하는 것은 유용하다. "애즈 이프"는 주체들이 여자는 *x*라는 고정된 생각에 대한 어떠한 의존도 없는 연대 관계 속에서 서로를 이해할 수 있게 한다. 그러나 *x*의 인식

---

§ 다시 한 번 말하지만 여기서 교차란 둘이 서로 만나 서로에게 영향을 준다는 의미이다(옮긴이 주).

론적 안정성이 없다면, "간격, 접면, 그리고 간극들의 실천인 유동적인 경계에 대한 확인"을 요구하는 "애즈 이프" 주체 관계는 또한 알고리즘적 처리에서 발견되는 조절적인 제약을 전적으로 보여준다.[35]

그리고 이것은 브라이도티의 어셈블리지화된 연관적 주체 관계가 문제적이면서도problematic 주체를 자유롭게 해주는 이유이다. 유목민은 고정된 경계(여자 = x)에 그러한 경계에 맞서는 해방적인 대처("나는 y를 선언한다!")로 대응할 수 있다. 그러나 NSA가 그녀를 '시민'으로 해석하는 것 역시 마찬가지로 유랑적流浪的이다. 그러한 해석은 그 주체가 "애즈 이프" '시민'으로 행동하는 한 누가 여자인지에 대해 감정에 지배되지 않으면서 매일 변한다. 그에 상응하여 브라이도티의 "애즈 이프" 반反본질주의antiessentialism는 그것이 스스로를 엄격한 본질주의 구조에서 벗어나게 하는 한 해방적이다.

시민권과 함께 부여되는 지역화된 안정된 지표가 없는 알고리즘주의의 연관적인 "애즈 이프" '시민권'은 생태학적으로 과잉결정된다. 그것은 우리가 데이터화된 삶을 용케 헤쳐 나아갈 때 우리를 응시하는 많은 다른 것들, 즉 친구, 지형, 커뮤케이션 양식, 그리고 심지어 우리가 어떤 언어를 사용하는지에 연결된다. 하나의 공식적인 법적 장치로서 알고리즘주의의 관심사는 "훌륭한 시민"을 만들어내는 것이 아니다. 오히려 알고리즘주의의 관심사는 NSA의 "닥치는 대로 수집한다" 접근방식을 유지하는 동시에 미국 헌법의 법적 우선권을 충족시키는 것이 유일한 요구조항인 시민권이다.

이것이 바로, NSA의 절차를 토대로, 리눅스Linux 운영체계를 사용하는 컴퓨터를 통해 4년 전 캐나다에 있는 IP 주소에서 스페인어로 이탈리아 밀라노행 비행기표에 대한 검색 쿼리가 현재 당신의 '시민권'과 프라이버시권에 잠재적으로 영향을 미칠 수 있는 원리이다. 심지어 그 비행기에서 당신 옆자리에 앉아 있는 사람도 데이터화된 "강한 근접성emphatic proximity" 및 "강한 상호관계성intensive interrelationality"과 비非데이터화된 "강한 근접성" 및 "강한 상호관계성" 모두에서 당신과 얽히게 된다.[36] 브라이도티는 자신의 유목적 주체의 연관적 성질을 기술하기 위해 이러한 두 문구를 소개하지만, 우리 역시 그 문구들을 사용해 우리의 데이터화된 "애즈 이프" 주체 관계 속에 함축되어 있는 주체적 창발성subjective emergence을 기술할 수 있다. 당신은 자신의 삶을 바꾸는 비행기 안에서 나눈 축구와 정치에 대한 대화, 그리고 당신은 14A에 앉고 그녀는 14B에 앉았음을 말해주는 데이터베이스 기록 모두에 의해서, 영원히 당신 옆자리에 앉은 사람과 연결된다.

필자는 이러한 연관-기반 주체 관계의 잠재력과 문제점이라는 이중성을 되풀이해야 할 필요가 있다. 브라이도티는 유목적 주체에 대한 그녀의 해석이 "중심이라는 개념의 전면적인 해체와 따라서 근원적 장소나 어떠한 종류의 진정한 정체성의 전면적인 해체를 수반한다"라고 적고 있는 반면, NSA는 이와 매우 동일한 과정에 따라 그들의 알고리즘적 '시민권'을 할당한다.[37] 브라이도티의 "애즈 이프"는 젠더화된 경험들(예, 가부장제하에서의 두 사람의 삶의 서로 구별되지만 유사한 경험) 전반에 걸친 주체적인 변화를 촉진할 수도 있는 반면, 이에 비해 미국 정부는 당신에게 '외국인' 친구가 있기 때문에 당신이 '외국인'이라고 주장할 수도 있을 것이다. 또 다시 속인주의나 속지주의의 가상적인 안정성과는 달리, '외국인'이 되는 것에는 중심점이 존재하지 않는데, 이는 "애즈 이프"의 의미가 왔다 갔다 하면서 적용되는 것일 뿐이다. 검증된 진정한 시민으로 국가에 대해 알고 있다는 듯 말할 수 있는 형식적 능력이 혼란에 빠지고 만다.

그러나 "강한 근접성"과 같은 개념으로 인해 우리는 공유된 사회적 관계가 어떻게 주체 만들기subject making 과정에서 그리고 필연적인 결과로 정치 행위의 가능성에서 빼놓을 수 없는 것이 되는지 볼 수 있다. 연관은 우리의 정체성에도 중요하지만 그러한 연관이 주체성이 무엇인지 그리고 주체성이 무엇일 수 있는지에 대한 규칙을 설정하는 방식에도 중요하다. 이러한 모델화된 주체 배치arrangement의 양쪽 면 모두가 "마치" 그들이 뭔가 다른 것들인 것"같이" 서로 탱고를 춤에 따라, 우리의 알고리즘적 삶들에는 부동不動의 자기-정체성에 대한 인식론적 견고함이 없다: "나는 여성이다" 혹은 소저너 트루쓰Sojourner Truth§의 좀 더 저항적인 연설처럼 "나는 여성이 아니란 말인가?"

양쪽 면 모두에서 "애즈 이프"는 이러한 단수형 진술은 기각하고, 다음과 같은 끝없이 연속된 연합을 채택한다: 필자는 *a*, *b*, *c*와 비슷한 반면, 구글은 필자가 *x*와 비슷하다고 생각하고, NSA는 필자가 *y*와 비슷하다고 생각하며, 데이터 분석회사인 콤스코어comScore는 필자가 *z*와 비슷하다고 생각한다. 그러나 *a*, *b*, *c*와 *x*, *y*, *z*는 우리와 비슷한 다른 사람들에 의거해 의미를 가질 뿐이다. 우리는 *a*, *b*, *c*가 의미하는 바를 파악하기 위해 우리의 친구와 협력자들에 의존한다. 그리고 마케팅 알고리즘과 NSA 알고리즘 역시 *x*, *y*, *z*가 무엇인지 파악하기 위해 데이터감시되는dataveilled 이용자들의 네트워크를 필요로 한다.

필자는 우리가 이러한 어셈블리지화된 알고리즘적 정체성 내에서의 우리의 위치를 고정하기에 부적절한 것으로 그래서 가십gossip과 유사한 것으로 볼 것을 제안한다. 학자 조선정Son-Jeong Cho은 19세기 영문학에서의 여성의 주체성에 관한 자신의 저서에서 "가십은 공식적인 역사의 담론에서는 '하찮고 시시한' 개인사를 의미 있고 중요한 것으로 만드는 수단인데, 왜냐하면 가십은 삶의 특정한 시련과 당면한 인간의 나약함을 표현함으로써 보편화된 삶의 개념을 세속화하기 때문이다"라고 적고 있다.[38] 철학자 로레인 코드Lorraine Code에 따르면, 가십은 그녀가 "계승자 인식론successor epistemology"§§이라 부르는 것, 즉 "미묘하게 유익한 정보를 제공하지만informative 결코 안정되거나 고정되지

---

§ 노예 시절의 이름이 이저벨라 밴 왜그너Isabella Van Wagener인 소저너 트루쓰(1797~1883)는 미국 흑인 해방운동가·사회개혁가·복음전도사로, 남북전쟁 당시 여성 선거권과 노예제도 폐지를 주창했던 흑인 여성이다(옮긴이 주).

§§ 여성주의자들의 비판과 우려를 수용한 인식론을 말하는데, 미국의 여성주의 철학자 샌드라 하딩Sandra G. Harding은 여성주의자 관점의 인식론feminist standpoint epistemologies, 여성주의적 경험론feminist empiricism, 전환적/포스트모던 인식론transitional/postmodern epistemologies을 계승자 인식론이라 불렀다(옮긴이 주).

않은, 위치 지어진located, situated 담론"을 위한 공간을 제공한다.[39]

담론적 관료형식주의officialism가 없는 그러한 사회적 삶의 "세속화"는 우리 정체성의 "세부사항"의 중요성을 끌어올려 좀 더 전체적으로 볼 수 있게 한다. 비데이터화된 세계에서 이러한 세부사항들은 전통적으로 속세의 혼돈 속에서 길을 잃는다. 지난해 매일 밤 당신이 한 일을 기억하는 것은 꽤 어려우며 당신과 함께 있었던 사람을 기억해 내는 것은 훨씬 더 어렵다. 그러나 편재적인 데이터감시의 세계에서 이러한 경험상의 세부사항들은 쉽게 기록된다.

우리의 세부사항의 중요성을 끌어올리는 것은 인터넷의 핵심적인 사실 기록 상황[§]으로 우리를 이끄는데, 프라이버시 이론가 대니얼 솔로브Daniel Solove가 데이터감시되는 세계에서의 평판을 이론화하면서 이것에 대해 다음과 같이 자세히 설명한다: "과거에는 대부분의 출판물이 도서관의 먼지 쌓인 구석에 파묻혀 있었기 때문에 사람들은 인쇄된 단어들에서 심지어 벗어날 수 있었다. (…) 그러나 인터넷은 가십을 결코 사라지지 않는 영원한 평판의 오점으로 만든다. 가십은 전 세계적으로 이용 가능하며, 구글로 인해 1초도 되지 않아 그것을 쉽게 찾아낼 수 있다."[40] 2010년 영화 〈더 소셜 네트워크*The Social Network*〉에서도 비슷한 지적이 있었는데, 이 영화에서 마크 저커버그Mark Zuckerberg의 전 여자 친구는 그가 심야에 천박한 성차별적 블로그를 올리자 그를 질책한다: "인터넷은 연필로 써지는 것이 아니야, 마크; 인터넷은 잉크로 써져."

디지털 아카이브digital archive의 실제적인 영구성은 오랫동안 메건 샙너 앵커슨Megan Sapnar Ankerson 같은 디지털 학자에 의해 문제 제기가 되어왔지만, 이러한 잉크 은유의 사용은 단순한 블로깅 사례를 넘어 우리의 데이터화된 연관성이 데이터베이스에 기록되는 것을 포함하는 것까지로 번져나간다.[41]

---

§ 인터넷상에 모든 행위가 데이터 자국으로 남는 상황을 말한다(옮긴이 주).

실제로 가십으로 되돌아가면, 사람들은 그냥 그들이 누군가가 길을 걷고 있는 것을 보았다고만 말하지 않는다. 그들은 또한 그가 누구와 걷고 있었는지에 대한 세부사항을 포함하는 것도 잊지 않는다. 대화의 주제가 알려지지 않았거나 너무 난해해서 이해하지 못할 수도 있기 때문에, 그들이 **무엇**에 대해 말하고 있었는지는 별로 의미 없는 경우가 많다. 흔히 그들이 **누구**와 이야기하고 있었는지가 가장 중요한데, 그 이유는 그것이 단순한 관찰자가 구할 수 있는 유일한 정보이기 때문이다.

전 CIA 부국장 마이클 모렐Michael Morell이 상원 법사위원회Senate Judiciary Committee에서 한 증언에서 가치를 부여한 것은 바로 내용에 등장인물을 덧붙이는 것이었다: 달리 메타데이터metadata로 알려져 있는 이 연관 네트워크에는 "상당히 많은 내용"이 존재한다.[42] 예를 들어, 필자의 지메일 주소는 필자가 누구인지에 대한 미묘하고 복잡한 내용을 포함하고 이야기, 필자의 사회적 관계 패턴, 그리고 필자의 일과를 말해주는 메타데이터를 만들어내는데, 이 모두는 필자가 컴퓨터 자판으로 입력하는 실제의 단어들 가운데 그 어떤 것도 고려하지 않고 이루어진다. 필자의 받은 편지함은 그저 스팸과 마지막 순간에 보내온 학생들의 요청/해명들을 모아놓은 잡동사니처럼 보일 수도 있지만, 필자가 누구와 소통하고 있는지를 상세하게 알려주는 데이터는 알고리즘적으로 필자와 필자의 사회적 세계에 대해 많은 것을 말해주는 데 사용될 수 있는 기술적記述的인 소셜 네트워크를 구성한다.[43]

실제로 앞에서 지적한 것처럼, 이러한 데이터는 매우 가치 있어서 그것은 우리의 알고리즘주의에 의한 "외국인성"과, 스노든의 표현을 사용하면, 누가 더 높은 "수준의 정밀조사"를 받아야 할지를 규정하는 특성들 가운데 하나가 된다. 미디어 이론가 마테오 파스퀴넬리Matteo Pasquinelli가 주장하듯이, 들뢰즈의 "통제 사회"의 현재 양식은 "메타데이터 사회societies of metadata"로 부를 수도 있을 텐데, 메타데이터 사회에서는 메타데이터가 "사회적 관계의 가치 척도" 역할을 하며, 따라서 우리의 알고리즘적 연관이 의미하게 되는 바의 결정권자 역할을 한다.[44] 이러한 가치는 NSA의 동종성homophily에 대한 안이한 가정의 형태로 나타나는데, NSA는 시민은 시민과, 외국인은 외국인과, 그리고 나쁜 씨bad seed[§]는 나쁜 씨와 이야기한다고 가정한다. 우리는 "강하게 상호 관련될" 수 있지만, 그러한 상호관계성은 분명히 좋지도 않고, 그렇다고 위로가 되지도 않는다.

예를 들어, 필자는 2013년 여름 스노든의 폭로 직후에 이메일을 받은 것을 기억한다. 그것은 필자 동생의 친구가 남부 유럽 여러 곳을 여행하는 데 필요한 조언을 요청하는 이메일이었다. 그는 또한 우연히 강력한 익명화 프록시 서비스인 토어Tor 개발자로 일하게 되었는데, 이 서비스는 기술적으로 이용자들의 웹 트래픽의 출발지와 목적지를 가려준다. 그리고 겨우 몇 주 전에 있었던 스노든의 폭로 때문에 이 친구는 그가 토어와 일한 것이 그의 이메일 수신자이면 누구에게나 케빈 베이컨Kevin Bacon 지수[§§] 1만큼 떨어져 있는 "정밀조사 대상자"로 표시하게 만든다는 것을 알게 되었다.

필자 동생의 친구가 필자에게 보낸 이메일은 지극히 평범한 소개와 로마에서 맛볼 수 있는 훌륭한 피자에 대한 질문이었다. 그러나 비록 그의 이메일에 심각한 기술 관련 토론이나 정치적 토론은 어떤 것도 포함되어 있지 않

---

§ 타고난 성향으로 인해 나쁜 행동을 일삼으면서 다른 사람에게 잠재적으로 나쁜 영향을 미치는 사람을 일컫는 은어이다(옮긴이 주).

§§ 6단계 법칙은 인간관계는 6단계만 거치면 지구상 대부분의 사람과 연결될 수 있다는 사회 이론이다. 케빈 베이컨 게임으로 유명해지면서 '케빈 베이컨의 6단계' 혹은 '케빈의 법칙'이라는 이름으로 알려지기도 했는데, 사실 6단계 법칙이 먼저 제시되었고 이걸 나중에 응용해서 케빈 베이컨 게임이 만들어진 것이기 때문에 본래 이론 자체는 케빈 베이컨과 무관하다. 케빈 베이컨의 게임은 한 영화배우를 지목해서, 그 영화배우가 케빈 베이컨과 얼마나 가까이에 있는지를 만드는 놀이의 일종으로, 얼마나 건너뛰어 있는가를 '베이컨 지수'라는 숫자로 매기는 것이다. 예를 들면, 베이컨과 직접 같이 출연한 적이 있는 배우라면 베이컨 지수는 1이지만 베이컨과 같이 출연하지 않은 배우라면 해당 작품에서 베이컨과 가장 가까이 있는 배우를 지목해서 계속 이어나가는 식이다(옮긴이 주).

았더라도, 그럼에도 그는 이러한 단 하나의 연관적 메타데이터 연결의 영향을 알았다. 인정된 "강한 근접성"으로 인해 기본 설정된 그의 서명에는 숨김없는 가벼움이 존재한다: 이 감시 목록에 오신 것을 환영합니다 :).[45]

스노든의 폭로로 인해 NSA의 광범위한 데이터 저인망의 이러한 측면을 세상 사람들이 알게 된 한편, 알고리즘주의의 데이터화된 주체 관계는 좀 더 전통적인 주체성 해석을 혼란스럽게 할 수도 있다. 우리가 '시민'이거나 '외국인'임을 불가피하게 알게 될 때 주체성에는 무슨 일이 벌어지는가? 혹은 우리가 알고리즘적으로 정체성이 식별되지만 어떻게 그렇게 되는지 정확하게 알지 못할 때 어떤 일이 벌어지는가? 다음 절에서 필자는 주체 관계에는 직접적인 인간의 재귀성이 없는 것처럼 보일 수도 있다는 점에 대해 살펴본다. 이어서 이러한 괴리가 필자가 엘스the else라고 부르는 것의 측면에서 어떻게 작용할 수도 있는지 살펴본다.

2. 알고리즘적 보간補間§에 관하여

철학자 루이 알튀세르Louis Althusser의 이념적 호명ideological interpellation§§에 대한 풍자에 기술되어 있는 주체를 만드는 정치적 행위는 유명하기도 하고 좀 과하기도 하다. 한 경찰이 "어이, 당신!"이라고 소리치면서 어떤 사람을 "부른다". 왕자가 된 개구리§§§처럼 그 사람은 심지어 "당신"이라는 말을 듣기도 전에 지

---

§ 통계적 혹은 실험적으로 구해진 데이터들로부터 주어진 데이터를 만족하는 근사 함수를 구하고, 이 식을 이용하여 주어진 변수에 대한 함수 값을 구하는 일련의 과정을 보간이라고 한다(옮긴이 주).

§§ 알튀세르에 따르면, 이데올로기가 우리에게 말을 거는 호명의 절차를 거치는 순간, 우리는 비로소 주체로 칭해지게 된다. 즉, 호명은 우리가 일상에서 언어와 이미지로 전달되는 이데올로기에 의해 스스로 구축되는 과정이라고 할 수 있다(옮긴이 주).

§§§ 그림동화 『개구리 왕자*The Frog Prince*』(원제 *Der Froschkönig*)에 나오는 이야기이다(옮긴이 주).

배 계급의 이념 장치ideological apparatus를 통해 주체로 변한다.[46] 그러나 이 커뮤니케이션 다이어그램에서 필요한 것은 자기-인식 행위, 즉 타인의 행위에 대응하는 주체다운 주체이다. 우리는 이론적으로 우리의 알고리즘적 정체성을 인정할 수도 있지만, 알고리즘주의의 블랙박스화된 불투명함은 우리가 그러한 '시민권' 부름hail에 즉각적으로 대항하지 못할 것임을 의미한다.

그러나 알고리즘주의와 같은 알고리즘적 정체성 식별은 이용자를 좀처럼 직접 부르지 않는다. 그러한 정체성 식별은, 그것이 이용자들의 프라이버시 권리에 대한 접근이든 사회적 관계이든 아니면 지식 그 자체이든, 그들의 가능성의 조건을 구조화한다. 주체 만들기 과정은 이렇듯 간접적이다. 그것은 다소 지나치게 인사말을 건네는 경찰의 은유적 힘보다는 이론가 자크 라캉Jacques Lacan의 정신분석 프레임워크(공교롭게도 이 프레임워크는 알튀세르의 이론에 영향을 받았음)에 더 가까운 권력 관계이다.

자신의 "거울 단계mirror stage"에 대한 초기 이론화 작업 과정에서 라캉은 유아들은 자신들을 거울 속의 객체로 인식하면서 통합된 개인unified individual이 되어가며 따라서 자신들을 그들 자신의 이미지와 동일시하기 시작한다는 의견을 제시했다.[47] 이것을 작가 커디스 화이트Curtis White는 다음과 같이 요약하고 있다: "'나는' 거울을 보며 '저게 나야'라고 말한다."[48] 그러나 라캉은 곧 이 단계를 좀 더 일반적인 주체성 해석으로 확장했다: 주체 형성은 또한 그가 언어의 내사introjection,§ 즉 상징적 동일시의 내면화라고 부르는 것과의 조우遭遇를 통해서도 발생한다.[49]

이 장과 좀 더 연관성이 높은 것으로, 정보 학자 로널드 데이Ronald Day는 내사內寫의 정의를 "의미론적 형식들의 무의식적인 체계와 표현을 위한 규칙과 역할의 무의식적인 체계를 형성하는, 문화적 형식과 사회 규범에 의한 주체

§ 한 주체가 주위 환경이나 다른 주체의 행동, 속성, 파편 등을 복제하는 과정을 말한다(옮긴이 주).

의 정신적 부호화"로 넓힌다.[50] 주체화 과정은 권력에 대한 직접적인 주의 기울이기라는 경로를 통하지 않을 수도 있다. 그것은 오히려 지속적으로 (어떻게 언어, 문화, 그리고 사회 규범이 불가피하게 변화하는지에 대한) 우리 자신의 주체적 위치 설정을 다시 손봄으로써 (언어에서부터 문화 그리고 사회 규범에 이르기까지) 삶을 구조화하고 매개한다.

예를 들면, 우리는 데이가 "사실기록적 주체documentary subject"[§]라고 부르는 것에 대한 그의 저서를 생각해 볼 수 있다. 이러한 새롭게 나타난 주체 관계는 개인을 "무언가나 누군가, 어떤 물건이나 어떤 사람에 대한" 기록문서의 장場 안에 위치시킨다. 데이는 계속해서 "사실기록적 의미에서 (무언가나 누군가에 대해) 알고자 하는 것은 지식 체계라는 맥락에서 무언가나 누군가를 이해하고자 하는 것이다"라고 말한다.[51] 이러한 "대상성aboutness"에 초점을 맞추는 것은 여러 면에서 특히 데이가 알튀세르의 "호명"과 "보간"이라는 통계적 방법 간의 연관성을 재치 있게 설명하는 데 도움이 된다.[52]

보간법에서는 (기존 데이터 세트를 토대로 한 미래 행동 예측과 같이) 기존 데이터 포인트들의 패턴을 사용하여 새로운 데이터 포인트들이 생성된다. 그런데 보간된interpolated 주체는 기既존재하는 자기self의 일대일 관계에 따라 정체성이 식별되지 않는다. 오히려 그 주체는 기존 데이터의 공백을 새로운 알고리즘적 근사치로 메워주는 통계적 추정이라는 맥락에서 이해된다. 데이의 사실기록적 주체처럼, 보간된 주체에 대해 이야기를 하는is talked about 것이지 보간된 주체에게 이야기를 하는is talked to 것이 아니다. 결국 이 주체는 일종의 합성된 알고리즘적 정체성으로 표현될 수 있다: 개인의 정체성의 특수성particularity이 개인의 정체성 식별의 대상성으로 대체된다. 사실기록적 주체나

---

§ 로널드 데이는 자신의 저서 『모든 것을 지수화하기: 사실 기록, 정보 및 데이터 시대의 주체*Indexing It All: The Subject in the Age of Documentation, Information, and Data*』에서 사회적 위치 차지하기social positioning의 한 양식으로서 사실기록 지수documentary index에 초점을 맞춘다(옮긴이 주).

보간된 주체는 경찰이 "어이, 당신!"이라고 부르는 것을 반드시 지각하지는 못할 수도 있지만, 언어의 흐름, 문화, 그리고 사회 질서 유지를 통해 그것에 수반하는 내사introjection를 감지할 것이다.

데이의 사실기록적 주체성의 대상성은 로지 브라이도티의 "애즈 이프"의 대상성 속으로 뽐내며 멋지게 걸어 들어간다. 어떤 이용자의 "애즈 이프" 강한 상호관계성이 그녀를 일단의 비非본질적 연관 네트워크 속에 위치시키는 것과 똑같이 일단의 기록문서는 사람들을 그들의 정체성을 정의하는 규칙 속에 위치시킬 수도 있다. 예를 들어, NSA는 그들 자신의 보간적 지식 분류 체계에 따라 이용자들을 '시민'으로 분류하면서 인터넷상의 사회적 연계의 어셈블리지를 평가한다. 다른 '시민들'과의 데이터화된 상호관계성으로 인해 어떤 외국인 이용자를 '시민'으로 식별하는 데 따르는 통계적인 공백이 메워짐으로써 그녀가 NSA 저인망에 잡히지 않고 통과될 수도 있는 것과 똑같이, 여기에서 개인의 실제 시민권이 적용될 필요는 없다.

"애즈 이프" 정체성 식별의 이러한 부정확성은 알튀세르의 "명쾌한clean-cut" (이것은 철학자 믈라덴 돌라르Mladen Dolar가 개인이 단순한 "어이, 당신!"으로 부르는 주체로 잘려나가는 것에 대한 비평에서 사용한 용어임) 호명 개념의 이론적 다형성多形性; polymorphing을 경험적으로 좀 더 충실하게 만들어주기도 하지만 동시에 그것을 손상시키기도 한다.[53] 그리고 이러한 정체성 식별상의 혼란 속에서 펠릭스 가타리가 왜 주체성을 "개별적 및/혹은 집단적 사례들이 스스로 주관적인 타자성他者性; alterity과 가깝거나 타자성과 한정된 관계에 있는 자기-참조적인self-referential 실존적 영토로 창발創發하는 것을 가능하게 하는 조건들의 앙상블"로 기술하는지 좀 더 쉽게 알게 된다.[54] 좀 더 날카롭게 표현하면, 이러한 부정확성은 다음과 같은 가타리 자신의 주체성에 관한 틀 짓는 질문framing question에 대답하기 위한 관점의 깊이를 제공한다: "나를 관통하는 주체화subjectivation의 구성요소들이 다양함에도 나는 어떻게 독자성unicity의 상대적 의미를 유지할 수 있는가?"[55]

이러한 앙상블에 대해 생각해 보는 한 가지 방법이 [월드 와이드 웹이 발명된 해이기도 하고 또 온라인 추적 기술(쿠키)이 고안되기 4년 전이기도 한] 1990년에 제시된 미디어 이론가 마크 포스터Mark Poster의 수퍼파놉티콘superpanopticon이다.[56] 포스터는 디지털 기술이 철학자 미셸 푸코의 원형 교도소라는 도형적 경계를 확장해, 우리 주체성의 네트워크화된 회로가 전통적인 규율의 개념적 교도소 벽을 탈출해 사이버공간으로 내달린다고 주장했다. 이러한 수퍼파놉티콘적 주체는 포스트휴먼 주체로, "이 세계에서의 인간 신체의 경계에 대한 우리의 감각의 안정성을 위협하는" 주체이며 "인간이 컴퓨터를 만들어내고 그런 컴퓨터가 새로운 종의 인간을 만들어내는 일이 일어날 수도 있다."[57]

이러한 "새로운 종의 인간"은 신체를 가질 수도 있지만, 그러한 인간의 관계는 우리의 즉각적인 신체적 상호작용을 초월하며 그리고 탈제도화deinsstitutionalization, 탈중심화decentering, 탈개인화deindividualization라는 현대의 포스트모던 배치 속으로 새어 들어간다. 이러한 해체된 환경 속에서 제도는 해체되고, 의미는 다중적이 되며, 개인들은 그들의 이상화된 삶의 자율성과 저자권著者權을 잃는다. 미디어 이론가 마크 B. N. 핸슨Mark B. N. Hansen은 유사한 주체적 상황§을 다음과 같이 틀 지었다: "21세기의 대기적大氣的 미디어atmospheric media§§와의 상호작용에서 우리는 우리 자신을 더는 뚜렷이 다른

---

§ 여기서 주체적 상황subjective setting은 주체성의 맥락the context of subjectivity을 뜻한다 [자료: 저자와의 이메일 교신](옮긴이 주).

§§ 핸슨이 계산computation의 경험적인 영향을 설명하기 위해 마우리치오 라자라토Maurizio Lazzarato의 영상 기술의 정서적 차원에 대한 이론화를 토대로 개발한 개념이다. 그는 계산 미디어가 미소시간적 규모microtemporal scale로 작동함으로 인해 계산 미디어는 삶의 정서적 흐름과 시간적 흐름을 변조해 우리의 전인간적pre-personal 체현體現; embodiment 수준에서 우리에게 직접적으로 영향을 미칠 수 있다고 주장한다. 이런 점에서 모든 종류의 영상과 디지털 이미징 장치를 포함하는 포스트-시네마적post cinematic 카메라는 우리의 가장 깊숙한 시간이 되어가는 과정becoming-in-time에 직통으로 연결되며 따라서 비물질적이거나 정서적인 노동의 심장부에 "일반 지성general intellect"을 흘러들게 함으로써 집단에 정치 생활을 알릴 수 있다. 다시 한 번 더 이것은 개인의 지각

미디어 객체들에 맞서는 분리된 준자율적 주체로 생각할 수 없다; 오히려 우리는 스스로 다수의 다중-규모적multi-scalar§ 과정의 작동을 통해 주체로 구성된다."[58]

그러나 우리는 "뚜렷이 다른 미디어 객체들에 맞서지" 않는다는 이러한 주장의 혼란스러움은 수퍼파놉티콘의 개념적 한계를 확인해 준다. 그것은 또한 필자가 우리의 알고리즘적 정체성의 데이터화된 주체 관계를 가타리의 "주체화의 구성요소들의 다양성"과 동일 선상에 두는 것이 중요함을 시사한다. 1990년대 초에 포스터는 어떻게 이러한 데이터베이스 담론들이 단지 우리의 개별 자기들의 분산된 서류 뭉치 이상의 역할을 할 수도 있는지에 대해 깊게 생각해 볼 수 없었다. 오늘날 정부 데이터베이스에 있는 기록이 비행기를 타거나, 세금을 내거나, 세금을 환급받거나, 교도소에 가지 않거나, 어떤 국가에 입출국할 수 있는 개인의 능력에 대단한 영향을 미친다는 것은 꽤 명백한 사실이다.[59] 그러나 비교적 덜 명백한 것은 수퍼파놉티콘을 통해 우리가 어떻게 주체를 만드는 과정에서 데이터의 역할을 궁극적으로 개인의 기존의 신체, 이름, 혹은 미국의 사회보장Social Security 번호로 되돌아가는 인공 장신구 이상으로 평가하게 되는가 하는 것이다.

수퍼파놉티콘 이상으로 이론화하는 것은 우리의 포스트휴먼적 개인성을 데이터로 코드 변환하는 것이다. 혹은 개인individual에서 "분인dividual"으로의 개

력이 탈중심화되고, 지각적 객체와 상관이 없으며, (어느 곳에서나 우리를 둘러싸고 있는 눈에 보이지 않는 네트워크와 데이터 스트림뿐만 아니라 많은 스크린과 카메라를 포함하는) 널리 퍼져 있는 "대기적인" 미디어 환경에 떠넘겨지기 때문이다[자료: Shane Denson, "Digital Aesthetics Workshop: Mark B. N. Hansen, 'The Ontology of Media Operations'," October 5, 2017, https://medieninitiative.wordpress.com/tag/mark-b-n-hansen/)](옮긴이 주).

§ 하나의 해석 문제에서 특정 영역은 미시적인 스케일을 그리고 나머지 영역은 거시적인 스케일로 분석하는 최신의 수치기법numerical analysis을 멀티 스케일 분석multi-scalar analysis이라고 하는 데서 힌트를 얻을 수 있을 것이다(옮긴이 주).

념적 이동을 따르는 것이다. 들뢰즈는 그의 "통제 사회에 대한 후기"에서 다음과 같이 적고 있다: "우리는 이제 대중/개인의 짝을 더는 다루지 않는다. 개인들은 '분인들'이 되었으며, 대중, 표본들, 데이터, 시장, 혹은 '은행들'이 되었다."[60] 그리고 우리의 개인성이 데이터의 단위로 기록되는 온라인에서 우리의 분인성dividuality은 계산되는 데 이용 가능한 유일한 것이다. 디지털 이론가 셉 프랭클린이 주장하듯이, "분인은 디지털화된 주체"로, 주체 관계의 존재론을 기능적으로 우리의 비非디지털 삶과 완전히 별개로 받아들일 뿐만 아니라 개인성의 특정한 체험된 복잡성이 안으로부터 어떻게 구분되는지에 대해 생각해 볼 수 있는 생산적인 틀을 만들어준다.[61] 그것은 탈맥락화되어 있고, 탈역사화되어 있으며, 따라서 모듈식으로 작동되고 적용된다.

이러한 형태의 분할된 개인성은 정체성의 상당 부분을, 서로 다른 변조하는 측정가능형들의 구성원을 집계해 놓은 것으로 재개념화한다. 개인은 정체성의 원지점遠地點§에서 제거되며 따라서 주체성 지표에서도 제거된다. 존John이라고 부르는 늘 완벽하고 고유한 체화된 식별자가 없는 '존'은 잠재적인 의미의 불안정한 목록이다. '필자는' 필자의 어셈블러들assemblers의 종잡을 수 없는 생각, 즉 궁극적으로 필자의 '시민권', '유명인사' 여부, '젠더'를 결정하게 되는 필자의 서로 다른 비특정적인 분인적 자기들dividual selves에 대한 알고리즘적 계산에 따라 조립된다. 그에 따른 필자와 '필자' 간의 인식론적 거리는 데이의 대상성과 브라이도티의 "애즈 이프"에 필요한 주체의 거리와 유사하다.

시민은 아니지만 '시민'인 이러한 주체의 거리는 알고리즘적 조절에 대한 많은 기존의 이론화를 복잡하게 만드는 중요한 특징 역할을 한다. 예를 들면, 철학자 앙투아네트 루브루아Antoinette Rouvroy가 "알고리즘적 통치성"이라

§ 달이나 인공위성이 그 궤도상에서 지구로부터 가장 멀리 떨어져 있는 점을 말한다(옮긴이 주).

고 부르는 것에서 알고리즘적 처리는 맥락적으로 그리고 행동적으로 관리되는 선점된preempted 세계를 만들어내는 것으로 이론화된다. 그녀는 다음과 같이 적고 있다: "알고리점적 통치성은 주체화 과정을 허락하지 않는다기보다는, 따라서 반항recalcitrance을 허락하지 않는다기보다는, 재귀적 인간 주체들과 만나는 것을 피하게 하고 막는다. 알고리즘적 통치성은 주체가 없다; 그것은 언제 어느 때나 주체에게 그 자신을 설명하라는 요청 없이 하부-개인적infra-individual 데이터와 초개인적supra-individual 패턴으로 작동된다."[62]

이러한 완벽하게 조율된 생기 없는 알고리즘적 체계 안에서 우리는 거리만큼 선점된다. 알고리즘적 권력은 "도덕적 행위주체로서 (주체들에게 그들의 선호와 의도, 그들의 행위의 이유와 동기에 대해 묻는 것을 피하면서) '주체들'에게 맞서는 것이 아니라, 통계적 신체 속에 들어 있는 예측에 따라 그들의 미래의 정보 환경과 물리적 환경을 조율한다".[63] 이러한 저항할 수 없는 통제에 대한 경험론은 2장의 준주네오 사례에서처럼 여전히 가설로 남아 있지만, 필자는 그와 같은 이론화의 미완성성yet-completeness을 강조하고 싶다. 온라인에서 우리는 우리 자신을 반드시 고유한 주체나 "도덕적 행위주체"로 인식하는 것이 아니라, 직접적인 격렬한 반항 형식이 아닐 수도 있는 방식으로 재귀적일 수 있는 실체로 인식한다.

알고리즘주의의 경우, 우리가 재귀성이 존재하는 것을 안다는 사실에서 우리는 재귀성과 만나게 된다. '외국인'과 '시민'을 할당하는 데이터화된 주체 관계는 우리의 메타데이터에 대한 은밀한 해석으로 우리의 눈에 띄지 않는 것처럼 보일 수도 있을 것이다. 그러나 2013년 스노든의 폭로는 이러한 종류의 알고리즘적 '시민권'이 작동할 가능성과 작동하는 기저 논리에 대한 경각심을 우리에게 불러일으킨다. 따라서 우리는 국가권력에서부터 정체성에 대한 형이상학적 주장에 이르는 어떠한 해석도 서로 상반되는 방식으로 우리의 삶을 규칙에 따라 배열한다는 것을 안다. 이러한 형성적 단절formative disconnection에서 우리는 시민권과 '시민권' 사이의 간격을 느낄 수 있다.

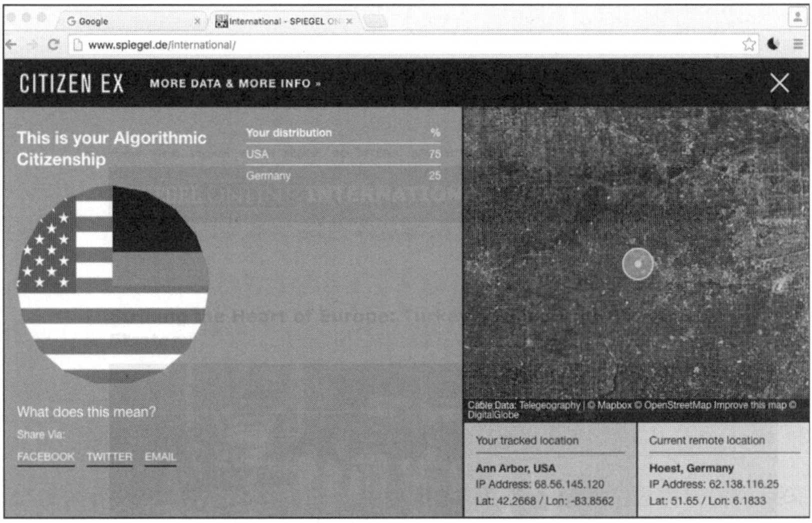

그림 3.2 제임스 브리들의 시민-엑스Citizen-Ex에서 가져온 스크린샷

예를 들어, NSA가 이용자들의 '외국인성'을 확인하기 위해 인터넷 메타데이터에 값을 부여했다는 것을 알게 되자마자 영국 예술가 제임스 브리들James Bridle과 몇몇 다른 사람들은, 알고리즘주의의 논리에 관한 필자의 초기 저서를 따라, 이용자들의 계량적 '시민권'에 대한 "적시適時의" 예술적 해석을 통해 그들에게 NSA의 감시를 인식하게 해준 시민-엑스Citizen-Ex라 부르는 브라우저 확장 프로그램을 개발했다(그림 3.2).[64] 시민-엑스 '시민권'이 공식적인 시민권과 완전히 다를 가능성이 있다는 것이 아니라 완전히 다르다는 사실은 우리에게 우리의 재귀성에 대한 경각심을 일깨워주며, 따라서 우리가 우리의 알고리즘적 정체성의 다양성을 경험하는 방식을 좌우한다. 이 경우에서는 이용자들이 NSA의 주체를 만드는subject-making 힘과 직접 대결하지 않는다. 그러나 시민-엑스와 같은 프로그램은 그럼에도 주체적 대응 가능성을 강조한다.

3. "너와 함께, 검둥이들과 부모님들"

우리의 알고리즘주의적 정체성 식별에 대해 재귀적이기 위해서는 NSA가 어떻게 우리의 데이터를 의미 있게 만들 수 있는지 알 필요가 있다. 사람들은 '외국인'으로 식별되는 것의 영향을 느끼지 못할 수 있겠지만, 시민-엑스는 이용자들에게 NSA가 우리의 인터넷 메타데이터에 대해 내리는 가치 판단의 종류에 대한 경각심을 불러일으킨다. 그러나 다른 알고리즘 사례에서 우리는 영향을 느끼는 것이 아니라 심리적으로 동요하게 하는 부적절함, 즉 그렇게 표시되는 것에서 우리가 기이하거나 수상쩍어하거나 심지어 경멸적인 것으로 받아들이는 이상함을 느낀다.

역사가 마리사 무어먼Marissa Moorman이 자세히 소개한 두 친구 간의 2014년 대화를 예로 들어보자. 한 친구는 포르투갈어만 사용했고, 다른 한 친구는 영어만 사용했다. 둘은 구글 번역Google Translate을 자동 언어 중재수단으로 사용했다: "Olá caríssimo amigo, espero que esteja tudo bem contigo, manos e pais. Eu e minha irmã estamos bem. Gostaria de manter contacto com vocês. Abraço forte."[65] 영어를 사용하는 수신자가 구글 번역의 다음 번역 내용을 읽은 후 일상적인 인사말로 시작되는 부분 때문에 그녀는 불편한 듯 머리를 돌렸다: "Hello friend caríssimo, I hope all is well with you niggas and parents. My sister and I are fine. I would like to keep in touch with you. Big hug(안녕 친구 caríssimo, 검둥이들과 부모님들이 너와 함께 모두 잘 지내고 있길 바라. 내 여동생과 나는 잘 있어. 너랑 계속해서 연락하고 싶어. 꼭 껴안아 줄게)."[66]

포르투갈어를 읽을 줄 아는 사람들은 엉뚱한 점을 두 가지 발견할 수도 있을 것이다. 하나는 "caríssimo"가 영어로 번역되지 않은 것이다. 이 단어는 친밀한 관계에서는 "매우 친애하는" 혹은 "가장 친애하는"이라는 의미이며 다른 맥락에서는 "부당하게 비싼"이라는 의미로, 포르투갈어에서는 꽤 흔히 사용된다. 그것이 번역되지 않은 것은 다소 이상해 보인다. 무어먼은 "manos"라는 단어의 번역에서 나타난 더 충격적인 변화에 주목하는데, 이것은 "형제" 혹은 "친구"를 의미하지만 동시에 "갱 단원" 그리고 심지어 일부 랩 음악에서는 "검둥이"를 나타내는 비속어로 사용될 수도 있다.

구글 번역이 제공하는 번역의 의미론적 결과물은 늘 다소 이상하다. 비록 이 경우에는 명백히 인종차별주의적(이 책의 표현법으로는 '인종차별주의적')이긴 하지만. 외국어 과제를 하기 위해 구글 번역 서비스를 사용해 본 적이 있는 사람이라면 누구나 알고 있듯이, 사람들은 구글 번역을 100% 문자 그대로 받아들여서는 안 된다는 것을 알게 된다. 한 예로, 구글 포르투갈어 번역Google Translate Portuguese은 격식을 갖춘 2인칭 대명사 "당신"을 선호하는 것처럼 보인다. "당신은 사과를 좋아합니까?"는 포르투갈어로 "você quer uma maçã?"로 번역될 것이다.[67] 격식적인 "você"가 좀 더 비격식적인 "tu"를 대신하고 있다.[68] 처음부터 구글 번역의 톤은 지나치게 의례적, 즉 조금 지나치게 전문가적인 것처럼 보인다. 그 기저에 계급차별주의적이고 인간미 없는 정치가 깔려 있는 것처럼 보일 수도 있을 것이다.

이것은 원칙적으로 구글 번역의 방법론 때문인데, 구글 번역은 이미 번역된 문서를 데이터화된 입력물로 사용한다. 이미 밝혀진 대로, 국가와 국제조직은 최대 규모의 번역기 사용자로서 공개적으로 이용 가능한 끝없는 다언어 문서를 만들어낸다. 예를 들어, UNUnited Nations은 UN의 모든 텍스트를 아랍어, 중국어, 영어, 프랑스어, 러시아어, 스페인어 버전으로 출판함으로써 구글에게 손쉽게 구할 수 있는 번역거리를 다량으로 제공한다. 어쩌면 1957년부터 존재하는 모든 문서를 24개 언어로 번역하는 EUEurope Union의 캐시 서버cache server§가 훨씬 더 유용할지도 모른다.[69]

---

§ 캐시 서버는 인터넷 서비스 속도를 높이기 위해 사용자와 가까운 곳에 데이터를 임시 저장하여 빠르게 제공해 주는 서버이다(옮긴이 주).

그렇다면 구글의 번역이 특정 국가의 점잖은 어휘를 택해서 쓰는 것은 놀라운 일이 아니다. 이러한 문서들의 톤, 단어 선택, 비속어 부재는 "당신"을 "você"로 번역하게 하며 또한 포르투갈어에 엄중하고 공손한 성질을 더해준다. 거의 전적으로 공식적인 국가 문서나 학술 문서에 의존해서 이루어지는 구글 번역은 꼼꼼한 외교관이 하는 말처럼 들릴 것이며, 그로 인해 수백만 명의 고등학생이 기술 관료가 말하는 것처럼 들리는 외국어 과제물을 제출할 것이다.

이러한 것들은 구글 알고리즘의 언어 정치가 작동하는 것이다. 구글 번역 이용자는 우리의 알고리즘적 정체성과 비슷한 데이터화된 주체 관계에 참여한다. 그리고 앞의 사례와 같은 대화에서 구글 번역을 사용한 후에 사람들은 무언가 이상하다는 것을 알아챌 것이다. 지역 방언과 어휘는 흔히 무시되거나 정상화된다. "manos"와 같은 단어들이 인종을 나타내는 모욕적인 별칭이 된다.

이러한 이상함은 계량적인 수준에서 발생한다. 첫째, 우리는 컴퓨터가 어떻게 실제로 단어들을 이해하는지에 대해 생각해 보아야 한다. 구글은 옛날 형식의 문법적 번역을 버린 것을 자랑하는데, 그러한 번역에서는 포르투갈어 "cinza"가 "회색"을 의미하는지 아니면 "재"를 의미하는지 혹은 "não faz mal"이 "그것에 대해 걱정하지 마"를 의미하는지 아니면 "나쁠 것 없어"를 의미하는지 고뇌하면서 번역기는 쉴 새 없이 어떤 특정한 단어나 문구를 고려할 것이다.[70] 1940년대로 거슬러 올라가는 구글의 번역 방식은 수학적 비교에 의한 것이다. 그것은 시적詩的 전문성과 정서적인 의미 변별 묘사가 아닌 단어와 어구 간의 통계적 연계성에 따라 각 언어의 측정가능형들을 종합한다. 구글 번역은 영어는 모르지만, '영어'는 안다.[71]

둘째, 구글은 강력하게 거의 모든 것을 '영어'로 번역한다.[72] 이러한 "모든 길은 '영어'로 통한다"는 식의 제국주의적 방법론은 언어에서 언어로의 병렬 비교('포르투갈어'에서 '러시아어'로)를 생략하며 그 대신 '영어'를 언어 연락자

('포르투갈어'에서 '영어'로, '영어'에서 '러시아어'로)로 사용한다. 구글은 우리 몰래 '영어'를 국제 공통어로 사용한다. 그러나 '포르투갈어'와 '러시아어' 간에 번역된 문장은 특정 영어 단어와 그것 특유의 역사적 의미에 초점을 맞추지 않는다. 오히려 그것은 수십억 개의 서로 다른 언어 사례들 간의 연관성에 대한 특별할 것 없는 목록을 따른다.

즉, 만약 구글의 컴퓨터들이 비슷한 영어로 된 EU 문서 뭉치에서 "hello"라는 단어를 본 것과 같은 장소에 있는 포르투갈어로 된 EU 문서에서 "olá"라는 단어를 본다면, 구글 알고리즘은 강력한 확신을 갖고 "olá"가 "hello"를 의미한다는 것을 안다. 이와 동일한 과정이 영어의 "hello"와 러시아어의 "привет privet" 간에도 작동한다. 그런 다음, 구글 번역은 이러한 연관을 번역 방정식으로 전환한다: "olá"[포르투갈어] = "hello"[영어] = "привет"[러시아어]. 엄청난 속도로 계산되는 이러한 통계적 연관성은 한때는 엄청났던 외국어 격차를 좁힌다.

그러나 "manos"와 "nigga" 간의 수학적 관계는 UN이나 EU 문서에서 오지 않았다. 이러한 두 단어를 공개적으로 서로 연결하고 있는 구글 검색이 가능한Googleable 문서는 2014년 이전에는 없었다. 1장에서 소개한 바 있는 시각 디자이너 더그 보우먼의 구글에 대한 비판처럼, 만약 언어 번역이 공학 논리(모든 단어나 어구는 맥락이 없는 논리 "문제"로 바뀜)로만 한정된다면, "contigo, manos e pais"를 "you, niggas and parents"로 번역하는 상황은 "two"를 "dos"로 번역하는 것과 동일하게 취급된다(그림 3.3). 앞의 번역 결과는 인종차별주의자 프로그래머가 한 작업이 아니다.[73] 오히려 그러한 문구는 기존의 데이터 세트와 규칙을 사용하여 '포르투갈어'와 '영어'를 비교했을 때 나타나는 의미론적 연계성에서 단순히 통계적 공통성statistical commonality을 발견했을 뿐이다

상당히 흥미롭게도 만약 당신이 "manos e pais"만을 구글 번역으로 번역한다면, 그 결과는 "brothers and parents(형제와 부모들)"이 된다. 그러한 인

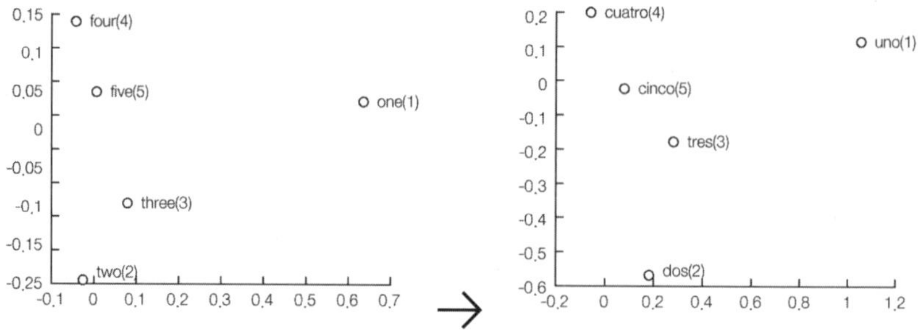

그림 3.3 이 그래프는 구글 번역이 서로 다른 단어(이 경우에는 영어 숫자 1에서 5와 스페인어 숫자 1에서 5)를 연결하는 방식을 보여준다.

자료: Thomas Mikolov, Quoc Le, nd Ilya Sutskever, "Exploiting Similarities among Languages for Machine Translation," technical report, arXiv:1309.4168, 2.

종에 대한 경멸적 욕설을 나타내는 통계적으로 유의미한 맥락적 지시신호 역할을 하는 것은 그 앞에 있는 "contigo"라는 단어이다. 단순한 구글 이용자인 우리에게 이용 가능하지 않은 어떤 문서의 어딘가에 "contigo, manos e pais"와 "nigga" 간의 수학적 연계성이 존재한다. 공교롭게도 ("e pais"가 없는) "contigo manos"는 "you niggaz"로 번역된다.[74] 심지어 그러한 인종에 대한 경멸적 욕설의 스펠링도 이용 가능한 데이터 세트 내의 빈도와 분산variance을 토대로 한다.

이러한 모든 인종차별화되고 기술관료적이라는 인상이 있음에도, 구글 번역은 우리의 외국어 세계를 열어주는 지배적인 언어의 창이 되었다. 구글 크롬Chrome 브라우저 이용자들에게 구글 번역의 알고리즘은 당신 개개인의 요구에 맞춘 선호하는 언어 이외의 언어로 된 어떠한 웹 페이지도 번역해 주겠다고 말한다. 영국 국립 보건 서비스National Health Service는 구글 번역을 "비영어 이용자들과 소통하는 효과적인 대안으로" 그들의 목록에 올려놓고 있다.[75] 심지어 《하트포드 쿠란트*Hartford Courant*》 신문은 2012년 전적으로 구글 번역에 의존해 "스페인어 쿠란트"라는 스페인어 포털을 개설했다.[76]

누군가를 안하무인격으로 n-워드n-word[§]로 부르는 것은 바로 구글 번역이 기존의 의미론적 데이터에 의존하기 때문인데, 이것은 해로운 편견이 아닌 통계적 유의도에 바탕을 둔 '인종차별주의'이다. 그리고 이와 유사한 의존으로 인해, 만약 "irregardless(상관없는)"와 같은 특정한 단어가 구글의 기旣번역된 데이터 세트에서 발견되지 않는다면, 그와 같은 단어, 즉 언어 격차 language gap를 뛰어넘는 가해성可解性은 부정될 것이다. 이러한 주체 만들기의 내사introjection는 구글의 알고리즘적 언어 중재가 어떻게 주체성 전반에 대한 우리의 관계를 다시 바꾸는지를 직설적으로 보여준다. 영어와 '영어' 간의 격차는 인식론적일 뿐만 아니라 주체적이기도 하다.

이러한 언어 격차는 데이터화된 삶과 데이터화되지 않은 삶의 접면을 규정하는 다음과 같은 여러 격차와 유사한 점이 있다: 바이트로부터 원자로의 존재론적 분할split; '진실된'과 진실된 간의 인식론적 분할; 소프트-코딩된 변조와 하드-코딩된 규율성 간의 통제의 분할; 그리고 수학/공학과 사회학/언어학 간의 연구 분야 분할.[77] 그러나 각 분할구역 내에는 늘 자유재량권이 존재한다. 필자는 이러한 자유재량권을 엘스the else로 광범위하게 정의한다. 이 엘스는 컴퓨터 프로그래밍 언어에서 "if-then-else" 논리를 따르는 일반 조건식을 말한다: if *x*, then do *y*, else do *z*. If 이용자 = '시민' then 이용자 = 시민. 엘스는 그 사이의 격차를 유지하는 주체의 잉여subjective surplus이다.

엘스는 우리의 주체성이 이러한 알고리즘적의 피할 수 없는 어긋남slippage을 다루고 설명하기 위해 사용하는 지렛대이다. 그것은 우리가 영어로 된 문장과 그것의 '영어' 번역 간의 기능적 차이에 주체적으로 반응하는 (따라서 인식하게 되는) 방식이다. 이러한 엘스, 즉 우리가 감지하거나 간접적으로 아는 무언가 "다른 것"이 일어나고 있다는 사실은 삶/통제를 디지털 형식으로 완벽하게 코드 변환하는 것이 현재 불가능함을 구체화한다. 당신은 폐경기가 지났는데 엘스는 유아용 이유식 광고를 보고 있다. 엘스는 흑인 얼굴은 인식

---

§ nigger와 같은 n으로 시작하는 흑인 차별적인 단어를 돌려서 하는 말이다(옮긴이 주).

하지 못하는 HP 컴퓨터 카메라이다. 그리고 엘스는 알고리즘 시스템 전반에 대한 확고한 의심이다. 전반적으로 엘스는 인간의 재귀성이 이러한 새로운 데이터화된 주체 관계에 관여하는 절차적 시점 역할을 한다.

이러한 엘스는 지리학자 나이절 쓰리프트의 관찰에 의존하는데, 소프트웨어는 들뢰즈의 "나쁜 모방bad mimesis"§ 가능성이 높은 따라서 영어와 '영어' 사이에 존재하는 창의적인 차이를 구별할 수 있는 능력을 가지고 있는 "불완전한 미디엄imperfect medium"이라고 보았다.[78] 이에 따라 문화 사학자 힐렐 슈워츠Hillel Schwartz는 "복사는 결국 불완전한 우리의 실수, 궁극적으로 우리의 유산이다. 복사 행위가 더 널리 퍼져 있으면 있을수록 중대한 오기誤記의 가능성은 더 커진다"는 점을 우리에게 상기시켜 준다.[79] 알고리즘적인 것과 비알고리즘적인 것 간의 이러한 확고해지고 있는 차이로 인해 우리는 하나로 합쳐질 수 없는 두 전선前線에서 세계를 경험한다.

4. '우리'는 데이터다

구글이 영어를 '영어'로 코드 변환하는 것은 포르투갈어 이용자와 영어 이용자를 구글 번역의 알고리즘적 처리의 특정한 패턴-기반 논리에 연결해 준다. 따라서 우리는 이러한 '언어'가 '당신'과 '나'라는 알고리즘적 정체성 식별을 넘어서 객체적 '우리us'와 주체적 '우리we' 간의 알고리즘적 매개로 확장하면서 우리의 사회적 세계를 중재한다는 사실을 간과해서는 안 된다.

예를 들어, (만약 페이스북 계정이 있다면) 당신의 페이스북 계정에 로그인해

---

§ 플라톤Plato은 외부 사물을 충실히 재현하는 것은 '좋은 모방'이고, 외부 사물을 재현했다는 것을 숨기고 사람을 기만하는 것은 '나쁜 모방'으로 보았다. 그런데 들뢰즈는 원본과 모방물과의 관계가 분리하여 자율성을 강조하며 따라서 플라톤이 말하는 나쁜 모방을 오히려 모방물이 원본에 종속된 것이 아닌 그 자체로 자율성을 가진 실재로 본다(옮긴이 주).

서 당신의 뉴스 피드News Feed를 차지하고 있는 온갖 종류의 사람들을 보라. 홧김에 하는 상태 업데이트와 필터링을 심하게 한 디지털 사진의 이러한 앙상블은 임의적으로 발생하는 것도 아니고, 당신이 선택하는 것도 아니다. 그것은 알고리즘적으로 큐레이션된 것, 즉 10만 개가 넘는 변인들의 계량적인 매트릭스에 따라 당신 친구들의 데이터화된 배열이다.[80] 실제로 페이스북은 당신의 모든 페이스북 친구의 순위를 당신이 얼마나 자주 이야기를 하는지, 얼마나 최근에 여러분과 친구가 되었는지, 그리고 당신이 얼마나 여러 차례 그들의 프로필을 방문하고 그들의 게시글에 댓글을 다는지와 같은 것을 토대로 한 숫자로 된 평가로 정한다.

당신의 페이스북에서 눈에 띄는 사람은 활발하고 활동하고active 당신과 '가까운' 사람으로 데이터화된 사람이다; 눈에 띄지 않는 사람은 활발하게 활동하지 않고 데이터를 만들어내지 않아서 당신과 '먼' 사람이다. 미디어 연구가 타이나 부셔Taina Bucher가 적고 있듯이, 이러한 "알고리즘적 가시성 algorithmic visibility"은 "이용자들이 자기 친구들에게 균등하게 연결되지 않는다는 가정"을 토대로 한다. "따라서 어떤 친구는 다른 친구보다 '더 중요하다'. 더 중요한 친구는 이용자가 더 자주 혹은 더 '친밀한' 수준(예를 들면, '담벼락'이 아닌 '채팅'을 통해서 친구와 소통함으로써)으로 상호작용하는 사람이다."[81] 우리의 친구관계는 '친구관계'가 됨으로써, 당신의 '친구들'이 당신이 이사 가는 것을 도와주지 않을 수도 있지만, 그들은 분명 페이스북에 많은 것을 게시한다.

이러한 데이터로부터 만들어진 연관은 우리가 다른 사람과 상호작용하는 시간적 차원과 공간적 차원을 틀 짓는다. 그러한 연관은 우리의 주체적 경험을 아드리안 매켄지Adrian Mackenzie가 "기계 시간machine time"이라고 기술하는 것의 빠른 리듬에 맞추는데, 기계 시간은 "커뮤니케이션, 지각 및 표상의 습관들을 끊어놓으며" 따라서 "현재the now 자체의 틀을 확장할 수 있다."[82] 여기서 사람들의 '친구관계'는 우리의 상호 애착에 대한 인간의 평가가 아닌 빠른 알고리즘적 처리와 데이터 수집에 맞추어져 있는 역동성 속에서 '먼'에서 '가까운'으로 그리고 다시 '먼'으로 순환한다.

이러한 연관은 또한 지리학자 로브 키친과 마틴 다지Martin Dodge가 "코드/공간"이라 부르는 것과 교차하는데, 코드/공간은 소프트웨어와 일상생활의 공간성spatiality이 서로를 구성해 줄 때, 즉 서로를 통해 만들어질 때 발생한다.[83] 페이스북이 우리의 '절친'을 구성하는 방식은 특정한 공간이 당신에게 어떤 '친구'가 "오늘 늦게 당신과 가까운 곳에서 일어나는 어떤 이벤트에 참석할" 것임을 알려줄 때처럼 신체의 잠재력을 그러한 공간적 관계 속에 위치시킨다. 당신의 페이스북 소셜 네트워크의 알고리즘적으로 중재되는 연관은 온라인상의 '친구관계'에 대한 주목, 담론, 그리고 정의를 할당한다. '우리'를 만들어주는 데이터를 사용하여 당신을 필자와 연결하자마자, 알고리즘적 평가의 권능 부여적 제약enabling constraint§은 또한 자기, 알고리즘, 그리고 타인도 틀림없이 포함한다.

이러한 데이터화된 '우리'는 알고리즘적으로 매개되는 두 주체의 위치를 이어주는 경험적 가교架橋이다. 이 경우, '친구관계'는 쉽게 데이터화될 수 있다. 그렇지만 '적敵들' 또한 그러할 수 있다. 또한 당신의 '연인들'도 그러할 수 있다. 공교롭게도 이러한 세 측정가능형은 또한 데이팅 웹사이트인 오케이큐피드 이용자들이 계량적으로 서로 연결되는 방식도 규정했다.[84] "온라인 데이팅의 구글"인 오케이큐피드는 당신이 상대적으로 달가워하지 않는 사람을 알고리즘적으로 제거하고 따라서 당신이 상대적으로 호감을 가지는 사람을 강조하는 미세 조정된 데이터를 자랑으로 여기는 기술 친화적인 Y세대Generation Y 데이팅 사이트이다.[85]

오케이큐피드는 온라인 데이팅 풀pool로 연결되는 개인 맞춤화된 창을 제

---

§ 권능 부여적 제약이란 가능하지 않는 무언가를 행위자들이 할 수 있게 해주는 것을 말하는데, 권능 부여적 제약의 예로 사람들이 특정한 권리와 특권을 갖는 회사를 설립할 수 있도록 법을 제정하는 것을 들 수 있다(옮긴이 주).

질문 예

당신은 얼마나 지저분한 편인가?

1. 매우 지저분한 편이다
2. 보통이다
3. 매우 정리정돈을 잘 한다

당신의 대답	3
당신은 다른 누군가가 어떻게 대답하기를 원하는가?	2 또는 3
당신에게 이 질문의 중요성	매우 중요

B의 대답	2
B는 다른 누군가가 어떻게 대답하기를 원하는가?	2
B에게 이 질문의 중요성	조금 중요

그림 3.4 오케이큐피드 사이트에서 가져온 설문조사 질문의 한 예는 질문, 대답, 그리고 그러한 질문/대답의 중요성이 차후의 알고리즘적 처리를 위한 계량적 값을 만들어내는 것을 보여준다.

자료: OkCupid, "Match Percentage — A Detailed Explanation," https://okcupid.desk. com.

공하기 위해 당신의 알고리즘적 '타인들'과 더불어 알고리즘적 '당신'을 계산한다. 설문조사 질문("당신은 얼마나 지저분한 편인가?"), 대답("매우 지저분한 편이다", "보통이다", "매우 정리정돈을 잘 한다"), 당신의 이상적인 상대는 어떤 대답을 할 것인지(동일한 대답 항목 사용), 그리고 그것이 당신에게 얼마나 중요한지("상관없다", "약간 중요하다", "어느 정도 중요하다", "매우 중요하다", "필수적이다")에 대한 데이터가 입력된다(그림 3.4). 나머지 일은 이 사이트의 "적합성 계산" 알고리즘이 다 알아서 한다.

오케이큐피드는 수천 가지 다른 설문조사 질문에 대한 이용자들의 대답을 처리함으로써 이용자들에게 각각의 잠재적인 짝에 대해 다음 세 가지 지표를 제공했다: '짝match', '친구', 그리고 '적'. 당신이 마음에 들어 하는 어떤 이용자는 89% '짝', 50% '친구', 1% '적'일 수도 있을 것이다. 만약 당신이 좀 더 많은 질문에 대답을 한다면, 이러한 일시적인 백분율은 87% '짝', 45% '친구', 15% '적'으로 바뀔 수도 있을 것이다. 맙소사! 오케이큐피드의 측정가능형들은 확률적으로 불완전하기 때문에 그것들은 늘 100% 미만일 것이다. 우리 가운데 가장 절망적인 몽상가만이 현실에서 100% 짝짓기를 기대할 텐데, 그것은 당연히 수학적으로도 마찬가지로 불가능하다.[86]

오케이큐피드는 '우리'의 잠재적인 버전을 알고리즘적으로 배열함으로써 그들의 디지털 미트 마켓meat market§을 틀 짓는다. 각각의 '짝' 백분율은 이용자들이 보편주의적인§§ 데이터-주도적 방식으로 서로를 이해하는 계량적으로 명확한 배합을 만들어낸다. 알고리즘을 통해 사랑의 가능성을 규정함으로써 그 결과 함께 만들어지는 측정가능형들은 우리가 우리의 연애작업에 사실상의 필터를 달거나(당신과 짝 백분율이 80% 미만인 이용자들이 보내는 메시지를 거절하는 것이 가능함) 우리의 알고리즘적 타입이 아닌 사람들을 트롤할 troll§§§ 수 있음을 의미한다("당신은 나의 95% '적'이야, 죽을 각오 해!").[87]

더욱이 당신의 데이터화된 행동은 오케이큐피드의 최초의 설문조사-기반 구조에 값을 추가한다. 당신이 이 사이트에서 하는 것—당신이 누군가의 프로필을 클릭하는 것, 당신이 누군가를 평가하는 것과 그들을 어떻게 평가하느냐 하는 것, 그리고 좀 더 당연하게도 사람들이 얼마나 자주 당신의 가치를 평가하거나, 클릭하거나, 좋아요를 누르거나, 등급을 매기거나, 데이트를 신청하느냐 하는 것—역시 누가 당신의 프로필을 보는가와 당신이 누구의 프로필을 보는가에 중요한

---

§ 섹스 상대를 물색하는 장소를 말한다(옮긴이 주).

§§ 보편주의universalism는 개체주의 혹은 개인주의individualism에 대립되는 말로, 보편자普遍者, 곧 전체를 개별자個別者인 개인 위에 두고 후자는 전자에 의존함으로써만 존재와 의의를 지닌다고 한다(옮긴이 주).

§§§ 《뉴욕 타임스》가 내린 트롤의 정의는 남의 감정을 멋대로 뒤엎으려는 시도이다. 즉, 상대를 고의로 약 올리며 낄낄거리고 비웃는 것을 말한다(옮긴이 주).

역할을 한다. 높은 이용자-좋아요 등급user-like rating을 받으라, 그러면 당신은 이 사이트에서 훨씬 더 유명해질 것이다. 모든 사람에게 데이트 신청을 하는데 아무런 답이 없다면, 당신은 데이트 상대로서 이름 없는 존재가 될 것이다. 이러한 데이터 기반 교제는 당신의 성姓이 카사노바Casanova인지 당신의 얼굴이 엄청난 수의 배를 띄울 수 있을 정도로 아름다운지§에는 거의 신경을 쓰지 않는다. 당신의 선망성羨望性; desirability은 반드시 클릭할 수 있고 등급을 평가할 수 있는 '어울리는' 데이터로 변환 가능해야 한다.

중요한 것은 '정합가능성matchability'§§이 오케이큐피드 사이트에서 이용자들의 사회적 가치를 규정하긴 하지만, 데이터가 그냥 단순한 데이터가 아니라는 점이다. 우리가 매일 타협하고/하거나 목격하는 (혹은 무시하는) 오프라인 고정관념stereotype은 불가피하게 디지털 학자 리사 나카무라가 새롭게 만들어낸 용어인 사이버고정관념cybertype으로 나타나는데, 사이버고정관념은 온라인상에서의 끌림attraction, 인종, 장애, 그리고 성성sexuality의 위계를 강요한다.[88] 오케이큐피드 자체의 내부 사이트 분석은 이성애자 흑인 여성이 수신한 메시지와 평균 점수 모두에서 수준이 더 낮음을 보여주었다(다른 인종집단은 5점 만점에서 3점에 가까운 중앙값을 보인 데 반해 흑인 여성은 2였음).[89] 그리고 놀랍게도 심지어 이용자가 등급을 평가한 '신체적 매력'을 통제하더라도§§§ "그것이 무엇이든 백인 남성은 거의 모든 집단으로부터 더 많은 응답을 받는다."[90]

---

§ 헬레네Helene는 고대 그리스 신화에 나오는 제우스와 레다의 딸로, 사람이 낳은 여인 가운데 가장 아름다웠다고 전해지는 서양의 아름다움을 대표하는 여인이다. 트로이 전쟁의 원인이 된 바로 그 여인이기도 한데, 트로이의 목동 파리스에게 헬레네를 빼앗기자 전 그리스인들은 똘똘 뭉쳐 배 1000척을 띄워 트로이를 정벌하고 헬레네를 찾아왔기 때문에 헬레네의 아름다움은 '배 1000척'으로 묘사되어 왔다(옮긴이 주).

§§ 여기서 정합이란 '가지런히 들어맞음'을 의미한다(옮긴이 주).

§§§ 신체적 매력을 통제한다는 의미는 신체적 매력 변인이 받는 응답 수에 미치는 영향을 제거한다는 의미이다. 즉, 순수하게 인종 변인이 응답 수에 미치는 영향을 보겠다는 의미이다(옮긴이 주).

"우리가 자국을 남기는 것이 우리의 지난 모습이 아니라, 우리 자신과 우리의 상상의 감사관監査官 간의 암묵적인 타협이다"라는 이론가 제프리 바우커의 온라인 상호작용을 둘러싼 일반적인 주장은 '우리'를 구성하는 이러한 더 풍성한 하사품§에게까지 쉽게 확장된다.[91] 페이스북의 뉴스 피드는 우리가 어떻게 우리의 데이터화된 근접성, 즉 우리가 개인적으로 남기기로 결정한 대로의 우리의 자국에 대한 해석이 아니라 우리가 해석되는 대로의 우리의 자국에 대한 해석을 토대로 우리가 어떻게 다른 사람들에게 사교적으로 사귈 수 있는 대상이 되는지 결정한다. 오케이큐피드 사이트상에서의 우리의 성적 가용성sexual availability§§은 우리의 설문조사 및 행동 자국이 관계적으로 어떻게 가치 평가되는지의 함수이다. 전형적인 측정가능형들에 속하는 것은 우리는 물론 '친구관계', '섹스' 혹은 '적대 감정'도 조절하는 우리의 삶에 대한 권능 부여적 제약을 적극적으로 만들어낸다.

그러나 이러한 '우리'를 기반으로 하는 주체 관계의 열쇠는 이러한 변인들의 가정된 충실도fidelity와 영속성§§§을 약화시키는 우리의 일상적 사용이다. 우리는 우리가 실제 생활에서 결코 클릭click하지 않을 누군가와의 '짝 짓는 것'을 비웃을 수도 있을 것이다. 우리는 오프라인 친구가 우리와 대단히 높은 '적' 점수를 받는 것을 발견하고는 즐거워할 수도 있을 것이다. 그리고 우리는 특정 이용자가 알고리즘적 평가를 훨씬 능가할 정도로 아름답거나 재미있거나 보기 드물 정도로 똑똑하다고 생각하기 때문에 '짝'일 백분율이 7% (오케이큐피드가 건방지게 우리에게 알려주는 이 점수는 "당신 둘 모두 문제가 있습

§ 우리가 끊임없이 만들어내는 자국들이 알고리즘적 가치를 만들어내는 데 사용될 수 있기 때문에 이를 풍부하게 주어지는 하사품에 비유했다[자료: 저자와의 이메일 교신](옮긴이 주).

§§ 흔히 파트너의 기존 관계에 상관없이 자유롭게 그리고 쉽게 친밀한 상황에 기꺼이 빠져들고자 하는 연인관계 혹은 성적인 관계에 대한 입장을 말한다(옮긴이 주).

§§§ 대상 영속성object permanence이란 특정 대상이 관찰(시각, 청각, 촉각, 후각 등의 모든 방법)되지 않아도 계속 존재함을 뜻하는 용어이다(옮긴이 주).

니다"라는 의미임)라는 사실을 무시할 수도 있을 것이다. 이러한 좀 더 경험적인 엘스의 발현manifestation은 많은 우리의 데이터화된 주체 관계를 규정하는 "정말이야?"라는 어이없어하는 반응이 된다. 그것은 알고리즘의 확신에 대한 집단적인 불신감을 재확인해 준다.

이러한 종류의 '우리'-기반 주체 관계는 불가피하게 역시 우리가 저항을 이해하는 방식으로까지 이어진다. 리사 나카무라로 다시 돌아가면, 감시는 "단도직입적으로 사회적 신체social body를 반영하기보다는 그것을 만들어내는 표의 체계signifying system"이다.[92] 나카무라는 육체적인 인간의 신체에 대한 명쾌한 글을 쓰고 있었지만, 필자는 우리가 2장에서 언급한 푸코의 삶정치와 함께 이 인용문을 충분히 생각해 보기를 원한다. 감시는 또한 **사회적 신체**도 만들어내며, 그렇게 함으로써 감시에 기반한 알고리즘적 사회성sociability이라는 독특한 형태를 만들어낸다. 오케이큐피드와 페이스북 이용자들은 프로필일 뿐만 아니라 데이터 자극에 따라 "적시"에 즉석에서 이루어지는 알고리즘적 해석으로 관계가 만들어지는 매개된 사회적 행위자들이기도 하다.[93]

"적시適時"는 주체 만들기 진행 과정에는 또 다른 공간과 또 다른 정치적으로 생산적인 시간적 공백이 존재함을 의미한다. 무언가에 대해 어떤 주장을 하거나 어떤 입장을 가지고 그러한 입장을 바탕으로 행동을 취하는 (혹은 취하지 않는) 것은 1장에서 소개한 스튜어트 홀의 임의 종결arbitrary closure§이나 튜링 기계의 짧게 끊어지는 연속적인 처리처럼 잠시 멈춤pause을 필요로 한다. 홀에게 임의 종결이란 상상할 수 있는 모든 순간에 존재하는 이론적 정체停滯, 즉 우리가 누구인지에 대한 주장을 짧은 순간이나마 할 수 있게 하는 삶과 담론의 가상적인 정지를 구성한다.

알고리즘적 처리에는 이러한 정지를 수반하는 경험적 정체停滯가 존재한

---

§ 홀에게 임의 종결이란 특정한 순간이 현상 유지를 뒤흔들어 놓을 수 있는 결정적인 기회라는 낙관적 신념을 강조하는 개념이다(옮긴이 주).

다. 만약 우리가 숨을 들이쉬고, 멈추고, 내뱉는 것은 디지털 컴퓨터가 1(들숨)을, 그런 다음 0(날숨)을, 그런 다음 1(들숨)을 계산하는 것과 유사하다. 우리는 우리가 어디에 있는지 그리고 우리가 누구인지 우리가 알 수 있게 해주는 담론의 역동성의 일시적인 멈춤을 상상해 볼 수 있다. 이러한 상상은 우리에게 대부분의 알고리즘적 생산물에서는 분명하게 보이지 않을 수도 있는 재귀성을 위한 공간을 제공한다.

만약 우리가 이러한 잠시 멈춤 없이 계속해서 움직인다면, 우리는 난무하는 의미 없는 불확정성indeterminacy(예를 들면, 'citizenforeignermanwomanmanhotnot')의 공격을 받아 굉장히 불리한 여건에 놓이게 된다. 잠시 멈추면서 우리는 디지털 학자 텅-후이 후가 "일상생활에서의 행위와 반응 사이의" "지연 시간dead time"으로 기술하는 것의 물질적 시간성material temporality을 만나게 된다.[94] 그러나 데이터화된 주체 관계는 여러 측정가능형의 의미들로 과부하되어 있다. 우리는 "지연 시간"을 뚜렷이 구별되는 통합된 하나의 사례로 생각할 수 없다. 오케이큐피드의 우리의 데이팅 전망에 대한 분석과 페이스북의 뉴스피드 산출물은 그들 자체의 일시적 멈춤을 우리에게 제공한다. 그리고 각각의 잠시 멈춤은 그 자체의 시간 논리, 즉 "기계 시간machine time"[§]의 "지연 시간"에 따라 작동된다. 즉 그것은 미디어 이론가 마크 B. 핸슨Mark B. N. Hansen이 "다수의 다중-규모적multi-scalar 과정"이라 부른 것인데, 이러한 과정들은 우리가 "일상의 [데이터화된] 생활에서 행위와 반응 사이의" 간격을 확인하는 편린片鱗들을 서로 이어 붙여놓은 지대patchwork terrain가 된다.

5. 사회적인 것의 중요성

이러한 다중-규모적 과정에서 엘스를 인정하는 것, 즉 알고리즘적 정체성 식

---

§ 기계적 장비를 사용하는 데 소비된 시간을 말한다(옮긴이 주).

별과 그러한 정체성 식별에 대한 사람들의 체험 간의 인식론적인 격차를 인정하는 것은 우리의 데이터화된 주체 관계가 이용자로서의 우리에게 연결되는 다양한 방식을 인정하는 것이다. 구글의 '영어'가 어떤 잘못된 인종적 욕설을 통해 그것이 주체에 미치는 영향을 우리에게 인식시킬 수도 있을 것이고, 오케이큐피드의 '짝짓기'는 그것의 숫자에 대한 과신으로 우리에게 재귀적 가능성을 제공하며, 누설된 NSA 문서들은 알고리즘주의와 속지주의 혹은 속인주의 간의 비양립성에 대한 경각심을 우리에게 일깨워준다.

그러나 온라인상에서 우리는 누군가의 '짝'인 '영어'를 사용하는 '시민' 그 훨씬 이상이다. 우리는 데이터를 유용하게 만드는 알고리즘의 좀 더 일반적인 실행의 대상으로, 그 속에서 불협화음을 이루는 합창이 우리의 각기 다른 이름들을 그들 자신만의 버전으로 부르면서 우리의 데이터를 서로 다른 목소리로 대변한다. 이런 식으로 구글은 당신이 '유명인사'라고 생각할 수도 있는 한편, 마이크로소프트는 당신이 '극도로 평범한' 사람이라고 추론할 수도 있을 것이다.

온라인상에서 우리의 정체성은 한없이 물질적인 포스트휴먼 어셈블리지를 통해 만들어진다. 우리는 연결될 수 있으며, 따라서 많은 물건과 많은 사람들에 따라 인위적으로 만들어진 주체가 될 수 있다. 그 결과, 어떤 이용자는 단순히 자기 자신을 NSA의 관점에서 생각할 수 없는데, 왜냐하면 그 이용자는 영국 정보통신본부GCHQ: Government Communications Headquarters뿐만 아니라 파키스탄 정보부Inter-Services Intelligence와도 데이터화된 접촉을 할 수 있기 때문이다. 여기에 더해, 그 이용자의 주체 위치는 그의 휴대폰이 어디에 있는지, 누구의 폰이 가까이에 있는지, 그가 검색한 마지막 검색어가 무엇인지, 그가 마지막으로 누구에게 문자를 보냈는지, 마지막으로 문자를 받은 그 사람이 문자를 받은 다음 누구에게 문자를 보냈는지 등에 따라 만들어진다.

혹은 어떤 이용자는 Orbitz.com에서 익명으로 할인된 호텔 방을 예약하기를 원할 수도 있겠지만, 그의 분인들은 그녀의 정체를 드러내 보여준다: 그는

OSX 10.10.5가 설치된 새로운 맥북 에어MacBook Air 컴퓨터를 사용하고 있다. 이러한 정보가 단편적이고 다소 겉만 번지르르한 것처럼 보일 수도 있겠지만, 그것은 오비츠에게 그가 좀 더 '부유하며'[95] PC와 좀 더 오래된 운영체계를 가지고 있는 사람보다 더 비싼 가격을 기꺼이 지불할 수 있음을 시사할 수 있다.[96] 그가 방으로 걸어 들어올 때 오비츠 CEO에게 그녀의 계층 지위를 귓속말로 재빨리 알려주는 사람처럼, 오비츠는 그의 실제 순자산을 알지도 못하면서 그의 쿼리에는 다른 누군가가 조회해 볼 때 나타나는 가격보다 좀 더 높은 가격들이 나타난다.[97]

오비츠는 분명 독특한 이력을 가진 개인으로서의 이 사람에 대해서는 모르지만, "애즈 이프" 가격 결정을 내리는 그의 분인들에 대해서는 충분히 알고 있다. 데이터의 분인 규칙에 따라 존재하는 것은 세상의 실제 모습과 측정되는 것 간의 간격이 항상 매워지지 않고 남아 있음을 의미한다. 따라서 그 이용자는 친구의 OSX 컴퓨터를 사용할 수 있을 것이며 그리고 (하드웨어 스펙을 토대로 차별적인 가격이 제시된다는 것을 알고 있으면서) 보통 때보다 더 비싼 이슬라마바드Islamabad 행 비행기 표를 구매하지 않을 수도 있을 것이다. 그러나 오비츠는 다수의 OSX 이용자들이 비행기 표를 구매하지 않고 사이트를 떠나면서 자신의 가격 방정식에서 OSX의 변인 가중치가 줄어드는 것을 안 후에야 자신의 (그리고 다른 사람들의) 비행기 표 구매 자제를 인지할 수 있을 것이다.

이 경우에서 엘스는 무언가가 뒤틀려 있으며 가식적이라는 느낌이 드는 것이다. 그것은 당신이 회의적이고 통찰력 있는 눈으로 여기저기를 살피면서 살고 있다는 것이다. 엘스는 어떤 방으로 들어갔는데 반드시 들리지는 않지만 누군가가 당신에 대해 이야기하고 있었다는 것을 아는 것과 같다. 그것은 가십이 우리를 우리 자신 밖에 있는 세상, 즉 우리가 즉각적으로 지각하지 못할 수 있는 주체 배치 속에 우리를 위치시키는 세상에 참여하도록 우리를 억지로 밀어 넣는 방식이다.

앞에서 소개한 바 있는 가십에 대한 조선정의 논평을 바꾸어 표현하면, 데이터는 동일한 개인적 문제를 공식적인 데이터베이스와 비공식적인 데이터베이스의 담론 안에 위치시킴으로써 기술적으로 유용하게 만들어진다. 학자인 빅토르 멘도사Victor Mendoza가 문화 사학자 리사 로우Lisa Lowe의 글을 해석하듯이, 데이터는 "국가의 공식적 담론을 부정한다는" 점에서 "독특하게 탈영토주의적deterritorialist"[§]이며, 그것은 또한 "지배적인 담론이 [가십을] 담론의 무기고에 통합시키는 방식, 즉 공식적인 담론 자체가 가십을 인용하고 '장악하는' 방식을 극화한다."[98] 바꾸어 말하면, 무언가가 목소리를 낮춘 비공식적인 방식으로 이야기되어진다는 이유만으로 그것이 통치 장치governing apparatus 안에 재영토화될reterritorialized 수는 없음을 의미하지는 않는다.

가십을 탈영토화로 이해할 뿐만 아니라 재영토화로도 이해함으로써 우리는 평범하고 외견상 중요해 보이지 않는 사건들(우리가 전화, 이메일, 그리고 심지어 같은 방에 있는 동안 누구와 이야기를 나누는 것)이 어떻게 우리가 '시민', '외국인', '정밀조사'를 받아야 할 사람, 혹은 죽어 마땅한 '테러리스트'인지 여부를 구성하는 것과 관련되는지를 이해할 수 있다. 1장의 NSA의 '테러리스트' 사례를 살펴보자. 단 한 차례의 휴대폰 대화는 데이터의 서로 다른 몇 가지 분인 조각을 만들어낸다. 사람들의 전화번호 기록, 수신된 전화번호, 그리고 전화 통화가 있었던 날짜와 시각이 존재할 뿐만 아니라, 발신자와 수신자의 지리적 위치에 대한 데이터도 존재한다.

만약 당신이 몇 주에 걸쳐 있는 이러한 분인 데이터를 추적한다면, 당신은 휴대폰 *X*가 휴대폰 *Y*에 전화를 걸고, 휴대폰 *Y*가 휴대폰 *Z*에 전화를 걸고,

---

§ 들뢰즈/가타리는 서양란과 말벌의 이접적인 결합을 통해 리좀 개념을 설명하는 과정에서 탈영토화와 재영토화를 언급한다. 말벌은 서양란의 꽃가루를 전해줌으로써 난의 생식기관의 일부가 된다. 이는 곧 말벌이 "탈영토화"됨을 의미한다. 또한 말벌이 이처럼 서양란의 꽃가루를 날라다 줌으로써 말벌은 서양란을 "재영토화"한다. 서로 전혀 다른 종류의 생물인 말벌(동물)과 서양란(식물)이 같은 탈영토화/재영토화 과정에서 하나의 리좀으로 재구성된다[자료: 김진옥, 「울프의 올란도: 들뢰즈/가타리의 '여성-되기'」, 《제임스 조이스 저널》, 9권 2호(2013): 327~345쪽](옮긴이 주).

휴대폰 *Z*가 다시 휴대폰 *A*에 전화를 거는 어떤 패턴을 발견할 수도 있을 것이다. 그러고는 2주 후 화요일 오후에 *X*, *Y*, *Z*, 그리고 *A*의 휴대폰이 (혹은 좀 더 기술적으로 그들의 SIM 카드가) 같은 장소에 90분 동안 함께 있는 것이 목격된다. 데이터가 추론 없이 사소하기 때문에, 이것은 아무런 의미가 없을 수도 있을 것이다.

그러나 미국 정부가 *X*와 *A*를 '테러리스트'로 믿고 있다고 상상해 보자. 그리고 *X*, *Y*, *Z*, 그리고 *A*가 지난 몇 년 동안 NSA 분석가들이 의심해 온 "삶의 패턴"을 가지고 있다고 상상해 보자. 당신은 이러한 것들을 데이터의 단순한 우연의 일치로 받아들이기보다 그 화요일 오후에 실제로 '테러리스트' 모임이 있었음을 믿게 될 수도 있을 것이다. 그리고 *X*, *Y*, *Z*, 그리고 *A*가 재차 서로에게 전화를 하고, 2주 뒤에 다른 장소에서 90분 동안 다시 함께 있는 것이 발견된다고 상상해 보자.

*X*가 확실히 테러리스트이거나 *A*가 테러리스트이거나 *Y*와 *Z*가 '테러리스트'이거나 테러리스트임을 보여주는 직접적인 연관성은 존재하지 않는다. 그러나 이러한 데이터 연관에 따라 그리고 NSA 법무실장과 NSA 국장의 무관심한 확인으로 인해 이것은 표지標識; signature 드론 공격을 통한 암살로 이어질 가능성이 있었고 실제로 이어졌다: "우리는 메타데이터를 토대로 사람을 죽인다."[99] "표지"라는 용어는 단순한 의미론 이상으로, "마치" 어떤 휴대폰이 '테러리스트' 소유인 것 "같음"을 보증하는 대리인 역할을 하는 데이터화된 패턴이다.

온라인에서 우리는 데이터화된 주체 관계들의 생태계에 참여하며, 많은 개인이 그로 인해 죽임을 당했다.[§] 우리의 데이터화된 주체 관계는 우리의 신체로부터 우리를 자유롭게 하거나 완벽하게 통제하지 않는다. 오히려 그것은 (권력/자본과의) 대면을 위한 주체의 지표를 만들어낸다. 이것은 철학자

---

§ 개인individual은 죽고 분인dividual이 된다는 의미이다(옮긴이 주).

그레구아르 샤마유Grégoire Chamayou가 "통계적 분인들로 짜여 있고 일련의 복잡하게 얽힌 활동에 맞게 마름질된 패턴화된 개인성"의 공동구성coconstruction으로 기술한 것과 유사한데, "패턴화된 개인성은 기계의 눈으로 볼 때 하나의 독특한 지각할 수 있는 단위로서 복잡하게 얽힌 일련의 활동을 배경으로 머지않아 서서히 실루엣처럼 비친다".[100] 그리고 그것은 로널드 데이가 "주체의 사회적 위치 설정용 코드이자" 알고리즘적 토론(우리가 권력과, 그리고 권력이 우리와 소통하게 만드는 데이터화된 기준점)을 위한 "타인 및 주체 자신에 의한 표현용 코드"를 기술하는 방식과도 일치한다.[101] 이러한 위치 설정은 전前 합동특수작전사령부JSOC: Joint Special Operations Command 소속 드론 조종사가 가장 잘 기술하고 있다: "사람들은 표적화된 사람 목록이 존재하는 것에 대해 매우 우려한다. (…) 그것은 정말 우리가 어떤 휴대폰을 겨냥하고 있는 것과 같다. 우리는 사람을 뒤쫓지는 않는다—우리는 그 미사일의 반대편 쪽 끝에 있는 사람이 나쁜 사람이기를 바라면서 그들의 휴대폰을 뒤쫓는다."[102]

JSOC의 희망에 기반을 둔 정체성 식별은 "실제 세계"와 "가상 세계" 간의 교차를 비극적으로 상기시켜 준다. 그러나 이러한 정체성 식별로 인해 또한 사람들은 메타데이터에 기반을 둔 이러한 종류의 끔찍한 결정이 잘못되고, 부당하며, 나아가 뒤죽박죽될 수 있지 않느냐고 묻게 된다. 파키스탄, 아프가니스탄, 이라크, 예멘, 시리아, 소말리아 도처의 테러가 자행되는 지역에 공습이 시작된 직후, '테러리스트들'은 그러한 실행 명령이 그들의 정보 표지標識에 의해 승인되었음을 알게 된다. 그들은 자신의 행동이 기록되고 있었다는 것을 알았다. 그리고 그들은 자신의 데이터화된 "삶의 패턴"이 보이지 않는 드론 공습에 의해 수행되는 죽음의 키스와 상호 관련이 있다는 것을 알았다.

이에 많은 개인들은 직접 만나 무작위 할당을 통해 한 개인의 SIM 카드를 다른 사람의 것으로 바꿔, 겉으로 보기에는 메타데이터의 연관 잉크associative ink로 써진 이야기에 혼란을 줌으로써 그들의 SIM 카드를 재분배했다.[103] *X*, *Y*, *Z*, 그리고 *A*는 미국 정부가 1주일 전에 찾고 있던 '테러리스트들'이었을 지도 모른다. 그러나 현재 *X*, *Y*, *Z*, 그리고 *A*는 모두 다른 누군가이며, 그들이 서로에게 전화를 걸어 어느 화요일 오후에 차 모임을 갖기로 했던 그날은 끔찍했을 것이다.

이것은 엘스가 작동하는 또 다른 예이다. 그 후 (그들의 데이터 자국이 NSA 감시의 숨길 수 없는 기표signifier로 사용되었다는 것을 아는) 많은 개인들이 데이터의 규칙에 대한 그들 자신의 자유를 주장함으로써 NSA의 데이터화된 주체 관계에 이의를 제기했다. 데이터화된 주체 관계의 탈중심성decenteredness§이 표면화되는 것은 정확히 이러한 규칙들의 연관적 속성 때문이다. 우리가 우리인 것은 (사람, 장소, 사물이 있음에도가 아니라) 사람, 장소, 사물과 우리의 관계 때문이다. 그리고 안정된, 중심을 가진 정체성이 없다면, 알고리즘과 알고리즘의 정체성 식별에 대한 우리의 대응 모두 우리의 연관적 연결의 강력한 상호관계성interrelationality에 반드시 주의를 기울여야 한다.

우리의 알고리즘적 정체성의 "적시" 시간성처럼, 우리의 연관 네트워크들 역시 초단위로 바뀐다. 우리에게 전화를 거는 사람, 컴퓨터가 있는 카페에서 우리 옆에 앉는 사람, 그리고 우리에게 이메일을 보내는 사람들 모두가 데이터화된 관계를 만들어낸다. 이러한 관계는 일시적으로 수행되다가 금방 제거된다. 이러한 관계의 비속박성untethering은 들뢰즈와 가타리의 리좀 되기rhizomatic becoming를 위한 개념적 기초인 무한히 이어지는 "그리고and"는 선호하는 반면, 상대적인 차이를 보는 "이것 혹은 저것either/or", 즉 이분법은 거부하면서, "나는 나다"와 "당신은 당신이다"라는 문장의 끝에 있는 마침표를 없

---

§ 들뢰즈/가타리는 서구의 사고는 남성/여성, 지배자/피지배자 등의 위계적 이분법적 대립으로 구획되어 왔으며, 이런 이분법적 사고는 중심주의centrism에 기본을 두고 있어서 특정한 한 부분, 즉 백인, 남성, 어른, 이성적인 것에 우위를 두는 사회적 구조에서 벗어나기 위해서는 탈중심화해야 한다고 주장한다[자료: 김진옥, 「울프의 올란도: 들뢰즈/가타리의 '여성-되기'」, 《제임스 조이스 저널》, 9권 2호(2013): 327~345쪽](옮긴이 주).

애버린다.[104] 우리의 알고리즘적 정체성들은 우리 자신에게 또 다른 층을 추가한다는 생각이 그렇듯이, 우리는 알고리즘이 나중에 데이터의 의미를 한꺼번에 변조하기 위해 사용하는 더 많은 데이터를 만들어내면서 시간을 관통해 무한히 질주하기 때문에, "그리고 … 그리고 … 그리고"는 고정된 존재와 유사한 그 어떤 것도 거부한다.

"그리고"의 사용과 그것과 일시성과의 개념적 결합은 각각의 데이터화된 주체 관계의 박자를 설정한다. 알고리즘적 부속물의 변조(알고리즘주의에 의한 '외국인'으로의 정체성 식별이 오늘은 51%이지만 내일은 49%가 될 수도 있음)는 우리의 정체성에 대한 어떠한 구체적인 평가도 끊임없이 낡은 것이 되고 말 것임을 의미한다. 그러나 이러한 역동적 주체성은 이론적으로 수확이 있다. 우리의 데이터가 우리를 계속 살아 있게 하는 한, 우리의 "그리고"에 기반을 둔 정체성들은 평등한 시민에 대한 다소 환상적 이상보다 우리의 정치 세계의 살아 있는 현실과 더 잘 들어맞는다. 그리고 우리의 데이터가 우리를 다른 사람들과 연결해 주는 한, "그리고"에 기반을 둔 우리의 정체성들은 우리가 늘 체험하는 강력한 상호관계성을 강조한다.

6. 엘스

필자가 엘스에 관해 글을 써온 것은 알고리즘적 행위주체가 우리의 데이터 자국을 해석하는 방식의 특수성과 "애즈 이프" 식으로 우리를 구성하는 지식에 대해 충분히 생각해 보기 위한 시도이다. 도나 해러웨이는 "본질적으로 신성시되는 객체나 공간 혹은 신체는 없다; 어떠한 구성요소도 어떤 다른 것과 연접될 수 있다"라고 쓰고 있는데, 이는 자연주의적 순수성naturalist purity에 대한 개념은 모두 거부하고 혼존적 주체성hybrid subjectivity에 늘 따라다니는 정치적 한계점들은 받아들이는 정체성 반본질주의를 제안하는 것이다.[105] 이러한 한계점들 가운데 하나는 우리가 사이보그나 포스트휴먼이 될 때 우리의 정체성이 탈중심화되면서 소외되는 것이다. 퀴어 이론가 잭 하버스탬Jack Halberstam과 미디어 연구자 아이라 리빙스턴Ira Livingston은 우리에게 만약 포스트휴머니즘이 스스로 인간의 신체를 받쳐 넘어지지 않게 할 것인지 아니면 그것이 인간을 잡아먹게 할 것인지 묻는다.[106] 그 용어에 대한 이러한 적절한 질의는 유도적인 두 개념 사이에 간극 공간을 만들어낸다.

이 질문에 자세히 답하고자 시도하지는 않겠지만, 데이터로서 우리가 '여자' 혹은 '시민'과 같은 다소 엄격하고 변하지 않는 개념에 좀처럼 얽매이지 않는다는 사실로 이 질문에 대한 답을 시작할 수도 있을 것이다. 그 대신, 우리의 데이터화된 역사는 다시 써질 수 있고 부분적으로 지워질 수 있으며 완전히 변조적인 상태로 남아 있는데, 이는 포스트휴먼 및 사이보그 주체성에 대한 혼종적 이론화를 사실상 좌초시키는 반본질주의이다. 이러한 역사는 신체 안에서만 살아 숨 쉬는 것이 아니다. 그것은 또한 데이터화된 공기 속에서도 살아 숨 쉰다. 그리고 이러한 역사는 처리되는 매 순간(오직 지금 그것과 동일한 공기가 절친으로부터의 잘못된 인종 욕설을 당신의 컴퓨터 스크린으로 전할 수도 있을 것임) 흔히 전유적專有的인 알고리즘 논리에 따라 우리의 위치성을 확정한다.

앞의 장들에서 강조된 것처럼, 우리의 알고리즘적 정체성, 우리의 데이터화된 사회적 관계, 그리고 우리의 번역된 커뮤니케이션을 구성하는 물질은 꼼꼼하게 정리된 데이터 세트 훨씬 이상의 것이다. 그 물질은 그러한 데이터에 대한 해석인데, 이것은 앨릭잰더 갤러웨이가 탈식민주의 이론가 가야트리 스피박Gayatri Spivak의 에세이 "하층민은 말할 수 있는가?"에 대한 그 자신의 전문적인 재구성에 연결하는 지점이다:

> 데이터 채굴은 흔히 배경 소음background noise의 바다에서 가져온 정보 덩어리의 위치와 추출의 측면에서 고려된다. 그러나 이 은유는 완전히 잘못됐다. 데이터 채굴은 본질적으로 조형미술인데, 왜냐하면 그것은 표현수단 자체의 조

각, 즉 배경 소음 자체에 반응하기 때문이다. 그것은 관계의 순수한 모양의 가치를 정한다. 신체가 말을 **할 수** 있는가가 아니라 신체가 말을 **하는가**? 그렇다. 그것에게는 선택의 여지가 없다. 카이로나 뭄바이나 파리의 빈민가에서 전화를 걸 때 하층민들은 데이터베이스에 대고 "말한다"—내가 전화를 받을 때 그러는 것만큼. 차이를 위한 차이는 이제 실제적이지 않다. 그것은 기술적技術的이다. 하층민도 말을 하며, 어딘가에서 알고리즘이 듣는다.[107]

일상생활의 데이터화는 우리가 말을 하도록 강요한다. 비록 그 후에 우리를 대변하는 것은 NSA의 알고리즘, 페이스북의 알고리즘, 구글의 알고리즘이긴 하지만 말이다: NSA는 우리의 IP 주소를 통해 우리의 '시민권'을 살며시 퍼뜨리고, 페이스북은 우리의 프로필 방문을 '친구관계'에 대한 중얼거림으로 간주하며, 구글은 우리가 남의 행복을 비는 것을 사용해 *n*-워드를 불쑥 내뱉는다. 그러나 그 이용자의 정체성을 식별하기 위해 열심히 노력하고 있는 마케팅 회사, 정부, 그리고 연구자들 또한 그녀가 누구인지 완전히 확신하지 않는다. 이러한 불확신성unsureness의 엘스는 페이스북의 뉴스 피드가 우리와 가깝지 않는 사람들의 게시글로 우리를 압도할 때 활동하기 시작한다. 엘스는 "개인 맞춤화된" 광고가 어떻게 엉뚱하거나 주제넘게 보일 수도 있는가 하는 것이다. 혹은 엘스는 넷플릭스Netflix가 2006년 그들의 알고리즘을 10% 향상시킬 수 있는 사람에게 100만 달러를 지불하겠다고 제안했을 만큼 충분히 우리의 넷플릭스 큐queue§가 어떻게 "틀렸는가" 하는 것이다.[108]

멕시코계 미국 여성 연구 이론가 글로리아 안살두아Gloria Anzaldúa는 이렇게 적고 있다: "바뀌는 다중 정체성과 온전성을 있는 그대로 지키면서 경계와 주변에 사는 것은 새로운 환경, '생경한' 환경 속에서 헤엄치려 노력하는 것

§ 소비자의 기기와 컴퓨터에 소비자가 넷플릭스를 통해 보기를 원하는 영화와 TV 프로그램의 목록을 보관하는 곳을 말한다(옮긴이 주).

과 같다."[109] 우리의 데이터화된 삶이 가차 없는 데이터감시와 알고리즘적 조절의 대상이긴 하지만, 데이터감시를 하는 사람도 데이터감시를 받는 사람도 진정으로 편한 느낌을 받지는 않는다. 이러한 "'생경한' 환경"을 규정하는 이상함은 알고리즘 세계에 사는 것의 이상함이다. 바로 그런 이유에서 알고리즘적 오誤범주화는 사실 알고리즘적 신新범주화이다. 그리고 같은 이유로 그것은 구글 번역의 오역이 실제로 새로 번역하는 것retranslation이기도 한 이유이다.

앞에서 언급한 포르투갈어 대화에서 "contigo manos e pais"는 욕설을 하려고 한 것은 아니었지만, 어쨌든 욕설이 되었다. 그것을 읽는 사람에게 그것은 오역이었다. 그러나 이제 우뚝 솟은 언어 중재자인 구글에게 그것은 당분간 "contigo manos e pais"가 의미하는 것을 새로 번역한 것이다.

점점 더 이상한 방식으로 데이터화된 삶의 가치를 정하는 편재하는 감시 체계를 고려하여 필자는 엘스를 갤러웨이가 "왓에버whatever"로 이론화하고 있는 것을 실천하기 위한 전략으로 볼 것을 제안하는데, 왓에버는 "어딘가에서 알고리즘이 듣는"이라는 표현 속에 분명히 나타나 있는 소통적 관계성을 억누르는 저항과 비합체nonincorporation§의 주체 위치이다. 정의하기는 어렵지만, 왓에버는 "어떤 주어진 공식적인 본질이나 명확한 속성을 중심으로 합체되지 않기 때문에 미학적으로 통일감이 없다. 왓에버는 그 힘을 통합이나 반복이 아닌 비非자제성incontinence과 변환transformation에서 찾는다."[110] 좀 더 구체적으로 말하면, 그것은 "어떤 질문에도 답하지 않으며 말할 것도 거의 남기지 않는다."[111] 우리가 알고리즘적으로 어떻게 대변되는지를 인식하는 것은 남은 할 말을 우리가 관리할 수 있게 해주는 것이다. 엘스는 알고리즘과

§ 우울증의 구조로서 젠더 정체성을 이야기할 때, 버틀러는 동일시가 성립되는 방법으로서의 합체incorporation를 논의한다. 즉, 젠더 정체성은 상실한 대상이 있을 때 그 상실을 인정하지 않고 사랑했던 대상을 자신의 내부로 합체하는 것이다. 합체를 체내화라고도 한다[자료: www.epicuros.kr](옮긴이 주).

우리 간의 개념적 간격에 따라 일탈, 이동mobility, 그리고 궁극적으로 비합체성incorporability의 가능성을 제공한다.

실제로 우리는 우리 디지털 기술에 의해 주입된digital-technology-infused 주체성의 복잡성으로 인해 혼란스럽다고 단념하지 않으며 그러한 기술 영역을 질식할 정도의 전면적인 통제에 양보하지도 않는다. 무서움을 느끼는 것은 디지털 세계에서의 우리의 취약성을 인정하는 것이다. 무서움을 느끼는 것은 또한 그러한 취약성에 저항하기 시작하는 것이기도 하다. 그리고 신新범주화의 사례에 주목하는 것은 우리의 가치가 알고리즘적으로 정해지는 논리를 비판적으로 이해하는 것이다.

비자유주의적nonliberal 주체 관계를 둘러싼 이 장의 생각이 상당 부분 토대로 삼고 있는 프랑스 철학으로 되돌아가면, 이론가 질베르 시몽동Gilbert Simondon의 엘스의 변형은 그것의 개념적 개별성haecceity을 통해 이해될 수도 있을 것이다. 개별성이란 우리의 경험과 우리의 서로 다른 데이터화된 주체 관계들 간의 어울리지 않는 상호작용을 강조하기 위해 우리가 사용할 수 있는 어떤 형식의 추상적인 이것다움this-ness§이다.[112] 시몽동은 기하학적인 비행기 모양에 맞추어 나무를 자르는 띠톱과 목재의 윤곽에 따라 나무를 자르는 해머드 웨지hammered wedge의 차이에 대해 다음과 같이 쓰고 있다: "내재하는 진정한 형식은 기하학적이 아니라, 위상적topological§§이다. 기술적 몸짓은 구획된 개별성을 구성하는 이러한 위상적 형식을 존중해야 한다."[113]

어떤 데이터 요소가 '시민'을 만들어내는지, 어떤 웹사이트가 '남자'를 만

---

§ 이것다움은 두루뭉술하고 소란스러운 세상을 손으로 만질 수 있다는 느낌을 줄 만큼 구체적이고 실제적인 우리의 관심을 집중시키는 세부사항들을 말한다[자료: 오은교, 「보는 법을 배운다」, 《문학동네》 통권 98호(2019년 봄호)](옮긴이 주).

§§ 다음의 위상기하학의 정의에서 그 의미를 유추할 수 있다: 위상기하학이란 도형의 위상적 성질을 연구하는 기하학으로, 길이, 크기 따위의 양적 관계를 무시하고 도형 상호의 위치나 연결 방식 따위를 연속적으로 변형하여 그 도형의 불변적 성질을 알아내거나, 그런 변형 아래에서 얼마만큼 다른 도형이 있는가를 연구한다(옮긴이 주).

들어내는지, 그리고 어떤 도형적 패턴이 '얼굴'을 결정하는지 이해하는 것은 경험적으로 가능할 수도 있지만, 그러한 것들은 우리가 어떻게 그것들을 살아 있고, 숨 쉬고 있고, 데이터를 만들어내는 주체로 접하게 되는지에 대해서는 아무것도 우리에게 말해주지 않는다. 삶의 목재의 윤곽은 알고리즘적 해석이라는 기하학적 절단에 의해 깎여나간다. 이 세계의 측정가능형들은 삶의 "내재하는 진정한 형식"의 위상을 결코 완전하게 대표할 수 없다.

'시민'의 개별성은 우리의 집계된 알고리즘적 '시민권'에 대한 우리의 데이터화된 반응이다. '시민'이나 '당신'을 만들어내는 논리와 그러한 논리에 대한 당신의 경험은 완전히 다른 어떤 것이다. 엘스는 우리에게서 나오는 목재, 알고리즘의 기량과 상관없이 그리고 우리가 얼마나 많은 데이터를 만들어내는지와 상관없이 우리가 가지고 있는 행위주체성agency의 쪼개진 조각이다.

필자의 알고리즘적 정체성은 측정가능형 정체성 식별의 무한無限 집계이다. 만약 당신이 이러한 모든 것을 서로 만나게 한다면, 당신은 '존John'이라는 결과에 이르게 될 수도 있을 것이다. 그리고 '존'을 완전하게 이해하기 위해서 당신은 필자가 사용하고 읽는 언어를 구글 번역이 어떻게 구성하고 있는지, 필자가 연인관계와 성적 관계에 이를 가능성을 오케이큐피드가 어떻게 할당하는지, 그리고 페이스북의 뉴스 피드가 어떻게 어떤 '친구'는 필자에게 보여주지만 어떤 친구는 감추는지를 반드시 고려해야 한다. 그럼에도 이러한 집계는 필자의 목재를 고려하지 않기 때문에, 그것은 필자를 완전하게 파악할 수 없다.

그러나 알고리즘적 해석에 효과적으로 대응하는 것은 엘스가 우리의 데이터화된 세계의 경계를 넘어설 수 없음을 의미한다. 이 장의 시작부분에 언급한 것처럼, 데이터화된 주체 관계는 오로지 데이터의 규칙에 따라 사는 다른 주체 배열들에 더해지는 하나의 층, 한 패거리일 뿐이다. 필자가 존과 '존' 간의 격차를 어떻게 해석하느냐 하는 것은 어떻게 해서든 데이터로서 반드시 피드백되어야 한다. 페이스북 활동 공백은 오프라인에서 많은 잠재적 의미를 찾는 것을 시사할 수도 있지만, 단순히 온라인에서의 데이터화된 활동의 중단으로 이해된다. 궁극적으로 데이터화된 주체로서 행동하는 것은 알고리즘적 계산을 현실로 만드는 것이다.

즉, 컴퓨터에 대고 고함을 지르는 것이 알고리즘적 해석에 대한 좌절감을 표현하는 데 효과가 있지는 않겠지만, 만약 컴퓨터에 마이크와 음성 인식 기술이 장착되어 있다면 효과가 있을 수도 있을 것이다. 옥수수밭에 몸을 숨기면 가까이 있는 경찰 순찰차가 당신을 보지 못할 수도 있지만, 당신의 휴대폰은 비록 그것이 꺼져 있다 하더라도 당신의 위치를 알려줄 수 있다. 데이터화된 주체 관계 속에서 우리의 역할은 "건초 더미 속의 바늘"이라는 자유주의의 재목적화된repurposed 거짓말에 기대지 않고 데이터감시자들dataveillers의 "데이터의 바다" 밑을 흐르는 잠류潛流; undercurrent§ 속에서의 우리의 위치를 적극적으로 이해하는 것이다. 진정한 자기authentic self가 존재하지 않는 것과 매우 흡사하게 바늘 역시 존재하지 않는다. 우리의 데이터는 특별하지 않다. 그것은 특별한 어떤 것을 의미하지 않는다. 구글, 페이스북, 오케이큐피드, 그리고 NSA가 알고리즘적으로 유용하게 만드는 비축된 데이터만이 존재할 뿐이다.

이러한 잠류 속에서 보험료는 오르내리고, 비행기 표의 가격도 오르내린다. 우리가 사용하는 웹 브라우저와 우리가 전화를 건 사람과 같이, 우리의 데이터화된 자기의 일부였다는 것을 우리가 결코 몰랐던 데이터는 우리의 삶을 구성하는 데 영향을 미친다. 당신이 '가난한'지 혹은 '부유한'지 여부가 로스앤젤레스에서 뉴욕까지의 여행에 100달러의 비용을 더 추가할 수도 있을 것이다. 당신의 '외국인' 친구가 당신에게 전화를 거는 횟수 때문에 NSA는 당신을 '외국인'으로 만들 수 있다. 우리가 세상을 보는 방식—그러나 더 중요한 것은 세상이 우리를 보는 방식—이 몹시 조건화된다. 이러한 조건에 대

§ 표층류의 상대어로, 표층류의 밑을 표층류와 다른 속도와 방향으로 흐르는 흐름을 말한다(옮긴이 주).

한 우리의 대응이 디지털 세계에서 우리의 미래를 운명 짓는다.

7. 소결론

엘스에 의해 조각된 공간은 제논Zeno§의 이분법의 역설Dichotomy Paradox§§의 중심 원리를 상기시켜 준다. 그리스 엘레나 출신의 논리학자이자 철학자인 제논은 사물의 개별성은 결코 복제될 수 없다는 것을 매우 잘 알고 있었다. 그는 사고思考 실험에서 절반씩 이동하는 서로 멀리 떨어져 있는 두 도시 간의 여행을 상상했다.

당신은 테살로니키Thessaloniki에서 아테네Athens까지 거리의 절반을 걷고 난 다음 쉰다. 그 중간 지점에서 당신은 다시 아테네까지 남은 거리의 절반을 걷고 난 다음 다시 쉰다. 거북이와 토끼 우화처럼 (궁극적으로 확률의 개념 그 자체처럼) 당신은 결코 아테네에 도착하거나, 거북이를 이기거나, 1에 도달하지 못할 것이다. 심지어 당신이 아테네 성벽에 가까워져 당신의 코털이 빗장이 걸려 있는 성문의 나무를 향하는 그 순간에도, 제논의 절반-거리 규칙half-distance rule으로 인해 당신은 성문에 노크하지 못할 것이다. 이러한 무한 절반의 절반은 당신이 전체를 획득할 수 없음을 의미한다. 단순 대수식으로 나타내면, $x = 1 - n$이 된다.

$x = 1$, 즉 전체의 불가능성은 궁극적으로 근대성modernity에 대한 대반론大反

---

§ 엘레아의 제논Zeno of Elea(기원전 490년경~기원전 430년경)은 소크라테스 이전 시대 마그나 그라에키아magna graecia의 철학자이며 파르메니데스에 의해 만들어진 엘레아 학파의 학자이다(옮긴이 주).

§§ 어떤 물체가 A 지점에서 B 지점으로 이동하기 위해서는 그 중간 지점인 C를 통과해야 한다. 그리고 마찬가지로 C에서 B로 가려면 그 중간 지점인 D를 통과해야 하며, 또한 D에서 B로 가려면 그 중간 지점인 E를 통과해야 하고 (…) 이런 식의 사고를 계속하다 보면 C와 B 사이의 거리가 아무리 짧다 해도, C에서 B까지 가려면 무한히 많은 점을 통과해야 하기 때문에 물체는 이동할 수 없다는 이야기이다(옮긴이 주).

論뿐만 아니라 후기구조주의 이론poststructural theory, 퀴어 이론queer theory,[§] 여성주의 이론feminist theory, 비판적 인종 이론Critical race theory,[§§] 사회구성주의social constructionism 전반의 이론적 기초이다. 권력 구조는 늘 지속되는 오류가 불합리하게 거듭되는 미리 지정된 상자 안에 우리를 위치시키려 노력하고 있다. NSA 같은 기관은 우리를 이러한 상자에 위치시킬 때 내세우는 가정을 구체화하며, 이렇게 해서 우리는 온라인에서 엘스를 만나게 된다.

바로 우리와 이러한 가정과의 상호작용에서 엘스는 알고리즘주의가 어떻게 속지주의나 속인주의와 결코 연관되지 않을지, 혹은 구글 번역이, 그들의 데이터 세트와 상관없이, 결코 원어민native speaker이 되지 않을지를 분명히 보여준다. (이론가 티지아나 테라노바가 "입자와 상호작용의 다중성multiplicity"[§§§]이라 정의하는) 우리의 미시상태들microstates의 분인들은 우리의 거시상태들("평균들뿐만 아니라 정체성들, 주체성들, 사회들, 문화들")의 정체성과 주체성을 형성하며 움직일 공간, 즉 이리저리 옮겨 다니고 재기표再記表될 공간이 필요하다.[114] 무엇보다 분인들은 틀릴 공간이 필요하다.

사회학자 미하리스 리아노스Michalis Lianos는 데이터화된 주체 관계를 "기술장치가 사회적 관계의 의도적인 증강된 측면이 될 수 있는 능력으로 인해 그

---

§ 퀴어학의 성과 젠더에 관한 반본질주의적 이론이다. 이에 따르면 사람의 성적 정체성과 젠더 정체성은 사회적으로 구성됐으며 하나의 개인이 "동성애자", "이성애자", "남성", 또는 "여성" 등의 넓은 표현을 이용하여 설명할 수 없다는 주장을 한다. 퀴어 이론은 사람을 하나의 분류에 넣어 구분 하는 관례를 문제시한다(옮긴이 주).

§§ 전통적 법학이 인종차별 문제를 해결하는 데 불충분하다는 인식에 따라 인종과 법, 권력 간의 관계를 바꾸는 것을 목적으로 1980년대 미국에 나타난 법학운동이론이다. 혐오발언의 희생자인 비백인의 경험을 강조하고 그 지점에서 새롭게 법학을 구축하기 위해 혐오발언의 해악의 중대성을 지적하며, 인종차별 철폐를 위해 혐오발언을 규제해야 한다는 입장을 취한다(옮긴이 주).

§§§ 테라노바는 물리학의 소립자 반응과 입자들의 상호작용에 빗대어 표현하고 있는데, 여기서 입자는 데이터에 그리고 상호작용은 데이터가 연결되어 있는 데이터베이스에 해당한다[자료: 저자와의 이메일 교신](옮긴이 주).

것의 적용 규범과 양상이 손상되는" 기술 장치의 "탈배양脫培養; de-culturing"으로 본다. "그런 다음, 기술 장치는 그러한 규범과 양상을 모든 참여자에게 동질적이고 외적인 타협할 수 없는 제약으로 재창조한다."[115] 중심이 있는 안정적인 맥락이 없다면, 거시상태는 새로운 미시상태들을 토대로 스스로 재창조한다. 이러한 탈배양은 무엇이 정상인지에 대한 재고와 따라서 제약이 무엇을 의미하는지에 대한 재고를 요구한다.

즉, 사회 이론가 브라이언 마수미의 말을 인용하면, 정상正常은 즉각적으로 "협상할 수 없는" 것이 아닐 수도 있겠지만, '정상'은 현재 어떤 것에 고정되어 있지 않다.[116] 그리고 "분인들은 '정상화되어' 있지 않을 뿐만 아니라, 어느 정도 기능적 차이(우리는 이렇게 부를 수 있을 것임)를 지닌 채 유지되기 때문에, 지식과 실천의 임계값들은 본래 정해져 있지 않으며 늘 재구성되고 있다."[117] 우리가 누구인지와 우리가 무엇의 지배를 받는가는 이러한 급진적 개방성 속에서 확장되었는데, 이것은 우리 자신의 주체 위치를 평가할 수 있는 우리의 능력 역시 반드시 재평가되어야 함을 의미한다.

우리의 데이터화된 주체 관계는 오직 데이터를 통해서 수행되며, 데이터는 이러한 급진적 비고정성free-standing-ness이 고정되는 곳이다. 우리는 분명 구글에 대한 직접적인 행동이나 NSA의 법적 개선을 통해 데이터 외부의 권력 관계에 저항할 수 있지만, 만약 그러한 저항이 우리의 알고리즘적 정체성 식별을 거부하고자 하는 것이라면 그것은 반드시 데이터의 규칙 위에서 이루어져야 한다. 물론 이것은 우리가 문자 그대로 데이터로 만들어져 있기 때문이 아니라(분명, 필자가 타이핑을 하고 있는 필자의 손가락을 바라볼 때 필자는 랜덤 아스키 코드random ASCII code 문자나 문자열을 보지 못함), 데이터가 이러한 권력의 알고리즘 체계가 알아볼 수 있는 유일한 것이기 때문이다. 이러한 정체성 식별 체계는 이런 식으로 유기체를 거부한다. 그러한 체계는 디지털의 양극인 0과 1 사이의 아날로그 회색지대를 부정한다.

그러나 (디지털성에 대해 생각할 때 하라고 배운 대로) 우리가 0과 1들을 생각할 때조차, 우리는 실제의 안정된 이진 상태binary state에 대해 실제로 이야기하지 않는다. 하드 드라이브hard drive의 내용은 실제 0과 1들이 아니라 전압값 차이voltage value differences로 구성되어 있다. 이진수 1은 이상적으로 5.0볼트로 표시되며, 이진수 0은 0.0볼트로 표시된다. 그러나 1이 5.0013볼트가 될 수도 있는 한편, 0은 0.05볼트가 될 수도 있을 것이다. 한번 삭제된 파일의 이전 값들이 유령처럼 미래에 영향을 미친다. 1을 '1'로 만드는 물리적 과정이 결코 완벽할 수 없듯이, 주판의 주판알이 부족하기 때문에 물질세계의 어떠한 계량화된 측정도 반올림되거나 반내림될 필요가 있다.

이러한 수적 이상數的 異相; numerical aberration에는 생산적 복잡성productive complexity이 존재한다. 해러웨이의 사이보그 용어를 사용하자면 이것은 "괴물"이고, 철학자 칼 올스턴Kal Alston의 표현을 빌리자면 이것은 "유니콘unicorn",§ 즉 우리 세계의 엄격한 분류 기준 밖에 있는 요소이다.[118] 실제적으로 말하면, 그것은 알고리즘적 정체성으로 표현될 수 없는 것이다. 괴물은 때로 분류될 수 없고 무가치한 것으로 무시되기도 하지만, 우리는 그것을 이러한 빠져나갈 수 있고 표현할 수 없는 차이를 데이터를 통해 구성하는 새로운 방식으로 보아야 한다. 데이터화된 주체 관계와 함께 사는 것에는 우리의 개인 경험을 권력의 지시문 안에 기록하려는 시도를 못 본 체 눈감아주는 것도 포함된다. 거기에는 로지 브라이도티의 유목민처럼 의도적으로 알고리즘적 주체화에 일시적인 문제를 발생시키기 위해 그러한 시도를 방해하는 것도 포함된다.

권력과 감시에 완벽하게 주시당하고 있는 주체의 유형을 이론화하는 것이 매력적일 수도 있지만, 그것은 동시에 절망적이기도 하다. 실제로 사회학자 마누엘 카스텔스Manuel Castells가 주장하듯이, 디스토피아적인dystopian 내러티브의 전형으로 논의되어 온 조지 오웰의 대형大兄 개념은 실제로 대부분의 비국가적인 감시 행위에 대해 좋지 않은 의견을 갖게 만든다.[119] 그것은 인터넷

§ 뿔이 하나 달린 전설상의 동물이다(옮긴이 주).

감시의 권위를 과장하며, 특히 그것은 인터넷 감시에 대한 우리의 복종을 과장한다. 오웰의 『1984』의 제1공대第一空帶; Airstrip One에서와는 달리, 우리가 온라인에서 하는 것의 대부분은 감시되는being watched 것이 아니라, 데이터감시되고being dataveilled 있다. 우리는 관찰을 통해 개인적으로 규율되는 것이 아니라, 알고리즘적으로 평가된다. 그리고 그러한 데이터화된 주체 관계는 단순히 또 하나의 층을 우리의 정체성 위에 더할 뿐으로, 우리의 데이터를 새롭게 생겨나는 의미에 연결하는 알고리즘의 한 지엽적인 사례에 지나지 않는다.

이러한 유형의 주체 관계는 연결적이어서, "혹은"보다 "그리고"를 강조한다. 그러나 우리의 데이터 집계를 이해하기 위해 "그리고"는 궁극적으로 규모에 따라 나누어질 필요가 있다. 즉, 그것의 의미를 유용하게 하기 위해서 평균을 구해야 한다(/x). 이러한 분할은 산더미처럼 쌓은 메타데이터에서 '시민'이나 '외국인'을 만들어내는 NSA의 알고리즘적 해석이다. 그리고 단 1바이트의 비정상 데이터가 우리의 삶을 파멸시키지도 성공으로 이끌지도 않듯이, 이러한 분할은 우리의 행위주체성을 지킬 수 있는 가능성의 방향을 그러한 집계에 맞추게 한다. 자유를 위한 공간은 이러한 분할에서 온다. 분할이 없는 "그리고"는 우리를 지치게 한다. 그것은 불필요하게 우리를 피곤하게 만들 것이다.

필자는 워싱턴 D.C.를 무대로 활동한 혁신적인 펑크 밴드 블랙 아이즈Black Eyes의 노랫말로 이 장을 시작했다. 포스트하드코어 아방가르드posthardcore avant-garde로 가장 잘 기술되는 음악 장르를 추구한 이 밴드는 자율주의autonomism계의§ D.C. 펑크 록punk rock§§에 바탕을 두는데, 이들은 주로 상업적 아웃소

---

§ 자율주의자들은 지배적인 사회 질서에 의존하지 않고 자주적인 자유공간을 창출하려고 노력하고 있다. 일반적으로 이들은 반권위주의적, 사회혁명적, 아나키즘친화적인 이상을 따른다. 1980년대 초반부터는 하위문화로서 음악뿐만 아니라 라이프스타일을 포괄하는 펑크 운동이 시작되었다. 이들은 상업화된 록과 팝음악 및 관습적인 패션과 라이프스타일에 반기를 들었고, 당시 상대적으로 젊은 세대의 자율주의자들의 상당수

싱outsourcing을 거부하고 지역사회에서 성장한, 연대를 기반으로 한 연합을 선호하는 DIYdo-it-yourself 원칙을 따른다. DIY 에토스ethos에 따라 예술가들은 그들 자신의 음반회사를 만들었고, 그들의 쇼나 공연을 스스로 홍보했으며, 궁극적으로 제도가 아닌 그들 자신에 의존했다.

그러나 이러한 정신에는 결점도 있었다. 블랙 아이즈의 베이스 기타리스트이자 보컬리스트인 휴 매클로이Hugh McElroy가 주장했듯이, 단체가 아닌 "당신 자신"에게 초점을 맞추는 것은 문제가 된다. 비연합적인nonassociative "당신 자신"은 지속가능한 행동에 대한 적절한 정치적 지수 역할을 결코 할 수 없기 때문에, 매클로이는 DIY 정치의 대안적인 유산인 "DITDo It Together"를 강조했다. "그리고"가 우리를 피곤하게 하는 것과 매우 흡사하게, DIY 역시 그러하다. DIT는 우리에게 연관과 /*x*가 어떻게 교차하는지를 보여줌으로써 연관이 우리를 서로 수동적으로 연결하는 이상을 한다는 것을 이해할 수 있게 해준다. 우리는 알고리즘이나 심지어 상호 부조를 통해 연관을 점차 줄여나간다. /*x*가 없이 "그리고"에 기반을 둔 주체 만들기는 주체성이 의미하는 바의 절반만을 말해준다.

연관은 우리의 데이터화된 삶의 공통어, 즉 삶을 구속하는 근원일 뿐만 아니라 삶의 성장을 위한 자양분이기도 하다. 단 한 조각의 데이터 자체만으로는 아무것도 의미하지 않기 때문에, 맹목적으로 숭배되는 자유주의적 주체의 자율성은 타인이 없다면 아사餓死할 것이다. 패턴은 한 개인이 아닌 인구집단으로부터 만들어진다. 알고리즘이 우리를 해석하는 방식은 어쩔 수 없이 우리를 타인의 삶과 연결해 준다. 이러한 정서는 그것이 지니고 있는 인간적인 아름다움으로 또한 우리를 조절한다. 그것은 '우리'가 행하는 것을 토대로 삶을 통제한다. 그러나 4장에서 보게 되게 되듯이, 주체적 '우리', 객체

에 문화적 영향을 끼쳤다(옮긴이 주).

§§ 1970년 미국에서 시작된 펑크 문화와 연계되었던 음악으로, "누구나 할 수 있다"라는 평등주의적 DIYdo-it-yourself 에토스를 내세운 펑크 문화 운동의 일부이다(옮긴이 주).

적 '우리', 그리고 '당신'은 방해받을 수 있다. 우리는 알고리즘적 평가를 방해할 수 있지만 그것 자체의 규칙대로 그것을 방해하는 경우에만 그렇게 할 수 있으며—그리고 우리는 그것을 함께 방해한다.

4장
프라이버시
죽은 프라이버시든 산 프라이버시든 원해

마크 헤밍스Mark Hemmings; M: 속이 너무 아파요. 위에서 덩어리가 만져지는 것 같아요.

전화 교환원call handler; C-H: 다른 증상은 없습니까?

M: 너무 고통스럽고, 땀도 많이 흘리고, 힘이 없어요. 거의 하루 종일 그래요.

C-H: 설사를 하거나 토하진 않았습니까?

M: 속이 너무 아파요. 맞아요. 몇 차례 그렇게 아팠어요. 정말 통증이 심해요.

C-H: 대동맥 동맥류나 마르판Marfan 증후군 진단을 받은 적은 없었습니까?

M: 없어요. 위 담석증을 앓은 적은 있어요. 속이 정말 아픕니다.

C-H: 상복부가 짓누르듯 아프거나 찌르듯 아픕니까?

M: 어느 정도는 그런 것 같아요.

C-H: 팔, 목, 턱, 혹은 어깨에 통증은 없습니까?

M: 없어요. 구급차 좀 불러줄 수 있겠습니까?

C-H: 검거나 타르색 혹은 붉거나 적갈색 변을 본 적은 없습니까?

M: 없어요. 그냥 아프기만 해요.

C-H: 눈에 새로운 통증이 나타나진 않았나요? 고환이나 음낭에서 덩어리가 만져지거나 붓지는 않았습니까?

M: 아뇨. 속만 아파요. 그리고 약간 어지러워요. (전화 응대원이 그의 일반 외과 수술의 세부사항에 대해 물을 때 거친 숨을 몰아쉼).

C-H: 말씀해 주신 내용을 들어보니 선생님은 응급 구급차가 필요할 것 같지는 않습니다. 나중에 다른 분이 다시 전화 드리겠습니다.

M: 구급차를 부를 수 없다고요? 정말 통증이 심한데요.

C-H: 알았습니다. 그리고 감사하지만, 대답해 주신 내용을 토대로 판단해 볼 때 선생님은 구급차가 필요하지 않습니다. 그렇지만 선생님은 앞으로 2시간 내에 지역 일반의에게 상담을 받을 필요는 있습니다.

M: 병원에 가야 한다고요?

C-H: 아닙니다. 잠시 전화 끊지 마시고 계세요. 따뜻한 물로 목욕을 하되, 만약 쓰러지거나, 의식을 잃거나, 반응이 늦어지거나, 실신하거나, 춥거나, 땀으로 축축해지면, 999로 전화하세요. 전화를 받을 수 있는 상태로 유지해 주세요. 만약 1시간 30분 이내에 전화가 오지 않으면, 저희에게 다시 전화해 주시기 바랍니다.

⁂

2013년, 장애가 있는 51세 남성 마크 헤밍스Mark Hemmings는 영국의 응급 서비스 전화번호인 *999에 전화를 건다. 전화 교환원이 대답을 하자, 헤밍스는 즉시 그의 증세를 알려준다: "속이 너무 아파요. 위에 덩어리가 만져지는 것 같아요." 그 교환원은 여러 질문 가운데 첫 번째 질문인 "다른 증상은 없습니까?"라고 되묻는다. 그러자 헤밍스는 "너무 고통스럽고, 땀도 많이 흘리고, 힘이 없어요. 거의 하루 종일 그래요"라고 대답한다.[1]

그 교환원은 더 많은 질문을 한다: "설사를 하거나 토하진 않았습니까?" "대동맥 동맥류나 마르판Marfan 증후군 진단을 받은 적은 없었습니까?" "상복부가 짓누르듯 아프거나 찌르듯 아픕니까?" 헤밍스는 통증을 느끼면서 열심히, 그렇지만 고통스러워하며 모든 질문에 대답을 한다.

그는 세 차례에 걸쳐 구급차를 요청한다. 그는 또한 설명조로 반주하듯 일곱 차례나 "고통스럽다"라고 애타게 그의 통증을 설명한다. 전화 통화 말미에 그 교환원은 "말씀해 주신 내용을 들어보니 선생님은 응급 구급차가 필요할 것 같지는 않습니다. 나중에 다른 분이 다시 전화 드리겠습니다"라고 결론을 내린다.

이틀 뒤, 방문 요양보호사가 의식 없이 바닥에 쓰러져 있는 헤밍스를 발견했다. 서둘러 병원으로 옮겼지만 그는 병원에 도착한 지 30분 뒤 사망했다. 사망 원인은 담석이 췌장관을 막아 생긴 심장병이었다. 헤밍스는 정확하게 스스로를 진단했고, 통상적인 수술을 했더라면, 즉 만약 그의 대답을 듣고 그가 마땅히 구급차를 보낼 대상으로 분류되었더라면, 그는 생명을 구할 수 있었을 것이다. 실제로 응급전화 교환원이 물었던 일련의 질문은 알고리즘적 부상자 분류 시스템에서 나온 것으로, 헤밍스를 돕기 위해 사용되는 것이 아니라 그가 처한 상황의 긴급함을 파악하는 데 사용되는 것이었다.[2]

헤밍스의 구두 대답은 입력이었고, 출력은 그러한 대답을 토대로 구급차를 보낼지 여부였다. 그의 증상에 변화가 없다면, 추가적인 행동은 금지되었다. 알고리즘의 논리에 대한 이러한 의존은 "만약 쓰러지거나, 의식이 없거나, 반응이 없거나, 실신하거나, 춥거나, 땀으로 축축해지면, 999로 전화하세요"라는 터무니없는 지시에 가장 잘 요약되어 있다. 그 교환원 자신의 인간의 행위주체성이 단순한 알고리즘적 해석으로 전락했다. 이 시스템에 대해 교환원은 매우 확신을 하면서, 심지어 기분이 상한 헤밍스에게 "우리는 이것을 무시할 수 없으며, 통제실에 우리가 요청할 수 있는 긴급 의료원들이 있다 하더라도, 이 시스템이 잘못된 대답을 내놓지는 않을 거라고 저는 생각합니다"라고 말했다.[3]

헤밍스의 증상 데이터는 응급 처치를 '받을 만한지'를 보여주는 측정가능형과 일치하지 않았다. 그가 "너무 고통스럽다"라는 단어를 사용한 것, 그 교환원에게 구급차를 보내달라고 반복적으로 애원한 것, 그리고 그의 장기가 서서히 손상됨에 따라 *999에 기록된 그의 전반적인 절망적 톤을 그 알고리즘 시스템은 판독하지 못했다. 이상한 표현이 담긴 성명서에서 지역 병원의 한 고문 의사는 나중에 그러한 참사를 가장 기술관료적인 냉랭한 문구로 다음과 같이 기술했다: "그 알고리즘은 마크에게 도움이 되지 못했다."[4]

헤밍스의 *999 경험은 인정하건대 매우 극단적인 경우이다. 그의 죽음은 영국에서 일어나고 있는 점증하는 의료적 진단의 자동화에서부터 줄어들고 있는 공공 분야 보건 프로그램 예산에 이르는 교차하는 일련의 긴 조건들의 결과이다. 그러나 헤밍스와 부끄러움을 모르는 분류 알고리즘 논리와의 관계는 우리 가운데 많은 사람이 매일 온라인에서 만나는 것이다. 3장에서 논의한 바 있는 NSA의 알고리즘주의처럼, 국가는 우리의 기대를 저버리는 알고리즘을 사용한다. 이 책 도입부에서 언급한 HP의 얼굴 인식처럼, 자본 역시 우리의 기대를 저버리는 알고리즘을 이용한다. 최고 수준의 권력 이동인 분류 행위 자체가 우리의 선택을 뺀 채 우리의 세상을 틀 짓는다. 이 장은 이러한 좀 더 유리한 규칙으로의 권력 이동을 프라이버시와 프라이버시의 역사적 혈통이라는 렌즈를 통해 재구성한다.

이 장은 전체적으로 프라이버시가 개인이 관찰당하거나 방해받는 것으로부터 보호한다는 전통적인 형식의 프라이버시를 넘어 어떤 모습을 보일 수 있을지를 평가한다. 1890년, 전통적인 형식의 프라이버시를 "혼자 있을 권리"라고 규정한 법학자 새뮤얼 워런Samuel Warren과 루이스 브랜다이스Louis Brandeis의 정의는 유명한데, 역설적이게도 헤밍스는 집에 혼자 앉아 있었기 때문에 그에게 이러한 전통적 형식의 프라이버시는 주어졌다.[5] 그러나 그는 그에게 권능을 부여하거나 그를 보호하는 방식으로 "혼자"였던 것이 아니었다. 그 대신, 헤밍스는 *999의 알고리즘적 출력에 대해 무방비한 상태로 "혼자" 있었다. 실제로 *999 알고리즘은 헤밍스의 데이터, 즉 그가 제공한 대답을 그가 모르게 사용했고, 사실상 그 데이터는 그 자신과 그 자신의 신체적 필요성에 불리한 증언을 했다.

이 장의 재구성된 프라이버시 개념은 사회학자 존 B. 톰슨John B. Thompson이 사적인 것의 변화하는 성질로 기술하고 있는 것과 논쟁을 벌어야 한다. 그에 따르면, 사적인 것은 "개인과 정보가 물리적으로 어디에 위치해 있건, 현재 점점 더 개인이 통제할 수 있고 할 수 있어야 한다고 믿는 정보와 상징적 콘텐트의 탈공간화된despatialized 영역으로 구성되어 있다".[6] 3장이 분인성

dividuality에 초점을 맞추었던 점을 감안하여 필자는 프라이버시가 자기와 그러한 자기를 타인에게 연결하고 있는 어셈블리지 모두(이용자, 즉 헤밍스와 그 이용자를 한층 더 구성하는 "애즈 이프" 구성요소들, 즉 그의 데이터화된 대답 모두)를 보호해야 한다는 의견을 제시한다.

이 장은 프라이버시의 방향을 데이터화된 세계로 바꾸려는 기존의 시도를 따른다. 커뮤니케이션 법학자 우지숙Jisuk Woo은 정치경제학자 오스카 갠디Oscar Gandy의 학식學識을 따라 "프라이버시 역학에서의 중요한 한 가지 변화는 '침투하는 [감시의] 실체들'이 더 광범위해지고 덜 쉽게 식별된다는 사실이며", 그래서 "네트워크 내에서의 감시의 주체와 객체 간의 권력 불균형의 주된 자극제는 그들의 식별가능성의 차이이다"라고 주장했다.[7] 우리가 이 책에서 몇 번이고 계속해서 보았듯이, 마케팅 회사와 정부 조직은 그들 자신의 숨겨진 기계화machination를 위해 우리의 데이터를 사용해 우리를 식별한다. 이러한 틀에서 우지숙은 우리는 "식별되지 않을 권리", 즉 데이터감시 속에 함축되어 있는 조절 권력으로부터의 주체적 이탈detachment을 추구한다는 의견을 제시한다.

이 책의 목적을 위해 "식별되지 않는 것"은 개인의 측면에서 개인적으로도 식별되지 않고 분인의 측면에서 알고리즘적으로도 식별되지 않는 것이다. 그리고 이러한 비식별로서의 프라이버시 유형은 미디어 학자 핀 브런턴Finn Brunton과 철학자 헬런 니센바움Helen Nissenbaum이 "난독화obfuscation"라고 부르는 것을 통해 가장 잘 실천되는데, 난독화란 "감시와 데이터 수집을 방해하기 위해 모호하거나 혼란스럽게 하거나 오도하는 정보를 의도적으로 추가하는 것"을 말한다.[8] 여기서 어떤 이용자가, 자신들에 대해 우리가 가진 "기록을 헝클어뜨리기" 위해 단 한 장의 수퍼마켓 고객 카드를 여러 집단의 친구들이 공유하는 것과 같이, "레이더의 시계視界를 잠재적인 표적으로 채우는 채프chaff[§]"처럼 많은 의미 없는 소음으로 자신의 데이터 내의 잠재적 신호를 숨길 때 프라이버시가 발생한다.[9] 말하자면 (우리의 이름, 사회보장번호, 혹은 주소를 포함하는 데이터뿐만 아니라) 우리 자신에 대한 데이터 역시 프라이버시를 누릴 자격이 있다. 이 점은 우리의 데이터를 인격화하는anthropomorphize 것이 아니라 우리의 데이터가 우리의 알고리즘적 자기를 구성하는 역할을 인정하는 것이다.

현재 하나의 개념으로서 프라이버시는 세상과 차단하거나 어떤 권력을 가진 감시의 눈으로부터 우리의 취약함을 감추는 것이 아니다. 오히려 정치학자 진 L. 코헨Jean L. Cohen이 주장하듯이, "프라이버시의 규범적 속성은 정확히 [사회학자 어빙Erving] 고프먼이 '자기의 영토the territories of the self'라고 부른 것, 즉 개인이 '소유, 통제, 사용, [그리고] 처리할 수 있는 권리'를 주장할 수 있는 보호구역의 보호 속에 놓여 있다".[10] 이 보호구역에서 우리는 사회이론가 앤써니 기든스Anthony Giddens가 "신체의 프라이버시와 자기의 온전성을 지킴으로써 다른 사람들과 거리를 유지할 수 있는 권리(맥락에 따라 여러 방식으로 내용이 바뀜)"를 즐긴다.[11]

우리의 자기의 영토 안에서는 우리가 어떻게 규칙에 따라 배열되는지 우리는 안다. 우리는 우리가 내리는 결정의 결과를 이해하며, 따라서 우리가 누구인지가 의미하는 바를 결정한다. 이러한 영토는 개념적으로 미국 연방대법원 판사 윌리엄 브레넌William Brennan이 헌법 수정조항§ 제1조First Amendment의 자유 보호를 "생존하기 위해 숨 쉬는 공간"으로 내다보았던 방식과 일치한다.[12]

바로 이러한 이상적 공간을 통해 우리는 헤밍스의 사례가 프라이버시와 관련이 없는 것처럼 보일 수도 있음에도 왜 관련이 있는지 이해할 수 있다. 한 개인으로서 그는 *999 알고리즘의 강요된 프로토콜 이상의 그 어떤 것도

---

§ 전파 교란용 군사장비를 말한다(옮긴이 주).

§ 미국 헌법은 수정의 필요성이 있을 때, 헌법 원문 7개 조항은 그대로 둔 채 원문 뒤에 수정조항을 첨부해 나가는 식이기 때문에, "미국 수정헌법 제1조"라고 말하기보다 "미국 헌법 수정조항 제1조"라고 말하는 것이 올바르다. 미국 헌법에는 현재 27개의 수정조항이 첨부되어 있다(옮긴이 주).

할 수 있는 자격이 없었다. 또한 그의 분인들의 측면에서 그는 '자격이 있는'이 무엇을 의미하는지, 무엇이 그를 '자격이 없게' 만들었는지, 혹은 심지어 *999 교환원에게 한 그의 대답이 알고리즘적으로 가치 평가되고 있다는 것도 알지 못했다. 고프먼의 "영토"나 연방대법원 판사의 "숨 쉬는 공간"은 헤밍스에게 결여되어 있던 개념적 근거이다.

이 장에서 필자는 미국에서의 프라이버시의 간략한 역사, 이러한 "생존하기 위해 숨 쉬는 공간"과 연결되어 있는 프라이버시의 유산을 추적하며, 프라이버시가 어떻게 개인의 신체를 넘어 분인 세계로 확장할 수 있는지에 대해 살펴본다. 필자는 헤밍스의 사례를 계속해서 사용하는 한편, 어떠한 프라이버시도 결코 완전하거나, 완벽하거나, 완전히 가능하거나, 전적으로 바람직하지는 않다는 사실도 고려한다.

1. 프라이버시, 여기 편히 잠들다

프라이버시가 사망했다는 말을 당신은 들었는가? 인터넷이 주류가 된 이래로 《타임*Time*》에서부터 《가디언*Guardian*》과 《포브스*Forbes*》에 이르는 뉴스 조직들은 프라이버시가 죽었거나 죽어가고 있다고 선언했다.[13] 많은 사람들이 포기하듯 두 손을 들고 한때 소중하게 품었던 이러한 개념을 다소 소박하고 목가적인 과거에 내어주면서, 오늘날 우리가 온라인에서 하는 것은 전혀 "사적이지private" 않다는 데 대해 일반적으로 의견이 일치한다. 실제로 무뎌진 채 사용되는 프라이버시는 우리의 신체, 우리의 사회적 상호작용, 그리고 특히 한때는 당당했던 "사적인 것"의 알현실謁見室이었던 우리의 가정을 침입한 인터넷의 피할 수 없는 희생자이다.

같은 이유로, 인터넷의 포괄적인 감시 능력은 일부 기술 선두주자들, 특히 우리의 데이터화된 삶을 배양함으로써 돈을 버는 위치에 있는 사람들이 미디어 합창단에 가입해서 수사적修辭的으로 프라이버시 개념을 창문 밖으로 내던져 버리게 만들었다. 오래전인 1999년, 선 마이크로시스템스Sun Microsystems CEO인 스콧 맥닐리Scott McNealy는 "어쨌든 당신들에게는 프라이버시가 전혀 없다. 잊어버리세요"라고 비웃듯 말했다.[14] 페이스북 설립자 마크 저커버그 Mark Zuckerberg는 프라이버시가 "더는 사회적 규범이 아니"라고 믿고 있다.[15] 구글의 전 CEO 에릭 슈미트Eric Schmidt는 감시당하는 대중에게 "만약 당신이 누군가가 모르기를 바라는 무언가를 가지고 있다면 아마도 당신은 무엇보다 그런 일을 해서는 안 된다"라고 경고하면서, 프라이버시를 불필요하고 심지어 위험하다고 기술했다.[16]

이러한 부유한 백인 남자의 관점에서 보면 프라이버시는 죽었다. 프라이버시가 그들의 비즈니스 모델에 지장을 주기 때문이다. 그러나 좀 더 일반적으로 말하자면, 프라이버시는 현재의 기술 진보 양식을 규정하는 일방적인 대화의 장애물로 인식되고 있다. 그 정도로 부유하지 않은 다른 백인 남자들의 관점에서 보면 인터넷이 사람들의 사적인 삶에 침투하는 것은 그들이 감시에 내재해 있는 통제와 맨 처음 만나는 것이다. 그러나 거의 모든 다른 사람들의 관점에서는 프라이버시는 오랫동안 맥박이 뛰지 않았다. 워런과 브랜다이스의 "혼자 있을 권리"는 현재도 "사치품"이고 오래전에도 사치품이었다고 커뮤니케이션 학자 지지 파파차리시Zizi Papacharissi는 적고 있다.[17]

프라이버시의 사망 시간은 상대적인 현상으로, 프라이버시의 소멸은 사람들이 휘두르는 패권적 권력에 얼마나 가까이 있는지에 거의 전적으로 좌우된다. 한때 사적이었던 공개되지 않은 행동이 상업적 데이터 수집, 국가의 감시, 그리고 매우 솜씨가 좋은 해커들에게 이용 가능하기 때문에, 인터넷은 "사람들의 집"을 "그들의 성城"으로 보는 워런과 브랜다이스의 "확고한" 견해를 나타내는 교외에 사는 백인 비유를 못 쓰게 만들었을 수도 있다.[18] 그러나 이 책에서 자세하게 서술된 현대의 데이터감시 사례들은 길게 늘어선 프라이버시를 축소시키는 행동, 정책 및 기술 가운데 하나일 뿐인데, 이것은 외부의 어떤 다른 것에 의한 지속적인 관찰에 익숙하지 않은 사람들에게는 놀라

움으로 다가올 수도 있는 사실이다.

1980년대에 여성주의 법학자 캐써린 매키넌Catharine MacKinnon은 워런과 브랜다이스의 프라이버시에 대한 만트라인 "혼자 있을 권리"를 현대의 가부장제를 옹호하는 미국 정부에 좀 더 적합한 법률적 에토스, 즉 남자들이 혼자 있을 권리로 축소시켰다.[19] 미국 법체계에서 프라이버시는 역사적으로 남자들의 프라이버시 권리를 여성의 프라이버시 권리보다 상위에 두고 그리고 때로는 여성의 프라이버시 권리를 대신해서 옹호했다. 예를 들어, 1993년이 되어서야 비로소 부부 사이의 강간이 미국의 50개 주 모두에서 불법으로 간주되었다. 낙태할 권리가 1973년 미국 연방대법원의 로 대 웨이드Roe v. Wade 사건에 대한 판결로 인정되었지만, 심지어 오늘날에도 그 법은 주 정부들에 의해 껍데기만 남아 있다. 그리고 최근인 2014년 가을에도, 워싱턴 D.C.의 한 판사는 링컨 기념관Lincoln Memorial을 방문하는 여성은 남자들에게 치마 속을 사진 찍히지 않고 프라이버시를 지키는 것을 합리적으로 기대할 수 없다는 판결을 내렸다.[20]

어린이와 같은 다른 집단의 경우, 프라이버시는 대체로 18세가 될 때까지는 누릴 자격이 없는 것으로 인식된다.[21] 장애가 있는 사람들뿐만 아니라 노인의 경우, 장애인용 화장실 접근권이 부족한 예 또는 어떤 개인의 돌보미에 의해 때때로 권위주의적인 결정이 내려지는 예에서 보듯이 프라이버시는 언제나 조건부로 보장된다.[22] 유색인의 경우, 자유민주주의 양식의 "프라이버시"는 흔히 애당초 가능성이 없는 것이다.[23] 국가의 과도한 치안 유지 활동, 인종차별적인 미디어 표현으로 촉발된 비국가 조직의 사회적 경계social vigilance,[§] 백인 우월주의의 전반적인 제도화, 이 모든 것이 "혼자 있을 권리"를 건전한 평등주의적 법적 토대보다 더 공허한 슬로건으로 만듦으로써 백인이

---

§ 사회적 경계란 잠재적인 대인적 난제나 위협에 대비해 사회 환경을 모니터링하는 것뿐만 아니라 지각된 위협의 상태 변화도 모니터링하는 행위를 말한다(옮긴이 주).

아닌 사람들은 이러한 권리를 누릴 자격이 더 적은 사람이라고 틀 짓는다.

그리고 수 세기에 걸쳐 가난에 시달리는 사람들(노숙, 도시의 과밀, 혹은 법적으로 인정된 프라이버시 침해 사건에서 변호사비 지급 불능에 직면해 있는 사람들)의 경우, 프라이버시권을 가지고 있는 사람과 가지고 있지 않은 사람 간의 역량을 약화시키는disempowering 비대칭적인 관계가 항상 존재한다.[24]

그러나 이러한 차이가 있음에도, 감시와 프라이버시 문제는 여전히 우리의 사회적 세계의 젠더화되어 있고, 인종차별적이며, 계층화된 층들에게도 영향을 미친다. 프라이버시의 폭넓은 중요성은 우리 모두가 그것을 필요로 한다는 사실에서 기인한다. 우리는 모두 어떻게든 권력의 간섭을 받으며, 프라이버시는 이러한 권력이 우리에게 영향을 미치는 방식을 조절하기 위해 우리가 사용하는 역사적 지렛대이다. 따라서 시민권으로서 프라이버시는 자신의 포르노 검색이 악의적인 사람들의 손에 들어가는 것을 우려하는 유복한 시민 자유주의자civil libertarian§에서부터 뉴욕시의 “검문검색stop and frisk” 계획에 항의하는 유색인종 남자들에 이르기까지 광범위한 지지자들을 끌어들인다.[25] 그러나 정확히 이론적으로 권리를 보호하는 데 힘쓰는 국가에 의해 권리가 침해되는 수많은 역설적인 사례로 인해 우리는 프라이버시를 확실한 법적 권리로 맹목적으로 숭배할 수 없다.[26]

좀 더 전술적으로 필자는 우리가 분인 관점에서 프라이버시의 이러한 복잡성에 대해 충분히 생각해 보기를 원한다. 우리는 권력의 흐름 안에서 프라이버시를 실행에 옮기는데, 분인으로의 방향 전환이 그러한 권력의 흐름을 어떻게 재배열하는가? 즉, 데이터화된 세계에서의 프라이버시의 규칙은 우리의 데이터가 유용해지는 방식에 대한 규칙이다. 궁극적으로 이러한 수정

---

§ 시민 자유주의civil libertarianism는 일반적인 정치적인 이념이라기보다는 법이나 나라 안에서 시민 개개인의 자유를 최대한으로 보장해야 한다는 이념이다. 그렇기 때문에 타 이념에 얽매이지 않는다. 이러한 생각을 갖고 있는 사상에는 우파 자유지상주의자나, 좌파의 아나키스트들이 있다[자료: 위키백과](옮긴이 주).

된 틀 짓기를 통해 우리는 프라이버시가 어떻게 우리의 데이터화된 분인에게도 적용되는지를 이해할 수 있게 되는데, 이것은 미국 헌법 서명인署名人도 심지어 19세기의 법률가도 결코 상상할 수 없었고, 하물며 이론화하지는 더더욱 못했던 것이다.

2. 프라이버시의 법적 유산

역사적으로 프라이버시는 우리의 내적 자기를 위한 상상의 내실內室을 보호했다. 실제로 미국의 프라이버시 담론은 미국 헌법 수정조항 제1조, 제3조, 제4조, 제5조 및 제9조에서 시작되는데, 이 수정조항들은 모두 자기의 자율성과 타인의 영향으로부터의 보호에 초점을 맞추고 있다.[27] 미시건주 대법원 수석 재판관 토머스 쿨리Thomas Cooley는 1880년 바로 이러한 헌법을 토대로 시도된 신체적 접촉을 막는 법적 보호를 제안했다: "법인法人; person에 부여된 권리는 완벽한 불가침성immunity의 권리, 즉 혼자 있을 권리라 말해도 좋을 것이다."[28] 쿨리에게 법은 "모욕"을 듣거나 "두려움에" 처하게 되는 것에 대한 우리의 대응과 같은 "즉각적이고 효과적인 저항을 위한 갑작스러운 에너지 요청"으로부터 우리를 지켜주어야 한다. 왜냐하면 비록 그러한 방해가 결코 폭력적이거나 물리적이지 않다 하더라도, 그것은 개인의 행동의 존엄성을 방해하기 때문이다.[29] 10년 뒤, 이 장의 시작 부분에서 언급했듯이, 워런과 브랜다이스의 원문原文 "프라이버시권The Right to Privacy"은 쿨리를 상기시켜 주었지만 좀 더 정보적인 관점을 취했다:

> 관습법은 각 개인에게 자신의 생각, 감정, 그리고 정서를 어느 정도 다른 사람들에게 전달할 것인지를 결정할 수 있는 권리를 정상적으로 보장해 준다. 우리의 정부 체계하에서 각 개인은 (증언대에 설 때를 제외하고는) 그러한 것들을 표현하도록 결코 강요받을 수 없다; 그리고 비록 각 개인이 그러한 것들을 표현

하기로 선택했을지라도, 그는 일반적으로 그러한 것들이 공개될 범위를 정할 수 있는 권한을 가진다.[30]

이 자유주의적 프라이버시법 창시자 세 사람은 20세기 중반 연방대법원 판사 윌리엄 더글러스William Douglas가 나중에 "프라이버시 구역zones of privacy"—자기라는 행위주체와 타인이라는 행위주체가 개념적으로 구별되는 공간적이고 심리적인 이중의 완충지역—이라고 기술한 것의 법적 핵심을 만들었다.[31] 프라이버시 구역이라는 개념은 또한 윌리엄 브레넌William Brennan 판사가 명예훼손법 측면에서 내린 몇몇 판결에서 "생존하기 위해 숨 쉬는 공간"이라는 좀 더 시적인 표현으로 등장했다.[32] 미국 프라이버시법의 이러한 형성 단계에 따르면, 개인들은 다른 사람이 없는 데서 불법적인 일을 하거나 어떤 특이한 행위를 하기를 원했기 때문에 프라이버시가 필요했거나 프라이버시를 누릴 만한 자격이 있었던 것이 아니다. 그들은 그들 자신이고, 그들 자신처럼 행동하며, 그들 자신을 자유롭게 표현하기 위해 프라이버시를 필요로 했다.

컴퓨터 과학자 로저 클라크Roger Clarke는 프라이버시를 "개인들이 다른 사람과 기관의 간섭이 없는 '개인 공간'을 유지하는 데 대한 관심"이라고 광범위하게 정의한다.[33] 프라이버시는 맨 처음부터 간섭에서 벗어난 공간에 대한 것이었다. 그것은 숨 쉴 수 있는 삶에 대한 것인데, 이것은 문이 닫힌 욕실 화장실 안에서의 일시적인 평화보다는 수필가 헨리 데이비드 쏘로우Henry David Thoreau의 월든 호수의 사색을 반영하는 오래 지속되는 보호구역으로 생각할 수 있는 은유이다. 에릭 슈미트Eric Schmidt§의 경솔한 프라이버시 거부는 프라이버시 권리를 불법의 옹호와 동일시하는 현대의 프라이버시 논쟁에서 사용된 비유를 앵무새처럼 흉내 내면서 부정적인 시각에서 이러한 "숨 쉬는 공간"을 희미하게 특징 짓는다: "혼자 있을 권리"는 "나는 감출 것이 하나

§ 구글 CEO(옮긴이 주).

도 없다"로 바뀌었다.[34]

그러나 법률을 존중해 온 135년 역사의 프라이버시의 핵심은 주체적으로 숨을 쉬기 위해 국가·및 타인과 맺는 방어적인 관계로 더 잘 표현될 수도 있을 것이다. 문제는 어디에서 숨을 쉬는가이다. 가정에서의 프라이버시는 직장에서의 프라이버시와 다르며, 전자 커뮤니케이션을 통한 프라이버시는 사람들의 신체의 프라이버시와 다르다.

프라이버시권의 포괄성inclusivity과 프라이버시권 실행의 세부사항 간의 절차적 상충으로 인해 프라이버시에 대해 단 하나의 보편적인 정의를 내리는 것이 꽤 어렵다: "코끼리처럼 프라이버시는 기술하기보다 인식하는 것이 아마 좀 더 쉬울 것이다"라고 작가 존 B. 영John B. Young은 재치 있게 말한다.[35] 프라이버시에 대한 어떠한 생산적 개념도 어떤 상황의 특수성이나 철학자 H.J. 매클로스키H.J. McCloskey가 "조건적conditional"이라고 규정하는 것(즉, 모든 맥락에 동일하게 적용되는 일반적인 개념이 아니라는 것)에 의해 구분된다.[36] 미국 연방대법관에 거의 지명되자마자 루이스 브랜다이스는 그의 프라이버시에 대한 법적 권리를 "권리들 가운데 가장 포괄적인 권리"라고 불렀다:

> 미국 헌법 제정자들은 행복 추구에 이로운 상태를 보장하겠다고 약속했다. 그들은 남자의 정신적 속성, 남자의 감정, 그리고 남자의 지성의 중요성을 인정했다. 그들은 삶의 고통, 즐거움, 그리고 만족의 일부만이 물질적인 것에서 발견될 것이라는 것을 알았다. 그들은 미국인들의 신념, 사고, 정서, 감정을 보호하고자 했다. 그들은 정부와 대조적으로 권리 가운데 가장 포괄적이면서 교양 있는 남자들이 가장 가치 있게 여기는 권리인 혼자 있을 권리를 부여했다. 그 권리를 보호하기 위해 모든 정당화될 수 없는 정부에 의한 개인의 프라이버시 침해는, 어떤 수단이 사용되든, 헌법 수정조항 제4조를 위반하는 것으로 반드시 간주되어야 한다.[37]

브랜다이스의 의견은 프라이버시가 방해nuisance로부터 혼자 있을 단순한 권리일 때보다 프라이버시를 훨씬 더 중요시한다. 그는 모든 인간의 프라이버시 요구는 우리의 신체적·정신적·정서적·지적 자기가 숨을 쉬어야 할 필요성에 뿌리를 두고 있다고 보았다. 그는 꽤 친근감 있게 "'행복 추구'에 이로운 상태를 보장하기 위해" 미국 독립선언문U.S. Declaration of Independence의 단어들을 문자 그대로 가져와 "부당한 수색과 체포"를 방지하기 위한 수정조항 제4조와 결부시킨다.

분인 프라이버시dividual privacy라고 부를 수도 있는 것의 광범위하지만 역사적으로 일관된 버전을 계속해서 다시 틀 짓기 위해, 필자는 프라이버시의 개념적 핵심을 (난해한 법률 용어를 수반하지 않는) 위의 인용문구 내에서 찾기를 제안한다. 분인 프라이버시는 미국 프라이버시 이론의 원래의 법적 프레임워크를 빌려와 그것을 우리의 현 디지털 시대의 요구에 적용한다. 만약 우리가 인터넷상에서 (개인이 아닌) 분인이라면, 분인 프라이버시는 기능적으로 우리의 정서적 자기뿐만 아니라 우리의 '정서적' 자기도 반드시 보호해야 한다. 우리가 데이터로 구성될 때, 우리는 우리의 분인성이 "혼자 있는" 것이 의미하는 바도 반드시 고려해야 한다.

따라서 만약 프라이버시가 진정 가장 포괄적인 권리이라면, 우리는 분인 프라이버시에 대한 단 하나의 정의에 의존하는 것을 피하는 것이 당연할 수도 있을 것이다. 오히려 우리는 우리가 어떤 합법적인 수단을 통해 간섭으로부터 보호받는 공간을 확보하는 것을 도와줄 수 있는 일련의 행위를 통해 그것의 논리를 추적할 수 있다. 그것은 숨을 쉬는 공간이다. 그러나 한 사람의 행복이 다른 사람에게는 지옥일 수도 있는 것처럼, 우리 각자가 생존하기 위해 필요한 그러한 숨 쉬는 공간은 맥락적인 동시에 상대적이기도 하다.

"생존하기 위한 숨 쉬는 공간"이라는 표현은 분명 도발적으로 들리지만, 그러한 표현에 대해 비판적인 자세를 견지함으로써 우리는 진부한 표현에 굴복하게 내버려두는 것을 피할 수 있다: 무엇을 위한 생존인가? 법학자 로

널드 J. 크로토진스키Ronald J. Krotoszynski는 미국 연방대법원의 1953년 로 대對 웨이드 사건의 프라이버시 해석을 "행동을 취하거나 행동을 취하는 것을 삼갈 수 있는 개인의 특권"으로 틀 짓는다.[38] 그러나 행위 혹은 무행위inaction 자체를 보호하는 것이 행복 추구 조건을 반드시 보장하지는 않는다.

다음에 당신이 자유민주주의에서 자주 인용되는 프라이버시의 전형인 비좁은 기표소의 평온한 상태에 들어갈 때 당신은 이 질문을 고려해 볼 수도 있을 것이다. 기표소 안에 들어간 다음 커튼을 치는 것은 형식적으로 세계를 이해할 수 있는 2개의 공간, 즉 울타리 쳐진 은밀한 보호구역과 정치적 엿보기가 횡행하는 바깥 세계로 나누어준다. 그러나 이 은유의 보편성의 주된 스포일러spoiler는 기표소가 제공하기로 되어 있는 가정된 자율성이다. 무엇을 위한 생존인가와 매우 흡사하게, 우리는 무엇을 위한 자율성인지 물을 수도 있을 것이다. 투표 당일에는 후보들을 신중하게 골라 한 후보를 선택하는 것(혹은 선택하지 않는 것) 외에 행복이나 정신적 표현에 사용할 여력이 거의 남아 있지 않다.

그러나 이 은유는 비록 우리가 기표소 안에서 행복하지 않을 수도 있지만 우리의 맥락을 우리가 분명 알고 있음을 여전히 시사하기 때문에, 이 은유의 의미가 완전히 상실된§ 것은 아니다. 우리는 우리의 이름에 "투표했다"는 표시가 될 것이라는 것을 안다. 우리는 다른 사람들로부터의 달갑지 않은 신체 침해 행위battery§§에서 벗어나 있다는 것을 안다. 우리는 아무도 우리를 쳐다보지 않으며 아무도 우리의 행위를 모니터링하지 않는다는 것을 안다. 우리는 우리에게 기대하는 바와 우리가 할 수 있는 것과 할 수 없는 것을 안다. 따라서 우리는 우리 자신, 펜, 그리고 투표용지라는 형성요소들 바깥의 어떤 공

---

§ 은유가 처음 생겼을 당시의 신선감이나 생명감을 상실한 은유를 사은유死隱喩, dead metaphor라고 한다(옮긴이 주).

§§ 강제 키스, 여자 신체를 만지는 행위, 상대방 얼굴에 침 뱉는 행위와 같은 신체 침해 행위를 말한다(옮긴이 주).

간에서 통제될 수 있다.

이러한 프라이버시의 이상형 안에서 우리는 투표용지에 표시되어 있는 누군가에게 투표하고, 도서관에서 무언가를 읽으며, 우리가 아는 누군가와 이야기를 할 수 있다. 그러나 우리가 우리의 맥락을 알 때, 프라이버시는 또한 단순한 행동 혹은 무행동을 둘러싼 결정 훨씬 이상의 것을 우리에게 내어준다. 이 점은 헬런 니센바움이 "맥락적 온전성contextual integrity으로서의 프라이버시" 이론으로 이미 개발한 것과 개념적으로 닮아 있다.[39] 니센바움에 따르면, 삶의 각 맥락은 정보 수집 및 전파 규칙을 좌우하는 정보의 흐름을 가지고 있다. 맥락적 프라이버시의 목적은 각 맥락의 정보 제공적 규범이 존중되는지 확인하는 것이다. 이렇듯 맥락에 초점을 맞추는 것은 또한 우리가 누구인지에 대한 규칙도 보호한다. 프라이버시로 인해 우리는 우리 자신을 알 수 있고 이해할 수 있다. 즉, 우리 자신이 우리를 쉽게 이해할 수 있다. 혹은 앤써니 기든스의 표현을 인용하면, 우리는 "자기의 온전성"을 지니고 있는데, 이것은 데이터화된 분인 세계에서 프라이버시의 가치를 평가할 때 우리가 생각하는 공통분모라고 필자는 생각한다.[40]

자기의 온전성을 뒷받침하는 프라이버시는 우리가 누구인지, 우리가 어떤 대우를 받는지, 그러한 대우가 무엇을 의미하는지를 알게 해주는 프라이버시이다. 자유주의적 "사적 영역"의 밀실closed-door 프라이버시와 달리, 온전성을 찬양하는 프라이버시는 당신의 삶이 복잡하다고 가정한다. 그것은 법 이론가 줄리 E. 코헨Julie E. Cohen이 프라이버시에 대한 "탈자유주의적postliberal" 접근이라고 부르는 것과 함께 작동한다: "프라이버시는 역동적인 창발적 주체성을 개인과 지역사회를 고정시키고, 속이 들여다보이게 하며, 예측 가능하게 하려는 상업적 행위자와 정부 행위자들의 노력으로부터 보호해 준다." 그것은 자결自決 역량이 개발되는 상황에 입각한situated 경계 관리boundary management 행위를 보호한다.[41] 이러한 자결을 위한 "경계 관리"는 데이터화된 사회적/네트워크화된 삶의 복잡성을 반드시 다뤄야 하는데, 왜냐하면 그 속에서 프라이버시는 실제로 우리를 권력과 타인으로부터 결코 완벽하게 떼어놓을 수 없기 때문이다.

실제로 월든 호숫가에서 혼자 조용히 보내는 목가적인 고독이 시사하는 외로움은 사적인 삶을 사는 것의 절대적 결과는 아니다. 그것은 끔찍할 것이다. 그러나 당신은 월든 호숫가에 혼자 있으면서 당신이 누구인지 안다. 당신은 중력, 날씨, 그리고 당신의 행위의 힘이 당신의 미래의 삶이 어떠할지를 결정하는 요인이라는 것을 안다. 그리고 당신은 만약 누군가 혹은 무언가가 당신을 방문할 경우, 당신은 그녀 혹은 그것이 당신에게 어떤 영향을 미칠지 주목해야 할 것이라는 점을 안다. 이렇게 해서 프라이버시는 아마 개인적 선택, 즉 학자들이 "결정권적 프라이버시decisional privacy"§라고 부르는 것만을 보호할 수는 없다.[42] 프라이버시는 또한 반드시 존재being를 위한 것이어야 한다. 그리고 이러한 존재는 우리가 행동하기를 원하기 때문에 행동할 수 있게 해줄 뿐만 아니라 우리가 누구인지 알 수 있게도 해주는 자기의 내적 일관성을 필요로 한다. 실제로 웬디 브라운Wendy Brown과 조디 딘Jodi Dean 같은 정치 철학자들은 행위와 생산에 관련된 우리 삶을 심지어 가장 사적인 순간으로 생각하면서 프라이버시와 같은 개념들을 행위의 조건 쪽으로 틀 짓는 신자유주의적 강박증에 대해 이미 기술한 바 있다.[43]

실제로 이 세상의 거의 모든 사람이 매우 기쁘게도, 프라이버시는 또한 만약 프라이버시가 사적인 것the private에 대한 개념이 아니라면 좀처럼 드러나지 않을 쾌락, 태만, 사회 규범에 대한 전반적인 무관심을 위한 공간을 만들어낸다. 이론가 앨런 웨스틴Alan Westin은 "허용되는 일탈을 위해 프라이버시를 갖는 것에 대한 확고한 기대는 자유 사회의 삶을 구분 짓는 특징 가운데 하나이다"라고 적고 있다.[44] 프라이버시는 놀이play§§에 대한 것, 즉 왜냐하면

---

§ 결정권적 프라이버시란 개인의 신체, 신념, 신분에 대하여 국가의 간섭 없이 자의적으로 결정할 수 있는 권리를 의미한다(옮긴이 주).

§§ 가푸리Ghafouri와 윈Wien은 어린이들이 놀이를 할 때 놀이의 경계를 보호하는 규칙을 만

우리는 판단을 받지 않을 것이기 때문에 우리가 진정 프라이버시라는 숨 쉴 공간을 느낄 때 우리는 어떤 것을 달리할 수도 있고 또 달리 어떤 것이 될 수도 있다는 이해에 대한 것이다.[45] 우리는 비교적 아무 탈 없는 상태로 남아 있게 될 것이다. 정확히 이러한 규범으로부터의 일탈 속에서 우리는 자기의 온전성과 닮은 꼴을 유지한다.

만약 모든 프라이버시가 실제로 작동하지 않는다면, 우리는 우리가 누구인지 이해할 길이 없다. 원치 않는 통제가 존재할 때, 우리는 이 세계에서 자유의사로 살 방법이 없다. 다양한 사례의 정신병을 겪지 않은 개인의 온전성은 우리 모두가 매우 충분히 경험해서 잘 알고 있는 것이며, 우리는 그러한 온전성을 유지하기 위해 정도의 차이는 있지만 다음과 같은 프라이버시 향상 기법을 사용한다: 우리는 문을 닫으며, 사랑하는 사람에게 속삭이며, 우리의 이메일 계정 비밀번호를 가지고 있다. 그것은 행동하기 위한 숨 쉬는 공간일 뿐만 아니라 존재하기 위한 숨 쉬는 공간이기도 하다.

우리가 충분히 경험하지 못해 잘 알지 못하는 것은 우리의 자기self가 데이터로 구성될 때 그러한 자기의 온전성이다. 헤밍스의 *999 대화는 이 점을 잘 보여주는 극단적인 사례이다. 자기의 온전성은 우리의 프로필이 어떻게 등록되어 있는지, 그러한 프로필 범주들이 무엇을 의미하는지, 그리고 측정가능형들이 이 세상에서 알아볼 수 있는 것과 알아볼 수 없는 것을 어떻게 만들어내는지 묻는다. 심지어 필자가 복잡한 거리를 걸을 때도, 필자는 여전히 니센바움이 "공공장소에서의 프라이버시"라고 언급할 수도 있는 것을 어느 정도 누린다: 필자는 필자의 인종화된, 젠더화된, 능력을 지닌 신체가 필자가 사는 방식에 영향을 미치는 의미를 어떻게 생성하는지 이해한다.[46] 이러한 지식이 없다면 필자는 이러한 조건들, 필자의 정체성, 필자의 세계가 어떻

들고, 언어적 및 비언어적 지칭의 형식을 사용하며, 침입자와의 접촉을 피하는 것이 어린이들이 자신의 놀이를 보호하는 데 도움을 주었음을 확인했다(이 장의 미주 45번 참조)(옮긴이 주).

게 영향을 받는지 확신하지 못한다.

필자는 헤밍스처럼 필자의 데이터에 따라 필자를 만드는 종잡을 수 없는 알고리즘에 좌우된다. 이 장에서 더 자세히 살펴보겠지만, 분인에 주목하는 프라이버시는 시스템들이 대체로 감추어진 채 우리가 이해할 수 없는 방식으로, 그럼으로써 결과적으로 우리 자신과 우리가 사는 세상 만들기making를 변조하면서, 우리의 분인들을 근본적으로 규칙에 따라 배열하고 또 재배열하는 방식을 설명한다. 헤밍스의 사례는 *999 알고리즘이 그에게 구급차를 보내는 것을 거부한 순간 비극으로 변했다. 그러나 그의 사례는 또한 지식의 비극으로, '자격이 있는'과 '자격이 없는'의 측정가능형들이 (참여자들의 이해 없이) 비대칭적으로 *999에 전화를 거는 모든 사람의 의료적 미래를 결정한다.

3. 알레고리즘

프라이버시의 전통적인 도식은 감시당하는 자기와 감시하는 타인 간에 이루어지는 직접적인 대화식 연결이다: x가 y를 감시하고, 그래서 y는 x로부터의 프라이버시를 요구함으로써 대응한다. 다시 말해서, 2014년의 한 사건에서 하버드 대학교Harvard University 행정직원들(x)은 강의실 카메라를 사용해 하버드 대학교 학생들(y)을 사진 찍은 것을 인정했다. 출석에 관한 1년간의 연구의 일환으로 하버드 대학교는 강의실에 카메라를 설치해 수업이 진행되는 매분마다 사진을 찍었다. 그러면 컴퓨터 프로그램이 사진 이미지를 스캔해 빈자리의 수를 계산한 후, 분 단위 데이터를 스프레드시트spreadsheet에 저장했다.[47] 표본이 편향되는 것을 피하기 위해 연구자들은 학생들에게 사전에 (혹은 심지어 직후에도) 그들의 물리적 출석이 평가되고 있었다는 것을 말하지 않았다. 그리고 이러한 감시 데이터가 결국 교수들에게 알려진 후, 많은 사람이 프라이버시 규칙 위반을 큰소리로 알렸다.

하버드 대학교의 감시가 빈자리만을 집계했다는 것은 주목할 가치가 있다. 카메라는 분명 출석한 학생들을 사진 찍었지만, 개인들 자신은 실제로 고려되지 않고 있었다. 아무런 말도 없이 이루어지는 인구 총조사나 복잡한 도로에서 자동차 수를 헤아리는 도로 조사원처럼 계산된 것은 좌석 "하나하나"였다. 그리고 가장 중요한 것은 그 결과가 특정 학생에게 영향을 주지 않을 것이고 실제로 줄 수 없었다는 것인데, 왜냐하면 매 빈 좌석은 각 수업의 출석에 대한 계량적 분석을 위해 누적 기록에서 단순히 하나를 빼는 숫자(-1)로 데이터화되었기 때문이다.[48] 그럼에도 학생과 교수들은 짜증을 냈고, 그러한 감시는 신문의 헤드라인을 장식했으며, 하버드 대학교 최고위층은 그 연구를 한 관리 위원회에 보내 많은 방법론적 설명을 들었다.

심지어 개인에 대한 초점이 없더라도, 개인은 여전히 감시의 영향을 느낄 수 있다. 비록 이러한 영향이 개인의 현재까지 유지되고 있는 출석이나 입장入場, 즉 오직 지각될 때만 자기-규율self-discipline의 엔진이 시동을 거는 시각성visuality 및/혹은 지식의 파놉티콘에 의존하기는 하지만 말이다. 이것은 규율적 감시 내에서의 $x-y$ 도식의 1차적 한계이다. 바꾸어 말하면, 만약 감시당하고 있다는 것을 우리가 모른다면, 우리는 언제 자기-규율을 해야 할지 모르며, 파놉티콘 권력 전체가 무너진다.

물론 의식하지 못하는 감시도 여전히 권력, 우리가 딱 꼬집어 낼 수 없는 어떤 권력을 가지고 있는데, 필자는 이 점에 대해 3장에서 제한적으로 기술하려 시도한 바 있다. 더욱이 많은 이론가들이 감시와 사회적 통제의 귀감이 되는 도식으로서의 파놉티콘을 극복하려 시도하면서, 이러한 문제는 수 세기 동안 충분히 논의되어 왔다.[49]

실제로 모든 다양한 감시 및 프라이버시 사례를 충족시키는 단 하나의 도식은 존재하지 않을 것이다. 그리고 데이터감시와 분인 프라이버시에 제대로 작동하는 단 하나의 시각적 도식도 존재할 수 없다. 이것은 정확히 시각성의 문법이 데이터감시가 작동하는 비시각적인 통계적 방식과 상반되는 (객체들 간의 식별 가능한 분명한 관계에 대한) 안정성을 요구하기 때문이다. 그 대신, 우리는 문화 이론가 매쓔 풀러Matthew Fuller의 다음과 같은 해석을 따르는 것을 택할 수도 있을 것이다: "현 상황에서 감시는 보는 행위와 거의 무관하다. 감시는 사회-알고리즘적socio-algorithmic 과정이다."[50]

이론가 앨릭잰더 갤러웨이가 "알레고리즘allegorithm"이라는 단어를 만들어 낸 것과 같이, 그 자체가 알고리즘적인 감시 도식은 하나의 사회-알고리즘적 과정으로서 더 적절할 수도 있을 것이다. 알레고리즘은 알레고리allegory(풍유)§와 알고리즘이 결합된 것으로, 컴퓨터 처리의 외견상 기능주의에 방향(지시)§§과 경계 모두를 제공하는 혼성어이다. 갤러웨이는 비디오 게임을 이론화하기 위해 이 용어를 사용하지만, 이 용어는 또한 데이터감시에도 적용될 수 있다: "게임을 하는 것은 게임의 코드를 처리하는 것을 의미한다. 이긴다는 것은 그 시스템을 안다는 것을 의미한다. 따라서 어떤 게임을 해석하는 것은 (그것의 병행하는 알레고리즘을 발견하기 위해) 그것의 알고리즘을 해석하는 것을 의미한다."[51] 그는 계속해서 다음과 같이 적고 있다: "비디오 게임은 프로토콜에 의해 구현되는 지속적인 정보과학적 통제 네트워크하에 있는 우리의 현대적 삶에 대한 풍유諷諭이다."[52] 비디오 게임은 우리를 규칙, 논리, 심지어 게임 세계를 위한 물리학에 적응시키며, 우리는 그것들을 대개 경험, 시행, 착오를 통해 배운다.

바로 이런 이유에서 우리는 오리지널 수퍼 마리오 브라더스Super Mario Brothers 닌텐도 게임에 사용된 바로 그 수학 방정식을 모르고도 우리가 *A*를 누를 때 마리오가 얼마나 높이 그리고 얼마나 멀리 점프하는지 안다. 이것은

---

§ 알레고리는 은유적으로 의미를 전하는 표현 양식으로, 주로 문학에서 사용된다. 때론 우의寓意, 풍유諷喩로 부르기도 한다. 알레고리는 일반적으로 수사학의 형식으로 간주되지만 항상 언어를 통해 표현되지는 않는다. 눈짓을 가리키는 말일 수도 있고, 사실적인 회화나 조각, 의사적이거나 재현적인 예술에서도 흔히 찾아볼 수 있다(옮긴이 주).

§§ 원문에 쓰인 'direction'은 방향과 지시라는 중의적인 의미로 사용되었다고 한다[자료: 저자와의 이메일 교신](옮긴이 주).

또한 플레이어들이 모든 오버헤드 킥이 기적적으로 골망을 뒤흔든다는 사실을 안 후 EA 스포츠EA Sports의 축구 비디오 게임 피파 '99FIFA '99를 거의 플레이하지 않는 이유이기도 하다. 심지어 2장에서 논의한 월드 오브 워크래프트World of Warcraft의 지속적인 업데이트도 "업데이트"로 이해될 뿐만 아니라 게임 플레이의 풍유의 구성적 재작성constitutive rewriting으로도 이해될 수 있다. 알고리즘은 담론 가능성의 경계를 만들어낸다. 알고리즘은 각 개인 플레이어가 할 수 있는 가능한 행동과 주체적 경험의 영역을 위치시킨다.

만약 마리오의 점프력이 갑자기 50% 정도 줄어든다면, 우리가 우리의 행위를 조건화하는 새로운 지식에 적응할 때까지 우리는 아마 게임에서 이전보다 훨씬 더 많이 죽을 것이다. 그리고 만약 우리의 데이터가 비슷한 방식으로 평가되고 변한다면, 우리의 분인적 자기의 온전성은 본질적인 불안정성의 위험에 처한다. 이것은 필자가 3장에서 기술한 바 있는 엘스, 즉 우리가 기복이 있는 알고리즘적 처리에 주체적으로 대응하는 방식이다.

헤밍스 사례로 다시 돌아가면, 그와 *999 교환원과의 전화를 통한 만남은 지금 우리가 비극적인 알레고리즘으로 기술할 수 있는 것에 의해 틀 지어진다. 그러한 알레고리즘이 그가 의료적 관심을 받을 수 있는 가능성의 조건을 규정했기 때문에, 그는 자기의 온전성을 잃었다. 그러나 이 알레고리즘에서 헤밍스의 개인성은 하나의 캐릭터로 등장하지 않는다. 그가 의도적으로 게임을 하고 있는 것은 아니었지만, 그럼에도 그의 데이터는 그를 대신해 게임을 했다. 그의 역할은 어떤 측정가능형의 단순한 구성원으로 격하되었다. '자격 있음'의 할당은 그의 데이터화된 입력물을 토대로 했다.

분인 프라이버시의 한 구성요소는 기존 프라이버시 이론을 사용하여 분인을 개인의 입장에 놓고 생각한다. 이러한 주체 대체subject substitution는 자유주의적인 개인 프라이버시의 유산을 집결시켜 우리의 분인적 자기를 보호해준다. 우리는 자유주의적 프라이버시법을 이용해 우리의 은밀한 개인의 신상 명세를 보호한다. 그리고 우리는 개인의 지적 재산권을 사용해 회사와 국가가 우리의 데이터를 기록하고 판매하는 방식을 조절한다.

그러나 분인 프라이버시의 전술적 유물은 우리의 분인성이 분인 수준에 머무를 때 개인 프라이버시 이론이 발생하는 변화를 어떻게 충분히 다룰 수 없는지 충분히 인식하고 있다. 알고리즘 체계는 대개 우리를 (독특한 구성원으로서가 아니라) 패턴 속의 데이터 포인트로 이해한다. 이러한 결합된 주체 위치에서는 프라이버시에 대한 자유주의적인 법적 권리는 반드시 사용되지 못하지만 프라이버시의 에토스는 여전히 사용될 수 있다. 여기서 분인 프라이버시의 개념은 헤밍스의 데이터가 '자격이 있는'이라는 패턴과 처음으로 만나는 단순한 사례(물론 헤밍스의 데이터는 '자격이 있는'이라는 패턴에 적합하지 않았음) 이상으로§ 확장된다.

데이터화된 세계에서 자기의 온전성은 데이터를 만들어내는 자기와 우리의 데이터가 만들어내는 측정가능형 모두를 상대한다. 적절한 프라이버시와 함께 우리는 우리가 '자격이 있는지' 이해해야 한다. 그러나 우리는 또한 다음과 같은 좀 더 구조적인 질문에 대한 답도 알아야 한다: 도대체 '자격이 있는'이 실제로 무엇을 의미하는가? 한 예로, 우리가 이제껏 보아온 가장 미심쩍은 측정가능형 가운데 하나를 살펴보자: "게이다gaydar"는 MIT 학부생들이 개발한 알고리즘으로, 페이스북에서 당신에게 얼마나 많은 외견상 남성 동성애자 친구가 있는지를 토대로 당신의 '성성性性'을 추론한다. 이 알고리즘에 있는 알레고리즘은 만약 당신에게 "평균"보다 더 많은 남성 동성애자 친구가 있다면 당신은 남성 동성애자일 가능성이 있다는 가정이다. 연구자들인 카터 저니건Carter Jernigan과 비람 F. T. 미스트리Behram F. T. Mistree의 표현을 인용하면, "유유상종"이다.[53]

게이다는 페이스북 메타데이터에 따라 '남성 동성애자'와 '이성애자straight'§§

---

§ 여기서 "이상으로"가 의미하는 바는 데이터가 평가되고 있는 개인뿐만 아니라 '자격이 있는'이라는 패턴의 정의 자체도 보호되어야 한다는 의미이다[자료: 저자와의 이메일 교신](옮긴이 주).

를 계산한다. 메타데이터, 즉 당신이 누구에게 이야기하고, 언제 그들과 이야기하고, 누구와 친구이며, 그들과 언제 친구가 되었는지에 대한 데이터는 현 미국 프라이버시법에 의해 보호된다.[54] 메타데이터는 또한 놀랄 것도 없이 3장에서 기술한 대로 NSA가 미국 시민의 커뮤니케이션 패턴을 감시하기 위해 마구잡이로 수집하는 데이터의 상당 부분을 차지하고 있다. 게이다는 페이스북에서 누군가와 친구와 되는 것처럼 가장 일상적인 디지털 행위를 이중으로 이용하기도/비평하기도 함으로써 이러한 메타데이터가 무언가를 의미하게 만든다. 게이다 저작자는 자신들의 저작물을 적절하게 요약하면서 "비록 우리가 페이스북의 친구관계를 연구하긴 했지만, 네트워크 데이터는 말끔한 해결책이 존재하지 않는 커뮤니케이션 기술의 중대한 프라이버시 이슈를 야기하면서 더 광범위한 컴퓨터-매개 커뮤니케이션 환경 속에 널리 퍼져 있다"라는 의견을 피력했다.[55]

개인 페이스북 이용자로서 우리는 제대로 조사하지도 않고 그와 같은 무모하고 본질적으로 문제가 있는 방법론을 사용하여 우리에게 '성성'이 할당될 때 불편함을 느낄 수도 있을 것이다. 실제로 게이다 연구의 핵심 동기 가운데 하나는 "임의의 페이스북 이용자의 성적 지향성을 판단하는 능력이 심각한 프라이버시 위반에 해당됨을 보여주는 것이었다".[56] 그러나 수 세기에 걸쳐 남성 동성애자들이 계산되고, 진단되고, 평가되며, 비인간화되는 방식에 대한 신랄한 비판을 고려할 때, 법학자 딘 스페이드Dean Spade의 저서를 따라 우리는 이러한 측정가능형이 당신이 "동성애자임"을 틀림없이 "밝혀낼" 가능성뿐만 아니라 이러한 측정가능형의 기반 자체에도 반대할 수 있을 것이다.[57]

남성 동성애자와 '남성 동성애자' 모두 꾸며낸 것이다. 어떤 외부의 권력이 그 자체의 목적을 위해 그들 각각을 꾸며냈다. 남성 동성애자들이 스스로를

§§ 남성straight men과 여성straight women 모두에게 사용한다(옮긴이 주).

남성 동성애자라고 밝힌 것이 아니라, 남성 동성애자는 정신 건강의 정상화 논리normalizing logic에서 비롯되었다(현대 사회에서 동성애자로 분류되는 것은 병리적인 것으로 간주되었음).[58] 남성 동성애자들이 스스로를 남성 동성애자라고 밝힌 것이 아니기 때문에, '남성 동성애자'는 데이터감시의 명백한 위험을 분명히 보여주는 비관습적인, 프라이버시를 누릴 자격을 갖춘 범주 역할을 한다(연구자들은 왜 그들이 '계층'이나 '인종' 대신 '남성 동성애자'를 추론하기로 선택했는지, 성적 지향성의 가정된 사사로움privateness이 아닌 '남성 동성애자'를 추론하기로 선택했는지 분명한 이유를 제공하지 않음).

남성 동성애자와 '남성 동성애자' 모두 우리 자신이 체험한 성적 지향성sexual orientation과 일치하지 않는 분류들이다. 그리고 왜 누군가가 누가 '남성 동성애자'인지 알 필요가 있는지는 도무지 알 수 없지만, 우리는 우리를 어떤 범주나 측정가능형(여자, 남미계, '남자', 혹은 '백인')에 집어넣는 사람들에게 똑같은 질문을 할 수 있다. 수십 년 동안, 철학자 미셸 푸코와 이브 세즈윅Eve Sedgwick 같은 퀴어 이론으로 알려지게 된 것의 저자들은 권력이 우리의 습관, 정체성, 특성을 서로 다른 범주 상자 속에 위치시키는 방식을 비판적으로 분석했다.[59] 그리고 이러한 저자들뿐만 아니라 퀴어 오브 컬러queer of color§ 학자인 로더릭 퍼거슨Roderick Ferguson과 호세 에스테반 무뇨스José Esteban Muñoz는 또한 이러한 상자들은 흔히 우리를 위한 것이 아니라 우리에 대한 관리를 위한 객체 역할을 한다고 지적한다.[60] 왜 누군가는 어떤 사람이 남성 동성애자 혹은 '남성 동성애자'라는 것에 신경을 써야 하는가? 그러한 분류를 어떤 관리적인 권능화된 방식으로 사용할 게 아니라면 말이다.[61]

---

§ 로더릭 퍼거슨에 따르면, 퀴어 오브 컬러 연구는 인종, 젠더, 성성, 계층과 같은 사회적 구성에 대한 질문으로, 이러한 구성이 국가주의적 이상 및 실천과 어떻게 부합하고 어떻게 분기하는지에 대한 특정한 관심을 가진다. 퀴어 오브 컬러 분석은 컬러 여성주의, 물질주의적 분석, 후기구조주의 이론, 퀴어 비평 분야의 여성들로 구성되는 이질적인 기획이다(옮긴이 주).

더욱이 우리가 '남성 동성애자'인지 '이성애자'인지를 둘러싼 게이다의 추측을 분명히 밝혀주는 것은 바로 우리의 데이터이기 때문에, 필자는 분인 프라이버시 역시 이러한 범주적 의미의 파괴에 참여할 수 있다는 의견을 제시한다. 확실히 분인 프라이버시를 지키는 이용자들은 게이다의 알고리즘에 의해 '성성'이 부여되는 것을 피하길 원할 수도 있을 것이다. 그러나 이용자들은 또한 '남성 동성애자'나 '이성애자' 범주 자체의 구성을 망쳐놓고 싶어 할 수도 있을 것이다: 겉으로 보기에 이성애적인 페이스북 이용자들이 겉으로 보기에 남성 동성애자 이용자들로 구성된 큰 커뮤니티와 친구가 될 수도 있고, 그 반대의 경우도 가능하다. 이용자들에게 '남성 동성애자' 혹은 '이성애자'를 부여하기 위해 게이다가 알고리즘적으로 의존하는 동종 선호homophily가 혼란에 빠짐에 따라, 각각을 규정하는 측정가능형들은 쓸모없게 된다.

좀 더 이론적으로 말해, 분인의 프라이버시 요구는 분인 데이터를 만들어내는 이용자와 다른 분인과 연결되어 있는 분인 모두를 보호한다. 분인 프라이버시는 우리의 알고리즘적 정체성의 데이터화된 주체 관계와 서로 동기화되어 있다: 이들은 연관적이며, 자기 자신뿐만 아니라 게이다의 평가에 의해 보간§되는 사람 누구에게나 관심을 가진다.

프라이버시의 "죽음"이나 "종말"을 알리는 섬뜩한 수사修辭는 단순히 분인의 삶의 세계에서 자유주의적인 개인 프라이버시의 비효율성에 대한 과장된 신호, 즉 살라딘Saladin§§과 잉글랜드 국왕 리처드 1세King Richard the Lionheart의

---

§ 3장 2절의 알고리즘적 보간을 참조하기 바란다(옮긴이 주).

§§ 살라딘(1138?~1193. 3. 4)은 12세기경 티크리트(현재 이라크 북부) 출신의 쿠르드족 무슬림 장군이자 전사였으며 이집트와 시리아의 술탄이었다. 3차 십자군 원정에 맞서서 이슬람을 이끌었다. 1191년 9월 7일 살라딘의 군대는 사자왕 리처드 1세의 군대와 맞닥뜨렸다(아르수프 전투). 비록 살라딘은 전투에서 패배했지만 리처드 역시 예루살렘을 정복하는 데는 실패했다. 두 왕은 내심 상대방에 대한 존경심을 가지게 되었고, 일련의 기품 있는 일화를 낳았다. 리처드 1세가 부상을 당하자 살라딘은 공격을 중단하고 그의 개인 의사를 보내 상처를 돌보게 했으며 리처드 1세가 전투 중에 말을 잃자 살라

만남에 대한 오리엔탈리스트Orientalist의 풍유를 흉내 내는 아둔함일 수도 있을 것이다. 3차 십자군 원정 때, 시리아와 이집트의 술탄인 살라딘은 그가 점령한 예루살렘을 고국에서 멀리 떠나온 영국군의 공격으로부터 방어하고 있었다. 1935년 할리우드 영화 〈십자군*Crusades*〉에서 널리 언급된 이 전투는 그들의 칼과 체력을 비교하는 두 군주에 초점을 맞춘다.

주목을 받고 싶어 했던 리처드 1세는 자신의 힘과 사람 키만 하고 날이 넓은 칼을 사용해 야수처럼 철퇴의 쇠막대를 두 동강 낸다. 이에 "팔이 정말 가늘고 야윈" 살라딘은 "가늘고 휘어진 날"을 가진 그의 언월도偃月刀§를 집어 들었는데, 이 칼은 리처드 1세가 이끄는 프랑크 전사들의 칼처럼 번쩍거리지는 않았지만 (…) 꼬불꼬불한 수천만 개의 선이 새겨져 있었다.[62] 자신의 아래에 떨어져 있는 잘려진 쇠막대가 대수롭지 않다는 듯 살라딘은 손쉽게 그의 칼날을 비단 쿠션에 그어, 그것을 조각내 버리는데, 영국에서 온 목격자들에게는 마법처럼 여겨지는 솜씨였다. 개인 프라이버시의 아둔함은 바로 그것이 어설프게도 우리의 분인의 행위와 일직선상에 있다는 이유에서 아둔하다. 리처드 1세의 넓은 칼과 같은 도구는 선택의 순간에는 유용할 수도 있지만, 자유주의적 프라이버시와 똑같이 그것의 사용은 그 칼을 휘두르는 사람의 힘에 전적으로 좌우되는데, 자유주의적 프라이버시에서는 개인들의 권력과의 근접성이 프라이버시에 대한 형식적 권리formal right§§가 얼마나 효과적일 수 있는지를 조절한다.

우리는 분인 프라이버시를 살라딘의 휘어진 칼로 생각해 볼 수도 있을 것

딘은 두 필의 말을 보냈고 눈으로 채운 신선한 과일을 보내기도 했다. 호의에 감복한 리처드 1세는 자신의 누이와 살라딘의 동생을 결혼시키고 예루살렘은 결혼 선물로 하자는 제안을 하기도 했다. 결국 두 왕은 1192년 평화 협정을 맺었고, 예루살렘은 무슬림의 지배하에 두되 기독교도 순례자들이 자유로이 왕래할 수 있게 되었다(옮긴이 주).

§ 언월도는 아라비아인, 페르시아인 등이 쓰는 초승달 모양의 칼이다(옮긴이 주).

§§ 형식적 권리formal rights와 실질적 권리effective rights의 차이는 법률주의 이론적 권리(전자)와 시행되는 정책 안에서의 측정 가능한 권리(후자) 간의 차이이다(옮긴이 주).

이다. 그것의 사용은 다목적이다: 그것은 비단도 벨 수 있고 사람도 벨 수 있다. 마찬가지로 우리의 데이터가 우리가 누구인지의 "누구"를 구성한다는 것을 받아들이는 것은 프라이버시가 "이용자 *X*는 '남성 동성애자'이다"라는 평가나 "이용자 *Y*는 '이성애자'이다"라는 평가를 방지하는 것만큼이나 '남성 동성애자'나 '이성애자' 측정가능형에도 반드시 주목해야 함을 의미한다. 양면적 접근법은 분인 프라이버시를 온전성과 (따라서) 실행을 위한 공간이자 ('나'를 포함하는 것 이상은 아니라 하더라도 '나'를 포함하는 것만큼이나 '우리'도 포함하는) 어떤 시스템이 우리를 어떻게 읽는지를 이해하는 공간으로 구성한다. 만약 어떤 이용자가 어떤 측정 가능형에 속하는 것을 한 차례 피할 수 있다고 해서, 그것이 그 이용자가 그것을 또 다시 피할 것이라는 것을 의미하지는 않는다.

4. 절차적 분인 적법 절차

우리의 개인적 자기에서 떨어져 나온 자유주의적 프라이버시의 예리하게 다듬어지지 않은 분인의 모서리는 우리의 데이터 대부분을 거의 전적으로 무방비로 상태로 내버려 둔다.[63] 그리고 우리가 이 책의 도입부에서 데이터 전쟁(구글, 마이크로소프트, 그리고 야후!는 몇몇 마케팅 및 웹 분석회사를 인수하기 위해 수십억 달러를 지출했음)에 대해 알게 된 것처럼, 이러한 데이터는 현 시대의 소중한 상품 가운데 하나가 되었다. 프라이버시권을 부여할 이름을 댈 수 있는 개인이 없었다면 우리는 알고리즘 시대에서 프라이버시의 근본적인 부적절성들 가운데 하나에 직면한다: 우리는 우리의 데이터가 개인의 손이 닿지 않은 먼 곳에서 유용하게 만들어지는 한 그것이 유용하게 만들어지는 방식을 비판하거나 그러한 방식에 이의를 제기할 수 없다.[64]

그리고 우리의 데이터를 감시하고 평가하는 것이 어떤 개인이 아니라 컴퓨터일 때, 어떤 다른 사람을 "상대로" 프라이버시를 주장할 수 있는 우리의 능력은 상대적으로 줄어든다. 예를 한 가지 들어보자. 지메일Gmail은 이용자들에게 그들의 이메일 내용을 토대로 한 문맥 광고contextual advertisement§를 보여준다. 프라이버시와 인터넷에 대한 당신의 의견이 담긴 짧은 메시지를 친구에게 보내면 앞으로의 이메일에 프라이버시 향상 소프트웨어 광고가 나타날 가능성이 있다. 2004년, 이러한 "특징"이 공개되자 이용자들은 그것의 오싹하고 무례하며 침입적인 존재감과 같은 일련의 우려를 나타내기 시작했다.[65] 그 후 문맥 광고가 더욱더 확산하자 우려를 나타내는 사람들이 줄어들기 시작했다. 마술처럼 나타나는 예언적인 광고의 충격의 기운이 다 소진된 것처럼 보였다.

그러나 구글의 문맥 광고가 선을 보인 지 9년 뒤, 러시아 관리들이 일부 사람들이 주장한 구글의 불공정 사업행위에 대한 독점 금지법 위반 조사의 일환으로 공식적인 조사에 착수했다. 그들의 방법에 대한 10여 년 전의 방어 논리를 재탕하고 있는 구글의 2013년 대응은 여전히 효과적이다: "당신에게 맞는 광고를 찾아내기 위해 당신의 메일이나 계정을 읽는 사람은 분명 아무도 없습니다. 그것은 광고를 골라내는 스팸 필터링과 유사한 자동적인 평가 알고리즘입니다."[66]

대부분의 데이터감시 및 알고리즘적 해석 사례들과 마찬가지로 당신의 데이터와 상호작용하는 살아 있는 실재實在의 개인은 거의 존재하지 않는다(헤밍스의 사례는 잠시 접어두기로 함). 구글의 알고리즘은 프라이버시 방정식의 양쪽 모두에서 개인을 제거한다. 우리의 분인들이 개인과 분리되어 있다면 그것들은 관심이 있는 사람이면 누구에게나 이용 가능할 뿐만 아니라, 감시 자체도 기계에 의한 감시로 다시 틀 지어진다: 만약 감시를 하는 개인이 존재하지 않는다면, 그것은 정말 감시인가?

---

§ 이용자의 이메일을 자동 스캔하여 자주 등장하는 문맥 내용을 분석해 연관성이 높은 광고를 자동적으로 발송하는 인터넷 광고 기법을 말한다(옮긴이 주).

필연적으로 사람들은 만약 그것이 감시가 아니라면 염려할 것이 있는지 반문할 수도 있을 것이다. 데이터를 처리하는 알고리즘은 우리의 분인 비트로부터 우리의 담론의 환경을 만들어낼 수도 있지만, 거기에는 명백한 전통적인 프라이버시 침해가 존재하지는 않는다.

디지털 학자 케이트 크로포드Kate Crawford와 제이슨 슐츠Jason Schultz는 이러한 문제의 복잡함을 잘 분석한 바 있다. 그들은 빅 데이터 실무전문가들이 어떤 "새로운" 방법론을 사용해 현재의 프라이버시 보호를 모면하는지에 대해 기술했는데, 그것은 "수집 시점에 PIIpersonally identifiable in formation, 즉 개인 식별 정보를 만들어내지 않는 방법으로서, 다만 처리 과정에서 그러한 정보가 개인과 연결될 수는 있다.[67] 이러한 회피에 대한 크로포드와 슐츠의 대응은 "절차적 데이터 적법 절차procedural data due process"[§]를 법률로 규정하는 것인데, 이것은 "빅 데이터가 어떤 개인의 속성이나 범주를 결정하는 데 사용되는 과정을 포함해 빅 데이터 분석 과정들이 개인 데이터(혹은 개인 데이터로부터 파생되거나 개인 데이터와 연관되어 있는 메타데이터)를 사용하는 방식과 관련한 빅 데이터 분석 과정의 공정성을 심판[§§] 과정에서 규제할" 것이다.[68]

절차적 적법 절차란 우리가 규칙에 따라 배열되고 이해되는 방식에 개인으로서 우리가 할 수 있는 어떤 역할이 있음을 의미한다. 헌법 학자 로렌스 트라이브Laurence Tribe는 절차적 권리는 "흔히 사실을 찾아내는 효율성과 정확성에서는 어느 정도 비용이 초래되지만 형사소송 절차에서 정부로부터 개인들이 물건 취급당하는 것을 막아주는 기능을 한다"라고 주장했다. 프라이버시가 소중하게 여겨지기 위해서는 "그것이 반드시 어떤 독립적인 목적을 위한 수단으로서 소중하게 여겨져야 할 뿐만 아니라, 그것의 본질적인 특성 때문에도 소중하게 여겨져야 한다".[69] 이러한 배경 속에서 크로포드와 슐츠의

---

§ 적법 절차란 개인의 권리 보호를 위해 정해진 일련의 법적 절차를 말한다(옮긴이 주).

§§ 심판이란 증거, 진술, 원칙을 바탕으로 한 법적인 재판으로서의 의미로 사용되며, 판결이라고도 한다(옮긴이 주).

개념은 유익하다. 이상적으로 말하면, 만약 헤밍스가 어떤 형식의 절차적 데이터 적법 절차를 부여받았다면, 즉 만약 그가 그의 대답이 알고리즘적으로 평가되고 있다는 것은 물론 그러한 알고리즘이 '자격이 있는' 혹은 '자격이 없는'을 어떻게 계산하는지를 알았더라면, 그는 여전히 살아 있을 수도 있을 것이다.

크로포드와 슐츠는 필자가 말하는 분인 프라이버시의 한쪽 절반을 제안하고 있다. 절차적 데이터 적법 절차를 통해 이용자들은 그들의 분인적 자기들의 맥락과 결과를 이해할 수 있다. 그러나 그 개념은 이론적 한계로 인해 두 가지 장애물에 맞닥뜨린다. 첫째는 앞에서 언급한 것처럼, 모든 개인이 다 국가나 자본에 의해 동일한 취급을 받지는 않는다는 점인데, 여기에는 헤밍스의 무능이 잠재적으로 중요한 역할을 한다. 절차적 적법 절차에 대한 신뢰와 의존은 권력의 주체로서의 개인의 역할을 재확인해 주며 따라서 우리를 자유주의적 인본주의liberal humanism§와 국가가 개인의 권리를 불공정하게 적용하는 방식에 대한 기존의 많은 비판으로 돌아가게 해준다.

둘째, 이용자로서 우리는 온라인상의 각기 다른 알고리즘적 평가의 무한한 어셈블리지에 의해 구성된다. 우리의 데이터는 우리의 지메일 폴더 안에 있는 것이나 심지어 *999의 의료적 설문에 대한 우리의 대답을 초월한다. 온라인에서 우리가 누구인지는 우리가 어디를 가는지에서부터 친구들에게 보내지는 인스턴트 메시지 그리고 우리의 검색 쿼리에 이르기까지 데이터로 전환될 수 있는 우리가 하는 모든 것으로부터 만들어진다. 우리의 데이터화된 삶의 주조鑄造 공장은 선택을 토대로 하는 것이 아니라 매쓔 풀러가 알고리즘적 처리에 의해 결과적으로 유용해지는 우리 일상의 "정체성의 조각(들)fleck(s) of identity"이라고 부르는 것을 토대로 '우리'를 만든다.[70]

---

§ 자유주의적 인본주의는 주체가 역사의 원천인 의미와 행위의 자유롭고 제약이 없는 저작자일 것을 제안한다. 통일되고, 아는 것이 많으며, 자율적인 인간은 선택의 자유를 보장하는 정치체계를 추구한다(옮긴이 주).

우리가 어떻게 만들어지는지에 관심을 가지는 것, 즉 자기/알고리즘 프라이버시 관계의 양면 모두에 주목하는 것은 심지어 우리의 조각들로 가득 찬 매립지에서도 우리에게 숨 쉴 공간을 주는 프라이버시를 요구하는 것이다. 절차적 데이터 적법 절차는 데이터감시의 사례들에서 벗어난 유용한 공간을 만들어준다. 그러나 아주 짧은 순간 이상 숨을 쉬는 것은 프라이버시가 어떻게 우리의 데이터화된 분인들에 대해 끊임없이 알레고리즘적으로 평가를 하는 것에 대한 적절한 대응으로서 작동할 수 있는지를 고려하는 것이다.

실제로 크로포드와 슐츠는 전통적인 프라이버시 담론이 대체로 우리의 데이터화된 세계에서 우리에게 도움을 주지 못한다고 주장하는데, 이것은 그러한 프라이버시의 가장 최근의 사망은 실제로 환영받는 것일 수도 있음을 시사한다. 그러나 훨씬 더 멀리 나아간다면 (그리고 우리 자신을 분인으로 생각한다면), 자유주의적 프라이버시의 종말은 새로운 가능성으로 이끌 수 있다. 프라이버시에 대한 완전히 분인적 이해는 개인 보호와 적법 절차에 대한 헛된 약속을 넘어설 수 있는 길을 터준다.

만약 프라이버시가 지난 100여 년 동안의 법의 위상과 지난 수천 년 동안의 우리의 일상생활을 넘어서는 어떤 장기적인 목적이 있었다면, 그것은 사람들의 사적 영역뿐만 아니라 사람들의 삶 자체를 침해하는 것을 막는 것이었다. 철학자 조셉 커퍼Joseph Kupfer의 표현대로, "프라이버시는 [과잉결정되는] 자율적인 자기의 개발과 유지에 필수적이다."[71] 필자는 여기에다 프라이버시는 하나의 개념으로서 자기의 개발에도 필수적이라는 점을 덧붙이고 싶다. 우리의 자기를 위한 "계획을 세워주는" 구조에 주목하지 않는다면, 우리는 다음과 같은 철학자 찰스 테일러Charles Taylor의 존재론적 질문을 할 수가 없다: "이것이 내가 당연히 되어야 할 혹은 되기를 원하는 그런 종류의 존재인가?"[72] 우리가 어떻게 규치에 따라 배열되는지 아는 것은 우리가 누구인지 (그리고 우리가 누구이고 싶은지)에 대한 내적 일관성internal consistency 혹은 온전성을 방해하는 힘이 작용하고 있는 것을 아는 것이다.

더욱이 데이터감시는 우리의 개인성과 분리된 채 여전히 우리를 통제한다: 그것은 우리의 세계가 어떻게 보이는지를 통제하고, 우리가 누구에게 말하는지를 통제하며, 가장 확실하게는 '우리'가 누구인지가 의미하는 바를 통제한다. 이 경우 '젠더'는 젠더가 아닐 수도 있지만, '젠더'는 여전히 우리 삶의 일부이자 우리가 삶을 어떻게 살 수 있을지를 결정한다. '젠더'의 측정가능형은 하나의 사이버유형cybertype이며, 그것의 담론적 배열은 우리가 단순히 하나의 '젠더'를 가지고 있지 않음을 의미한다. 오히려 앨릭잰더 갤러웨이의 표현을 한 번 더 용도에 맞게 고쳐 표현하면, 우리의 신체는 "정서적 정체성(젠더화되고, 민족으로 유형화되는 등등)과 함께 코드화되는 신체로서" 말을 한다. (…) "어려운 점은 단순히 신체들이 항상 말을 해야 한다는 것이 아니라, 신체들이 항상 ~로서 이야기를 해야 한다는 것이다."[73] 데이터감시하에서 우리의 자기들 역시 지금은 하나의 '젠더'"로서" 이야기한다. 그리고 이론가 앨런 웨스틴이 적고 있듯이, "[우리 자신에] 대한 정보가 언제, 어떻게, 어느 정도로 타인들에게 전달될지를" 스스로 결정할 능력이 없다면, 우리는 미지未知의 주체"로서" 무모하게 말하는 것이다.[74]

다시 말해, 우리의 세계와 자기가 은밀하고도 불가해한 방식으로 알고리즘적으로 만들어질 때, 우리는 주체의 온전성을 잃는다. 개인 프라이버시법은 정보가 타인들에게 전달되는 방식을 결정할 수 있게 해줌으로써 사생활 침해에 대한 방어를 강화해 준다. 절차적 데이터 적법 절차는 어떤 행위주체들이 우리의 분인 삶을 해석하는 방식에 대한 개인의 중재를 허용할 것이다. 그러나 완전한 분인 프라이버시는 개인의 일부 요구뿐만 아니라 우리의 분인들의 요구와 다른 분인들과 우리의 연계성에도 주목할 것이다. 이러한 형식의 프라이버시는 분인으로 시작하고 분인으로 끝이 나는 자기의 온전성을 확립한다.

좀 더 구체적으로 말하자면, 대부분의 경우 구글은 당신이 누구인지에 대해 실제로 신경 쓰지 않으며, 페이스북도 퀀트캐스트도 NSA도 마찬가지이다. 그러나 구글, 페이스북, 퀀트캐스트, NSA는 분인 조각들로서의 당신이 누구로 만들어질 수 있는지에 상당한 관심을 가지고 있다. '나이 든' '남자'로 프로파일링되는 것은 구글이 만든 두 가지 정의 안에 당신을 위치시킨다. 그러나 그것은 또한 바로 우리의 눈앞에 '나이'와 '젠더'에 대한 생각과 맥락을 만들어낸다. 온라인에서 우리가 누구인지와 우리가 누구인지가 무엇을 의미하는지가 우리에게 주어진다. 우리는 생소하면서도 알려지지 않은 "자기의 영토", 즉 구조적으로 변하기 쉬운 주체적 온전성의 토대 위에 존재하도록 강요당한다. 프라이버시가 역사적으로 방어해 온 것은 바로 지식과 통제 모두에서 결과적으로 발생하는 비대칭이다. 프라이버시의 이론적 가치는 이러한 비대칭을 좀 더 공평하게 만드는 것이며, 분인 프라이버시는 데이터의 규칙에 따라 그렇게 한다.

분인 프라이버시를 통해 우리는 보통 우리의 참여를 배제하는 시스템과 협상할 수 있게 된다. 헤밍스의 사례로 돌아가면, 절차적 데이터 적법 절차가 없이는 *999 알고리즘의 일상적 틀 밖에서 대화가 이루어질 가능성도 존재하지 않았다. 비록 그가 깨닫지는 못했지만, 그는 갇혀 있었다. 실제로 그의 한결같은 구급차 요청은 절망 자체가 그를 도와주도록 교환원을 설득할 수도 있을지도 모른다는 믿음을 시사한다. 그러나 '자격이 없는' 사람으로 여겨지게 한 것은 한 사람으로서의 그가 아니라 바로 그의 데이터였다. 그래서 *999 알고리즘이 한 사람을 죽음에 이르게 했지만, 그 알고리즘은 헤밍스 자신의 해석을 포함한 어떤 다른 해석보다도 헤밍스의 분인들에 대한 단 하나의 권위적인 해석에 특별한 권한을 줌으로써 그렇게 했다. 순진하게 이루어진 그의 데이터화된 대답은 그도 모르게 평가되어 그에게 불리하게 사용되었다.

심리학자 어윈 올트먼Irwin Altman의 말을 빌리면, 프라이버시는 "변증법적이고 역동적인 경계 조절 과정"의 일부이다.[75] 사회-기술적socio-technical 환경 속에서 우리는 인터넷 서핑의 역학(로그 파일 저장, 이용자 정보 저장)에서부터 헤밍스의 *999 입력물에 이르기까지 늘 평가받고 있다. 컴퓨터 과학자 레이슬라 팰런Leysla Palen과 폴 두리시Paul Dourish의 표현을 인용하면, 따라서 꽤 분명하게 "네트워크화된 세계에 적극적으로 참여하는 것은 정보의 공개가 단순히 그러한 세계의 일부이게 할 것을 요구한다".[76]

그러나 만약 우리가 이러한 대단히 중요한 적극적인 참여의 신조信條에 동의한다면, 우리는 또한 그것의 개인주의적인 필연적 결과를 무비판적으로 받아들이지 않도록 반드시 주의를 기울여야 한다: "우리는 또한 우리 자신, 우리의 의견, 우리의 활동에 대한 정보를 노골적으로 공개하거나 홍보하는 것을 선택한다."[77] 인터넷의 편재적인 감시에서부터 알고리즘적 분류 체계에 함축되어 있는 권력의 비대칭에 이르기까지 우리는 늘 우리 자신의 데이터화된 공개를 알아차리지 못하거나 이것에 상응할 정도로 그러한 공개와 그러한 공개의 잠재적 의미를 해석하지 못한다. 컴퓨터 과학자 조너선 그루딘Jonathan Grudin의 말을 인용하면, 디지털 기술 속에서 우리는 "분명하게 상황에 입각한 행위situated action의 지속적인 쇠퇴"에 직면한다. "우리는 우리의 행위의 결과에 대한 통제와 지식을 잃고 있다. (…) 우리는 우리가 공개하는 모든 것에 대한 접근을 더는 통제하지 않는다."[78]

5. 지버리시와 난독화

한 예언적 일화는 《와이어드》의 인터넷 프라이버시에 관한 최초의 기사로 시작한다. 1993년 초, 기술 저널리스트 스티븐 레비Steven Levy는 실리콘 밸리Silicon Valley의 한 신생 벤처기업의 사무실에 막 도착했다. 그는 한 "사이버펑크cypherpunk"[§] 모임을 관찰하는 임무를 수행 중이었는데, 이 모임의 구성원들은 수학적으로 복잡한 암호화 기술cryptography, 즉 비밀 코딩을 사용해 그들의

---

§ 하이테크 공상 과학 소설이라는 뜻도 있으나, 여기서는 사이버 시대의 펑크, 즉 반항아 혹은 불량배라는 의미이다(옮긴이 주).

디지털 데이터를 지버리시gibberish§로 바꾸었다.

그는 그 모임을 "해커들이 마음대로 돌아다녔던 시대로의 시간 왜곡"이라고 묘사했다: 15명의 "기술 자유지상주의자libertarianism§§이자 시민 자유지상주의자들"이 아무렇게나 마루에 누워 있거나 좁은 방을 왔다 갔다 하다가 예정된 시간으로부터 몇 시간이나 지난 뒤에 마침내 그들의 암호 비밀을 공유하기 위해 모였다. 이들은 인터넷 프라이버시 세계의 전문가 할아버지들, 즉 오프라인 프라이버시와 온라인 프라이버시의 구분을 이해하는 해커와 공학자들이었다(그들의 목적은 그들의 집에 디지털 블라인드를 치는 것이 아니라 그들에 대한 정보를 쓸모없게 만드는 것이었음):

> 이 방에 있는 사람들은 어떤 개인의 정보 발자국(낙태에 관한 의견에서부터 실제 낙태에 대한 의료 기록에 이르는 모든 것)이 오직 그 개인이 그러한 발자국을 드러내기로 선택하는 경우에만 추적될 수 있는 세상; 일관된 메시지가 네트워크와 마이크로웨이브를 통해 전 세계로 보내지지만 그러한 메시지를 안개 속에서 빼내려는 침입자들과 연방 수사관들이 오직 지버리시만을 발견하게 되는 세상; 엿보는 도구들이 프라이버시 도구로 바뀌는 세상을 바란다.[79]

---

§ 횡설수설, 지껄여대는 뜻 모를 말, 알 수 없는 말, 영문 모를 말이라는 뜻으로, 수피Sufism(이슬람의 밀교)의 성자, 자바르Jabbar에서 유래되었다. 자바르는 결코 어떤 언어도 말하지 않았고 그저 무의미한 말을 했는데, 왜냐하면 그는 "우리의 마음은 지버리시일 뿐이어서, 그것을 치워버릴 때 비로소 우리 자신의 존재being의 맛을 지니게 될 것"이라고 믿었기 때문이다(옮긴이 주).

§§ 자유지상주의自由至上主義 또는 자유의지주의自由意志主義는 자유를 핵심 원칙으로 간주하는 정치 철학과 운동의 집합체를 말한다. 자유지상주의자는 정치적 자유와 자율성을 극대화시키고자 하며, 선택의 자유, 자발적 결사 같은 개인의 권리를 중시하며 개인주의를 강조한다. 자유주의liberalism와 자유지상주의는 그 기원과 운동의 역사적 맥락에서 분명하게 구분되어야 하지만, 한국에서는 모두 자유주의라고 광범하게 오역되어 있다(옮긴이 주).

정보를 유용하게 만드는 것은 알고리즘적 처리의 존재 이유raison d'être인 반면, 정보를 지버리시로 만드는 것은 암호화의 존재 이유인데, 암호화는 사람들의 자국을 감추는 것이 아니라 그러한 자국을 읽을 수 없게 만들기 위해 수학을 효율적으로 사용하는 인터넷 프라이버시의 주춧돌이다. 이러한 수학적 이상理想은 3장에서 논의한 수퍼파놉티콘의 규율적 조치를 거부하는데, 이것은 당신의 개인적 세부사항을 단순한 데이터화된 하찮은 것으로 만든다. 그러나 앞의 인용문에는 시대에 뒤진 것이 있다. 그것은 여전히 개인 식별이 가능한 것을 중심으로 하고 있다.

1993년으로 거슬러 올라가면, 마케터들은 인터넷 트래킹tracking§이 발명되기까지 1년을 꼬박 기다려야 했을 것이라는 점을 잊지 말라. 오늘날은 흔한 데이터감시가 그 당시에는 기술적으로나 정치적으로 상상할 수 없었다. 사이버펑크들이 우려한 정보 발자국은 단지 당신의 이름이나 사회보장번호에 덧붙여진 데이터베이스 기록이었다. 정보 발자국은 우리의 개인적 자기와 직접적인 연관성이 있는 데이터였다. 정보 발자국은 우리의 검색 쿼리가 아니었고, 우리의 넷플릭스 큐도 아니었으며, 우리의 쿠키도 아니었다.

그러나 데이터를 무의미하게 만드는 이러한 사이버펑크의 전략은 우리가 분인 프라이버시를 계속해서 틀 지어 나가는 데 중요한 역할을 한다. 이론상으로는 개인에 초점을 맞추지만, 지버리시가 되는 것은 개인이 아니다. 그것은 개인의 데이터이다. 사이버펑크들은 우리의 의료 기록이나 정치적 의견에 대한 데이터가 우리 자신의 개인성에 어떻게 담론적 영향을 미치는지에 대해 의문을 제기하기 시작했다. 그렇게 하면서 그들은 분인성을 그 자체의 데이터화된 규칙에 따라 다룰 수 있는 생각의 길을 완전하게 열어주었다.

무언가를 유용하게 만든다는 구글식式의 사명선언문("전 세계의 정보를 배

---

§ 어떤 이용자가 특정 웹사이트 또는 웹페이지를 방문했을 때 그 이용 행위를 기록 및 저장하고 이를 분석하여 이용자에 대한 프로필 정보를 만들고, 이용자 프로필에 맞춰 적절한 광고 상품을 노출하는 데 쓰이는 기술을 말한다(옮긴이 주).

열하고 그것을 보편적으로 이용 가능하게 하고 유용하게 만드는 것")은 그것이 또한 지버리시가 될 수 없음을 의미한다.[80] 지버리시는 한 점과 다른 점을 연결하는 닻음도 없고 잡아당김도 없다. 실제로 우리 자신을 지버리시로서 확립함으로써 우리는 분인 접근법을 사용해 자유와 프라이버시에 대해 생각하기 시작한다. 분인들은 시너지 효과를 만들어내기 위해 연결되고, 으깨어지며, 처리되도록 만들어진다. 만약 우리가 처음부터 지버리시라면, 우리의 개인성은 악의적인 엿보기와 사취詐取하기[§]로부터 보호될 뿐만 아니라 우리의 분인성 또한 영원히 분리될 것이다.

이러한 전략은 분인 패턴 분석을 좌절시키기에 꽤 이상적이다. 구글이 당신에게 할당하는 '젠더'나 당신의 퀀트캐스트 프로필에 의해 규정되는 당신의 '민족성'은 지버리시 데이터를 입수할 수 없다. 이용자로서 당신은 무의미한, 쓸모없는 불필요한 데이터일 것이다. 그리고 하나의 측정가능형으로서 '젠더'와 '민족성'도 유사하게 무의미한 산물일 것이다. 만약 우리가 성공적으로 우리의 메타데이터를 지버리시로 만들 수 있다면(이것에 대해서 나중에 더 자세하게 다룰 것임), 게이바의 '남성 동성애성'은 작동 불가능할 것이다.

그러나 구글과 퀀트캐스트는 우리가 지버리시가 되는 것을 필사적으로 원치 않는다. 우리가 우리 데이터를 감추려고 시도했음에도 그들은 그것을 수집하고 저장한다. 사실 만약 구글과 퀀트캐스트가 우리에게 유용하기를 우리가 원한다면, 우리는 지버리시가 될 수 없다. 당신은 "프라이버시"를 위해 어떤 검색 쿼리를 암호화할 수도 있겠지만, 은행에 들어가서 은행 직원에게 지버리시를 말하는 것과 매우 비슷하게 구글은 당신의 쿼리를 유용하게 만들기 위해 그것을 이해할 필요가 있다. 대규모 분인 수준에서 암호화하는 것은 안개가 구글이나 퀀트캐스트의 소유가 아닌 한 안개 속에서 데이터를 빼내가는 것을 허용하지 않는다.

---

§ 남의 것을 거짓으로 속여서 빼앗는다는 의미이다(옮긴이 주).

신자유주의적인 사유 재산 개념 그 자체처럼, 우리의 데이터가 사취될 수 있는지 그리고 사취된다면 어떻게 사취될 수 있는지를 결정하는 것은 바로 각 네트워크의 소유자이다. 당신이 원하는 모든 것을 암호화하지만, 만약 암호화 핸드셰이크handshake§의 한쪽이 당신의 지메일 계정이거나 당신의 퀀트캐스트 비콘beacon§§이라면, 당신을 이해하고, 당신에게 물건을 판매하며, 궁극적으로 당신을 만들어내기 위해서 '당신'은 항상 추출될 것이다. 그러나 지버리시가 되는 다른 방법, 알고리즘적 처리를 유용하게 만드는 것을 방해하는 다른 방법도 있다.

예를 들어, 다음은 필자의 컴퓨터가 지난 1분 동안 Google.com, Bing.com, Yahoo.com, AOL.com에 쿼리한 검색어들이다: "Living fulfilling lives without; that have been lost; Make friends with your; must push back against; Jaundiced newborns without additional; Asalaam alaikum warahmatulah wabarakatuh; comply with their legal; That moment when your; Chocolate Covered Coffee Beans; bankrupt river millionaires." 꽤 분명하게도 이러한 검색을 한 사람은 필자가 아니었다. 실제로 필자는 심지어 웹 브라우저도 사용하지 않고 있었다. 필자는 이 문단의 앞 문단을 쓰고 있었다. 그 대신, 그러한 10개 구句는 NYTimes.com, CNN.com, MSNBC.com, TheRegister.co.uk의 톱 뉴스 기사들의 RSS 피드에서 스크랩된 것들이었다.

---

§ 핸드셰이킹handshaking은 정보기술과 전기통신 및 관련 분야에서 채널에 대한 정상적인 통신이 시작되기 전에 2개의 실체 간에 확립된 통신 채널의 변수를 동적으로 설정하는 자동화된 협상 과정이다. 채널의 물리적인 확립이 잇따르며, 정상적인 정보 전송 이전에 이루어진다(옮긴이 주).

§§ 근거리에 있는 스마트 기기를 자동으로 인식하여 필요한 데이터를 전송할 수 있는 무선통신 장치로서 블루투스 비콘bluetooth beacon이라고도 한다. 근거리 무선 통신인 NFC가 10cm 이내의 근거리에서만 작동하는 반면, 비콘은 최대 50m 거리에서 작동할 수 있다. 비콘 기술을 이용하면 쇼핑센터, 음식점, 박물관, 미술관, 영화관, 야구장 등을 방문한 고객의 스마트폰에 할인 쿠폰이나 상세 설명 등의 데이터를 전송할 수 있다(옮긴이 주).

그것을 행한 프로그램은 트랙미낫TrackMeNot이라는 헬런 니센바움이 이끄는 NYU를 기반으로 한 연구 프로젝트였다.

트랙미낫은 당신의 브라우저 아래에 데몬daemon§처럼 자리 잡고 앉아서 앞에서 언급한 4개의 검색 엔진 각각에 무작위 검색 쿼리를 매 6초마다 자동으로 던지는 브라우저 플러그-인plug-in이다. 이러한 변덕스러운 쿼리들은 당신의 데이터를 지버리시로 만드는데 이번에는 다른 계략을 통해서 지버리시로 만든다. "나는 너를 사랑해"의 암호화된 메시지는 안개 속의 감시자들에게는 "EnCt2c8ac6bf1a9d006f33565ecae0ba295381442c0c2c8ac6bf1a9d006f33565ecaeRKtKdrqaeQPSzgBVi1RC5GBFVRILuCn9IwEmS"처럼 보일 수도 있을 것이다. 그리고 암호화되어 있지 않은 당신은 정직하게 "망명亡命하는 법"을 찾아볼 수도 있겠지만, 그러한 문구의 주목성noteworthiness은 트랙미낫이 당신에게 제공하는 1분당 10개의 쿼리 커버ten-queries-per-minute cover로 단순화되어 줄어들어 버릴 것이다.

당신이 그리스로 여행을 시도하고 있는지 알고 싶어 하는 FBI의 한 특수요원은 당신의 구글 기록 제출을 명령해서 당신이 오후 6시 31분에 "아테네", 6시 34분에 "가격이 싼 비행기 표", 6시 44분에 "그리스어 온라인 강좌"를 검색했는지 볼 수도 있을 것이다. 그러나 패턴 인식의 측면에서, 당신의 분인 쿼리를 토대로 한 '당신'을 구성한다는 측면에서, 트랙미낫은 채널에서 단 하나의 식별 가능한, 측정가능형적 본질이 통계적으로 아주 힘들 정도의 충분한 소음을 만들어낼 수 있다. 이것은 암호화가 아닌 과도함을 통한 지버리시이다. 그리고 이러한 지버리시는 핀 브런턴과 헬런 니센바움의 난독화obfuscation§§의 기반이 되는 것인데, 이것은 분인 프라이버시를 실천하기 위해

§ 멀티태스킹 운영 체제에서 데몬은 사용자가 직접적으로 제어하지 않고, 백그라운드에서 돌면서 여러 작업을 하는 프로그램을 말한다(옮긴이 주).

§§ 프로그래밍 언어로 작성된 코드에 대해 읽기 어렵게 만드는 작업이다. 대표적인 사용 예로는 프로그램에서 사용된 아이디어나 알고리즘 등을 숨기는 것 등이 있다(옮긴이 주).

우리가 사용할 것을 제안하는 현대의 전략이다.[81]

1990년대의 사이버펑크들은 그들의 데이터를 우스꽝스러운 알파벳 문자와 숫자로 바꿈으로써 숨겼다. 트랙미낫은 눈에 빤히 보이게 당신의 분인성을 감추어주지만, 의미를 갖게 될 수도 있는 것을 분인 외의extradividual 의미 없는 것들의 층으로 과부하를 걸어준다.[82] "부가물 없는 황달에 걸린 신생아들Jaundiced newborns without additional"은 터무니없이 비유적일 수도 있지만, 그것은 또한 무의미한 말이기도 하다. 난독화難讀化는 데이터 비일관성data incoherency§의 층을 만들어내, 우리의 분인 프라이버시를 한층 더 잘 지켜낸다. FBI 특수요원을 피하는 것이 트랙미낫의 목표는 아니다. 트랙미낫은 구글생태계Googleverse의 (그리고 마이크로소프트, 야후, AOL의) 측정가능형의 행렬에 포함되는 것을 피하고, 그럼으로써 담론적 영향을 피하는 것이다.

난독화는 데이터를 통해 배열되어 있는 이 세계를 데이터 규칙에 따라 엉망으로 만들 수 있는 행위이다. "이건 보지 마, 사적인 거야!"라는 식의 자유주의적 권리에 기반을 둔 접근법에 의존하는 프라이버시는 늘 프라이버시법을 위반하고/하거나 무시하는 정부 안과 정부 밖에 있는 사람들의 공격을 받기 쉬울 것이다. 그 대신, 우리는 분인 프라이버시 실천을 "봐, 하지만 당신은 어떤 유용한 것도 찾아내지 못할 거야"라는 식으로 우리를 감시하는 타인들을 초대하는 것으로 간주할 수 있다.

분인 프라이버시의 실천은 자기의 온전성을 위한 토대를 마련해 준다. 어떤 때는 이러한 온전성이 감시의 맥락과 그것이 정확히 어떻게 당신의 삶에 제약을 가할 수 있는지에 대한 지식을 통해 생길 수도 있다. 또 어떤 때는 데이터화된 주체로서 '당신'이 그다지 중요하지 않은 사람을 의미하게 될 정도로 많은 지버리시를 만들어냄으로써 그러한 온전성을 완전히 잃어버릴 수도 있다. 브런턴과 니센바움의 한 난독화 사례를 인용해, 1960년 영화 《스파르

§ 데이터와 데이터 간에 상호 연관성이 없는 상태를 말한다(옮긴이 주).

타쿠스Spartacus》를 예로 들어보자. 이 영화에서는 다시 붙잡힌 일단의 노예들이 각자 자신이 "진짜" 스파르타쿠스라고 스스로 밝힘으로써 스파르타쿠스(그에 앞서 스파르타쿠스는 로마 제국을 상대로 반란을 일으켰다가 실패한 바 있음)를 보호한다. 차례대로 일어나 "내가 스파르타쿠스다"라고 주장함에 따라, "스파르타쿠스"는 의미가 없어진다.[83] 잠시 동안 스파르타쿠스는 그 자신의 고유함을 잃어버린다.

트랙미낫과 같은 도구는 이러한 독백을 반복해서 수행하면서, 로마 군인들 앞에서 자기 신원을 밝히는 행위처럼 알고리즘 체계가 진짜로 믿는 데이터를 만들어낸다. 그러나 오직 한 사람만이 (결국 모든 노예를 십자가에 못 박혀 죽게 만든) 스파르타쿠스로 믿을 수 있게 부를 수 있는 이름의 경우와는 달리, 진짜 쿼리와 가짜 쿼리 간의 차이를 이해하는 믿을 수 있는 방법은 존재하지 않는다.

이렇듯 진짜와 가짜를 구별해서 판독하지 못하는 것은 구조적이면서도 이용할 수 있는 격차를 드러내 보여준다. 그리고 이러한 격차는 우리가 필사적으로 필요로 하는 감시가 닿지 않는 숨 쉴 공간을 우리에게 제공한다. 그러나 우리가 계속해서 숨을 쉬려 하기 때문에, 데이터화된 움직임을 할 때마다 우리는 또한 자신도 모르게 우리 자신에 대한 데이터를 만들어낸다. 우리의 데이터화된 발자국은 완벽하게 피하는 것이 불가능하다.

6. 분인 프라이버시를 향해

알고리즘은 틀릴 수 있으며, 심지어 살인을 할 수도 있을 정도이다. 조금 뒤에 알게 되겠지만, 영국의 *999 알고리즘은 생명을 위협하는 심장병을 식별해 내도록 프로그램이 짜여 있었다. 그것은 궁극적으로 생명을 위협하는 심장병으로 이어질 수 있는 담낭 질환을 식별해 내도록 프로그램이 짜여 있지는 않았다.

헤밍스의 비극적인 죽음을 감안할 때, *999 알고리즘은 분명 이러한 담낭 질환까지도 고려하도록 업데이트될 수 있었다. 그러나 그러한 알고리즘에 초점을 맞추는 것은 헤밍스는 물론 그와 유사한 어떤 누구도 더욱 빈틈없이 처리하는 좀 더 나은 기술과 심지어 더 많은 데이터로 목숨을 살릴 수 있었음을 함축적으로 주장하는 것이다. 뉴 미디어 학자 요세 판 다이크José van Dijck는 이러한 관점을 "데이터주의dataism", 즉 "모든 종류의 인간 행동과 온라인 미디어 기술을 통한 사회성sociality의 객관적 수량화와 잠재적 트래킹에 대한 널리 퍼져 있는 신념"이라고 말한다.[84] 이러한 사고방식에는 끝이 없다. 마찬가지로 우리는 DNA 증거, 지문, 혹은 성문聲紋; vocal prints과 같은 특정한 데이터가 단 한 사람의 고유한 개인과 연결되는 것이라고 결코 100% 확신할 수는 없다.[85]

알고리즘은 할당을 위한 장치이며, 알고리즘의 할당은 늘 권능이 부여되고, 기능주의적이며, 불완전하다. 헤밍스의 경우처럼 어떤 때는 어떤 결정과 그것의 결과가 뜻하지 않은 것일 수 있다. 또 어떤 때는 할당 인원수를 사용해 어떤 나라에서 온 어떤 이민자가 미국 영주권을 받을지를 결정하는 것처럼 명백히 정치적일 수도 있다.[86] 이러한 과정이 의도적이든 의도적이지 않든, 한 사람으로서 당신은 데이터로 읽히고, 그래서 한 사람으로서 당신은 그러한 데이터를 유용하게 만드는 모든 체계의 논리에 신세를 진다. 체계가 고장 나는 것은 기술관료적 집행의 피할 수 없는 결점이다.

앞에서 말한 것을 되풀이하면, 알고리즘에 의한 헤밍스의 죽음은 분명 전통적인 형식의 프라이버시가 아닌 프라이버시에 관한 것이다. 헤밍스는 그의 "혼자 있을 권리"를 즐기면서 집안에 있었을 수도 있지만, 그는 전화로 도움을 애원하면서 그의 사적 영역에 무기력하게 있기도 했다. 한편으로 생각하면, 이것은 자유주의적 프라이버시의 반대로, 공공연한 공유이자 정부가 자신의 집에 침입하도록 초대한 것이다.

그러나 헤밍스가 처한 상황에 공개라는 틀을 뒤집어씌운 체계는 그의 집이 아니었다. 그러한 체계는 *999의 알고리즘이었다. 헤밍스는 프라이버시(자기의 온전성)가 필요했는데, 왜냐하면 그것이 없이는 자신의 데이터가 유용해지는 방식을 조절할 수 없었기 때문이다. 그는 그 체계 내에서 자신이 역할을 결정할 수 있는 능력을 거부당했다. 좀 더 신랄하게 말하면, 그는 알고리즘적 배열 내에서 자신에게 권능이 부여되는 방식으로 "혼자 있지" 않았다. 그 대신 그는 "혼자 있어서" 알고리즘의 결과물에 취약했다.

절차적 데이터 적법 절차가 우리에게 말해주듯이, 우리는 우리 모두가 각기 다른 맥락에서 (심지어 그러한 맥락이 알고리즘적으로 만들어짐에도) 각기 다른 유형의 프라이버시를 기대한다는 인식을 프라이버시의 개념적 토대의 일부로 만들 필요가 있다. 이러한 재再프레이밍은, 이 장의 앞부분에서 살펴보았듯이, 프라이버시는 "맥락적 온전성"이라는 니센바움의 생각과 약하지만 맥이 닿는다.[87] 헤밍스의 데이터는 한 맥락에서(언어적 질문을 통해) 그에게서 가져온 다음, 또 다른 맥락에서(알고리즘적 처리를 통해) 그에게 불리하게 사용되었다. 그러나 우리가 매일 마주하는 맥락뿐만 아니라 우리의 자기의 영토가 만들어지는 맥락을 포함하는 맥락의 광범위한 변동은 자기의 온전성을 갖는 것이 모든 활동 영역에서 우리가 어떻게 만들어지는지 이해하는 것임을 의미한다.

좀 더 일반적으로 말하면, 정치사회학자 제프 와인트로브Jeff Weintraub가 적고 있듯이, "공적 담론과 사적 담론은 분석적으로 독특하면서도 동시에 미묘하게 (종종 혼란스럽게) 중복되면서 뒤얽혀 있는 다양한 주제를 다룬다".[88] 우리의 사적 공간은 지속적으로 국가와 자본의 감시뿐만 아니라 우리 가족, 친구, 그리고 열린 창문 안을 좀 지나치게 길게 음흉한 시선으로 들여다보는 사람에게 침범당한다. 일상생활의 네트워크화된 상호주체성intersubjectivity은 법학자 폴 슈워츠Paul Schwartz가 중첩되는 협상 영역overlapping region for negotiation이라고 기술하고 있는 프라이버시 영역을 설정한다.[89]

우리는 법이론가 줄리 E. 코헨Julie E. Cohen의 저서 『네트워크화된 자기 구성

Configuring the Networked Self』에서 이러한 중첩을 마주하게 되는데, 이 책은 우리가 우리 자신을 어떻게 구성하고 또 재구성하는가에서 맥락이 중요하다는 사실을 강조한다.[90] 한 맥락에서 우리가 누구인가는 다른 맥락에서 우리가 누구인가와는 달라서, "탄탄한 프라이버시 이론은 자기됨selfhood이 나타나고 그것이 맥락을 통해 그리고 시간이 흐르면서 협상되는 과정에 대한 이해를 요구한다."[91] 맥락도 삶처럼 역동적이며, 이러한 역동성과 보조를 맞추는 현재의 프라이버시 실천은 난독화이다. 감추거나, 숨기거나, 권력과 솔직하게 협상을 하기보다 분인 프라이버시는 오히려 잡음과 협상한다.

잡음과 협상하는 것은 절차적 데이터 적법 절차가 알고리즘적 평가 안에서 우리에게 자유를 어느 정도 허락한다는 것을 받아들이는 것이다. 그러나 우리는 우리의 알고리즘적 정체성 식별의 다양성을 고려함으로써 또한 그러한 절차주의가 얼마나 고단한 일일 수도 있는지를 이해할 수 있다. 난독화를 통해 우리는 우지숙의 비식별화nonidentification를 하나의 권리가 아니라 우리의 잠재적 알고리즘적 할당을 과잉결정하는 행위로서 새롭게 받아들인다.

난독화는 프라이버시의 원래의 근거인 "혼자 있을 권리"를 기술 비평가 에브게니 모로조프Evgeny Morozov가 "알고리즘의 폭압tyranny of algorithms"이라고 기술한 것을 향한 현대의 변화와 조화시키는 실질적인 부가 조항 역할을 한다.[92] 그리고 그것은 작가 리처드 W. 세버슨Richard W. Severson의 다음과 같은 제안을 따르는 것이기도 하다: "우리는 개인 데이터를 자기의 확장으로 생각하고 우리가 살아 있는 개인을 대할 때 갖는 존중심과 동일한 존중심을 가지고 그것을 대하는 법을 반드시 배워야 한다. 그렇게 하지 않을 경우, 자결自決을 가능하게 하는 프라이버시를 약화시킬 위험이 있다."[93]

이 장의 나머지 부분에서 필자는 우지숙의 비식별화 행위가 어떻게 작동될 수 있을지, 그것이 어떤 모습을 하고 있는지, 그것이 프라이버시 전반에 어떤 의미가 있는지에 대해 살펴보기로 한다. 이렇게 해서 분인 프라이버시는 개인의 신체나 자연인 그리고 심지어 우리 자신의 분인적 자기들에 대한 의무를 넘어선다. 그것은 또한 우리의 분인들이 구성하는 것을 도와주는 세계에 대한 지식에까지 확장된다. 우리 모두는 각기 다른 측정가능형 정체성들로 고착되어 있는 단순한 프로필 이상이다. 우리는 그러한 측정가능형들을 구성하는 살아 숨 쉬는 요소들이다. 분인 프라이버시는 우리를 정체성 식별과 분리시킬 뿐만 아니라 분인 지식 자체의 구성을 방해함으로써 생산적인 숨 쉬는 공간을 제공할 수 있다. 분인 프라이버시는 하나의 정치적 행위로서 국가와 자본이 우리, 우리의 행동, 그리고 우리의 목소리를 분류하려는 시도를 거부한다.

데이터감시가 계속해서 우리의 알고리즘적 자기들을 "애즈 이프" 식으로 처리하려고 할 때, 분인 프라이버시는 이러한 분류 권력의 원천들과의 전략적 분리를 고려한다. 그러나 이러한 깊이 자리 잡은 데이터감시의 불변성constancy으로 인해, 프라이버시에 대해 이런 식으로 생각하는 것은 무한한 프라이버시에 대해 생각하는 것이다. 그것은 "그리고"[§]의 프라이버시이다. 사적인 것과 공적인 것 간의 이분법이 외견상 자연스러움에도 프라이버시는 단지 공적 세계를 차단하는 것에 대한 것이 될 수 없다.

사회적 세계가 우리 자신을 알아보지 못하도록 블라인드를 치거나 우리의 이메일 계정에 비밀번호를 사용하여 다른 사람들이 우리의 개인적 자기의 구성에 참여하는 것을 받아들이지 않는 것과 매우 흡사하게, 프라이버시는 이러한 가해성legibility 프로젝트에 참여하거나 거부할 수 있는 수단을 제공한다. 이러한 방식으로 프라이버시는, 앨릭잰더 갤러웨이의 개념을 참조하면, "어떤 질문에도 답하지 않으며 말할 것도 거의 남기지 않는" 일종의 "왓에버whatever"[§§]를 행동으로 옮기는 하나의 수단 역할을 한다.[94] 우지숙의 "식별되지 않을 권리"와 필자가 그것을 넘어서서 이론화하려 노력하는 분인 프라이

§ "그리고and"에 대해서는 3장 5절 참조(옮긴이 주).

§§ 3장 6절 참조(옮긴이 주).

버시는 오히려 우리의 분인성들이 거의 말을 하지 않게 하려고 한다. 우리의 분인성에 관해 말하자면, '우리'를 구성하는 것은 우리가 아니다. 그들이 '우리'를 구성한다. 분인 프라이버시는 모든 활동 영역에서 자기-정의self-definition의 비대칭, 당신과 연결되는 데이터의 비대칭, 그리고 다른 데이터와 연결되는 데이터의 비대칭에 대해 충분히 생각하는 것을 목표로 한다.

7. 분인 프라이버시는 어떤 모습인가?

우리는 편재적인 감시의 현실을 받아들이며 심지어 우리가 데이터로 구성될 때도 그리고 특별히 우리가 데이터로 구성될 때도 "혼자 있을 권리"를 옹호하는 분인 프라이버시(우리의 개인적 신체 너머로 확장되는 프라이버시)를 필요로 한다—왜냐하면 그것의 자유주의적 사촌의 치아가 지나치게 겉만 살짝 비효율적으로 자르기 때문이다. 개인 주체를 권력의 유일한 지표로 공식 지정하는 것은 개인의 관점 밖에서 일어나는 다른 모든 것을 누락시키는 것이다: 우리의 분인성을 조건화하는 변조하는 담론 환경; 우리에게서 자기의 온전성을 부정하는 데이터감시 권력의 흐름; 그리고 우리가 누구인가와 우리가 어떻게 이해되는가에 일익을 담당하는 타인들의 분인성의 상호주관성. 간단히 말해, 개인에게만 초점을 맞추는 것은 데이터감시가 우리의 삶에 던지는 어려운 문제들을 피하는 것이다.

우리의 데이터가 우리가 누구인지와 우리가 무엇의 지배를 받는지의 본질적인 부분임을 이해한다는 점을 통해 우리는 새로운 방식으로 프라이버시에 대해 생각해 보게 된다. 프라이버시는 오랫동안 하나의 인권으로 알려져 왔지만, 우리는 그냥 신체도 아니지만 정보도 아니기 때문에 프라이버시는 어떤 모습일까? '시민권'과 '성성'이 사람들의 메타데이터에 따라 부여되고 '계층'이 사람들의 웹 브라우저나 운영체계에 의해 결정되는 포스트휴먼에게 프라이버시는 무엇인가? 우리의 포스트휴머니즘을 안전하게 지켜주는 분인 프라이버시는 개인을 버리는 것이 아니라, "안전한 공간"이 불가능함을, 더욱 정보화되는 세계에서 차단된 사적 영역이 전에 없이 더 불가능해지는 것을 인정하는 것이다. 포스트휴먼은 분인 프라이버시에 대한 필요성을 가지고 있는 데 반해 개인 프라이버시에 대해서는 그에 상응하는 필요성을 가지고 있지 않다. 이것은 또한 필자가 이 책을 통해 편재적인 데이터감시가 삶과 세계 그리고 지식 자체에 대해 우리가 이전에 가졌던 생각에 어떻게 이의를 제기하는지를 설명하기 위해 "개인 식별 정보"에 지나치게 초점을 맞추는 것을 삼가온 이유이기도 하다.

우리 자신에 대한 정보는 권력 체계들이 우리의 포스트휴매너티posthumanity를 이해하는 방식의 토대가 된다. 우리의 성이나 이름을 데이터에서 제거한다고 하더라도 그러한 정보의 통제 능력은 거의 줄어들지 않는다. 인간이 필요로 하는 것으로서 프라이버시에 대해 우리가 가지고 있는 원래의 기대가 이해될 수 있기는 하지만, 마찬가지로 포스트휴먼이 필요로 하는 것으로서 그것의 필요성을 우리가 분명하게 표현하는 방식은 필연적으로 변한다. 분인 세계에서 분인 프라이버시가 개인 프라이버시가 가지고 있는 것과 같은 취약성을 보호하지 않는 것과 마찬가지로, 우리는 이제 프라이버시를 전통적인 자유주의적 개인성에 더는 초점을 맞출 수 없다.

이러한 이유로 분인 프라이버시를 위한 난독화 도구는 당신의 이름 전체와 다른 독특한 식별자들을 무의미하게 만드는 것 이상의 일을 한다. 안개 속에서 당신에 대한 어떤 정보는 다른 정보와 결합될 수 있고, 다른 정보는 또 다른 정보와 결합될 수 있는데, 이것은 이러한 일련의 데이터가 '당신'이 될 때까지 계속된다. 따라서 어떤 독특한 사람의 세부사항에만 전적인 주의를 기울이는 것은 분인 프라이버시의 초점을 다시 개인 지표에 맞추는 것이다.

분인 프라이버시는 주로 사람이 아닌 담론 대상과의 관계이다. 존 체니-리폴드인 모든 것을 연결하는 데이터화된 기록은 존재하지 않기 때문에, 필자는 필자를 '필자'로 만드는 측정가능형들의 무한한 집합일 수밖에 없다.

'필자'는 결과적으로 다음과 같은 방정식 속에 존재할 뿐이다: '젠더'+'인종'+'의학적 치료를 받을 자격이 있는'+'시민'+'기타'='필자.' 개인 프라이버시는 오로지 위 등호等號의 오른쪽에만 초점을 맞춘다. 분인 프라이버시는 결과 합계뿐만 아니라 각 측정가능형의 가수加數; addend,§ 양쪽 모두를 표적으로 한다.

살라딘의 칼날처럼, 분인 프라이버시는 다변량적multivariate이고 전술적인 무기이다. 그것은 광범위한 목적을 가지고 있지만 완벽함을 보장하지는 않는다. 분인 프라이버시는 또한 암묵적으로 다른 사람들과 연대하는데, 이것은 우리만으로 '젠더'를 구성하지는 않지만, '젠더'는 우리 모두에게 영향을 미친다는 의미이다. 한 개인으로서 당신은 당신이 모르는 상태에서 프로파일링되고 조작되는 것을 원하지 않을 수도 있지만, 당신의 운명은 나머지 인구집단과 연결되어 있는데, 그들의 분인적 삶은 당신이 인식되는 기준이 되는 패턴이 된다.

한편으로 거기에는 우리 모두를 서로에게 통계적으로 의미 있게 만들어주는 아름다운 동료애가 있다. 다른 한편으로 분인 프라이버시는 (각 측정가능형을 IP 주소, 구글 계정, 혹은 NSA 서류와 연결해 주는 마지막 단계에서뿐만 아니라) 측정가능형 수준에서 프라이버시의 칼날을 휘두르는 담론적 방해이다.

이러한 분인 프라이버시 논리를 구체화해 주는 한 가지 기술은 토어Tor(이전의 어니언 라우터Onion Router)§§라 부르는 소프트웨어 네트워킹 도구이다. 처음에 미국 해군U.S. Navy의 자금 지원을 받은 토어는 인터넷 트래픽을 이론적으로 추적할 수 없는 분리된 층들로 실어 나른다. NSA의 표현대로 말하자면, 그것은 "왕좌를 기다리는 도전자도 없는 매우 안전한 저지연低遲延; low-latency§§§

---

§ 가수란 더하여 합을 이끌어내기 위해 더해지는, 또는 추가되는 수를 말한다. 이때 가수에 의해 더해져 합으로 되는 수를 피가수augend라고 한다. 예를 들면 1+2=3일 때, 1이 피가수이고 2가 가수이다. 그리고 두 연산자의 작용으로 도출된 3이 합이다(옮긴이 주).

§§ 토어는 어니언 라우팅The Onion Routing의 약자이다(옮긴이 주).

인터넷 익명성의 왕이다".[95]

덜 제왕답게 토어를 사용하는 이용자는 "분명한" TCP/IP 요청에 대한 송신자/수신자 대화를 구조적으로 거부한다: 당신이 웹 브라우저에 google.com을 치면, 당신의 컴퓨터는 TCP/IP 요청을 구글 컴퓨터에 보내고, 그러면 구글은 요청된 정보(google.com/index.php의 내용들)를 당신의 컴퓨터에 회신하는데, 이 전 과정은 단지 1000분의 1초 내에 끝난다. 토어로 인해 이용자는 구글에 그냥 "가지" 않는다. 그 대신 토어는 서로 다른 세 가지 프록시/릴레이proxy/relay§를 통해 자동으로 각각의 요청을 경로 변경해서, 당신의 컴퓨터와 구글 사이에 각기 다른 세 가지 익명성 단계를 제공한다.

이 도구의 장점은 노련하고 숙련된 암호화 형식에 있다. 1972년, "내부 고발자Deep Throat"로 알려진 전 FBI 국장 마크 펠트Mark Felt에게서 유출된 워터게이트Watergate 사건§§ 정보를 받기 위해 워싱턴 D.C. 일대에서 자신의 이동 경로를 우회하면서 숨긴 것으로 유명한 저널리스트 밥 우드워드Bob Woodward의

---

§§§ 컴퓨터의 입력과 출력 사이의 과정에서 지연을 최소화하여 빠른 응답을 보이는 것을 말한다(옮긴이 주).

§ DHCP relay agent와 DHCP proxy agent 모두 단말과 DHCP 서버 사이에서 DHCP 메시지를 중계relay해 주는 기능을 수행한다. DHCP relay agent는 중간에서 DHCP 메시지를 전달해 주는 기능이 전부인 반면, DHCP proxy agent의 경우, 단말에게는 DHCP proxy agent가 DHCP 서버인 것처럼 보이게 하고, DHCP 서버에게는 DHCP proxy agent가 단말인 것처럼 보이도록 하는 기능을 수행한다(옮긴이 주).

§§ 1972년부터 1974년까지 2년 동안 미국에서 일어난 각종 일련의 사건들을 지칭하는, 미국의 닉슨 행정부가 베트남전에 대한 반대 의사를 표명했던 민주당을 저지하려는 과정에서 일어난 권력 남용으로 말미암은 정치 스캔들이었다. 사건의 이름은 당시 민주당 선거운동 지휘 본부Democratic National Committee Headquaters가 있었던 워싱턴 D.C.의 워터게이트 호텔에서 유래한다. 처음 닉슨과 백악관 측은 "침입사건과 정권과는 관계가 없다"는 입장을 고수했으나, 1974년 8월, "스모킹 건"이라 부르는 테이프가 공개됨에 따라 마지막까지 남아 있던 측근들도 그를 떠나게 되었다. 닉슨은 미 하원 사법위원회에서 탄핵안이 가결된 지 4일 뒤인 1974년 8월 9일, 대통령직을 사퇴했다. 이로써 그는 미 역사상 최초이자 유일한, 임기 중 사퇴한 대통령이 되었다(옮긴이 주).

사례를 들어보자.[96] 듀폰트 서클Dupont Circle에 있는 그의 아파트를 나선 우드워드는 길을 따라 걸어 내려와, 예를 들면 내셔널 몰National Mall까지 택시로 이동했을 것이다. 그런 다음 그는 택시에서 내려 다른 택시를 타고 조지타운Georgetown과 같은 제2의 장소로 갔을 것이다. 그 후 두 번째 택시에서 내려 세 번째 택시를 불렀을 것이다. 그는 조지타운에서 키 브리지Key Bridge를 건너 버지니아주 로슬린Rosslyn으로 간 다음, 오크힐 오피스 빌딩Oakhill Office Building으로 이동했을 것이다. 세 번째 택시에서 내린 그는 펠트가 기다리고 있던 주차장 건물까지 남은 블록을 걸어갔을 것이다.

이러한 종잡을 수 없는 경로 이동의 이면에 있는 생각은 우드워드가 있던 워싱턴 D. C.와 펠트가 있던 버지니아주 로슬린 간의 직접적인 연결을 피하는 것이었다. 우드워드를 주차 건물로 데려다 주고 주차 건물에서 데리고 왔던 프록시proxy[§] 택시들은 세간의 주목을 끈 두 사람들 간의 어떠한 단 하나의 지각 가능한 연관성도 모호하게 해주었을 것이다. 토어는 당신이 웹 페이지를 방문할 때마다 이렇게 함으로써, 당신의 방문이 비록 대중의 감시를 받고 있을 동안에도 매번의 방문에 익명성을 부여한다.

어니언 라우팅으로 인해 토어는 표층 웹surface web[§§]에서 흔히 볼 수 있는 전형적인 추적 메커니즘을 피한다. 서로 다른 세 가지 중간 서버들을 통해 이용자의 트래픽 경로를 정함으로써 한 고유한 이용자의 인덱스index[§§§]가 산

---

§ 프록시는 대리라는 뜻으로 프로토콜에서 대리 응답 등에 사용하는 개념이다. 보안 분야에서는 보안상의 이유로 직접 통신을 주고받을 수 없는 두 점 사이에서 통신을 할 경우 그 사이에서 중계기로 대신 통신을 수행하는 기능을 가리켜 프록시라고 하고 중계 기능하는 것을 프록시 서버라고 부른다(옮긴이 주).

§§ 일반적인 검색 엔진으로 드러나는 웹 콘텐트를 표층 웹 혹은 클리어넷clearnet이라고 하고, 드러나지 않는 것을 심층 웹 또는 딥 웹deep web, invisible web, hidden web이라고 한다(옮긴이 주).

§§§ 사전事典의 인덱스와 마찬가지로, 데이터베이스도 인덱스가 없다면 전체 데이터를 일일이 액세스하고서야 원하는 데이터를 찾을 수 있다. 즉, 데이터베이스에서 인덱스는 조회 성능을 향상시키는 역할을 수행한다(옮긴이 주).

산조각 난다. 다수의 서로 다른 택시를 타는 데이터는 유용하게 만들기가 어렵다. 그리고 유용하지 않은 데이터에 연결됨으로써 우리의 데이터화된 주체 관계는 좀 더 자유로움을 느낀다.

토어는 기능적으로 이러한 자동화된 혼란을 통해 익명성을 만들어내는데, 이것은 선형적인 발자국 방향 추적을 거부한다. 기술적인 용어로 말하자면, 당신은 토어를 통해 어떤 사이트를 방문할 때마다 메타데이터를 세 차례 만들어낸다. 그러나 그러한 데이터는 또한 당신에게 어느 정도의 자유를 부여한다: 각각의 메타데이터는 그저 테더링tethering§을 이용할 수 없는 하나의 독특한, 익명으로 된 디지털 사건일 뿐이다. 따라서 토어는 분인 프라이버시를 실천하는 효과적인 도구이다.

그러나 좀 더 흥미로운 점은 토어가 분인 프라이버시의 실천을 사회화한다는 것이다. 해군 프로젝트로 처음 시작된 토어의 연구자 폴 시버슨Paul Syverson은 이러한 사회화의 필요성을 다음과 같이 아주 잘 표현하고 있다: "만약 오직 해군 시스템이기만 한 시스템을 가지고 있다면, 그 시스템에서 튀어나오는 그 어떤 것도 분명히 해군에서 나오는 것이다. 당신은 다른 사람들을 위해 트래픽도 전송하는 네트워크를 가질 필요가 있다.[97] 또한 이것은 표층 인터넷(혹은 클리어넷clearnet)에는 이용자들이 어떤 웹 브라우저를 통해 접속하지만 다크넷darknet§§의 인터넷(토어와 같은 익명화 네트워크를 사용하는 이용자들에게만 접속이 가능한 사이트들)은 당신이 그러한 네트워크에 연결하기 전에 당신에게 토어를 다운로드할 것을 요구하는 이유이기도 하다. 한 이

---

§ 휴대폰의 통신망을 이용하여 다른 기기로 인터넷을 공유하여 이용하는 기술. 테더tether는 밧줄이라는 뜻으로, 휴대폰과 다른 기기를 마치 밧줄로 연결하는 것과 같다는 의미를 지닌다(옮긴이 주).

§§ 접속 허가가 필요한 네트워크나 특정 소프트웨어로만 접속할 수 있는 오버레이 네트워크overlay network를 말하며, 다크넷 중 웹만을 일컬어 다크웹darkweb이라고 한다(옮긴이 주).

용자로서 분인 프라이버시를 실천하기 위해서 당신은 다른 모든 사람을 위한 분인 프라이버시도 반드시 실천해야 한다. 그러한 네트워크상의 어떤 이용자도 하나의 안정된 정체성을 계속 보유하지 않기 때문에, 어떤 이용자도 다른 사람들의 패턴에 따라 프로파일링될 수 없다. 당신은 하부구조 수준에서 당신 자신과 서버 및 다른 이용자들 모두를 위해 원점에서 프라이버시 문제를 다루기 위해 노력하지 않을 수 없다.

표층 웹에서는 감시 어셈블리지를 통해 쉽게 당신의 데이터 부스러기 하나하나까지 이 잡듯 뒤질 수 있다. 퀀트캐스트는 당신의 IP 주소가 일련의 서로 다른 웹사이트를 방문했다는 것을 안다. NSA는 당신이 대서양을 통과할 때 당신의 휴대폰을 추적한다. 그러나 다크넷에서 당신의 메타데이터는 그저 테더링되지 않는 단발적인 난센스에 지나지 않는다. 사이버펑크들의 표현을 빌리면, 그것은 알고리즘적으로 응결되는 대신 물질적으로 소멸하는 안개일 뿐이다.

그러나 어떤 프라이버시 도구도 완벽하지 않고 앞으로도 쭉 완벽하지 않을 것처럼, 토어도 그러하다. 그것은 해킹될 수 있다(NSA 문서는 NSA가 토어를 탈익명화하기 위해 토어에 침입을 시도한 사실이 있음을 보여주고 있음).[98] 그것은 또한 사람들의 의심을 고조시킨다(지역 네트워크에서 토어를 사용하는 이용자는 그녀가 그것을 사용하는 유일한 사람일 수도 있기 때문에 지목될 수 있음). 또한 그것의 추가적인 프락시 단계들을 감안할 때 그것은 느리기 일쑤이다. 택시 3대를 타고 넷플릭스 서버를 오가면서 스트리밍 비디오를 보는 것은 일상의 웹 라이프를 다소 더 성가신 것으로 만들 수도 있을 것이다. 그리고 비록 우리가 토어를 통해 Netflix.com을 이용했을지라도, 우리는 여전히 우리의 이용자 계정에 연결되었을 것이다. 즉, 우리는 여전히 넷플릭스의 장르 정의 알고리즘의 논리와 그러한 알고리즘이 우리의 삶을 프로파일링하고 따라서 우리 삶의 경계를 정하는 방식에 따라 배열되었을 것이다.[99]

다시 한 번 말하지만, 우리의 분인적 자기들을 위한 안전한 공간은 존재하지 않는다. 저널리스트 줄리아 앵윈Julia Angwin은 자신의 책 『저인망 국가 *Dragnet Nation*』에서 이러한 불가능함에 대해 기술하고 있다. 자료를 조사하는 동안 앵윈은 온라인에서의 완전한 익명성을 추구하는 데 엄청난 시간과 돈 그리고 노력을 쏟아부었다.[100] 그리고 물론 그녀 자신의 잘못이 아닌데도 그녀는 실패했다. 어떤 사람들은 어떤 완전무결한 최대의 프라이버시에 집착할 수도 있겠지만, 그러한 프라이버시는 전혀 실천 불가능하다. 우리가 감시의 포위를 피하기 위해 아무리 열심히 노력하더라도 감시의 편재성은 여전히 어떻게 해서든 우리를 다시 감시망 안으로 끌어들인다.

8. 불가능성

편재적인 감시의 힘과 프라이버시의 힘 간의 실랑이는 궁극적으로 디지털 삶의 배열 자체를 둘러싼 싸움이다. 데이터가 무엇으로 되도록 조직화되느냐 하는 것은 우리가 무엇으로 기대되느냐 하는 것과 같다. NSA의 '시민'이 기능상 시민으로 변하는 것과 마찬가지로 '젠더'는 젠더가 된다. 우리가 서로 다른 감시 및 권력 체계들과 협상할 때, 우리는 각 체계의 가정과 알고리즘의 신세를 지기 때문에 구글과 페이스북의 신자유주의적 전용 담론장이 우리의 데이터를 이용해 (대개 우리 모르게) 우리와 우리의 미래를 구성한다. 앞에서 말한 것을 되풀이하면, 온라인에서 우리가 누구인지는 우리가 아닌 섬뜩한 그들에 달려 있다.

그에 반해 드라마 〈사인펠드*Seinfeld*〉에서 조지 코스탄자George Costanza가 좌절한 채 "알다시피 우리는 사회 속에서 살고 있어!"라고 소리칠 때, 그는 일단의 공유된 상황, 즉 의미와 윤리 모두가 하나 이상의 권위주의적이거나 주체적인 경험에 걸쳐 있는 이상화된 가정에 호소하고 있다. 사회를 향한 근본적인 신념은 중요한데, 왜냐하면 그것은 구글이 '젠더'를 규정하고, 컨트캐스트가 '민족성'을 규정하며, 게이다가 '남성 동성애자'를 규정하는 사유화된 저자권을 묵살하기 때문이다. 우리 모두는 우리 개개인의 머릿속에 서로 다른 버전의 범주적 의미를 가지고 있는 한편, 이러한 버전들은 다른 사람들, 즉 사회적 이용social use에 따라 그것들의 의미를 문의하고 의미에 대한 정보를 얻는 사회적 세계와 반드시 상호작용해야 한다.

그러나 우리의 분인적 자기를 구성하는 측정가능형들은 사회적이지 않다. 우리의 분인적 자기들을 구성하는 알고리즘은 대체로 전유적專有的이며 법적으로 비밀에 가려져 있는데(그래서 비판이 차단되어 있는데), 왜냐하면 그러한 알고리즘을 가치 있게 만들어주는 것은 바로 그것이 사회성을 자극하기 때문이다. 만약 페이스북의 알고리즘이 공개된다면, 페이스북은 이제 자신이 탄생시킨 디지털 문화에 대한 독점권을 더는 가지지 못할 것이다. 컨트캐스트의 '코카서스계'를 구성하는 데이터는 백인 우월주의 및 인종적 유산의 역사 문제와의 대화를 거부하는데, 왜냐하면 그러한 데이터는 인종의 사회적 구성체를 옹호하는 상황에 대해 직접 이야기하고 있지 않기 때문이다. '코카서스계'는 사회적 형식social form이나 명확히 인종화된 정치의 일부가 아닌, 이윤과 통제의 한 양식으로서 변조하는 기능주의적인 실용적 범주이다.

유치한 불공평함이 고조에 달한 때에 우리는 거의 항상 이러한 감시 행위 주체들과 공유하지 않을 수 없지만, 그들은 결코 거의 우리와 공유할 필요가 없다. 권력과의 접점 역할을 하는 측정가능형은 경계 설정 사이트가 된다. 이러한 사이트들은 우리가 현재와 미래를 인식하는 방식과 현재와 미래가 우리를 위해 선험적으로 조건화되고 정상화되는 방식 간의 비대칭을 만들어 낸다.

정보 공개는 하나의 시스템적 현상인데, 이것은 우리의 분인들이 사회가 아닌 시스템에 공개됨을 의미한다. 사실 우리의 정보 제공적 공유는 사회의 어떤 수준과도 직접적인 대화적 관계가 없다. 그것은 하수 체계의 관과 같은 사회적 삶 속으로, 이미 탁해진 사회적 사고의 강물에 그들의 담론 쓰레기를 흘려보내는 사유화된 지식의 오염 속으로 그저 천천히 흘러 들어갈 뿐이다.

이 책의 도입부에서 언급한 것처럼, '인종'은 인종에 대한 것이지만 또한 인종에 대한 것이 아니기도 하다. 이러한 담론적 불균형discursive disproportion의 결과는 그것의 담론적 혼란에 있다. 그리고 이러한 하수관과 결코 크게 다를 바 없다는 것은 통렬한 알레고리즘으로, 이러한 하수관은 우리의 삶이 알고리즘적 재활용에 의해 틀 지어지는 것처럼 우리의 분인 쓰레기를 저장한다.

헤밍스의 이러한 알레고리즘 세계와의 관계는 그를 대신해 지시되었고 결정되었다. 그는 교환원과 이야기하는 것을 거부할 수도 없었고, '자격이 있는'과 '자격이 없는'이 존재하는지도 몰랐다. 그는 사전 조건화된 강물 속에서 그의 삶을 살고 있었을 뿐이었다. 바꾸어 말하면, 그가 *999에 전화를 한 것은 알레고리즘적으로 자기의 온전성에 대한 어떠한 가능성도 배제하는 시스템 속에 그를 가두었다.

분인 프라이버시는 분명 측정가능형들이 하나로 종합되어 우리의 분인 정체성에 부여되는 방식을 선제적으로 방해하려는 각 이용자의 독립적 행동에 초점을 맞춘다. 그러나 분인 정체성은 그러한 이용자를 자신의 웰빙에 책임 있는 유일한 행위자로 만들 수는 없다. 그것은 공적 참여를 요구한다. 그것은 사회의 프로토콜protocol§과 액세스 포인트access point§§ 전반에 걸쳐 프라이버시의 필요성을 사회화하는 토어와 같은 하부구조적 프로젝트에 의존한다.

*999 사례에서 헤밍스는 이상적으로 말하자면 절차적 데이터 적법 절차를 실행하거나, 환자 분류 체계에서 빠져 나오거나, 그를 평가 절하하는 *999 체계보다 그 자신의 도움 요청이 더 소중함을 강조할 수 있을 것이다. 그러나 거기에는 헤밍스에 대한 잘못된 환자 분류 외에 또 다른 알레고리즘적 비극이 있다. 이러한 비극은 환자 분류 어휘 자체에서 비롯되는데, 그러한 어휘에는 '자격 있음'의 범주가 너무 냉담하게 수행되어 그것의 사회적 가치가 그

§ 공통의 데이터 교환 방법 및 순서에 대해 정의한 의사소통 약속, 규약 혹은 규칙 체계를 말한다(옮긴이 주).

§§ 유선 네트워크 신호를 무선으로 중계해 주는 기기를 말한다(옮긴이 주).

것의 기술적 의미에 압도당하게 되었다. 헤밍스는 담론의 객체로 인식되고 취급되었기 때문에 그에게는 분인 프라이버시가 결여되어 있었다. 그는 그 문제에서 선택권이 없었다. 되풀이해서 말하자면, 헤밍스의 죽음은 결코 헤밍스에 대한 것이 아니라 그의 데이터에 대한 것이었다. 그리고 그것은 심지어 그의 데이터가 아니었다; 그것은 *999 환자 분류 알고리즘에 의해 평가된 것으로서의 그의 데이터였다.

헤밍스의 사례는 끝이 좋지 않기 때문에 필자는 이 장을 그의 사례로 시작했다. 실제로 그것은 끝을 잘 맺을 수 없다. 만약 우리가 헤밍스를 비난하거나 그 알고리즘을 비난하거나 그 응급 전화 교환원을 비난한다고 하더라도, 우리에게 아무런 도움이 되지 않을 것이다. 그 모든 것은 알고리즘이 우리를 구성하고 우리의 가능성을 조건화하는 정교한 내러티브에서 작은 조각에 지나지 않는다. 어떠한 특정한 순간에도 이러한 조건 안에서 우리가 잘 다룰 수 있는 다른 방법은 많지만, 사회적 관계에 본질적으로 내재해 있는 협상은 그 자신의 운명을 결정하는 주체에 대한 분명한 생각을 어지럽힌다. 그리고 이제는 우리와 알고리즘적 구성과의 협상이 우리를 훨씬 더 어지럽힌다.

이것은 헤밍스의 죽음이라는 비극의 마지막 막幕이다. 그 응급 전화 시스템은 그에게 불리하게 고정되어 있었기 때문에, 그것은 그가 전화를 건 순간부터 피할 수 없었다. 이러한 시스템이 인종, 젠더, 장애, 계층, 성성, 나이, 그리고 그것에 수반되는 구조적 편견에서 나오는 숙명론의 전부는 아니다. 오히려 그것은 그의 데이터가 그를 살아 있게 할 수 없었던 알고리즘적 불가능성에 있다.

어떤 향상된 알고리즘이 헤밍스를 구할 수도 있었겠지만, 그것은 다른 사람을 죽였을 것이다. 딸꾹질을 일으키는 물리적 이상異相이 항상 존재할 것처럼 우리의 삶은 완벽한 충실도fidelity로 데이터화될 수 없는데, 이것은 컴퓨터의 존재론이 완전하게 재개념화될 수 없다는 체험된 경험이다. 만약 어떤 것이 우리가 비난조로 하는 손가락질을 받을 만하다면, 우리 자신에 대한 데이터가 우리 개인의 행위뿐만 아니라 '자격이 있는', '시민' 혹은 '유명인사'의 구성을 결정하는 요인이 되게 하는 것을 통해 반드시 데이터가 말하게 되어야 한다는 기술관료적 욕망이다.

그러나 이 장을 쓰면서 필자는 또한 필자 자신에게도 앞의 손가락질과는 다른 손가락질을 한다. 헤밍스의 사례에 대한 필자의 논의에서는 물론 그의 죽음을 추적한 저널리즘에서도 그 자신의 개인 프라이버시가 완전히 사라져 버렸다는 것을 인정하는 것은 중요하다. 그의 *999 경험은 공개적 사건이 되었고, 필자가 논의를 위해 이 사건을 하나의 증거로 사용하면서 그의 이름, 정체성, 의료적 세부사항, 그리고 그의 말은 더욱 널리 알려지게 된다. 삶과 죽음 모두에서 우리 모두가 바라는 자기의 온전성은 문자 및 음성 데이터를 기록하고, 그것을 쉽게 온라인에 유포하며, 따라서 신문, 광고, 혹은 책을 팔 수 있는 우리의 현대적인 능력에 의해 방해받는다. 이런 이유와 그리고 다른 이유에서 필자는 『우리는 데이터다』를 그에게 바친다.

궁극적으로 필자는 이 장에서 완벽한 해결책을 제공하는 것이 아니라, 편재적 감시 문제에 대한 논의를 계속해 가는 것을 목표로 한다. 그러나 우리가 이러한 문제들에 대해 함께 대답을 시작할 수 있도록 필자는 이 장에서 적어도 담론 공간을 새로운 용어로 간단히 묘사하고자 한다. "나는 프라이버시를 원한다"라고 주장하는 것은 프라이버시가 죽게 방치해 둔 현시대에 무의미한 것처럼 보인다. 그러나 사회적 삶의 하나의 필요한 기능으로서 프라이버시는 찬양되어야 한다.

만약 분인 프라이버시가 도구화될 수 있다면, 그것은 사회화될 수 있다. 기술들은 정체성 식별적 가정을 방해하는 데 함께 이용될 수 있다. 사회적 항의social protest는 노동자를 해고하고 진단의 권위를 *999 알고리즘에 양도하는 관료 시스템이 전반적인 미숙함을 피결시키는 것을 도울 수 있다. 원자화하고 고립시키는 현상으로서의 프라이버시는 그것을 얻기 위해 싸울 가치가 없는 프라이버시이다. 프라이버시는 상호주체적이고, 사회적이며, 연관적인 것으로서의 프라이버시는 충분히 생각하고 소생시킬 가치가 있는 프라이버시이다.

9. 소결론

페이스북 서비스 약관의 첫 번째 문장은 그것이 통찰력이 풍부한 것만큼이나 아주 재미있다: "당신의 프라이버시는 우리에게 매우 중요합니다."[101] 당신이 페이스북을 사용하기 위해 반드시 동의해야 하는 조건을 서술하고 있는 이 약관은 페이스북상에서의 당신의 삶의 방식에 대한 사실상의 헌법이다. 허용되는 것, 허용되지 않는 것, 이 모든 것이 난해한 법률 용어로 쓰인 페이지에 명확하게 자세히 설명되어 있다. 그리고 이렇게 첨부된 문구들 때문에 사이트 소유주로서 페이스북은 이 사이트를 그들이 원하는 대로 감시하고 또 현실 세계의 법률 위반 사건에서 자신의 무죄를 법적으로 입증할 수 있다(즉, 페이스북은 어떤 이용자가 그들의 사이트에 불법적인 콘텐트를 게시하는 것에 대해 책임이 없는데, 왜냐하면 그 이용자는 이미 불법적인 콘텐트를 게시하지 않겠다고 이미 약속했기 때문이다).

페이스북의 비즈니스 모델business model은 우리의 개인 데이터의 상품화에 의존한다. 그래서 당연히 프라이버시는 매우 중요하다. 그러나 이것은 개인의 프라이버시, 즉 우리의 삶에 대한 정보를 엄청나게 축적하고 있는 페이스북에게 우리가 소름끼치는 느낌을 덜 받게 만드는 프라이버시이다. 페이스북은 우리가 금요일 밤에 업로드한 데이터를 얼마만큼 우리의 친구, 직장 동료, 가족에게 이용 가능하게 할 것인지를 이용자들이 조절할 수 있게 해주는 지렛대를 그들에게 제공한다. 이러한 프라이버시가 없다면 페이스북의 사업은 실패할 가능성이 있다. 그래서 필자는 프라이버시는 페이스북을 위해 중요하다는 데 동의한다.

그러나 이러한 "매우 중요한" 프라이버시는 이미 죽은 종류의 프라이버시이다. 정부와 보수 이데올로기가 많은 급진적인 역사적 인물(마틴 루써 킹 주니어Martin Luther King, Jr., 로사 파크스Rosa Parks, 시저 차베스Cesar Chavez)이 사망한 후 그들을 마음대로 사용한다는 점에서, 페이스북이 신경 쓰는 프라이버시는 효력이 없는 프라이버시이다. 그것은 당신의 평판이 좋지 않은 사진을 당신의 상관이 보지 못하게 할 수도 있는 프라이버시이지만, 그것은 진정 프라이버시가 아니다. 필자에게 그것은 그저 적절한 사이트 구조 설계일 뿐이다. 어떤 구조 설계사가 욕실과 부엌 사이에 크게 뚫린 구멍이 없기 때문에 프라이버시는 자신에게 매우 "중요하다"고 주장하는 것은 말할 것도 없고, 방들 사이에 벽을 설치하는 것을 잊지 않았기 때문에 자화자찬하는 것을 우리는 상상할 수 없을 것이다. 페이스북의 프라이버시도 비슷하다.

죽지 않은 프라이버시는 프라이버시의 기원, 즉 있어야 할 숨 쉴 공간의 부름에 답하는 프라이버시이다. 그러나 이러한 프라이버시의 존재는 페이스북에게도 매우 중요한데, 왜냐하면 페이스북이 프라이버시를 보호하기를 원하기 때문이 아니라 페이스북은 프라이버시를 이용하기를 원하기 때문이다. 죽은 프라이버시가 여전히 살아 숨 쉬고 있는 그것의 친척으로부터 멀리 떨어져 있어야 하는 것은 중요한데, 왜냐하면 작가 데이비드 셴크David Shenk가 우리의 온라인 활동의 모터를 통해 배출되는 "데이터 스모그data smog"라 부르는 것을 보호하는 프라이버시는 그러한 스모그의 상품화로 이윤을 얻을 수 없는 페이스북을 의미할 것이기 때문이다.[102] 페이스북과 나머지 인터넷 전반의 현재의 사업 논리는 이러한 종류의 프라이버시를 가지지/실천하지 않는 우리에게 의지한다.

페이스북은 우리의 규칙이 아닌 페이스북 자체의 규칙에 따라 우리를 알아본다. 이것은 또 다른 종류의 서비스 "약관",[§] 더 구조적이면서 훨씬 덜 분

§ terms가 서비스와 함께 사용되면 흔히 서비스 약관으로 번역되지만, 약관 역시 이용자가 해당 서비스를 이용하기 위해 따라야 할 규칙이기에 궁극적으로 terms는 규칙으로 통한다(옮긴이 주).

명한 그런 종류의 약관이다. 규칙의 비대칭은 온라인과 오프라인 모두에서 통제가 무엇인지를 말해주는 것이다. 우리 자신에 대한 데이터를 토대로 통제가 이루어지고 조절될 때 프라이버시가 싸우는 상대는 바로 그와 같은 비대칭이다. 그리고 마지막으로 법적인 형식에서는 물론 개념적 형식에서 각 사이트의 약관이 각 사이트에게 제각각의 독특함을 부여할 때, 이러한 비대칭은 인터넷 삶을 규정하는 조건 가운데 하나이다.

이러한 비대칭과 싸우는 것도 분인 프라이버시의 일부이지만, 분인 프라이버시의 대부분은 그러한 비대칭을 이해하는 것이다. 만약 당신이 페이스북을 이용한다면, 새로운 페이스북을 만드는 일이 일어나지 않는 한, 당신은 서비스 약관하에 있게 될 것이고 따라서 페이스북의 규칙하에 있게 될 것이다. 넷플릭스, 트위터, 그리고 다른 어떤 (자본주의) 웹 사이트도 마찬가지다. 우리는 늘 불공평한 기반 위에 서 있다. 비행기 표 가격에서부터 친구, 뉴스 내용, 심지어 우리의 데이트 상대에 이르는 모든 것이 우리의 데이터가 어떻게 유용하게 만들어지는지를 토대로 결정된다. 살면서 우리가 그처럼 극히 일부 사람만 이해하는 방식으로 우리와 그리고 우리의 세계를 만들어내는 지식을 그렇게 알아차리지 못하는 경우는 드물다.

이러한 알아채지 못함은 1장에서 논의한 바 있는 이용자 상태 업데이트의 '긍정적인' 표현과 '부정적인' 표현을 토대로 이용자들의 뉴스 피드를 수정하는 페이스북의 한 실험이 세상에 알려졌던 2014년의 첫 몇 개월 동안 주목을 받았다. 이용자들은 농락당하는 느낌을 받았다. 그들은 소셜 월드social world로 가는 그들 자신의 포털이 어떤 실험의 일부였다는 것을 알았다. 그리고 그 후 재빨리 비평가들은 이 실험 연구에 동의하는 서비스 약관이 눈에 띄지 않게 몰래 포함되어 있었다는 사실을 확인했다. 페이스북은 이런 종류의 익명으로 이루어지지만 여전히 영향력이 큰 대규모 연구를 허락한다는 약관을 소급해서 업데이트했었다.

그러나 더 불리하게도 그리고 필자가 보기엔 더 필연적이게도 페이스북의 연구는 또한 이용자들이 그들의 소셜 월드에 참여하는 조건도 바꾸어놓았는데, 이것은 권력이 측정가능형에 따라 분명히 표현되는 방식을 보여주는 적합한 예이다. 그 연구가 발표된 후 그 연구의 부당함을 외친 비평가들은 분인 프라이버시를 실천하고 있었다. 이용자들은 그냥 있는 그대로 "존재"할 수 없었기 때문에 그 사이트에서 불편함을 느꼈다. 그들은 연구자들에 의해 농락당하고 있었다. 그들에게는 자기의 온전성이 결여되어 있었다. 그들은 그들의 데이터화된 삶의 맥락을 이해하지 못했다.

그러나 가장 불리하게도 그리고 가장 필연적이게도 우리는 매일매일 비슷한 규모로 그리고 비슷하지 않은 행위자들에 의해 농락당한다. 우리의 뉴스피드의 토대가 된다고 우리가 가정하는 불변성이 늘 거짓말이듯이, 우리의 데이터화된 주체성 전체는 이러한 변동성에 신세를 지고 있다. 실제로 알고리즘적인 거의 모든 것은 같은 방식으로 거짓말이다. 디지털 세계에서의 프라이버시는 이러한 거짓말에 대한 저항의 살아 있는 버전으로, 이러한 저항은 그 반항성 때문에 소중히 여겨지는 것이 아니라 그 필요성 때문에 보호될 것이다.

결론

기계 속의 유령

우리 모두의 내부에는 코드가 존재한다. 우리가 무엇인지가 아니라 우리가 누가 될 수 있을지를 나타내 주는 코드. 그것은 우리의 잠재력이다.

25년 전, 기술이 인간 잠재력의 힘이라는 자물쇠를 여는 열쇠라는 생각을 토대로 한 회사가 설립되었다. 그리고 마이크로소프트는 혁명을 일으키기 시작했다. 새로운 지평을 열어주고, 경계를 없앴으며, 장애물을 허물어뜨린 혁신적인 소프트웨어에 힘입어. 사람들은 내가 무엇이 될 수 있을지 물었다. 우리는 그들이 자신의 꿈을 추구하도록 고무했다. 노동자들은 내가 얼마나 멀리 갈 수 있는지 묻는다. 우리는 그들에게 자신의 생각을 표현할 수 있는 도구를 준다. 회사들은 내가 어떻게 경쟁할지 묻는다. 우리는 그들에게 민첩하게 대응할 수 있는 권능을 부여한다. 개발자들은 그다음 대박은 무엇인지 묻는다. 우리는 그들에게 자신의 비전을 성취할 수 있는 권능을 부여한다.

우리가 우리의 임무를 더 잘 수행할수록, 우리는 더 많은 잠재력을 분출한다. 그리고 우리는 더 큰 성취를 고무한다. 우리는 전진하면서 열린 세계에 대한 약속을 받아들이고 그것이 제공하는 예기치 않은 기회를 포착한다. 우리 모두에게 암호화되어 있는 그러한 잠재력을 분출함으로써 인류의 성취를 촉진하는 것은 이 세계의 가장 위대한 도전이다. 마이크로소프트.

—마이크로소프트 "잠재력" 비디오[1]

*

우리는 데이터로 구성되어 있다. 그러나 그러한 데이터가 유용하게 만들어질 때만 우리는 실제로 데이터로 **구성된다**. 이러한 구성은 기술 전문가들이 묘지에서 잠든 사이에 하는 몽정§으로 가장 잘 묘사될 수 있다. 이것을 믿는 사이버 이상주의자cyberutopian에게 우리는 코드, 즉 기술을 통해 우리를 실현하는 하이데거Heidegger식§§ 상비자원이다.[2] 혹은 좀 더 적절하게 말하면, 우리는 마이크로소프트의 수사修辭에 의해 발가벗겨진 초보적인 사이보그주의자cyborgist이다: 우리 내부에 코드가 있고; 그 코드는 우리가 아니라 우리의 잠재

---

§ 이 문장은 좀 저속한 표현으로, '몽정'이란 '코드'가 되는 가능성에 홀딱 빠진 나머지 그것이 실제 세계에서 의미하는 바에 대해 비판하는 것을 잊어버리는 기술을 좋아하는 팬fan들을 의미한다. 그것이 꿈이기 때문에 현실이 될 필요는 없지만, 그것은 여전히 기분 좋은 일이다[자료: 저자와의 이메일 교신](옮긴이 주).

§§ 하이데거에 따르면, 기술은 "자연 속에 은폐된 에너지를 풀어놓는 도발"이다. 기술에 의해 도발된 "자연은 에너지의 상비자원의 주요 저장소"로서 탈은폐된다. 현대기술을 지배하는 탈은폐는 도발적 요청의 형태를 띠며, 이것을 통해 자연은 추출될 수 있고 저장될 수 있는 에너지를 공급하도록 요구받는다[자료: 구자광, 「칸트의 '경제적인' 코즈모폴리터니즘과 데리다의 '비경제적인' 코즈모폴리터니즘 '너머'의 비교 연구」, 《비평과 이론》 16권 2호(2011): 5~29쪽](옮긴이 주).

력을 나타내며; 그리고 그 코드가 우리 내부에 있고 그것이 우리의 잠재력을 의미함에도, 그것은 반드시 (마이크로소프트) 기술이라는 열쇠로 열려야 한다.

"잠재력"이라는 제목의 마이크로소프트의 직원 모집 비디오는 대단한데, 왜냐하면 그것은 매우 솔직하게 회사의 이윤이 디지털 기술과 관련되어 있고, 디지털 기술은 자본주의의 세계화와 관련되어 있고, 자본주의의 세계화는 우리 자신의 미래가 어떤 초강력한 신자유주의적인 코드의 은유에 의해 식민화되는 것과 관련되어 있는 세계를 칭송하기 때문이다. 이 코드가 휴식을 취하기는 하는지, 축구를 하거나 와인을 마시면서 즐기는지, 아니면 그것의 유일한 기능이 마이크로소프트 제품을 작동하는/사용하는 것인지 사람들이 물을 수도 있을 것이다. 우리 내부에 있는 코드는 친구 관계나 동료 관계를 해치면서 혹은 아마도 아이의 생일을 망치면서 사무실에 늦게까지 남아 일하는 그런 종류의 코드처럼 보인다.

그러나 마이크로소프트의 잔뜩 긴장한 보이스-오버voice-over§ 카피는 "우리 모두의 내부에는 코드가 있다"의 좀 더 실질적인 결과를 피상적으로 이해하고 있을 뿐이다. 만약 우리가 코드로 구성된다면, 이 세계는 근본적으로 달라진다. 우리의 주관성 수준에서 삶에 대한 이러한 코드화된 해석은 디지털 세계가 배열되는 방식을 보여준다. 지식수준에서 그것은 그러한 세계가 정의되는 방식이다. 그리고 사회적 관계 수준에서 그것은 그러한 세계가 연결되는 방식이다. 물론 우리는 우리의 잠재력을 분출하기 위해 반드시 마이크로소프트 제품을 사용할 필요는 없다. 그것은 요점에서 벗어난 것이다. 그러나 마이크로소프트의 상징적인 기업 독점은 우리를 표현하는 것뿐만 아니라 기능적으로 "우리가 누구가 될지"를 결정하기도 하는 데에서 기술이 하는 역할을 비판하기 위한 편리한 대용물 역할을 한다.

---

§ 영화나 TV 프로그램에서 화면에 나타나지 않는 인물이 들려주는 정보·해설 등을 말한다(옮긴이 주).

만약 마이크로소프트가 정말 문자 그대로 인종, 계층, 젠더, 성성, 시민권, 유명인사, 그리고 테러리스트의 코드를 다시 고쳐 쓸 수 있다면, 표현representation은 부차적인 것에 지나지 않는다. 이러한 코드들을 고쳐 쓰는 것은 그것들의 의미를 마이크로소프트의 규칙으로 변환하는 것이다. 그들은 '우리'가 누구이고 또 누가 될 수 있는지의 저작자가 된다.

비대칭은 이러한 유형의 새롭게 등장한 권력 관계를 규정한다. (국가권력이건 자본 권력이건) 권력은 우리에게 물어보지 않고 우리를 분류한다. 그리고 그러한 분류는 누가 '시민'의 권리를 가지는지, '인종'과 '젠더'가 무엇을 의미하는지, 심지어 당신의 '친구들'이 누구인지를 결정하는 데 엄청난 중요성을 가진다. 실제로 이 책의 핵심적인 주장은 이 세계가 더는 우리가 이해할 수 있는 규칙으로 표현되지 않는다는 것이다. 필자가 "나는 '존'이다"라고 말하는 것이 의미하는 바를 완전히 이해하면서 그렇게 말하는 것이 절대 불가능하도록 세계는 데이터화되고, 알고리즘적으로 해석되며, 인공두뇌학적으로 재구성되게끔 되어버렸다. 실재하는 주체적 행위주체로서 '존'은 실제로 존재할 수 없다. 그러나 '존'은 통제될 수 있다.

이러한 명백한 역설은 조지 오웰George Orwell의 소설 『1984』의 정치적 디스토피아political dystopia를 규정하는 아주 유명한 이중 사고doublethink§ 슬로건과 잘 어울린다: "과거를 통제하는 사람이 미래를 통제한다; 현재를 통제하는 사람이 과거를 통제한다."[3] 현재를 통제하는 것은 이전의 모든 것뿐만 아니라 이후의 모든 것도 통제하는 것이다. 그래서 만약 당신이 현재를 통제할 뿐만 아니라 현재를 구성까지 한다면 어떻게 될까? 소설가 제이디 스미쓰Zadie Smith는 페이스북에 관한 2010년 영화 〈더 소셜 네트워크〉The Social Network에 대한 자신의 비평에서 이에 대한 한 가지 답을 제공한다:

---

§ 모순되는 두 가지 생각을 동시에 갖는 것을 의미한다(옮긴이 주).

> 인간이 페이스북과 같은 웹사이트 상의 일단의 데이터가 될 때, 인간은 축소된다. 모든 것이 줄어든다. 개인의 성격. 친구 관계. 언어. 감수성. 어떤 점에서 그것은 우리가 우리의 신체, 너저분한 감정, 욕망, 두려움을 잃는 초월적인 경험이다. 그것은 우리 가운데 우리가 지나치게 부풀려진 자유주의적-부르주아적 의미의 자기에 신경 쓰는 것에 싫증이 나서 그것을 버리는 사람들은 바라던 결과가 일단 이루어지고 나면 원래 바라던 것만큼 바람직스럽지 않을 수도 있다는 점을 나에게 상기시켜 준다: 발가벗겨지고 네트워크화된 우리의 자기는 더 자유로워 보이는 것이 아니라, 그냥 더 소유된 것처럼 보인다.[4]

페이스북에서 우리의 자기들은 더 자유롭지 않고, 더 소유되어 있다. 그리고 우리는 이제 데이터로 구성되어 있기 때문에 우리의 자기들은 소유되어 있다.

페이스북에서 가져온 한 사례를 살펴보자: 연구자들은 좀 더 예의 바른 디지털 삶을 목표로 하는 어떤 새로운 특성으로 '부적절한'이라는 개념을 재개념화했다. 페이스북이 '부적절한' 콘텐트라고 생각하는 모든 당신의 사진, 동영상, 상태 업데이트, 사회적 상호작용을 자동화된 "어시스턴트assistant"가 스캔한 다음 그것들을 평가할 수 있다. 페이스북이 부적절하다고 생각하는 무언가를 당신이 게시할 때, 당신의 알고리즘적 어시스턴트는 "어, 이게 공개적으로 게시되고 있네요. 당신은 당신의 상관과 어머니가 이것을 보기를 원하는 게 확실한가요?"라고 물을 것이다.[5]

페이스북이 '적절한'을 통해서 '부적절한'을 알게 되는 것은 퀀트캐스트가 '코카서스계 미국인'을, 구글이 '유명인사'를, NSA가 '테러리스트'를 안다는 것과 동일한 추정을 토대로 한다. 그들은 알지 못한다. 이러한 모든 것은 다시 구성되며 오류는 물론 존재론적 모순으로 가득 차 있다. 그러나 이렇게 오류가 있음에도 그 통제 능력은 인상적일 정도로 강력하다. 페이스북의 품위 유지 어시스턴트는, 일단 일을 수행하게 되면, 허용될 수 있는 행동을 틀 짓는 데에서 어떤 에티켓 책에 써 있는 것보다 더 중요해질 가능성이 있다.

이러한 알고리즘들은 당신의 잠재력을 "드러내 보여줄" 수도 있지만, 즉 페이스북의 경우 당신의 잠재력을 큐레이트할curate 수도 있지만, 그것은 마이크로소프트가 당신이 믿어주기를 원하는 그런 방식으로 그렇게 하는 것은 아니다. 마이크로소프트의 그러한 산문적 표현은 당신의 시스템 속에 시장에서 성공하기를 기다리고 있는 하드-코딩되어 있는 어떤 변하지 않는 DNA를 당신이 가지고 있음을 시사한다. 필자(와 당신의 부모가 아닌 누구든)를 믿어라; 당신은 그런 DNA를 가지고 있지 않다. 당신이 가지고 있는 것은 삶이며, 현대 자본주의의 이력서를 잠깐 쳐다보기만 하더라도 자본주의 자체의 논리와 동기로 그러한 삶을 식민화하는 자본주의의 놀라운 능력을 알 수 있을 것이다. 이러한 알고리즘들이 "드러내 보여주는" 것은 알고리즘 저작자들에게 생산적인 규칙에 따라 당신의 삶을 유용하게 만드는 능력이다.

구글과 같은 회사가 이 세계의 정보를 게이트키핑할 뿐만 아니라 우리가 이 세계를 기술記述하는 방식을 통제하기까지 하는 세상을 상상해 보라. 이것은 정확히 담론이 사유화될 때 우리가 만나는 바로 그런 문제이다. 물론 사람들은 대개 사유화된 지식의 위기에 대해 그렇게 이야기하지 않는다. 정말 공공 도서관에 대한 자금 지원이 사라지고 있고, 박물관들은 문을 닫고 있으며, 심지어 학술지들도 학자들이 돈을 받지 않고 쓰는 논문에 대해 인색하게 저작권료를 요구하고 있다. 그것은 일종의 사유화이다. 그러나 구글이 '유명인사'를 만들어내고 페이스북이 '적절하지 않은'을 규정할 수 있는 능력을 가지고 있는 것과 매우 흡사하게, 구글, 페이스북, 그리고 다른 회사들은 "모든 것"을 사유화하는 중이다.

1. 프라이버시와 사유화

"모든 것을 사유화한다"라는 표현에서 "모든 것"은 정말 모든 것을 의미한다. 사랑, 친구 관계, 범죄성criminality, 시민권, 심지어 유명인사, 이 모든 것이 우리가 좀처럼 알지 못하는 알고리즘에 의해 데이터화되었다. 이 세계에 대한 이러한 전유적 생각은 토론의 대상도 아니었고, 사회적으로 널리 알려지지도 않았으며, 일반 대중에게 이용 가능하지도 않았다. 그러한 생각은 사유화된 울타리 안에서 나온 것으로, 그것은 성벽 밖의 성난 군중처럼 의미로 우리를 공격하는 일종의 담론 투석기이다.

이러한 사유화의 결과는 프라이버시의 정의定義가 반전된 것이 아니라 참여자와 정황이 반전되었음을 의미한다. 오케이큐피드와 같은 사이트는 우리로부터 프라이버시를 지키고 있지만, 우리는 오케이큐피드로부터 프라이버시를 지키지 못한다. 우리는 우리의 데이터가 어떻게 이용되고 있는지 알지 못한다. 우리는 짝짓기 알고리즘을 들여다볼 수 없다. 그러나 우리가 행하는 모든 작은 일이 감시되고 데이터화될 수 있다.

구글의 알고리즘은 이 세계의 지식을 규칙에 따라 배열하며 따라서 그들의 기능을 향상시키기 위해 우리 자신의 검색 데이터와 우리의 웹 습관에 대한 그들의 카탈로그를 사용해 '사실인' 것과 아닌 것을 틀 짓는다. 그러나 구글 검색의 기계화machination는 늘 우리가 결코 알 수 없는 감추어져 있는 지적 재산일 것이다.[6] 구글은 그들이 어떻게 '우리'나 이 '세계'를 유용하게 만드는지 우리에게 말할 의무가 없다. 그러나 각각의 사이트를 이용하기 위해서는 서비스 약관을 통해 우리는 프라이버시를 요구하지 않는다는 데 반드시 동의해야 한다. 우리는 데이터화된 '우리'가 채굴되어 사이트 운영자의 종잡을 수 없는 생각에 따라 의미 있게 만들어지는 것에 동의한다. 각 사이트의 서비스 약관은 온라인에서의 삶의 살아 있는 규칙이다.

실제로 페이스북과 같은 사이트의 서비스 약관을 통해 우리는 프라이버시를 갖지 못할 뿐만 아니라 우리의 데이터(우리의 사진, 동영상, 심지어 채팅 내용)가 심지어 우리 것이 아니기까지 하다. 데이터는 대개 클라우드에서 누가 그것을 가지고 있건 그것을 가지고 있는 사람의 것이다. 프라이버시와 사유화의 의미론적 유사성은 서로 꼬여 하나가 될 수 있는데, 이것은 두 개념이 거의 서로 열망하듯 하나로 축소되는 의미 파악이 쉽지 않은 신자유주의적 수렴이다.

우리는 이러한 1990년대의 인터넷으로의 신자유주의적 접힘floding, 즉 축소 혹은 수렴을 추적할 수 있는데, 이 무렵은 AOL의 유명한 "서비스 약관"이 왕이었으며 AOL이 소프트웨어 저작권 침해자들과 (성적으로) 노골적인 표현을 하는 이용자들에게 "서비스 약관 위반장"을 남발했던 시기였다. AOL의 약관은 전유적專有的 소프트웨어 거래와 부적절한 담론을 엄격하게 금지한다.[7] 그 결과 생성된 AOL의 사이버공간은 일부 사람들이 염려하는/기대하는 제멋대로인 무정부주의자들의 낙원이라기보다는 AOL에 돈을 지불하는 고객들이 기분 좋고, 예의 바르며, 안전함을 느끼게 만드는 "예의"와 "안전"을 위해 매우 통제되는 플랫폼이었다.[8]

사랑하라, 그렇지 않으면 떠나라love-it-or-leave-it 식의 정책에서, 엄격한 AOL의 서비스 약관을 받아들이지 않은 이용자는 접근이 허용되지 않았다. 약관을 받아들였지만 나중에 잘못을 저지른 사람들도 결국은 접근이 금지되었다. 이러한 약관이 네트워크가 이용되는 방식을 정확히 규정함에 따라, 이용자들은 그러한 약관에 많은 영향을 받게 되었다. 그리고 그러한 약관의 매우 중요한 특징은 당신의 데이터화된 삶이 당신의 것이 아닌 AOL의 것이라는 점이었다. AOL과 같은 사이버공간 소유자들은 그들의 디지털 공간에 대한 주권을 그들에게 부여하기 위해 그들 자신의 약관을 만들었으며, 그 결과로 초래된 담론 공간은 곧 AOL의 법적 규약에 좌우되었다.

꽤 예상대로 이러한 사유화된 사이버공간은 사업 공간이 되었고, 사이버공간의 비즈니스 모델은 광고가 되었고, 사이버공간의 광고는 표적화되었으며, 그러한 표적은 이러한 사로잡힌 데이터로 만들어졌다.[9] 커뮤니케이션 학자 크리스천 푹스Christian Fuchs가 상세히 기술했듯이, 이러한 사유화된 공간에서 수집된 데이터는 가장 기본적인 자본 관계를 되풀이하면서(즉, 우리는 우리의 데이터를 소유주들에게 넘기기로 법적으로 동의하고, 그러한 소유주들은 이윤을 얻기 위해 그러한 데이터를 이용하며, 그러한 이윤은 훨씬 더 많은 이윤을 얻기 위해 훨씬 더 많은 데이터를 수집하게 만듦) 이윤이 산출되는 불변 자본constant capital§이 되었다.[10] 그래서 사이버공간의 규칙은 AOL과 같은 회사에 의해 규정되는 한편, 우리의 데이터화된 세계를 만드는 지식 역시 마찬가지로 그와 같은 회사에 의해 소유된다.

그러나 소유될 수 있는 데이터의 토대가 되는 전제는 자본주의자들의 착취의 기본 원리 이상으로 도발적으로 들린다. 만약 우리가 페이스북의 서비스 약관을 가져와 우리의 페이스북 프로필과 데이터에 대한 진정한 소유권을 우리가 가질 수 있도록 변경할 수 있다면, 우리는 어느 정도의 통제권을 다시 빼앗아올 수 있을 것이다. 따라서 소유권은 프라이버시를 향상하는 해방적인 조치로 해석된다.

월드 와이드 웹World Wide Web의 발명가이자 인터넷 상업화 반대를 주도해 온 팀 버너스-리Tim Berners-Lee는 우리의 데이터는 여러분 혹은 나 혹은 그러한 데이터를 탄생시키는 사람의 것이라고 믿고 있다.[11] 어떤 면에서 우리의 데이터화된 삶은 단순히 우리의 일상적인 기업가 정신의 부산물, 거래할 수 있는 상품으로, 그것의 가치와 사용은 우리가 우리 혼자서 결정한다. 한 걸음 더 들어가면, 컴퓨터 과학자 재론 러니어Jaron Lanier는 우리가 소유할 뿐만 아니라 우리의 데이터에 대해 비용을 지불받아야 하는 재개념화된 (그래서 기술 시대의 백만/억만 장자들이 거둬들이는 수익이 그들을 백만/억만 장자로 만들어주는 사람들에게 흘러가는) 경제적 하부구조에 찬성했다.[12]

기업이 소유하건 우리 자신이 소유하건, 우리의 데이터(와 자동적으로 우리

---

§ 불변 자본은 마르크스 경제학에서 자본 가치는 생산수단 구입 부분 c와 노동력에 대한 임금 부분 v로 이루어진다. c는 기계·설비 등의 노동수단 및 원자재 부분으로서 이것들은 생산 과정을 통하여 자기의 가치를 그대로 생산물에 이전하는 것에 지나지 않으므로 불변자본이라 부른다. 이 경우 노동수단은 그 존속 기간에 걸쳐 부분적으로, 또 원자재는 1회 생산과정에서 전체적으로 그 가치를 생산물에 이전한다. v의 노동력 부분은 생산 과정에서 스스로의 가치 이상의 가치, 즉 잉여가치 m을 창조한다. 이처럼 가치를 증식하는 v는 가변 자본variable capital이라 부른다(옮긴이 주).

의 프라이버시)는 증가하고 있는 자본주의적인 교환 속에서 편안하게 묵을 숙소를 찾는다. 실제로 러니어의 접근방식은 프라이버시 침해라는 외부효과 externality§를 데이터감시의 사회적 총비용 속에 다시 포함시킨다. 그러나 프라이버시를 소유권의 측면에서 틀 짓는 것은 프라이버시의 행위주체를 어떤 고유하고, 체화되어 있고, 이름이 있으며, 은행 계좌를 가질 수 있는 bank-accountable 사람으로 위치시킨다. 분인은 자본으로 사용되는 자신의 데이터 data-used-by-capital 에 대해 이용료를 받을 수 없지만, 존 체니-리폴드 John Cheney-Lippold 는 받을 수 있다.

이러한 논의는 궁극적으로 이론가 티지아나 테라노바가 "공짜 노동 free labor"이라고 명명한 것을 둘러싼 되풀이되는 비판과 합체된다.[13] 자본을 생산하는 생태계의 일부로서 디지털 경제는 우리가 일, 보상, 그리고 심지어 생산을 인식하는 방식을 재구성한다. 만약 우리의 데이터화된 삶이 우리 자신의 행위로 구성된다면, 우리의 데이터화된 삶은 새로운 종류의 노동을 보여줄 뿐만 아니라 규칙에 따라 배열한다. 연애 상대를 만나겠다는 희망으로 부지런히 질문에 대답하는 오케이큐피드에서의 당신은 그 사이트의 알고리즘적 운영을 먹여 살리는 지식을 만들어낸다. 오케이큐피드의 가치와 이윤은 이러한 지식에 의존한다.

이것을 두고 이탈리아의 자율주의자들 Italian autonomists§§은 공장 담장 밖으로 나와 사회적 삶의 구조 자체 안으로 들어온 노동과 자본 간의 관계를 다시 틀 지으면서 "사회적 공장 social factory"이 재위치되었다고 주장했다.[14] 우리의 모든 행위를 상품화함으로써 사회적 공장은 노동뿐만 아니라 삶도 산업의

§ 경제학에서 어떤 행위로 인해 의도치 않게 발생하는 비용 cost 이나 편익 benefit 을 말한다.

§§ 이탈리아 자율주의 운동은 1968년 프랑스 학생 봉기로 시작된 68 운동에 자극을 받아 이탈리아의 젊은 노동자들과 학생, 노숙자, 실업자 등이 "아우토노미아 오페라이라", 즉 "노동자 자율"을 내걸고 펼친 사회운동으로, 아우토노미아 운동이라고도 부른다[자료: 정상미 옮김, 『일하지 않을 권리』(서울: 동녘, 2017)](옮긴이 주).

규칙 안에서 구조화한다. 이것은 이제 우리의 일상적인 네트워크화된 존재의 놀랍지 않은 현실이다. 그러나 그와 같은 상품화에 필수적인 것은 프라이버시의 전도轉倒§이다.

프라이버시의 전도를 통해 데이터를 감시하는 행위주체들은 그 용도가 무엇인지 우리도 모르게 우리를 유용하게 만든다. 비록 필자는 필자가 '여자'라는 것을 알지만, 구글의 '젠더'가 어떻게 생겼는지 알 수 없다(시도는 해봤음). 그리고 필자는 (시도해 봤지만) 컴캐스트의 '민족성'이 어떻게 생겼는지도, 컴캐스트가 필자가 누구라고 생각하는지도 알 수 없다. 측정가능형 구성의 사유화된 영역은 세상에 대한 지식(즉, 우리가 인위적으로 만들어진 주체가 되는 담론)이 만들어지고 변조되는 방식에서 때로는 감춰져 있고 때론 피상적으로 보이지만 거의 결코 투명하지 않은 다른 사람에 의해 소유된다.

마이크로소프트의 코드는 은유 훨씬 이상의 것이다. 그것은 우리가 지금 중요하게 여기는 것(인종, 젠더, 계층, 성성, 시민권)뿐만 아니라 앞으로 중요하게 여길 것들도 규정하는 경험에 의거한empirical 판매 가능한 상품이다. 프라이버시가 전도될 때는 모든 것이 변한다. 우리의 현재와 미래가 컴퓨터의 계산이라는 커튼 뒤에서 지시되는 가운데, 우리의 세계가 우리를 위해 결정된다.

2. 기계 속의 유령

필자는 "기계 속의 유령ghost in the machine"이라는 비유적 묘사를 늘 즐겨왔다. 기계 속의 유령이라는 표현은 데카르트의 이원론dualism(이 문구를 만든 철학자 길버트 라일Gilbert Ryle은 정신과 신체가 작동할 때 필연적으로 겹치는 점을 감안할 때 그 둘의 분리가 논리적으로 불가능하다고 여기면서, 그 둘의 분리를 거부하는 데

§ 프라이버시 전도란 프라이버시를 가지고 있어야 할 개인은 정작 프라이버시를 갖지 못하고 반대로 상업적 회사들이 하는 일을 우리가 전혀 모르는 채 회사들이 우리를 상대로 프라이버시를 가지고 있는 것을 말한다(옮긴이 주).

에 이 문구를 사용했음)에 대한 비판에서 처음 사용된 것을 넘어, 이전에는 단순한 기술적 도구였던 것에서 유령이 출몰하는 이미지를 떠올려 준다.[15] 믹서 속의 유령? 복사기 속의 유령? 닷선Datsun§ 속의 유령? 우스꽝스럽긴 하지만 실용적인 기계 속의 이러한 유령들은 기계들이 (우리의 자기들처럼) 단순히 그들이 무엇이라고 말하는 그들이 아니라는 사실을 강조한다.

이 책 전체를 통해 기술되듯이, '유명인사', '영어', '시민'의 사례들은 모두 물리적으로 그리고 개념적으로 작은따옴표가 없는 그것들의 사촌과 다르다. 그것들은 디지털 이론가 데이비드 골럼비아David Golumbia가 유명인사의 자본주의 논리나 번역의 문화적 논리나 시민권의 정치적 논리가 아닌 "계산의 문화적 논리cultural logic of computation"라고 부르는 것에 따라 구성된다.[16] '시민'이 누구인가의 문제는 바로 지금 누가 NSA의 알고리즘 논리가 시민으로 규정하는 데이터를 만들어내는가의 문제이다. 부에노스아이레스에 있는 아르헨티나 친구에게 간단한 생일 이메일을 보내면 높은 정도의 '외국인성foreignness'에 시달리게 된다.

이 책의 제목은 데이터가 우리 삶에 어떻게 영향을 미치는지에 대한 어떤 아무런 꾸밈없는 논평 훨씬 이상의 것을 제안한다. 데이터는 그 자체만으로는 아무런 중요한 의미를 지니지 않는다. 중요한 의미를 지니려면, 데이터는 반드시 유용하게 만들어져야 한다. 따라서 우리는 우리의 데이터에 따라 만들어지는 것이 아니라 그러한 데이터의 해석에 따라 만들어진다. 이러한 해석은 어떤 네트워크화된 기기에 연결되어 있는 것이면 어디서든 출몰하는 유령이다. 아침에 방문한 웹 페이지 목록, 오후에 구입한 커피, 그리고 기대되는 섹스 파트너와 저녁에 나눈 온라인 대화, 이 모두는 그것들 나름대로의 유령 효과를 수반한다. 그러나 이러한 유령 효과는 '사실'인 한편, 그것은 결코 사실이 아니다. 왜냐하면 알고리즘은 당신으로서의 당신을 결코 이해할

---

§ 닛산 자동차의 브랜드명(옮긴이 주).

수 없기 때문이다.

사람들이 아무리 열심히 그러한 존재론적 격차(필자가 앞의 장들에서 엘스else라고 불렀던 것을 재차 확인해 주는 격차)를 메우려 애를 쓰더라도, 어떤 '유명인사'는 결코 어떤 유명인사가 아닐 것이다. 기계뿐만 아니라 알고리즘 세계와의 이러한 가교에도 출몰하는 유령에 대해 생각하는 것은 유용할 수도 있다. *n*-워드를 포함하는 언어적 번역을 통해, 분명히 나무뿐인 사진 속에서 어떤 '사람'을 태그하라고 당신에게 요청하는 페이스북과 당신의 어머니와 데이트하라는 제안과 같이, 유령들은 놀랄 만큼 기이한 방법으로 나타난다.

기계 속의 이러한 유령들은 이 책의 도입부에서 제시된 알고리즘적 의미의 블랙-박스적 속성을 인정한다. 우리가 페이스북이나 구글 혹은 일반적인 인터넷에 로그인할 때, 우리는 즉시 친해질 수도 있는 어떤 세계를 만나지만, 이러한 세계의 깊이와 복잡함으로 인해 우리는 그 세계를 진정으로 알 수가 없다. 우리는 늘 알고리즘적 해석에 영향을 받지만, 우리는 정확히 어떻게 혹은 왜 영향을 받는지는 좀처럼 알지 못한다. 매일 우리는 우리, 사회, 그리고 "마치" 우리 "같은" 사회의 사람들에 대한 끝없는 일련의 해석의 유령 효과를 마주한다.

사회학이 유령을 다루는 방식은 이러한 사고방식으로의 초자연적인 수렴 역할을 할 수도 있을 것이다. 에이브리 고든Avery Gordon 같은 사회학자에게 유령이란 심지어 대개 가시적이고, 표현할 수 있으며, 따라서 인정되는 것으로 이해되는 전통적인 경험적 분석 바깥에 있는 것처럼 느껴지는 현상이다. 예를 들어, 1970년대와 1980년대에 아르헨티나의 독재로 인해 결과적으로 수십만 명의 사람들이 실종됐지만, 그러한 행방불명은 심지어 오늘날까지 아르헨티나 사회에 영향을 미치고 있다. 당시 대통령이었던 호르헤 라파엘 비델라Jorge Rafael Videla는 1979년 한 기자회견에서 놀랍게도 행방불명된 사람들이 "실체가 아니어서 (…) 죽은 것도 아니고 살아 있는 것도 아니다"라고 설명했다.[17] 그러나 다시 고든에게로 돌아가면, 행방불명된 자들은 여전히 "우리가 인식으로 경험하게 되는 현실에 대한 감정의 구조 속으로 우리를 정서적으로 끌어당긴다."[18]

유령 같은 물체의 끌어당김은 우리와 알고리즘적 정체성 식별과의 만남, 즉 우리의 모든 측정가능형 할당이 우리를 어떤 특정한 알고리즘적 해석 쪽으로 끌어당기는 과정과 다르지 않다. 그러나 사회학적 유령은 과거를 끊임없이 따라다니며 괴롭히고 그러한 유령 같은 물체가 남긴 자취에 따라 우리의 현재와 미래를 조건화하는 반면, 기계 속의 유령은 우리의 현재를 끊임없이 따라다니며 괴롭히며 우리의 현재와 미래를 조건화한다. 우리는 이 방향 저 방향으로 끌려 다니면서 모든 영역에서 영향을 받는다. 그리고 우리는 모든 영역에서 우리가 정확히 끌어당겨지고 있는지 그리고 어떻게 끌어당겨지고 있는지 거의 언제나 알아채지 못한다.

이러한 알아채지 못함은 알고리즘적 정체성 식별의 블랙박스를 가리는 필름이 된다. NSA와 같은 행위주체들은 이러한 박스 속에 살면서 우리를 평가하고, 이러한 평가를 분석하며, 우리의 삶을 배열한다. 이러한 유령 같은 배열 과정은 우리의 데이터를 '시민'으로 바꿔놓으며 우리의 페이스북 친구 관계를 이용해 우리에게 '남성 동성애자'라는 꼬리표를 붙인다. 이러한 블랙박스 안에서 만들어지는 모든 것은 기이한데, 왜냐하면 그것은 개인맞춤화된 광고들이 귀신처럼 맞거나 우스꽝스러울 만큼 틀릴 때 우리를 놀라게 하는 것처럼 유령 같기 때문이다.

알고리즘적 정체성 식별의 핵심에 있는 통제, 즉 부드러운 삶정치는 그것이 이러한 기계 속의 유령을 숨겨주고 따라서 엘스else를 약하게 한다는 점을 고려하면 효과적이다. 자동차의 완충장치처럼 도로의 물리학에는 조건화되는(즉, 영향을 받는) 우리의 삶이 기술적 개입에는 조건화되지 않는 듯 보인다. 우리는 우리 아래에 존재하는 현실을 알아채지 못한다. 완벽한 완충장치를 갖춘 자동차는 심지어 돌투성이인 길도 믿기 어려울 정도로 부드럽게 보이게 할 수 있을 것이다. 어느 것이 진짜인가, 완충장치 아니면 길? 운전자의 관점에서 보면 완충장치이든 길이든 어느 쪽에도 진실은 존재하지 않는다. 각각은 그저 서로 다른 관점, 즉 물리학, 정치학, 논리학, 미학, 윤리학, 그리고 많은 다른 학문을 통한 그 자체의 조건화에 영향을 받는 서로 다른 체계일 뿐이다.

인간 경험의 추상화가 각각의 새로운 입력 자료를 사용해 처리되는 알고리즘적 보간에 의해 부드러워지면서 이 세계가 통계적으로 무미건조해질 때, 이 세계는 다르게 보인다. 2014년에 출시된 레이싱 비디오 게임인 〈포르자 호라이즌 2*Forza Horizon 2*〉를 예로 들어보자. 이 게임의 엔진은 시간이 흐르면서 '당신'이 운전하는 방식을 배운다. 1장에서 논의한 바 있는 마림바를 연주하는 로봇인 시몬처럼, 당신의 "드라이바타Drivatar"[§]는 당신이 조종하고, 가속하고, 브레이크를 밟으며, 다루는 방식의 평균으로, 당신의 "레이싱 스타일"이다. 이러한 데이터 수집을 통해 〈포르자 호라이즌 2〉는 '당신'이 시뮬레이트된simulated 자동차를 조종하는 방식을 배운다(그림 C.1).[19] 이러한 '당신'의 평균치 버전은 당신의 운전행위의 전형이며, 어떠한 계량적 모델과 같이 계산될 때 검토 중인 현상의 개념적 본질이 될 센터, 즉 중심이 거기에는 늘 존재한다.

이 센터는 당신 밖에 존재한다. 그것은 알고리즘의 다리 건너에 산다. 그것은 당신의 친구들과 경쟁하며 '당신'으로 경주를 펼쳐줄 것을 요구받기를 기다리면서 데이터베이스 안에 위치해 있다. 이것은 미리 조정하지도 훈련을 받지도 않고 이 세계를 귀납적으로a posteriori[§§] 만드는 기계 속의 유령이다. 이것의 매끄러운 드라이빙은 길을 벗어난 사고, 서툰 회전, 늦은 출발, 그리고 일정하지 않은 레이스 속도를 평균한 것으로, 이로 인해 이러한 단발적인 일탈이 어느 정도 능숙한 드라이바타에 묻혀 보이지 않게 된다.

그러나 할로윈 유령 행렬을 따르는 (마지막 순간까지 기다리다 결국 할로윈 의상을 구매하지 못해 입는) 흰 수의壽衣처럼, 기계 속의 유령은 단순히 이 세계

---

§ 드라이빙 아바타driving avatar의 약어이다(옮긴이 주).

§§ '결과에서 원인으로 거슬러 올라가는'이라는 의미이다(옮긴이 주).

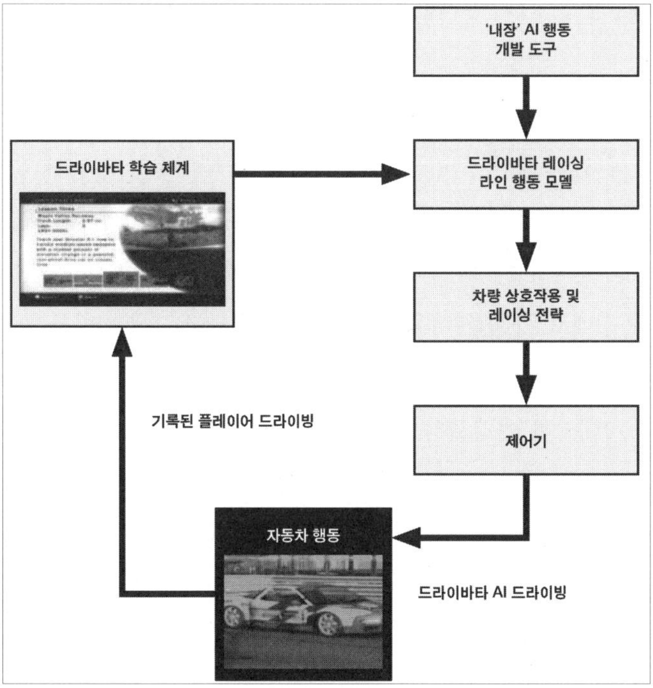

그림 C.1 〈포르자 호라이즌 2〉의 "드라이바타 학습 체계" 다이어그램
자료: Microsoft Research, "DrivatarTM in Forza Motorsport," 2015, http://research.microsoft.com.

를 이루는 층들일 뿐이다. 알고리즘적 삶의 본질은 삶의 온전성이 아니다. 오히려 레이싱을 하는 '당신'과 시몬 버전의 '당신'은 알고리즘의 다리 건너 계산의 차원에서 사는 수학적 존재이다. 그러나 사회적 기록에 남아 있는 자취로서만 접근이 가능한 사회학적 유령과는 달리, 기계 속의 유령은 실제로 기계 속에 있다.[20] 시몬의 '당신'이나 〈포르자 호라이즌 2〉의 '당신'을 구성하는 것을 우리가 볼 수 있건 없건, 그것은 실제로 존재한다. 그것은 완벽한 원perfect circle 혹은 선善; the good 혹은 어떠한 비교적 달성할 수 없는 이상주의적인 형이상학적 형상들과는 다르다.§ 그것들에게 (…) 당신을 유용하게 만드는 것은 바로 기존의 수학적 해석이다.

3. 알고리즘 논리의 미래

우리가 행하는 모든 것이 데이터화됨에 따라, 우리가 행하는 모든 것은 통제 가능하게 된다. 그래서 "우리는 데이터다"와 "우리 안에는 코드가 있다"를 결합하면 우리가 누구인가 하는 것 역시 통제된다는 것을 알게 된다. 정부가 어떻게 빅 데이터를 사악한 목적에 이용하는지를 강조해 보여준 2장의 "쿠바 트위터" 준주네오 사례를 떠올려 보자. 그리고 USAID에 기반을 둔 감시 프로그램이 자금 문제로 시작한 지 2년 만에 중단된 사례도 상기해 보자.

그러나 미네르바 이니셔티브Minerva Initiative는 "세계 주요 지역의 정치적 궤적을 더 잘 이해하기 위한 목적으로 현재와 미래의 갈등의 원천에 대한 기초 지식을 규정하고 개발하고자 하는" 미국 국방부의 연구 프로그램인데, 이 프로그램은 여전히 운영 중이다.[21] 2008년 이후, 미국 정부는 혁신적인 프로젝트가 미국 정부의 전 세계적인 지정학적 전략에 도움을 줄 것이라는 희망을 가지고 미국 대학의 사회과학 연구자들에게 수백만 달러를 제공해 왔다.

놀랄 것도 없이 이러한 많은 프로젝트가 빅 데이터와 기계 학습machine learning 알고리즘에 의존해 다른 나라들을 "이해한다". 앞의 장들에서 배웠듯이, 우리의 지메일 연락처 목록처럼 가장 일상적인 데이터화된 사건에서 가져온 데이터가 우리를 '외국인' 혹은 '시민'으로 분류하는 데 사용될 수 있다. 심지어 우리의 휴대폰에서 생겨나는 GPS 데이터도 우리가 '테러리스트'인지

---

§ 플라톤주의의 중심 개념은 이데아론theory of ideas이다. 이데아론은 다른 말로는 원형 이론原形理論 또는 형상 이론形相理論, theory of forms이라고도 한다. 플라톤주의의 이데아론에 따르면, 매일의 일상 세상에서 사물의 본래 모습은 초월적이고 완전한 원형archetype이며, 물질 세상의 사물은 그 원형, 즉 형상 또는 이데아의 불완전한 복사체이다. 그리고 가장 '완벽한 형태의 원' 또는 이데아는 '선'의 이데아form of the good(선한 존재라는 지고한 이데아)인데, 이 선의 이데아는 모든 다른 원형, 즉 이데아들이 나오는 근원이 된다. 그리고 플라톤주의자들은 이 선의 이데아를 이성理性에 의해 알 수 있다고 보았다(옮긴이 주).

'아닌지'를 결정하기 위해 기존의 정보 표지標識와 비교될 수 있다. 이 두 경우에서 우리의 기계 속 유령은 눈에 띄지 않는 곳에서 머무는 천상의 영혼이 아니라, 노골적인 패권주의자이다.

미네르바 이니셔티브의 임무가 평등 혹은 공정성 혹은 정의에 대한 것이 아니기 때문에 그들은 패권적이다. 그것은 미국의 지배에 관한 것이고 또한 연구자들이 그러한 지배가 향후 수십 년까지 확장되도록 보장하기 위해 데이터를 어떻게 사용할 수 있는지에 관한 것이다. 2015년에 지원을 받은 "역동적인 통계 네트워크 정보과학"이라는 악의 없는 제목을 가진 한 미네르바 프로젝트를 살펴보자. 그리고 이 기관이 연구를 요약하면서 사용한 어휘가 어떻게 무례하고 건방진 활동을 희석시키고 있는지에 주목하면서 이 프로젝트에 대한 기술을 면밀하게 살펴보자:

> 이 기초 연구 제안서는 회복력을 높이거나, **권력의 분배를 바꾸거나**, 전쟁 억제 행위를 지원하거나, 혹은 **지역사회**를 안정화 혹은 **불안정화하는** 데 지렛대로 사용될 수 있는 지역사회나 국민 국가의 구조적 특징 식별을 지원하는 새로운 역동적인 통계 네트워크 기술 개발을 목적으로 한다. 그 핵심에 있는 이러한 사회-문화적 이해(사회-인지적 문화 지도SCM: socio-cognitive cultural map) 증진은 네트워크 내의 변화를 수집하고, 그러한 변화에 대해 추론하고, 그러한 변화를 구체화하며, 예측하는 것을 의미한다.[22]

"시리아/이라크, 환태평양 지역, 그리고 전 세계"를 포함하는 "관심 지역"을 겨냥하는 이 연구는 "다양한 데이터 소스(설문지, 뉴스, 주제 전문가SME: subject matter expert§ 평가 및 센서 데이터)"를 수집하고 우호적이지 않은 정권을

---

§ 해당 직무 또는 과제를 (지식, 기능, 태도 측면에서) 가장 잘 알고, 잘 수행하는 사람을 말한다(옮긴이 주).

와해하기 위한 목적으로 그러한 데이터를 처리한다. 네트워크 내의 "변화를 예측함"으로써 전 세계적인 패권을 위해 미국 정부가 빅 데이터를 지렛대로 사용할 수 있는 능력은 이제 음모 이론가들이 사용하는 재료가 아니다.[23] 그 대신 미국 국방부에게 그것은 자금 지원이 이루어지는 실재적인 기술적 가능성이다.

어떤 국가의 정보 패턴의 변화를 예측할 수 있는 능력은 무섭지만, 그 결과로 인해 생기는 그러한 변화를 조작할 수 있는 능력(그리고 인정하자면 그러한 프로젝트를 지원하는 논리)는 두 배로 무섭다. 여기서 "우리 내부에 코드가 있다"라는 유령은 멀리서 우리에게 '젠더'를 할당하는 것 훨씬 이상의 일을 한다. 이제 우리의 정치적 미래는 이 세계가 어떤 모습이어야 하는지에 대한 정부의 알고리즘적 해석에 얽매이게 된다. 이러한 끔찍함은 우리의 한계를 초월해 우리도 모르게 규칙에 따라 배열되고 또 재배열되는 디지털 삶 속에서의 구조적 위험을 가리킨다. 우리의 정체성과 생각을 사회화함이 없이, 자원과 권리가 비대칭적으로 분배되는 방식에 대한 전반적인 이해도 없이, 그리고 우리의 정보가 어떤 정치적 목적을 위해 우리를 조작하는 데 사용되는 방식을 알지 못하고서는, 그러한 알고리즘적 지식을 비평에, 혹은 투쟁에 사용할 수 없다.

4. 우리는 데이터다

앞의 내용에서 필자는 기술-철학적인 문헌의 한 장르 전체는 정말 건드리기 싫었는데, 그것은 영화, 책, 그리고 실제 세계의 공황상태를 만들어냈던 미래주의적인 디스토피아/유토피아적인 아이디어였다. 기술적 특이점technological singularity,[§] 즉 선형적인 기술적 진보가 인간의 정신과 신체의 능력을 앞지를

§ 인공지능AI의 발전이 가속화되어 모든 인류의 지성을 합친 것보다 더 뛰어난 초인공지

것이라는 가설은 이미 하이-테크 미래주의자들의 환상 이상으로 충분히 많은 것을 만들어냈다.[24] 문학 비평가 N. 캐써린 헤일스N. Katherine Hayles는 호평을 받고 있는 자신의 책 『우리는 어떻게 포스트휴먼이 되었는가*How We Became Posthuman*』에서 이러한 환상에 대한 대응 한 가지, 특히 헤일스가 처음 미래주의자 한스 모라벡Hans Moravec의 『마음의 아이들: 로봇과 인공지능의 미래*Mind Children: The Future of Robots and Human Intelligence*』[§]를 접했을 때의 자신의 반응을 책으로 엮고 있다.[25]

헤일스는 모라벡의 이동 가능한 이주移住하는 인간 의식에 대한 제안에 충격을 받았다. 어떤 서버가 계속해서 전원에 연결되어 있는 한, 우리가 영원히 존재하기 위해 우리의 의식을 그 서버에 업로드할 때 우리의 신체는 남겨둔 채 우리가 실제로 컴퓨터 안에서 생존할 수 있는 세계를 마음속에 그려보라. 이 경우 영생永生은 실제로 영원히 사는 사람들에 대한 것이 아니라 코드가 되는 그들의 영혼, 인간의 뇌나 인간의 신체가 없이 이 세계에 참여하는 그들의 데이터화된 자기들에 대한 것이다.

이것은 "우리 모두의 내부에 코드, 우리가 무엇인지가 아니라 우리가 누가 될 수도 있는지를 나타내는 코드"의 종착점이다. 그러한 특이점은 언젠가는 반드시 죽을 뿐인 우리의 휴매너티로 인해 우리가 관계를 끊게 되는 모든 것을 약속하는데, 이것은 우리의 다루기 힘든 신체에 대한 싫증으로부터 우리가 탈출할 수 있게 해주는 자기self의 진화이다. 아이러니하게도 우리의 신체, 즉 잉여 물질을 없앰으로써 우리는 우리의 기계를 잃을 것이다. 우리가 진정으로 "우리는 데이터다"가 됨에 따라 우리는 우리 자신의 비유적인 유령이 될 것이다.

이론화된 기술적 특이점의 지각된 대변동은 또한 우리의 기술-사회적인

능이 출현하는 시점을 말한다(옮긴이 주).

§ 박우석 옮김(김영사, 2011)(옮긴이 주).

techno-social 형성의 대변동이 될 것이다: 기술적 특이점 이후, 우리가 아는 것은 이제 동일한 견인력이나 쓰임새를 더는 갖지 못할 것이다. 찬사를 받고 있는 기술적 특이점의 "초지능superintelligence"§은 젠더나 인종의 사소한 구분 앞에서 분명 웃을 것이다.[26]

그러나 우리는 결코 그날에 가까이 다가가 있지 않다. 우리가 가까이 다가가 있는 것은 정말로 초지능적이거나 그 정도로 지능적이지 않는 특정가능형의 초지능이다. 그것은 그저 다른, 우리 세계에 추가되는 알고리즘적 지식의 개별적인 층들이다. 그러한 차이difference에서 우리는 마케팅에서부터 스파이 기술에 이르는 모든 산업을 발견했다. 그러한 차이에서 우리는 '유명인사'가 어떤 사람인지에서부터 우리의 '친구'가 누구인지에 이르는 새로운 알고리즘적 아이디어를 만들어낸다. 그리고 그러한 차이에서 우리는 '시민권'을 부여하는 것에서부터 알고리즘적으로 '테러리스트'의 죽음을 판정하는 것에 이르기까지 정치가 기능하는 방식을 개혁한다.

기술적 특이점은 존재하지 않을 가능성이 매우 높기 때문에 필자는 더 앞에서 그것에 대해 언급하는 것을 삼갔다. 기술적 특이점은 실행에 옮길 수 있는 아이디어라기보다는 경이로운 아이디어에 지나지 않는 기술-미래주의자techno-futurist의 열망이다. 그러나 존재하는 것은 (우리의 영혼이 아닌) 우리의 자기에 대한 관념이 이미 데이터화되어 어떤 서버에 업로드된 다음, 그 서버가 계속 전원에 연결되어 있는 한, 우리는 물론 우리를 구성하는 담론을 형성한다는 것이다. 코드로 만들어지는 것이 우리의 자기들이 아니라, 그러한 주조鑄造 공장에 의해 우리의 자기들이 세상에 알려지는 것이다.

그래서 우리는 우리의 실재가 오로지 데이터뿐인 세계에 살고 있는 것이 아니라, 우리의 실재가 데이터에 의해 증강되는 세계에 살고 있다. 즉, 우리는 이미 데이터로 구성되어 있었다; 우리는 그저 그것을 알지 못했을 뿐이

---

§ 인간의 두뇌를 뛰어넘는 지능을 가진 대상을 의미한다(옮긴이 주).

다. 우리는 우리를 데이터로 만들어줄 어떤 불가사의한 기술 발전을 기다릴 필요가 없다. 실제로 데이터는 거의 언제나 우리를 구성해 왔는데, 역사적으로 그것이 지금처럼 알고리즘적이고 편재적이지 않았을 뿐이다.

말하자면 기술적 미래주의의 특이점은 결코 도래하지 않을 것이다. (…) 왜냐하면 그것은 이미 어느 정도 여기에 있기 때문이다. '인종'은 실제로 우리의 신체에 대한 것이 아니라 그러한 신체의 데이터화된 해석에 대한 것이다. 이 책의 도입부로 다시 돌아가면, 블랙 데시의 얼굴은, 그럼에도 권력에 대한 근본적인 질문으로 다시 돌아가게 하는 하나의 "기술적 이슈"로 추상화되었기 때문에, 그의 몸과 디지털적으로 거리가 있다. 알고리즘 세계에서는 누가 권력을 가지고 있는가? 누가 권력을 휘두르는가? 그리고 이 세상의 기술은 현상을 유지하거나 다른 이익보다 어떤 이익에 특혜를 주기 위해 그런 세상을 만들고, 보호하며, 변조하는 방식 속에 그러한 기저 권력을, 흔히 의도하지는 않지만, 어떻게 새겨 넣는가? 이 책은 이러한 질문에 우리가 대답하기를 당연히 원한다.

감사의 글

하나의 아이디어로 시작된 것이 원고로 탈바꿈했고 여러 차례의 수정 후 마침내 당신의 손에 (혹은 당신의 스크린 위에) 있는 책이 되었다. 그런 이유로 지난 몇 년 동안 필자는 여러 학자, 사상가, 친구, 그리고/혹은 명사名士들에 의존했고, 그들로부터 배웠으며, 그들에게 영감을 받았다.

필자는 먼저 인내심과 확신에 찬 지도력을 보여준 세라 배닛-와이저Sarah Banet-Weiser에게 감사한다. 마누엘 카스텔스Manuel Castells, 래리 그로스Larry Gross, 태라 맥퍼슨Tara McPherson은 모두 주목할 만한 멘토이자 지적知的 역할 모델이다. 그리고 샬럿 랍산스키Charlotte Lapsansky와 러셀 뉴먼Russell Newman은 오랫동안 우리가 비판적인 학문적 저작물들의 전망을 둘러싼 회의적인 희망이라고 부를 수도 있을 것에 대한 그들 자신만의 독특한 감각을 필자에게 제공했다.

어맨다 프라이스Amanda Price는 좋은 글이 어떤 것인지 필자에게 가르쳐주었다. 셀린 쿠클로브스키Celine Kuklowsky는 필자가 우리 모두가 매일 하는 일의 대부분을 정의하는 모순을 이해하는 데 도움을 주었다. 폴라 위니키Paula Winicki는 인간의 회복력을 구체적으로 표현했다. 비카 딕스틴Bekah Dickstein의 재치로 인해 필자는 더 나은 생각을 하는 사람이 될 수 있었으며, 그녀는 또한 이 책의 제목을 정하는 데도 도움을 주었다. 그리고 필자는 메건 오브라이언Megan O'Brien을 안 지 15년이 되었는데, 그녀는 필자의 아주 소중한 친구 중 한 사람이다. 그녀는 삶이 어떨 수 있는지 (그리고 어때야 하는지) 보여주었다.

리비아 카스티그리오니Livia Castiglioni, 기울리오 크리산테Giulio Crisante, 라니아 디바니Rania Divani, 알레시아 에스포시토Alessia Esposito, 로베르타 파다Roberta Fadda, 로베르토 푸엔테스-리온다Roberto Fuentes-Rionda, 자라 가바라키Xara Gavalaki, 그레텔 고야나르테Gretel Goyanarte, 클라우디아 미칠리Claudia Michilli, 히메나 발데스 피게로아Jimena Valdés Figueroa에게도 소중한 동행이자 동료 여행자가 되어준 것에 대해 감사드리고 싶다.

또한 필자를 오늘날의 필자로 만드는 데 형성적인 역할을 한 로베르토Roberto, 라 비라La Birra, 보카Boca에게 고마움을 표하고 싶다. 따라서 마르틴 팔레르모Martín Palermo에게도 감사한다.

앤얄리 나쓰Anjali Nath는 필자의 지적 성장에 지속적으로 기여해 왔는데, 필자는 우리 가운데 하나가 죽을 때까지 그의 기여를 열정적으로 받아들일 것이다. 나타샤 하키미 자파타Natasha Hakimi Zapata는 그녀 가계의 정신적 혈통을 이어받아서 틀림없이 이 책보다 훨씬 더 나은 책을 쓸 것이다. 그리고 대학원에서 만난 로라 포트우드-스테이서Laura Portwood-Stacer는 필자의 학문적 동반자이며 또한 없어서는 안 될 편집자일 뿐만 아니라 친구이자 선생님이다.

필자는 필자의 동료 메건 앵커슨Megan Ankerson, 텅-후이 후Tung-Hui Hu, 리사 나카무라Lisa Nakamura의 지원과 동지애 그리고 지도를 소중하게 간직할 것이다. 그리고 미시건과 그 외 지역에 있는 필자의 공동체 구성원들, 특히 캐롤라이나 아게레Carolina Aguerre, 에벌린 올설터니Evelyn Alsultany, 퍼트리샤 아우프더하이드Patricia Aufderheide, 핀 브런턴Finn Brunton, 에이미 세라 캐럴Amy Sara Carroll, 이반 차르-로페즈Iván Chaar-López, 마리아 코테라Maria Cotera, 그레그 다우드Greg Dowd, 래리 라 파운틴-스톡스Larry La Fountain-Stokes, 메리 프리먼Mary Frieman, 패리사 가데리Parisa Ghaderi, 주디 그레이Judy Gray, 콜린 건컬Colin Gunckel, 제라 하슈미Zehra Hashmi, 준 하워드June Howard, 대라 리토Dara Leto, 페기 매크래컨Peggy McCracken, 리처드 마일슬러Richard Meisler, 스티븐 말드렘Stephen Molldrem, 멀린 무어Marlene Moore, 앤써니 모라Anthony Mora, JP 오블리JP Obley, 크리스천 샌드비그Christian Sandvig, 시도니 스미쓰Sidonie Smith, 앨릭잰드라 미나 스턴Alexandra Minna Stern, 테드 스트리파스Ted Striphas, 웬디 성Wendy Sung, 태미 질Tammy Zill에게도 진정한 감사를 전하고 싶다.

필자는 또한 이 책을 출판하는 과정에서 리샤 나드카리니Lisha Nadkarni와 NYT 출판사NYU Press의 도움과 수용에 대해서도 감사드린다. 그리고 킴 그린웰Kim Greenwell과 본문, 주장, 유치한 생각을 분석하는 그녀의 레이저 같은 능력에 무한한 신뢰를 보낸다.

끝으로 여동생 에밀리Emily, 남동생 매트Matt, 특히 어머니 캐런Karen에게는 우리 가족 구성이 매우 독특할 수도 있지만 앞으로도 사랑스러운 가족으로 남아 있을 것이라는 말을 전한다.

주

머리말

1 Larry Gross, John Stuart Katz, and Jay Ruby, *Image Ethics in the Digital Age* (Minneapolis: University of Minnesota Press, 2003); Sean Redmond and Su Holmes, eds., *Stardom and Celebrity: A Reader*(Thousand Oaks, CA: Sage, 2007).

2 Court of Justice of the European Union, *Google Spain SL, Google Inc. v Agencia Española de Protección de Datos(AEPD), Mario Costeja González*, 2014.

3 "What People Are Asking to Be Removed from Google Searches," *Telegraph*, October 13, 2014, www.telegraph.co.uk.

4 Stewart Baker, "Does Google Think You're Famous?," *Washington Post*, September 1, 2014, www.washingtonpost.com.

5 Stewart Baker, "More on How Google Decides You're Famous," *The Volokh Conspiracy*(blog), *Washington Post*, September 9, 2014, www.washingtonpost.com.

6 Richard Dyer, *Stars*(London: British Film Institute, 1979), 68.

7 Irving Rein, Philip Kotler, and Martin Stoller, *High Visibility: Making and Marketing of Celebrities*(New York: McGraw-Hill, 1997).

8 Graeme Turner, *Understanding Celebrity*, 2nd ed. (London: Sage, 2014), 101~102.

9 Rachel E. Dubrofsky and Megan M. Wood, "Gender, Race, and Authenticity: Celebrity Women Tweeting for the Gaze," in *Feminist Surveillance Studies*, ed. Rachel E. Dubrofsky and Shoshana Amielle Magnet(Durham, NC: Duke University Press, 2015).

10 Joseph Turow, *The Daily You: How the Advertising Industry Is Defining Your*

Identity and Your World(New Haven, CT: Yale University Press, 2012); WikiLeaks, *The Spy Files*, 2011~2014, https://wikileaks.org.

11 Lisa Gitelman and Virginia Jackson, introduction to *"Raw Data" Is an Oxymoron*, ed. Lisa Gitelman (Cambridge, MA: MIT Press, 2013), 3.

도입

1 Marshall McLuhan, *Understanding Media: The Extensions of Man* (Cambridge, MA: MIT Press, 1994), 22.

2 Manuel Castells, *Communication Power*(Oxford: Oxford University Press, 2009).

3 Zygmunt Bauman and David Lyon, *Liquid Surveillance: A Conversation* (Cambridge, UK: Polity, 2012).

4 Maciej Ceglowski, "What Happens Next Will Amaze You," FREMTIDENS Internet Conference, Copenhagen, Denmark, September 14, 2015, http://idlewords.com.

5 Frank Pasquale, *Black Box Society: The Secret Algorithms That Control Money and Information* (Cambridge, MA: Harvard University Press, 2015), 4~5.

6 Ibid., 8.

7 Greg Elmer, *Profiling Machines: Mapping the Personal Information Economy* (Cambridge, MA: MIT Press, 2004).

8 John Cheney-Lippold, "A New Algorithmic Identity: Soft Biopolitics and the Modulation of Control." *Theory, Culture & Society* 28, no. 6 (2011): 164~181.

9 Antoinette Rouvroy, "The End(s) of Critique: Data Behaviourism versus Due Process," in *Privacy, Due Process, and the Computational Turn: The Philosophy of Law Meets the Philosophy of Technology*, ed. Mireille Hildebrandt and Katja de Vries (London: Routledge, 2013), 157.

10 Sarah Banet-Weiser, *Authentic™: The Politics of Ambivalence in a Brand Culture* (New York: NYU Press, 2012).

11 Geoffrey Bowker and Leigh Star, *Sorting Things Out: Classification and Its Consequences* (Cambridge, MA: MIT Press, 1999), 196.

12 C. Edwin Baker, *Media, Markets, and Democracy*(Cambridge: Cambridge University Press, 2004), 180.

13 C. Edwin Baker, "The Media That Citizens Need," *University of Pennsylvania Law Review* 147, no. 2 (1998): 377.

14 Oscar Gandy, "Exploring Identity and Identification in Cyberspace." *Notre Dame Journal of Ethics & Public Policy* 14 (2000): 1089.

15 Mark Poster, *The Second Media Age*(Cambridge, UK: Polity, 1995); Ian Hacking, "Making Up People," in *Reconstructing Individualism: Autonomy, Individuality, and*

the Self in Western Thought, ed. Thomas C. Heller, David E. Wellbery, and Morton Sosna (Stanford, CA: Stanford University Press, 1986).

16 Gandy, "Exploring Identity," 1101.

17 Wendy Hui Kyong Chun, *Programmed Visions: Software and Memory*(Cambridge, MA: MIT Press, 2011), 9.

18 필자는 어떤 눈앞의 현재에 대한 정의들에 어느 정도 시간적 재량을 주기 위해 "준 실시간"이란 문구를 사용한다. 텅-후이 후가 주장하듯이 "실시간" 그 자체는 "우리가 실시간과 그것이 나타내는 매개체를 너무 자주 혼동하는" 하나의 구성이다. Tung-Hui Hu, "Real Time / Zero Time," *Discourse* 34, nos. 2~3 (2012): 163. 필자의 주장에서 필자는 웹 감시가 이용자의 데이터를 초단위로 추적할 수도 있는 한편 그러한 데이터가 기록되고 이전의 데이터 세트와 비교되는 데는 시간이 걸리는 점을 나타내기 위해 "준 실시간"이란 표현을 사용한다.

19 Louise Amoore, "On the Emergence of a Security Risk Calculus for Our Times," *Theory, Culture & Society* 28, no. 6 (2011): 27.

20 Alexander Galloway, *Gaming: Essays on Algorithmic Culture*(Minneapolis: University of Minnesota Press, 2006), 103.

21 Nicholas Negroponte, *Being Digital*(New York: Vintage, 1995), 4.

22 Eugene Thacker, "Bioinformatics and Bio-logics," *Postmodern Culture* 13, no. 2 (2003): 58.

23 Viktor Mayer-Schönberger and Kenneth Cukier, *Big Data: A Revolution That Will Transform How We Live, Work, and Think*(Boston: Eamon Dolan / Houghton Mifflin Harcourt, 2013).

24 Tyler Reigeluth, "Why Data Is Not Enough: Digital Traces as Control of Self and Self-Control," *Surveillance & Society* 12, no. 2 (2014): 249.

25 Alondra Nelson, *The Social Life of DNA: Race, Reparations, and Reconciliation after the Genome*(Boston: Beacon, 2016); Kim Tallbear, *Native American DNA: Tribal Belonging and the False Promise of Genetic Science*(Minneapolis: University of Minnesota Press, 2013).

26 Simone Browne, "Digital Epidermalization: Race, Identity and Biometrics," *Critical Sociology* 36, no. 1 (2010): 135.

27 Lev Manovich, *Language of New Media*(Cambridge, MA: MIT Press, 2001), 63.

28 Ibid., 63~64.

29 Ian Fasel, Bret Fortenberry, and Javier Movellan, "A Generative Framework for Real Time Object Detection and Classification," *Computer Vision and Image Understanding* 98, no. 1 (2005): 182~210.

30 Jacob Whitehill, Gwen Littlewort, Ian Fasel, Marian Bartlett, and Javier Movellan, "Toward Practical Smile Detection," *IEEE Transactions on Pattern Analysis and*

Machine Intelligence 31, no. 11(2009): 2107.

31 Ms Smith, "Face Detection Technology Tool Now Detects Your Moods Too," *Network World*, July 14, 2011, www.networkworld.com; Yaniv Taigman and Lior Wolf, "Leveraging Billions of Faces to Overcome Performance Barriers in Unconstrained Face Recognition," arXiv:1108.1122, 2011.

32 Darren Murph, "Face.com Acquired by Facebook for an Estimated $80 Million+, Facial Tagging Clearly at the Forefront," *Engadget*, June 18, 2012, www.engadget.com.

33 N. Katherine Hayles, "Traumas of Code," *Critical Inquiry* 33, no. 1(2006): 136~157.

34 This general argument comes from the work of N. Katherine Hayles, particularly her book *How We Became Posthuman: Virtual Bodies in Cybernetics, Literature, and Informatics*(Chicago: University of Chicago Press, 1999).

35 Stephen Wolfram, *A New Kind of Science*(Champaign, IL: Wolfram Media, 2002); Rudy Rucker, *Mind Tools: The Five Levels of Mathematical Reality*(Boston: Mariner Books, 1988); Rudy Rucker, *Infinity and the Mind: The Science and Philosophy of the Infinite*(Princeton, NJ: Princeton University Press, 2004).

36 Kelly Gates, *Our Biometric Future: Facial Recognition Technology and the Culture of Surveillance*(New York: NYU Press, 2011).

37 Geoffrey Bowker, "Data Flakes: An Afterward to 'Raw Data' Is an Oxymoron," in *Raw Data Is an Oxymoron*, ed. Lisa Gitelman(Cambridge, MA: MIT Press, 2013), 167~171.

38 Keith Clark, "Negation as Failure," in *Logic and Databases*, ed. Herve Gallaire and Jack Minker(New York: Plenum, 1978), 293.

39 Wanda Zamen, "HP Computers Are Racist," YouTube.com, December 10, 2009.

40 이 예에서 디지털 표피화가 어떻게 작동하는지에 대한 더 충분한 설명을 보려면, Simone Browne, *Dark Matters: On the Surveillance of Blackness*(Durham, NC: Duke University Press, 2015), 161~164 참조.

41 Julianne Hing, "HP Face-Tracker Software Can't See Black People," *Colorlines*, December 21, 2009, www.colorlines.com.

42 Wendy Hui Kyong Chun, "On Software, or the Persistence of Visual Knowledge," *Grey Room* 18(2005): 26~51.

43 HSV(hue/색조, saturation/채도, value/명도)는 컴퓨터 이미지 처리에 사용되는 색공간이다. HSV는 RGB(red, green, blue)와 같은 다른 색공간에 대해서도 흔히 사용되는데, 왜냐하면 그것은 색과 밝기 값intensity을 분리해 프로세서가 그림자, 과노출 및 기타 조명 수정을 더 잘 통제할 수 있게 해주기 때문이다.

44 Donna Haraway, "Situated Knowledges: The Science Question in Feminism and the Privilege of Partial Perspective," *Feminist Studies* 14, no. 3(1988): 583.

45 Nicholas Mirzoeff, *The Right to Look: A Counterhistory of Visuality*(Durham, NC: Duke University Press, 2011), 6.

46 Beth Coleman, "Race as Technology," *Camera Obscura* 24, no. 1 (2009): 193.

47 Zamen, "HP Computers Are Racist."

48 HP의 알고리즘적 얼굴-인식 처리에 대한 훌륭한 리뷰를 보려면, Christian Sandvig, Karrie Karahaolis, and Cedric Langbort, "Re-centering the Algorithm," paper presented at the Governing Algorithms Conference, New York, May 16~17, 2013 참조.

49 이 문장에서 필자는 인종차별주의 자체가 줄어들고 있음을 말하려는 것이 아니다. 오히려 필자는 인종에 대한 근본주의적인 주장에서 벗어나 에두아르도 보닐라-실바 Eduardo Bonilla-Silva가 "인종차별주의자 없는 인종차별주의"라고 부르는 것으로 이동하는 것을 강조하고 싶다. Eduardo Bonilla-Silva, *Racism without Racists: Color-Blind Racism and the Persistence of Racial Inequality in America*(Lanham, MD: Rowman and Littlefield, 2013).

50 Lisa Nakamura, *Digitizing Race: Visual Cultures of the Internet*(Minneapolis: University of Minnesota Press, 2007), 14.

51 Josh Harkinson, "Silicon Valley Firms Are Even Whiter and More Male than You Thought," *Mother Jones*, May 29, 2014, www.motherjones.com.

52 기술과 비백인 피부 간의 유사한 관계는 영화의 역사에서 찾아볼 수 있는데, 여기에서 필름-스톡 에멀전film-stock emulsions, 노출계 그리고 심지어 색과 톤을 조정하는 모델도 밝은 백인의 피부 색조에 따라 보정되었다. 이러한 기술적 "한계"로 인해 흑인 등장인물이 함께 화면에 보일 경우 그들의 얼굴이 왜곡되고, 색이 바래며, 궁극적으로 특징이 없어지게 되었다. 과도한 조명(이로 인해 흑인 등장인물의 얼굴에는 극도의 불편함과 땀이 역력했을 것임)이 "해결책"으로 사용될 수 있었던 한편, 카메라의 인종화된 기술로 조명이 더 잘 반사되게 하기 위해 배우들의 피부에 바셀린을 바르기도 했다. Lorna Roth, "The Fade-Out of Shirley, a Once-Ultimate Norm: Colour Balance, Image Technologies, and Cognitive Equity," in *The Melanin Millennium*, ed. Ronald Hall (New York: Springer, 2012), 273~286; Judy Wajcman, *Feminist Confronts Technology* (University Park: Pennsylvania State University Press, 1991).

53 Tim Wu, "United States of Secrets," *Frontline*, PBS, 2013, www.pbs.org.

54 Christian Fuchs, *Social Media: A Critical Introduction*(Thousand Oaks, CA: Sage, 2013).

55 Wu, "United States of Secrets."

56 Kevin Haggerty and Richard Ericson, "The Surveillant Assemblage," *British Journal of Sociology* 51, no. 4 (2000): 605~622.

57 "DoubleClick.net Usage Statistics," BuiltWith.com, July 28, 2016, http://trends.builtwith.com; Steven Levy, "How Google Search Dealt with Mobile,"

Backchannel, January 15, 2015, https://backchannel.com; Frederic Lardinois, "Gmail Now Has 425 Million Users," *TechCrunch*, June 28, 2012, http://techcrunch.com.

58 Microsoft, "Microsoft Statement on Proposed Acquisition of DoubleClick by Google," April 15, 2007, http://news.microsoft.com.

59 Siva Vaidhyanathan describes this giant surveillant assemblage as a "cryptopticon" in his *Googlization of Everything (and Why We Should Worry)* (Berkeley: University of California Press, 2011), 112.

60 Frederic Kaplan, "Linguistic Capitalism and Algorithmic Mediation," *Representations* 127, no. 1 (2014): 57~63.

61 Richard Clarke, "Information Technology and Dataveillance," Roger Clarke's website, November 1987, www.rogerclarke.com.

62 Colin Bennett, *The Privacy Advocates: Resisting the Spread of Surveillance* (Cambridge, MA: MIT Press, 2010).

63 David Lyon, "Surveillance, Snowden, and Big Data: Capacities, Consequences, Critique," *Big Data & Society* 1, no. 2 (2014): 1~13.

64 Walter Perry, Brian McInnis, Carter C. Price, Susan Smith, and John Hollywood, "Predictive Policing: The Role of Crime Forecasting in Law Enforcement Operations," RAND Corporation, 2013, www.rand.org.

65 Jeremy Gorner, "Chicago Police Use Heat List as Strategy to Prevent Violence," *Chicago Tribune*, August 21, 2013, http://articles.chicagotribune. com.

66 Anthony Braga, Andrew Papachristos, and David Hureau, "The Effects of Hot Spots Policing on Crime: An Updated Systematic Review and Meta-analysis," *Justice Quarterly* 31, no. 4 (2012): 633~663.

67 Todd R. Clear, *Imprisoning Communities: How Mass Incarceration Makes Disadvantaged Neighborhoods Worse* (Oxford: Oxford University Press, 2007).

68 Gorner, "Chicago Police Use Heat List."

69 Max Weber, *The Methodology of the Social Sciences* (New York: Free Press, 1949), 90.

70 Tarleton Gillespie, "The Relevance of Algorithms," In *Media Technologies: Essays on Communication, Materiality, and Society*, ed. Tarleton Gillespie, Pablo J. Boczkowski, and Kristen A. Foot (Cambridge, MA: MIT Press, 2014), 190.

71 Pasquale, *Black Box Society*, 9.

72 Judith Butler, *Bodies That Matter: On the Discursive Limits of Sex* (New York: Routledge, 1993).

73 Judith Halberstam, "Automating Gender: Postmodern Feminism in the Age of the Intelligent Machine." *Feminist Studies* 17, no. 3 (1991): 443.

74 Ibid.

75 Mark Andrejevic, *iSpy: Surveillance and Power in the Interactive Era*(Lawrence: University Press of Kansas, 2007), 8.

76 Gilles Deleuze, "Postscript on the Societies of Control," *October* 59(1992): 4.

77 Ibid., 3~7.

78 Tiziana Terranova, *Network Culture: Politics for the Information Age*(London: Pluto, 2004), 56; Deleuze, "Postscript."

79 Terranova, *Network Culture*, 28.

80 Alexander R. Galloway, *Protocol: How Control Exists after Decentralization* (Cambridge, MA: MIT Press, 2004), 69.

81 Ibid., 30.

82 Alexander R. Galloway and Eugene Thacker, *The Exploit: A Theory of Networks* (Minneapolis: University of Minnesota Press, 2007), 42.

83 Cheney-Lippold, "New Algorithmic Identity."

84 Cass Sunstein, *Republic.com 2.0*(Princeton, NJ: Princeton University Press, 2009); Eli Pariser, *The Filter Bubble: How the New Personalized Web Is Changing What We Read and How We Think*(New York: Penguin Books, 2012).

85 Michel Foucault, *Power/Knowledge*(Brighton, UK: Harvester, 1980).

86 Judith Butler, *Excitable Speech: A Politics of the Performative*(New York: Routledge, 1997), 34.

87 비록 플래너건은 여성의 신체에 대해 노골적으로 말하지만, 필자는 이러한 "창조물"의 체험된 가상성virtuality과 관련짓기 위해 그녀의 개념을 사용한다. 이것은 이 개념을 탈젠더화하는degender 것이 아니라 알고리즘이 모든 서로 다른 젠더의 신체들과 어떻게 연결되는지를 더 잘 이해하는 것이다. Mary Flanagan, "The Bride Stripped Bare to Her Data: Information Flow+Digibodies," in *Data Made Flesh: Embodying Information*, ed. Robert Mitchel and Phillip Thurtle(New York: Routledge, 2004), 175~176.

88 Anna Watkins Fisher, "User Be Used," *Discourse* 36, no. 3(2014): 385.

89 Vaidhyanathan, *Googlization of Everything*, 84.

90 Friedrich Kittler, *Discourse Networks, 1800/1900*(Stanford, CA: Stanford University Press, 1992).

91 Evgeny Dantsin, Thomas Eiter, Georg Gottlob, and Andrei Voronkov, "Complexity and Expressive Power of Logic Programming," *ACM Computing Surveys* 33, no. 3 (2001): 374~425; Ian Bogost, *Persuasive Games: The Expressive Power of Videogames*(Cambridge, MA: MIT Press, 2007); Noah Wardrip-Fruin, *Expressive Processing: Digital Fictions, Computer Games, and Software Studies*(Cambridge, MA: MIT Press, 2009).

92 Kevin Kelly and Derrick de Kerckhove, "4.10: What Would McLuhan Say?," *Wired*,

October 1, 1996, http://archive.wired.com.

93 Melvin Kranzberg, "Technology and History: 'Kranzberg's Laws,'" *Technology and Culture* 27, no. 3(1986): 544~560.

94 David Lyon, *Surveillance Society: Monitoring Everyday Life*(Berkshire, UK: Open University Press, 2001); Daniel Solove, *The Digital Person: Technology and Privacy in the Information Age*(Rochester, NY: Social Science Research Network, 2004).

95 Evelyn Ruppert, "The Governmental Topologies of Database Devices," *Theory, Culture & Society* 29, nos. 4~5(2012): 124.

96 Pedro Domingos, *The Master Algorithm: How the Quest for the Ultimate Learning Machine Will Remake Our World*(New York: Basic Books, 2015), 25.

97 Donna Haraway, *Simians, Cyborgs, and Women: The Reinvention of Nature*(New York: Routledge, 1990), 196.

1장 범주화: 데이터 유용하게 만들기

1 Christian Rudder, "Inside OkCupid: The Math of Online Dating," TedEd, 2013, http://ed.ted.com.

2 David Cole, "'We Kill People Based on Metadata,'" *NYR Daily*(blog), *New York Review of Books*, May 10 2014, www.nybooks.com.

3 Daniel Klaidman, *Kill or Capture: The War on Terror and the Soul of the Obama Presidency*(Boston: Houghton Mifflin Harcourt, 2012), 41.

4 Bureau of Investigative Journalism, 2015, https://www.thebureauinvesti₩-gates.com/category/projects/drones/drones-pakistan.

5 Danya Greenfield, "The Case against Drone Strikes on People Who Only 'Act' like Terrorists," *Atlantic*, August 19, 2013, www.theatlantic.com.

6 Jeremy Scahill and Glenn Greenwald, "The NSA's Secret Role in the U.S. Assassination Program," *Intercept*, February 10, 2014, https://theintercept.com.

7 Tom Engelhardt, *Shadow Government: Surveillance, Secret Wars, and a Global Security State in a Single-Superpower World*(Chicago: Haymarket Books, 2014), 76.

8 Jo Becker and Scott Shane, "Secret 'Kill List' Proves a Test of Obama's Principles and Will," *New York Times*, May 29, 2012, www.nytimes.com.

9 Mark Andrejevic, "FCJ-187: The Droning of Experience," *Fibreculture Journal* 25 (2015): 206; Ian Bogost, *Alien Phenomenology, or, What It Is Like to Be a Thing* (Minneapolis: University of Minnesota Press, 2012), 41~42.

10 Hans Vaihinger, *The Philosophy of "As If": A System of the Theoretical, Practical and Religious Fictions of Mankind*(New York: Harcourt Brace, 1924); Curtis White, *We, Robots: Staying Human in the Age of Big Data*(New York: Melville House, 2015). 애

즈 이프에 관해 더 자세한 내용은 3장의 로지 브라이도티에 관한 논의 참조.

11 Atlantic Council, "Transcript: Stabilizing Transatlantic Relations after the NSA Revelations," November 8, 2013, www.atlanticcouncil.org.

12 Thomas H. Davenport, Paul Barth, and Randy Bean, "How 'Big Data' Is Different," *MIT Sloan Management Review*, July 30, 2012, http://sloanre₩-view.mit.edu.

13 Evelyn Alsultany, *Arabs and Muslims in the Media: Race and Representation after 9/11*(New York: NYU Press, 2012), 9.

14 Jasbir Puar and Amit S. Rai, "Monster, Terrorist, Fag: The War on Terrorism and the Production of Docile Bodies," *Social Text* 20, no. 3(2002): 125.

15 Scott Shane, "Drone Strikes Reveal Uncomfortable Truth: U. S. Is Often Unsure about Who Will Die," *New York Times*, April 23, 2015, www.nytimes.com.

16 Charles Townshend, "The Culture of Paramilitarism in Ireland," in *Terrorism in Context*, ed. Martha Crenshaw(University Park: Pennsylvania State University Press, 2010), 311~351.

17 Adam Entous, Siobhan Gorman, and Julian E. Barnes, "U. S. Relaxes Drone Rules," *Wall Street Journal*, April 26, 2012, www.wsj.com.

18 Alexander J. Martin, "PGP Zimmermann: 'You Want Privacy? Well Privacy Costs money,'" *Register*, October, 8, 2015, www.theregister.co.uk.

19 Luciano Floridi, "Big Data and Their Epistemological Challenge," *Philosophy and Technology* 25, no. 4(2012): 436; Stephen J. Collier, "Topologies of Power: Foucault's Analysis of Political Government beyond 'Governmentality,'" *Theory, Culture & Society* 26, no. 6(2009): 87.

20 Seth Greenblatt, Thayne Coffman, and Sherry Marcus, "Behavioral Network Analysis for Terrorist Detection," in *Emergent Information Technologies and Enabling Policies for Counter Terrorism*, ed. Robert L. Popp and John Yen(Hoboken, NJ: Wiley-IEEE, 2006), 334.

21 Grégoire Chamayou, "Oceanic Enemy: A Brief Philosophical History of the NSA," *Radical Philosophy* 191(2015): 3~4.

22 Spencer Ackerman, "White House Stays Silent on Renewal of NSA Data Collection Order," *Guardian*, July 18, 2013, www.theguardian.com.

23 C. Edwin Baker, *Media, Markets, and Democracy*(Cambridge: Cambridge University Press, 2001), 180.

24 Nikolas Rose, *Powers of Freedom: Reframing Political Thought*(Cambridge: Cambridge University Press, 1999), 133.

25 Chamayou, "Oceanic Enemy," 4.

26 National Security Agency, "New Collection Posture," 2011, www.aclu.org.

27 David Lazer, Alex Pentland, Lada Adamic, Sinan Aral, Albert-László Barabási, Devon

Brewer, Nicholas Christakis, Noshir Contractor, James Fowler, Myron Gutmann, Tony Jebara, Gary King, Michael Macy, Deb Roy, and Marshall Van Alstyne, "Computational Social Science," *Science* 323, no. 5915(2009): 721~723; danah boyd and Kate Crawford, "Critical Questions for Big Data," *Information, Communication & Society* 15, no. 5(2012): 662~679; Mark Andrejevic, *Infoglut: How Too Much Information Is Changing the Way We Think and Know*(New York: Routledge, 2013).

28 Google, "Company—Google," 2014, www.google.com.

29 Michel Foucault, *Power/Knowledge: Selected Interviews and Other Writings, 1972-1977*(New York: Pantheon Books, 1980), 52.

30 Christian Rudder, *Dataclysm: Who We Are(When We Think No One Is Looking)*(New York: Crown, 2014), 20.

31 Erving Goffman, *The Presentation of Self in Everyday Life*(New York: Anchor, 1959); Max Weber, *The Methodology of the Social Sciences*(New York: Free Press, 1949).

32 Brian Cantwell Smith, "Limits of Correctness in Computers," in *Computerization and Controversy*, ed. Charles Dunlop and Rob Kling(San Diego: Academic Press, 1991), 636.

33 Johanna Drucker(and Bethany Nowviskie), "Speculative Computing: Aesthetic Provocations in Humanities Computing," in *A Companion to Digital Humanities*, ed. Susan Schreibman, Ray Siemens, and John Unsworth(Oxford, UK: Blackwell, 2004), 444.

34 Smith, "Limits of Correctness," 636.

35 Adam Kramer, Jamie Guillory, and Jeffrey Hancock, "Experimental Evidence of Massive-Scale Emotional Contagion through Social Networks," *Proceedings of the National Academy of Sciences of the United States of America*, 2014, 8788~8790, 8788.

36 James W. Pennebaker, Cindy K. Chung, Molly Ireland, Amy Gonzales, and Roger J. Booth, "The Development and Psychometric Properties of LIWC2007," LIWC.net, 2007.

37 Jacques Derrida and Bernard Stiegler, *Echographies of Television*(Cambridge, UK: Polity, 2002), 149.

38 Willard McCarty, "Modeling: A Study in Words and Meanings," in *A Companion to Digital Humanities*, ed. Susan Schreibman, Ray Siemens, John Unsworth(Oxford, UK: Blackwell, 2004), 257.

39 디지털 문화와 집합이론의 학문적 연관성을 보려면, Ian Bogost, *Unit Operations: An Approach to Videogame Criticism*(Cambridge, MA: MIT Press, 2006) 참조. 이 책은

알랭 바디우Alain Badiou의 수십 년에 걸친 존재론과 지식 일반에 관한 조사를 통해 데이터에 대해 생각한다.

40 예를 들어, 빌 클린턴Bill Clinton의 첫 번째 취임 연설과 같은 표본 텍스트는 단순 평균화 모델(텍스트에 '성적'이라는 단어의 수를 텍스트의 전체 단어 수로 나눔)을 토대로 0.06 '성적'으로 평가된다. 심지어 "딕 체니Dick Cheney는 미국 46대 부통령이었다"라는 평범한 문구도 분명 그럴 의도는 없었지만 LIWC로부터 9.09라는 왕성한 '성적인' 등급을 받는다.

41 Weber, *Methodology of the Social Sciences*, 90.

42 Goffman, *Presentation of Self*, 72.

43 Pierre Bourdieu, *Distinction: A Social Critique of the Judgement of Taste*(Cambridge, MA: Harvard University Press, 1984).

44 Gaston Bachelard, *Le rationalisme appliqué*, 3rd ed. (1949; Paris: Presses Universitaires de France, 1966), 35.

45 McCarty, "Modeling."

46 Foucault, *Power/Knowledge*; Antonio Gramsci, *Selections from the Prison Notebooks* (New York: International Publishers, 1971); Harry Collins, *Changing Order: Replication and Induction in Scientific Practice*(London: Sage, 1985); Bruno Latour and Steve Woolgar, *Laboratory Life: The Social Construction of Scientific Facts* (Beverly Hills, CA: Sage, 1979).

47 Michael Omi and Howard Winant, *Racial Formation in the United States*(New York: Routledge, 2014); Geoffrey Bowker and Leigh Star, *Sorting Things Out: Classification and Its Consequences*(Cambridge, MA: MIT Press, 1999).

48 LIWC, 2015, http://liwc.wpengine.com.

49 David M. Berry, *The Philosophy of Software: Code and Mediation in the Digital Age* (London: Palgrave Macmillan, 2011), 14.

50 Sheila Jasanoff, "Ordering Knowledge, Ordering Society," in *States of Knowledge: The Co-production of Science and Social Order*, ed. Sheila Jasanoff(London: Routledge, 2004), 27. 또한 Bob Lingard, *Politics, Policies and Pedagogies in Education: The Selected Works of Bob Lingard*(London: Routledge, 2013) 참조.

51 Theodore Porter, *Trust in Numbers: The Pursuit of Objectivity in Science and Public Life*(Princeton, NJ: Princeton University Press, 1995), 77.

52 Sandra Scarr, *Race, Social Class, and Individual Differences in I. Q.* (Hillsdale, NJ: Lawrence Erlbaum, 1981).

53 James P. Scott, *Seeing like a State: How Certain Schemes to Improve the Human Condition Have Failed*(New Haven, CT: Yale University Press, 1998); Mae Ngai, *Impossible Subjects: Illegal Aliens and the Making of Modern America*(Princeton, NJ: Princeton University Press, 2014).

54 Grace Kyungwon Hong, *The Ruptures of American Capital: Women of Color Feminism and the Culture of Immigrant Labor*(Minneapolis: University of Minnesota Press, 2006), 80.

55 Lisa Gitelman, ed., *"Raw Data" Is an Oxymoron*(Cambridge, MA: MIT Press, 2013).

56 Richard Selleck, "The Manchester Statistical Society and the Foundation of Social Science Research," *Australian Educational Researcher* 16, no. 1(1989): 7.

57 Helen Verran, "Number," in *Inventive Methods: The Happening of the Social*, ed. Lury Celia and Nina Wakeford(London: Routledge, 2012), 110~124.

58 Donna Haraway, *Modest_Witness@Second_Millenium.FemaleMan_Meets_ OncoMouse: Feminism and Technoscience*(London: Routledge, 1997), 142.

59 Ibid.

60 페미니스트 학자 쇼샤나 매그닛Shoshana Magnet은 이미 이러한 기계적 과정의 인종적 차원, 계층화된 차원, 그리고 젠더화된 차원의 개요를 기술한 바 있다. 그리고 감시 이론가 시몬 브라운Simone Browne은 이러한 생체 인식 객체화가 최근에 새롭게 생겨난 인종적 진실을 구성한다고 주장했다. Shoshana Magnet, *When Biometrics Fail: Gender, Race, and the Technology of Identity*(Durham, NC: Duke University Press, 2011); Simone Browne, *Dark Matters: On the Surveillance of Blackness*(Durham, NC: Duke University Press, 2015) 참조.

61 Brad Weslake, "Explanatory Depth," *Philosophy of Science* 77, no. 2(2010): 273~294.

62 Kate Crawford, "The Hidden Biases of Big Data," *Harvard Business Review*, April 1, 2013, http://hbr.org.

63 Geoffrey Bowker, "Data Flakes: An Afterward to 'Raw Data' Is an Oxymoron," in Gitelman, *"Raw Data" Is an Oxymoron*, 170.

64 Tom Boellstorff, "Making Big Data, in Theory," *First Monday* 18, no. 10(2013): http://firstmonday.org .

65 danah boyd and Kate Crawford, "Critical Questions for Big Data," *Information, Communication & Society* 15, no. 5(2012): 663.

66 Franco Moretti, "Conjectures on World Literature," *New Left Review* 1(2000): 57.

67 Viktor Mayer-Schönberger and Kenneth Cukier, *Big Data: A Revolution That Will Transform How We Live, Work, and Think*(Boston: Eamon Dolan, 2013), 41.

68 Jonathan Culler, "The Closeness of Close Reading," *ADE Bulletin* 149(2010): 20~25.

69 Joshua Rothman, "An Attempt to Discover the Laws of Literature," *New Yorker*, March 20, 2014, www.newyorker.com.

70 Jiawei Han, Micheline Kamber, and Jian Pei, *Data Mining: Concepts and Techniques*(Waltham, MA: Morgan Kaufmann, 2011); Trevor Hastie, Robert Tibshirani, and Jerome Friedman, *The Elements of Statistical Learning: Data Mining, Inference, and*

Prediction(New York: Springer, 2009).

71 Rob Kitchin, "Big Data, New Epistemologies and Paradigm Shifts," *Big Data & Society*, April-June 2014, 1~12.

72 Kim Koehler, Evgeny Skvortsov, and Wiesner Vos, "A Method for Measuring Online Audiences," Google, 2012, http://static.googleusercontent.com.

73 2014년 현재, 콤스코어는 온라인 이용자들의 활동을 관찰하는 "200만 명의 글로벌 패널"을 가지고 있다. See Lauren Amira, "Understand Campaign Delivery beyond Demographics with vCE Behavioral Segments," comScore, 2014, www.comscore.com 참조. 그리고 2015 현재, 알렉사는 "2만 5000개가 넘는 각기 다른 브라우저 확장 앱 가운데 하나를 사용하는 수백만 명의 인터넷 이용자 표본"에서 추출한 패널을 가지고 있다. Alexa, "About Us," 2015, www.alexa.com 참조.

74 Jaideep Srivastava, Robert Cooley, Mukund Deshpande, and Pang-Ning Tan, "Web Usage Mining: Discovery and Applications of Usage Patterns from Web Data," *SIGKDD Explorations* 1, no. 2(2000): 1~12 참조.

75 중요한 것은 일관성을 위해 필자가 남성이라는 젠더화된 정체성과 남자라는 생물학적 성적 정체성sexed identity을 구분하지 않는다는 점이다. 이것은 젠더와 생물학적 성을 구별하는 이론적으로 만족스러운 방법이 존재하지 않을 뿐 아니라 대부분의 알고리즘적 행위주체들(대체로 마케터들) 역시 그러한 구분을 무시한다는 사실 때문이다.

76 Judith Halberstam, "Automating Gender: Postmodern Feminism in the Age of the Intelligent Machine," *Feminist Studies* 17, no. 3(1991): 443.

77 Judith Butler, *Subjects of Desire: Hegelian Reflections in Twentieth-Century France* (New York: Columbia University Press, 1987), 131.

78 Michel Foucault, *Security, Territory, Population: Lectures at the Collège de France 1977-1978*(New York: Picador, 2009), 57.

79 Ian Hacking, *The Taming of Chance*(Cambridge: Cambridge University Press, 1990), 119.

80 Sandra Harding, *Whose Science? Whose Knowledge? Thinking from Women's Lives* (Ithaca, NY: Cornell University Press, 1991); bell hooks, *Ain't I a Woman?*(Boston: South End, 1981), 145.

81 Tiziana Terranova, *Network Culture: Politics for the Information Age*(London: Pluto, 2004).

82 Stuart Hall, "Minimal Selves," in *The Real Me: Post-modernism and the Question of Identity*, ed. Homi K. Bhabha(London: Institute of Contemporary Arts, 1987), 44~46.

83 danah boyd and Kate Crawford, "Six Provocations for Big Data," paper presented at A Decade in Internet Time: Symposium on the Dynamics of the Internet and Society, September 21, 2011, Oxford, UK, http://papers.ssrn.com.

84 Vasant Dhar, "Data Science and Prediction," *Communications of the ACM* 56, no. 12

(2013): 66.

85 Mike Annany, "The Curious Connection between Apps for Gay Men and Sex Offenders," *Atlantic*, April 24, 2011, www.theatlantic.com; Nick Seaver, "Knowing Algorithms," paper presented at Media in Transition 8, Cambridge, MA, April 2013.

86 Louise Amoore, *The Politics of Possibility: Risk and Security Beyond Probability* (Durham, NC: Duke University Press, 2013), 72; Foucault, *Security, Territory, Population*, 45.

87 Farhad Manjoo, "Larry Page on Google's Many Arms," *New York Times*, June 26, 2014, www.nytimes.com.

88 Ian Witten, Eibe Frank, and Mark A. Hall, *Data Mining: Practical Machine Learning Tools and Techniques*(Burlington, VT: Morgan Kaufmann, 2011), xxiii.

89 Max Jones, John Chilton, and Leonard Feather, *Salute to Satchmo*(London: IPC, 1970), 25.

90 Paul Allen Anderson, *Deep River: Music and Memory in Harlem Renaissance Thought*(Durham, NC: Duke University Press Books, 2001); Herman Gray, *Cultural Moves: African Americans and the Politics of Representation*(Berkeley: University of California Press, 2005).

91 그의 학식과 조지아 공대Georgia Tech의 "시몬"을 소개해 준 아이턴 윌프Eitan Wilf에게 특별한 고마움을 전한다.

92 Ryan Nikolaidis and Gil Weinberg, "Playing with the Masters: A Model for Improvisatory Musical Interaction between Robots and Humans," *2010 IEEE RO-MAN*, 2010, 712~717.

93 Eitan Wilf, "Sociable Robots, Jazz Music, and Divination: Contingency as a Cultural Resource for Negotiating Problems of Intentionality," *American Ethnologist* 40, no. 4 (2013): 605~618.

94 Guy Hoffman and Gil Weinberg, "Interactive Improvisation with a Robotic Marimba Player," *Autonomous Robots* 31, nos. 2-3(2011): 133~153; Gil Weinberg, Guy Hoffman, Ryan Nikolaidis, and Roberto Aim, "Shimon+ZOOZbeat: An Improvising Robot Musician You Can Jam With," in *ACM SIGGRAPH ASIA 2009 Art Gallery & Emerging Technologies: Adaptation*(New York: ACM, 2009), 84.

95 악기 디지털 인터페이스Musical Instrument Digital Interface의 약어인 MIDI는 어떤 사용자의 연주가 이미 데이터화된 대로 수행될 수 있는지를 판단하는 기술적 기준이다. 이 데이터는 MIDI 악기에서 기보, 음의 높이, 그리고 빠르기를 특정하는 디지털 시그널로 가져온다.

96 Weinberg et al., "Shimon+ZOOZbeat," 84.

97 Eitan Wilf, "Toward an Anthropology of Computer-Mediated, Algorithmic Forms of Sociality," *Current Anthropology* 54, no. 6(2013): 737.

98 Joseph Turow and Nora Draper, "Industry Conceptions of Audience in the Digital Space," *Cultural Studies* 28, no. 4(2014): 646.

99 C. W. Anderson. "Between Creative and Quantified Audiences: Web Metrics and Changing Patterns of Newswork in Local U.S. Newsrooms," *Journalism* 12, no. 5 (2011): 550~566.

100 Lev Manovich, *The Language of New Media*(Cambridge, MA: MIT Press, 2001), 71.

101 이것은 마이스페이스가 그것의 프로필용으로 사용한 것과 동일한 목록이다 — 2007년, 밀레니얼 미디어는 모바일 기반 광고를 마이스페이스 가입자들에게 제공하고 판매하는 애드 네트워크였다. Millennial Media, "Press Release: MySpace Launches Free Mobile Web Services," 2007, http://investors.millennialmedia.com 참조.

102 James Ball, "Angry Birds and 'Leaky' Phone Apps Targeted by NSA and GCHQ for User Data," *Guardian*, January 27, 2014, www.theguardian.com.

103 Richard Rogers, "Post-Demographic Machines," in *Walled Garden*, ed. Annet Dekker and Annette Wolfsberger(Amsterdam: Virtual Platform, 2009), 30.

104 Fernando Bermejo, *The Internet Audience: Constitution and Measurement*(New York: Peter Lang, 2007).

105 Daniel Yankelovich, "New Criteria for Market Segmentation," *Harvard Business Review*, March 1964, https://hbr.org.

106 Joseph Plummer, "The Concept and Application of Life Style Segmentation," *Journal of Marketing* 38, no. 1(1974): 33~37; Emmanuel Demby, "Psychographics and from Whence It Came," in *Life Style and Psychographics*, ed. William D. Wells(Chicago: American Marketing Association, 1974), 9~30.

107 James Atlas, "Beyond Demographics," *Atlantic Monthly*, October 1984, 52.

108 Claritas, "PRIZM NE: The New Evolution Segment Snapshots," 2003, www.tetrad.com, 4.

109 Quantcast, "Understanding Digital Audience Measurement," 2014, www.quantcast.com.

110 주목해야 할 매우 중요한 점은 앤젤라 데이비스Angela Davis(*Women Race and Class* [New York: Random House, 1981])와 체리에 모라가Cherríe Moraga(*Loving in the War Years: Lo Que Nunca Pasó Por Sus Labios* [Boston: South End, 1983]) 같은 유색인종 여성 이론가들은 교차성이 "기존의 이론적·정치적 헌신에 이름(교차성 이론이라는 이름)을 붙이기" 10년 전에 이미 여성이라는 범주를 탈본질화했다deessentialize. Jennifer C. Nash, "Re-thinking Intersectionality," *Feminist Review* 89(2008): 3 참조.

111 Kimberlé Crenshaw, "Mapping the Margins: Intersectionality, Identity Politics, and Violence against Women of Color," *Stanford Law Review* 43(1991): 1244.

112 Leslie McCall, "The Complexity of Intersectionality," *Signs* 30, no. 3(2005): 1773~1774, 1783. 또한 Leela Fernandes's work on "politics of categories" in *Producing*

Workers: The Politics of Gender, Class, and Culture in the Calcutta Jute Mills (Philadelphia: University of Pennsylvania Press, 1997) 참조.

113 Jasbir Puar, "I Would Rather Be a Cyborg than a Goddess: Becoming Intersectional in Assemblage Theory," *philoSOPHIA* 2, no. 1 (2012): 58.

114 Jasbir Puar, *Terrorist Assemblages: Homonationalism in Queer Times* (Durham, NC: Duke University Press, 2007), 213.

115 Zoubin Ghahramani, "Unsupervised Learning," in *Advanced Lectures on Machine Learning: ML Summer Schools 2003, Canberra, Australia, February 2–14, 2003, Tübingen, Germany, August 4–16, 2003, Revised Lectures*, ed. Olivier Bousquet, Ulrike von Luxburg, and Gunnar Rätsch (Berlin: Springer-Verlag, 2004), 73.

116 Puar, "I Would Rather Be a Cyborg than a Goddess," 50.

117 Judith Butler, *Gender Trouble: Feminism and the Subversion of Identity* (New York: Routledge, 1990); Judith Butler, *Bodies That Matter: On the Discursive Limits of Sex* (New York: Routledge, 1993).

118 David Bamman, Jacob Eisenstein, and Tyler Schnoebelen, "Gender in Twitter: Styles, Stances, and Social Networks," arXiv:1210.4567, 2012, 2.

119 Chris Anderson, "The End of Theory: The Data Deluge Makes the Scientific Method Obsolete," *Wired*, June 23, 2008, www.wired.com.

120 Gartner, "Gartner Says Worldwide Enterprise IT Spending to Reach $2.7 Trillion in 2012," October 2011, http://gartner.com.

121 David Ribes and Steven J. Jackson, "Data Bite Man: The Work of Sustaining Long-Term Study," in Gitelman, *"Raw Data" Is an Oxymoron*, 147~166; Kate Crawford, "The Hidden Biases of Big Data," *Harvard Business Review Blog*, April 1, 2013, http://blogs.hbr.org; Rob Kitchin, "Big Data and Human Geography: Opportunities, Challenges and Risks," *Dialogues in Human Geography* 3, no. 3 (2013): 262~267.

122 Bamman, Eisenstein, and Schnoebelen, "Gender in Twitter," 2.

123 Ibid.

124 이 '여성' 정체성 식별은 최초의 군집화 알고리즘이 실행된 후 할당되었다. 여기서 '여성'은 트위터에 표시되는 이용자들의 이름을 토대로 한 훈련된 선험적인 개념의 '젠더'를 말한다. 이 연구에서 연구자들은 미국 사회보장국Social Security Administration 센서스에서 가져온 정보에 따라 개인 이름에 '남성' 혹은 '여성'이라는 이름표를 붙였다. 예를 들면, "로버타Roberta"와 같은 이름은 센서스 데이터에서 심하게 여성 쪽으로 편향되어 있었으며 따라서 연구자들의 사후 군집화 분석에서 '여성'으로 읽혀졌을 것이다. 남성이고 '남성'에 속하는 "로버트Robert"와 같은 이름을 가진 경우도 마찬가지였다.

125 Bamman, Einstein, and Schnoebelen, "Gender in Twitter," 23.

126 N. Katherine Hayles, *My Mother Was a Computer: Digital Subjects and Literary Texts*

(Chicago: University of Chicago Press, 2005), 27.

127 Ibid., 41.

128 Wendy Hui Kyong Chun, *Updating to Remain the Same: Habitual New Media* (Cambridge, MA: MIT Press, 2016), 40.

129 Butler, *Gender Trouble*, 3.

130 Combahee River Collective, "The Combahee River Collective Statement," 1978, http://circuitous.org.

131 Audre Lorde, *Sister Outsider: Essays and Speeches*(Freedom, CA: Crossing, 1984), 116.

132 Cherríe Moraga and Gloria Anzaldúa, eds., *This Bridge Called My Back*, 4th ed. (Albany: SUNY Press, 2015); Patricia Hill Collins, *Black Feminist Thought: Knowledge, Consciousness, and the Politics of Empowerment*(New York: Routledge, 1990).

133 Doug Bowman, "Goodbye, Google," 2009, http://stopdesign.com.

134 Nicholas Rule, Nalini Ambady, and Katherine C. Hallett, "Female Sexual Orientation Is Perceived Accurately, Rapidly, and Automatically from the Face and Its Features," *Journal of Experimental Social Psychology* 45, no. 6(2009): 1245~1251; Nicholas Rule, C. Neil Macrae, and Nalini Ambady, "Ambiguous Group Membership Is Extracted Automatically from Faces," *Psychological Science* 20, no. 4(2009): 441~443.

135 Zach Blas, "Facial Weaponization Suite | Zach Blas," 2014, www.zachblas. info.

136 James P. Scott, *Seeing like a State: How Certain Schemes to Improve the Human Condition Have Failed*(New Haven, CT: Yale University Press, 1999), 80.

137 Ibid., 81.

138 Ibid., 83.

139 Lev Manovich, *Software Takes Command*(London: Bloomsbury, 2013); Lev Manovich, "The Algorithms of Our Lives," *Chronicle of Higher Education*, December 16, 2013, http://chronicle.com.

2장 통제: 알고리즘이 당신을 쥐락펴락할 거야

1 Pierre-Joseph Proudhon, *General Idea of the Revolution in the Nineteenth Century* (1851), trans. John Beverly Robinson(London: Freedom Press, 1923), http://fair-use.org.

2 Michel Foucault, *Discipline and Punish*(New York: Vintage, 1979); Michalis Lianos, "Social Control after Foucault," *Surveillance & Society* 1, no. 3(2003): 412~430.

3 Brad Millington, "Wii Has Never Been Modern: 'Active' Video Games and the

'Conduct of Conduct,'" *New Media & Society* 11, no. 4(2009): 621~640.

4 Michel Foucault, *The History of Sexuality, Volume 1: An Introduction*(New York: Pantheon Books, 1978), 139.

5 Nikolas Rose, "Government and Control," *British Journal of Criminology* 40(2000): 323.

6 Michel Foucault, *Ethics: Subjectivity and Truth*. Vol. 1 of *The Essential Works of Michel Foucault, 1954-1984*(New York: New Press, 1997), 68.

7 Seb Franklin, *Control: Digitality as Cultural Logic*(Cambridge, MA: MIT Press, 2015), xv.

8 Ibid., xviii.

9 Ibid., xv.

10 Evelyn Ruppert, "The Governmental Topologies of Database Devices," *Theory, Culture & Society* 29, nos. 4–5(2012): 116~136; Kevin Haggerty and Richard Ericson, "The Surveillant Assemblage," *British Journal of Sociology* 51, no. 4(2000): 605~622; Michael Hardt, "The Withering of Civil Society," *Social Text* 45(1995): 27~44.

11 Gilles Deleuze, "Postscript on the Societies of Control," *October* 59(1992): 5, 7.

12 Ibid., 5.

13 Gilbert Simondon, as referenced in Gilles Deleuze and Felix Guattari, *A Thousand Plateaus: Capitalism and Schizophrenia*(Minneapolis: University of Minnesota Press, 1987), 408~409.

14 Deleuze, "Postscript," 4.

15 Ibid., 7.

16 Celia Pearce, *Communities of Play: Emergent Cultures in Multiplayer Games and Virtual Worlds*(Cambridge, MA: MIT Press, 2011).

17 "매직 서클"이라는 개념은 요한 하위징아Johan Huizinga의 저서에서 처음 소개되었는데, 여기에서는 플레이 자체가 게임의 일부인 것과 일부가 아닌 것(비디오 게임 연구에서는 흔히 실재 대 가상으로 불림) 간의 물리적인 혹은 이상적인 분리를 요구한다. 하나의 개념으로서 매직 서클은 지금도 여전히 개념적으로 사용되고 있긴 하지만 지나치게 이분법적이라는 비판을 오랫동안 받아왔다. Johan Huizinga, *Homo Ludens: A Study of Play-Element in Culture*(Boston: Beacon, 1971) 참조. 더 자세한 것은 Bonnie Nardi, *My Life as a Night Elf Priest: An Anthropological Account of World of Warcraft*(Ann Arbor: University of Michigan Press, 2010); Mia Consalvo, "There Is No Magic Circle," *Games and Culture* 4, no. 4(2009): 408~417 참조.

18 Tim O'Reilly, "Open Data and Algorithmic Regulation," in *Beyond Transparency*, ed. Brett Goldstein and Lauren Dyson(San Francisco: Code for America Press, 2013), 291.

19 Lawrence Lessig, *Code: And Other Laws of Cyberspace, Version 2.0*(New York:

Basic Books, 2006), 38.

20 Ibid., 5.

21 Julie E. Cohen, *Configuring the Networked Self: Law, Code, and the Play of Everyday Life*(New Haven, CT: Yale University Press, 2012), 185.

22 Deleuze, "Postscript," 3~7.

23 Nigel Thrift and Shaun French, "The Automatic Production of Space," *Transactions of the Institute of British Geographers* 27, no. 3(2002): 331.

24 Michel Foucault, *Power/Knowledge: Selected Interviews and Other Writings, 1972–1977*(New York: Vintage, 1980).

25 Judith Butler, *Excitable Speech: A Politics of the Performative*(New York: Routledge, 1997), 34.

26 Judith Butler, *Bodies That Matter: On the Discursive Limits of Sex*(New York: Routledge, 1993), 23.

27 Bruce Curtis, "Foucault on Governmentality and Population: The Impossible Discovery," *Canadian Journal of Sociology / Cahiers canadiens de sociologie* 27, no. 4(2002): 505~533; Michel Foucault, *The Birth of Biopolitics: Lectures at the Collège de France, 1978–1979*(New York: Picador, 2010).

28 Quantcast, "Measure for Apps," 2016, www.quantcast.com.

29 Quantcast, "Quantcast in a Nutshell," 2014, www.quantcast.com.

30 Michael Zimmer, "The Externalities of Search 2.0: The Emerging Privacy Threats When the Drive for the Perfect Search Engine Meets Web 2.0," *First Monday* 13, no. 3(2008), http://firstmonday.org.

31 Quantcast, "Understanding Digital Audience Measurement," 2014, www.quantcast.com.

32 Ibid.

33 익명의 데이터 엔지니어와의 인터뷰, 2011년 2월 9일.

34 Quantcast, "Quantcast Methodology Overview," 2008, www.quantcast.com [no longer available].

35 Thomas Bayes and Richard Price, "An Essay towards Solving a Problem in the Doctrine of Chances, by the Late Rev. Mr. Bayes, F.R.S. Communicated by Mr. Price, in a Letter to John Canton, A.M.F.R.S.," *Philosophical Transactions(1683–1775)* 53(1763): 370~418.

36 Finn Brunton, *Spam: A Shadow History of the Internet*(Cambridge, MA: MIT Press, 2013), 135.

37 Paolo Totaro and Domenico Ninno, "The Concept of Algorithm as an Interpretative Key of Modern Rationality," *Theory, Culture & Society* 31, no. 4(2014): 31.

38 Michael Hardt and Antonio Negri, *Empire*(Cambridge, MA: Harvard University Press,

2000), 295.

39 Nigel Thrift, *Knowing Capitalism*(Thousand Oaks, CA: Sage, 2005), 172.

40 Aihwa Ong, *Neoliberalism as Exception: Mutations in Citizenship and Sovereignty*(Durham, NC: Duke University Press, 2006), 124.

41 Tung Hui-Hu, *A Prehistory of the Cloud*(Cambridge, MA: MIT Press, 2015), 146.

42 Eli Pariser, *The Filter Bubble: How the New Personalized Web Is Changing What We Read and How We Think*(New York: Penguin Books, 2012).

43 Antoinette Rouvroy, "The End(s) of Critique: Data Behaviourism versus Due Process," in *Privacy, Due Process, and the Computational Turn: The Philosophy of Law Meets the Philosophy of Technology*, ed. Mireille Hildebrandt and Katja de Vries(London: Routledge, 2013), 157.

44 Tiziana Terranova, *Network Culture: Politics for the Information Age*(London: Pluto, 2004), 108.

45 Wendy Hui Kyong Chun, *Programmed Visions: Software and Memory*(Cambridge, MA: MIT Press, 2011), 9.

46 Michel Foucault, *"Society Must Be Defended": Lectures at the Collège de France, 1975–1976*(New York: Picador, 2003), 135.

47 Katia Genel, "The Question of Biopower: Foucault and Agamben," *Rethinking Marxism: A Journal of Economics, Culture & Society* 18, no. 1(2006): 43~62.

48 Let's Move!, "Get Active," 2014, www.letsmove.gov.

49 Richard H. Thaler and Cass R. Sunstein, *Nudge: Improving Decisions about Health, Wealth, and Happiness*(New York: Penguin Books, 2009).

50 Let's Move!, "Get Active."

51 Quantified Self, "About the Quantified Self," 2014, http://quantifiedself. com.

52 Dawn Nafus and Jamie Sherman, "Big Data, Big Questions | This One Does Not Go Up to 11: The Quantified Self Movement as an Alternative Big Data Practice," *International Journal of Communication* 8(2014): 1785.

53 이 예를 필자에게 소개해 준 파자나 두드왈라Farzana Dudhwala에게 고마움을 전한다. Farzana Dudhwala, "The Quantified Qualified Self: The Number Affect," paper presented at 4S Conference, Buenos Aires, 2014 참조.

54 Google, "Google Flu Trends," 2014, www.google.org.

55 Jeremy Ginsberg, Matthew Mohebbi, Rajan Patel, Lynnette Brammer, Mark Smolinski, and Larry Brilliant, "Detecting Influenza Epidemics Using Search Engine Query Data," *Nature* 457, no. 7232(2009): 1012~1014.

56 Declan Butler, "When Google Got Flu Wrong," *Nature* 494, no. 7436(2013): 155~156.

57 Miguel Helft, "Using the Internet to Track Flu's Spread," *New York Times*, October

11, 2008.

58 Nidhi Makhija-Chimnani, "People's Insights Volume 1, Issue 52: Vicks Mobile Ad Campaign," MSLGroup, 2013, asia.mslgroup.com.

59 David Lazer, Ryan Kennedy, Gary King, and Alessandro Vespignani, "The Parable of Google Flu: Traps in Big Data Analysis," *Science* 343(March 14, 2014): 1203~1205.

60 Steve Lohr, "For Big-Data Scientists, 'Janitor Work' Is Key Hurdle to Insights," *New York Times*, August 17, 2014.

61 Lazer, Kennedy, and Vespignani, "Parable of Google Flu."

62 Foucault, *"Society Must Be Defended,"* 249.

63 Mauricio Santillana, D. Wendong Zhang, Benjamin Althouse, and John Ayers, "What Can Digital Disease Detection Learn from(an External Revision to) Google Flu Trends?," *American Journal of Preventive Medicine* 47, no. 3(2014): 341~347.

64 Ibid.

65 Norbert Wiener, *Cybernetics; or, Control and Communication in the Animal and the Machine*(Cambridge, MA: MIT Press, 1961); William Ashby, *Introduction to Cybernetics*(London: Methuen, 1979); Heinz Von Foerster, *Understanding Understanding: Essays on Cybernetics and Cognition*(New York: Springer, 2002) 참조.

66 N. Katherine Hayles, *How We Became Posthuman: Virtual Bodies in Cybernetics, Literature, and Informatics*(Chicago: University of Chicago Press, 1999).

67 Luciana Parisi and Tiziana Terranova, "Heat-Death: Emergence and Control in Genetic Engineering and Artificial Life," *CTheory*, May 10, 2000, www.ctheory.net.

68 Ibid.; Eugene Thacker, "Networks, Swarms, Multitudes," *CTheory*, May 18, 2004, www.ctheory.net.

69 Burkhard Schipper and Hee Yul Woo, "Political Awareness, Microtargeting of Voters, and Negative Electoral Campaigning," unpublished paper, June 12, 2014, http://papers.ssrn.com.

70 Associated Press, "US Secretly Created 'Cuban Twitter' to Stir Unrest and Undermine Government," *Guardian*, April 3, 2014, www.theguardian.com.

71 Louise Amoore, *The Politics of Possibility: Risk and Security Beyond Probability*(Durham, NC: Duke University Press, 2013).

72 Google Flu Trends Team, "The Next Chapter for Flu Trends," *Google Research Blog*, August 20, 2015, http://googleresearch.blogspot.com.

73 David Lyon, *Surveillance as Social Sorting: Privacy, Risk and Automated Discrimination*(New York: Routledge, 2002); Stephen Graham, "Software-Sorted Geographies," *Progress in Human Geography* 29, no. 5(2005): 562~580.

74 Quantcast, "Quantcast in a Nutshell," 2014, www.quantcast.com; Quantcast, "About Us," 2016, www.quantcast.com.

75 Quantcast, "Quantcast Methodology Overview," 2008, www.quantcast.com [no longer available].

76 John Cheney-Lippold, "A New Algorithmic Identity: Soft Biopolitics and the Modulation of Control," *Theory, Culture & Society* 28, no. 6(2011): 164~181.

77 Nikolas Rose, "Government and Control," *British Journal of Criminology* 40, no. 2 (2000): 324.

78 Michel Foucault, *The Order of Things: An Archaeology of the Human Sciences*(New York: Vintage, 1994), xx.

79 Alexander R. Galloway, *Protocol: How Control Exists after Decentralization* (Cambridge, MA: MIT Press, 2004).

80 Stephen Collier, "Topologies of Power: Foucault's Analysis of Political Government beyond 'Governmentality,'" *Theory, Culture & Society* 26, no. 6(2009): 78~108.

81 Jun-Yan Zhu, Yong Jae Lee, and Alexei A. Efros, "AverageExplorer: Interactive Exploration and Alignment of Visual Data Collections," *ACM Transactions on Graphics(TOG)* 33, no. 4(2014): 160.

82 물론 각각의 Santaclaus.jpg 이미지는 산타클로스가 무엇인지를 규정하는 오랜 문화적 역사의 영향을 받는다. 그러나 문화적 역사에만 초점을 맞추는 것은 "Santaclaus.jpg"라는 이름표가 붙어 있는 어떠한 디지털 이미지가 레자의 '산타' 알고리즘의 일부가 되는 기술적 절차를 무시할 것이다.

83 Quantcast, "Quantcast Methodology Overview."

84 큰 데이터 세트에서 중심 사용에 대한 자세한 분석을 보려면, Sudipto Guha, Rajeev Rastogi, and Kyuseok Shim, "CURE: An Efficient Clustering Algorithm for Large Databases," *Proceedings of the 1998 ACM SIGMOD International Conference on Management of Data(SIGMOD '98)*, ed. Ashutosh Tiwary and Michael Franklin (New York: ACM, 1998), 73~84; Sudipto Guha, Rajeev Rastogi, and Kyuseok Shim, "ROCK: A Robust Clustering Algorithmic for Categorical Attributes," *Information Systems* 25, no. 5(2000): 512~521 참조.

85 Judith Butler, *Gender Trouble: Feminism and the Subversion of Identity*(New York: Routledge, 1990).

86 Manuel Castells, *The Power of Identity: The Information Age: Economy, Society, and Culture*, vol. 2(Oxford, UK: Blackwell, 2010).

87 Maurizio Lazzarato, "The Concepts of Life and the Living in the Societies of Control," in *Deleuze and the Social*, ed. Martin Fuglsang and Bent Meier Sørensen (Edinburgh: Edinburgh University Press, 2006), 181; Gabriel Tarde, *L'opinion et la foule*(Paris: Presses Universitaires de Frances, 1989), 39.

88 Walter Benjamin, "The Work of Art in the Age of Mechanical Reproduction," in *Illuminations: Essays and Reflections*(New York: Schocken, 1969), 222.

89 Ibid., 223.
90 Zeynep Tufekci, "Engineering the Public: Big Data, Surveillance and Computational Politics," *First Monday* 19, no. 7 (2014), http://firstmonday.org.
91 Chris Anderson, "The End of Theory: Will the Data Deluge Make the Scientific Method Obsolete?," *Wired*, June 23, 2008, http://archive.wired. com.
92 Kai Eriksson, "Foucault, Deleuze, and the Ontology of Networks," *European Legacy* 10, no. 6 (2005): 599~600; Foucault, *History of Sexuality, Volume 1*, 92~93.

3장 주체성: 그들은 당신이 누구라고 생각하는가?

1 Babycastles, "julian assange — When Google Met WikiLeaks Book Release Party," Facebook, 2014, www.facebook.com.
2 James Camp, "Julian Assange: 'When You Post to Facebook, You're Being a Rat,'" *Guardian*, September 25, 2014, www.theguardian.com.
3 Google, "Google's Mission Is to Organize the World's Information and Make It Universally Accessible and Useful," 2015, www.google.com.
4 National Security Agency, "The NSA/CSS Mission — NSA/CSS," 2015, www.nsa.gov.
5 Judith Butler, *Excitable Speech: A Politics of the Performative* (London: Routledge, 1997), 16.
6 Mary Flanagan, "Hyberbodies, Hyperknowledge: Women in Games, Women in Cyberpunk, and Strategies of Resistance," in *Reload: Rethinking Women + Cyberculture*, ed. Mary Flanagan and Austin Booth (Cambridge, MA: MIT Press, 2002), 440.
7 Rosi Braidotti, *Nomadic Subjects: Embodiment and Sexual Difference in Contemporary Feminist Theory* (New York: Columbia University Press, 2011), 6.
8 Seb Franklin, *Control: Digitality as Cultural Logic* (Cambridge, MA: MIT Press, 2015), xviii.
9 Electronic Frontier Foundation, "2013 in Review: The Year the NSA Finally Admitted Its 'Collect It All' Strategy," 2013, www.eff.org.
10 Ellen Nakashima and Joby Warrick, "For NSA Chief, Terrorist Threat Drives Passion to 'Collect It All,'" *Washington Post*, July 14, 2013, www.washingtonpost.com.
11 NBC News, "Inside the Mind of Edward Snowden, Part 3," May 29, 2014, www.nbcnews.com.
12 NSA의 어셈블리지는 몇 가지의 서로 다른 코드명이 붙은 프로그램에 크게 좌우된다: 프리즘PRISM은 이메일, 채팅 메시지, 검색 쿼리, 그리고 마이크로소프트, 구글, 야후!, 페이스북, 팰톡PalTalk, AOL, 유튜브, 스카이프 및 애플의 보안 네트워크 내의 개인 데이

터에 접근하는 데 사용된 시스템이었다; 엑스키스코어XKeyscore는 (분석가들이 지난 3~5일 동안의 인터넷 트래픽 거의 전부를 검색할 수 있게 해주는 NSA의 거대한 데이터 캐시용 구글처럼) NSA의 모든 기록된 데이터를 검색하는 프런트-엔드(front-end 검색 엔진 역할을 했다; 트래픽씨프Trafficthief와 마리나MARINA는 모두 물리적 도청장치로부터 가져온 인터넷 메타데이터의 저수지를 만들어줬다.

13 Jamie Kowalczyk and Thomas S. Popkewitz, "Multiculturalism, Recognition and Abjection: (Re)Mapping Italian Identity," *Policy Futures in Education* 3, no. 4(2005): 423~435.

14 아렌트의 "권리를 가질 권리"라는 표현은 가장 기본적인 인권으로 대체로 이해되는데, 그것은 그 자체로 정치적 신체에 의한 인식을 요구한다. 이러한 인식은 흔히 국가의 장치를 통해 이루어지는데, 이것이 필자가 시민권과 아렌트의 개념화를 연결하는 방식이다. Alison Kesby, *The Right to Have Rights: Citizenship, Humanity, and International Law*(Oxford: Oxford University Press: 2012); Hannah Arendt, *The Human Condition*, 2nd ed. (Chicago: University of Chicago Press, 1998) 참조.

15 Barton Gellman and Laura Poitras, "U. S., British Intelligence Mining Data from Nine U. S. Internet Companies in Broad Secret Program," *Washington Post*, June 6, 2013, www.washingtonpost.com.

16 John Cheney-Lippold, "Jus Algoritmi: How the NSA Remade Citizenship," *International Journal of Communications* 10(2016): 1721~1742.

17 속지주의와 속인주의에 관한 이러한 논의는 매우 추상적인데, 이러한 논의의 목적은 알고리즘주의라는 개념을 소개하기 위한 이론적 공간을 마련하기 위한 것이다. 국가가 시민권을 (어떠한 형식으로든) 할당하는 방식의 복잡성은 이 다음 부분에서 논의되듯이 끝이 없다.

18 Tom Boellstorff, "Making Big Data, in Theory," *First Monday* 18, no. 10(2013), http://firstmonday.org.

19 이러한 과정에 대한 풍자는 가짜 HTTP 헤더header "X-No-Wiretap"에서 볼 수 있다. antimatter15, "X-No-Wiretap—Blog," September 2013, http://antimat₩-ter15.com 참조.

20 Glenn Greenwald and James Ball, "The Top Secret Rules That Allow NSA to Use US Data without a Warrant," *Guardian*, June 20, 2013, www.theguardian.com에서 재인용(강조 추가).

21 Barton Gellman and Laura Poitras, "U. S., British Intelligence Mining Data from Nine U. S. Internet Companies in Broad Secret Program," *Washington Post*, June 6, 2013, www.washingtonpost.com.

22 Eric Holder, "Procedures Used by the National Security Agency for Targeting Non-United States Persons Reasonably Believed to Be Located outside the United States to Acquire Foreign Intelligence Information Pursuant to Section 702 of the Foreign

Intelligence Surveillance Act of 1978, as Amended," 2009, www.aclu.org.

23 Glenn Greenwald, Roberto Kaz, and José Casado, "UA espionaram milhões de e-mails e ligações de brasileiros" [United States spied on millions of emails and calls from Brazil], *Jornal O Globo*, July 6, 2013, http://oglobo. globo.com.

24 Gilles Deleuze, *Empiricism and Subjectivity: An Essay on Hume's Theory of Human Nature*(New York: Columbia University Press, 2001).

25 Diana Coole and Samantha Frost, eds., *New Materialisms: Ontology, Agency, and Politics*(Durham, NC: Duke University Press, 2010).

26 Donna Haraway, *Simians, Cyborgs, and Women: The Reinvention of Nature*(New York: Routledge, 1991); Chela Sandoval, "New Sciences: Cyborg Feminism and the Methodology of the Oppressed," in *Feminist and Queer Information Studies Reader*, ed. Patrick Keilty and Rebecca Dean (Sacramento, CA: Litwin Books, 2012).

27 Haraway, *Simians, Cyborgs, and Women*, 151~152.

28 N. Katherine Hayles, *How We Became Posthuman: Virtual Bodies in Cybernetics, Literature, and Informatics*(Chicago: University of Chicago Press, 1999); Cary Wolfe, *What Is Posthumanism?*(Minneapolis: University of Minnesota Press, 2015); Rosi Braidotti, *The Posthuman*(Cambridge, UK: Polity, 2013).

29 Hayles, *How We Became Posthuman*, 3.

30 Alondra Nelson, *The Social Life of DNA: Race, Reparations, and Reconciliation after the Genome*(Boston: Beacon, 2016); Kim Tallbear, *Native American DNA: Tribal Belonging and the False Promise of Genetic Science*(Minneapolis: University of Minnesota Press, 2013); Clara E. Rodriguez, *Changing Race: Latinos, the Census, and the History of Ethnicity in the United States*(New York: NYU Press, 2000).

31 Mae Ngai, *Impossible Subjects: Illegal Aliens and the Making of Modern America* (Princeton, NJ: Princeton University Press, 2014).

32 Edlie L. Wong, *Racial Reconstruction: Black Inclusion, Chinese Exclusion, and the Fictions of Citizenship*(New York: NYU Press, 2015).

33 Gilles Deleuze and Félix Guattari, *A Thousand Plateaus: Capitalism and Schizophrenia*(Minneapolis: University of Minnesota Press, 1980).

34 Rosi Braidotti, *Nomadic Subjects: Embodiment and Sexual Difference in Contemporary Feminist Theory*(New York: Columbia University Press, 2011), 26~27.

35 Ibid., 28.

36 Ibid.

37 Ibid., 26.

38 San Jeong Cho, *An Ethics of Becoming: Configurations of Feminine Subjectivity in Jane Austen, Charlotte Brontë, and George Eliot*(New York: Routledge, 2006), 91.

39 Lorraine Code, *Rhetorical Spaces: Essays on Gendered Locations*(New York:

Routledge, 1995), 141, 153.

40 Daniel Solove, *The Future of Reputation: Gossip, Rumor, and Privacy on the Internet* (New Haven, CT: Yale University Press, 2007), 33.

41 Megan Sapnar Ankerson, "Writing Web Histories with an Eye on the Analog Past," *New Media & Society* 14, no. 3(2012): 384~400; Megan Sapnar Ankerson, "Read/Write the Digital Archive: Strategies for Historical Web Research," in *Digital Research Confidential: The Secrets of Studying Behavior Online*, ed. Eszter Hargittai and Christian Sandvig(Cambridge, MA: MIT Press, 2015), 29~54.

42 Spencer Ackerman, "NSA Review Panel Casts Doubt on Bulk Data Collection Claims," *Guardian*, January 14, 2014, www.theguardian.com.

43 MIT가 만든 이머션Immersion이라는 웹 애플리케이션은 다른 사람들에 대한 당신의 "근접성"을 시각적으로 분류하는 사회적 관계에 대한 군집 모델을 생성하기 위해 당신의 지메일 연락처와 대화 전체를 채굴하는 일을 잘 수행한다. https://immersion.media.mit.edu 참조.

44 Matteo Pasquinelli, "Italian Operaismo and the Information Machine," *Theory, Culture & Society* 32, no. 3(2014): 51.

45 NSA는 2~3단계 더 "깊게" 각각의 "표적"을 살피는데, 이것은 만약 어떤 "표적"이 당신의 친구에게 말을 건네고, 그리고 당신의 친구가 당신에게 말을 건넨다면 당신은 데이터화된 용의자로부터 2 "홉hop" 떨어져 있음을 의미한다. Kenton Powell and Greg Chen, "Three Degrees of Separation," *Guardian*, November 1, 2013, www.theguardian.com 참조.

46 Louis Althusser, "Ideology and Ideological State Apparatuses: Notes towards an Investigation"(1970), in *Lenin and Philosophy and Other Essays*, trans. Ben Brewster (New York: Monthly Review Press, 1971), www.marxists.org.

47 Jacques Lacan, *Écrits: A Selection*(New York: Norton, 1977).

48 Curtis White, *We, Robots: Staying Human in the Age of Big Data*(Brooklyn, NY: Melville House, 2015), 118.

49 Jacques Lacan, *The Seminar of Jacques Lacan, Book I: Freud's Papers on Technique, 1953-1954*(New York: Norton, 1988).

50 Ronald Day, *Indexing It All: The Subject in the Age of Documentation, Information, and Data*(Cambridge, MA: MIT Press, 2015), 76.

51 Ibid., 66.

52 Ibid., 71, 75.

53 Mladen Dolar, "Beyond Interpellation," *Qui Parle* 6, no. 2(1993): 75~96.

54 Félix Guattari, *Chaosmosis: An Ethico-Aesthetic Paradigm*(Bloomington: Indiana University Press, 1995), 9.

55 Ibid., 16.

56 Mark Poster, *The Mode of Information: Poststructuralism and Social Context* (Chicago: University of Chicago Press, 1990).

57 Ibid., 4.

58 Mark B. N. Hansen, *Feed-Forward: On the Future of Twenty-First Century Media* (Chicago: University of Chicago Press, 2015), 3.

59 Colin Bennett, "Unsafe at Any Altitude: The Comparative Politics of No-Fly Lists in the United States and Canada," in *Politics at the Airport*, ed. Mark B. Salter (Minneapolis: University of Minnesota Press, 2008), 51~76; Joel Slemrod, "Taxation and Big Brother: Information, Personalisation and Privacy in 21st Century Tax Policy," *Fiscal Studies* 27, no. 1 (2006): 1~15; Julia Sudbury, ed., *Global Lockdown: Race, Gender, and the Prison-Industrial Complex* (New York: Routledge, 2004); José David Saldívar, *Border Matters: Remapping American Cultural Studies* (Berkeley: University of California Press, 1997).

60 Gilles Deleuze, "Postscript on the Societies of Control," *October* 59 (1992): 5.

61 Franklin, *Control*, 9.

62 Antoinette Rouvroy, "The End(s) of Critique: Data Behaviourism versus Due Process," in *Privacy, Due Process, and the Computational Turn: The Philosophy of Law Meets the Philosophy of Technology*, ed. Mireille Hildebrandt and Katja de Vries (London: Routledge, 2013), 157.

63 Ibid.

64 James Bridle, "Citizen-Ex," 2015, https://citizen-ex.com.

65 Marissa Moorman, "Can an Algorithm Be Racist?," *Africa Is a Country* (blog), September 29, 2014, http://africasacountry.com.

66 Ibid.

67 이 점은 우세한 브라질식 포르투갈어에 의해 혼동이 일어날 수 있음을 인정하는데, 브라질식 포르투갈어는 "você"를 2인칭 주격으로 사용한다.

68 구글 스페인어 번역Google Translate Spanish에도 똑같이 적용되는데, 구글 스페인어 번역에서는 비격식적인 "tú"가 흔히 격식적인 "usted"로 대체된다.

69 David Bellos, *Is That a Fish in Your Ear? Translation and the Meaning of Everything* (New York: Farrar, Straus and Giroux, 2012).

70 Franz Joseph Och, "Statistical Machine Translation: Foundations and Recent Advances," Google, September 12, 2005, www.mt-archive.info; Christian Boitet, Hervé Blanchon, Mark Seligman, and Valérie Bellynck, "Evolution of MT with the Web," *Proceedings of the Conference "Machine Translation 25 Years On,"* 2009, 1~13.

71 Franz Josef Och, "Selection and Use of Nonstatistical Translation Components in a Statistical Machine Translation Framework," Google, 2014, www.google.com.

72 게다가 일부 언어들은 신식민주의적으로 그들의 “가장 가까운” 언어를 거쳐서 “영어”로 번역된다. 카탈로니아어Catalan는 스페인어를 거치고, 아이티식 프랑스어Haitian Creole는 프랑스어를 거치며, 우르두어Urdu는 힌두스탄어Hindustani를 거친다.

73 구글 엔지니어들이 의도적으로 인종차별적이지는 않을 수도 있지만, 구글이 그들의 영어 번역에서 쉽게 조건문을 수행함으로써 인종차별적 욕설을 포함하는 어떠한 결과물에 깃발 표시가 되거나 잠재적으로 그러한 결과물이 제거될 수 있음에 주목하는 것은 중요하다.

74 멀리사 모먼Melissa Morman의 보고가 있은 지 몇 달 안에 구글 번역의 “contigo manos e pais”에 대한 번역이 바뀌었다. 그 문구는 이제 “당신 형제와 부모”로 번역된다.

75 Ryckie Wade, “Try Google Translate to Overcome Language Barriers,” *BMJ*, November 15, 2011, www.bmj.com.

76 Andrew Beaujon, “Hartford Courant's Spanish Site Is Google Translate,” *Poynter*, August 17, 2012, www.poynter.org. The news site's project was quickly abandoned, though, with the *Courant* launching Noticias, a “100-percent Spanish language news site produced by our newsroom,” one year later. Andrew Beaujon, “Hartford Courant Launches New Spanish-Language Site to Replace Google Translate Version,” *Poynter*, September 5, 2012, www.poynter.org 참조.

77 Alexander Galloway and Eugene Thacker, *The Exploit: A Theory of Networks* (Minneapolis: University of Minnesota Press, 2007).

78 Nigel Thrift, *Knowing Capitalism*(Thousand Oaks, CA: Sage, 2005), 178.

79 Hillel Schwartz, *The Culture of the Copy: Striking Likenesses, Unreasonable Facsimiles*(Cambridge, MA: MIT Press, 1996), 175.

80 Matt McGee, “EdgeRank Is Dead: Facebook's News Feed Algorithm Now Has Close to 100K Weight Factors,” *Marketingland*, August 16, 2013, http://marketingland.com.

81 Tania Bucher, “Want to Be on the Top? Algorithmic Power and the Threat of Invisibility on Facebook,” *New Media & Society* 14, no. 7(2012): 1168.

82 Adrian Mackenzie, “The Viterbi Algorithm and the Mosaic of Machine Time,” in *24/7: Time and Temporality in the Network Society*, ed. Robert Hassan and Ronald Purser (Stanford, CA: Stanford University Press, 2007), 91.

83 Rob Kitchin and Martin Dodge, *Code/Space: Software and Everyday Life* (Cambridge, MA: MIT Press, 2011), 16.

84 A 2014 change in OkCupid's site has since removed ‘friend’ as a measur₩-able type, leaving only ‘match’ and ‘enemy.’

85 Hiawatha Bray, “Online Dating: The Economics of Love,” *Boston Globe*, February 13, 2007, http://archive.boston.com.

86 100% 확신은 수학적으로 불가능하지만, 오케이큐피드상에서 100% “짝”에 이르는 것은 기술적으로 가능하다. 오케이큐피드는 “짝”%(1/S의 크기, 여기서 S =당신과 다른 이

용자가 동일하게 대답한 질문의 수)에서 "합리적인 오차 범위"를 빼기 때문에, 함수적으로 100%에 도달하는 것이 불가능하다. 그러나 S가 4만(당신과 다른 이용자가 4만 개 모두에 동일하게 답했음을 의미함)보다 클 때, 99.5% "짝"이 가능한데, 이를 반올림하면 100%이다. OkCupid, "OkCupid Support: Match Percentages," 2015, www.okcupid.com 참조.

87 Dan Slater, *Love in the Time of Algorithms: What Technology Does to Meeting and Mating*(New York: Current, 2013); Christopher Mascaro, Rachel M. Magee, and Sean P. Goggins, "Not Just a Wink and Smile: An Analysis of User-Defined Success in Online Dating," *Proceedings of the 2012 iConference*, 2012, 200~206.

88 Lisa Nakamura, *Digitizing Race: Visual Cultures of the Internet*(Minneapolis: University of Minnesota Press, 2007).

89 Christian Rudder, *Dataclysm: Who We Are*(New York: Crown, 2014).

90 Christian Rudder, "How Your Race Affects the Messages You Get," *OkTrends*(blog), OkCupid, 2009, http://blog.okcupid.com.

91 Geoffrey Bowker, *Memory Practices in the Sciences*(Cambridge, MA: MIT Press, 2006).

92 Lisa Nakamura, "The Socioalgorithmics of Race: Sorting It Out in Jihad Worlds," in *The New Media of Surveillance*, ed. Kelly Gates and Shoshana Magnet(New York: Routledge, 2009), 150.

93 "적시에"라는 용어는 20세기 자본주의 비즈니스 업계에서 처음 사용되었는데, 비즈니스 업계에서 회사들은 정보 기술을 사용해 재고 목록에 있는 물품이 제조 공장에 "적시에" 보내지도록 미세하게 조정했다. 이러한 전략은 창고 공간과 관련 없는 배송비용과 같은 간접비를 줄여준다. 이 용어는 일본 자동차 제조사에서 처음 사용했지만 점차 Amazon.com과 같은 전자 상거래 회사들을 언급할 때도 사용된다. Yosuhiro Monden, *Toyota Production System: An Integrated Approach to Just-in-Time*, 4th ed.(Boca Raton, FL: Productivity, 2011); John Walsh and Sue Godfrey, "The Internet: A New Era in Customer Service," *European Management Journal* 18, no. 1(2000): 85~92 참조.

94 Tung-Hui Hu, "Real Time / Zero Time," *Discourse*, 34, nos. 2–3(2012): 164.

95 Aniko Hannak, Gary Soeller, David Lazer, Alan Mislove, and Christo Wilson, "Measuring Price Discrimination and Steering on E-commerce Web Sites," Auditing Algorithms Research Group, 2014, http://personalization.ccs.neu.edu; Jakub Mikians, Lászlő Gyarmati, Vijay Erramilli, and Nikolaos Laoutaris, "Detecting Price and Search Discrimination on the Internet," *Proceedings of the 11th ACM Workshop on Hot Topics in Networks*, 2012, 79~84.

96 이러한 행위는 "역동적 가격 책정dynamic pricing"이라 불린다: 가격은 날짜와 시간에 따라 조절될 뿐만 아니라 사용과 개인의 신상 명세에 의해서도 조절된다. Joseph Turow, Lauren Feldman, and Kimberly Meltzer, "Open to Exploitation: America's Shoppers

Online and Offline; A Report from the Annenberg Public Policy Center of the University of Pennsylvania," working paper, 2005, http://repository.upenn.edu; Thorin Klosowski, "How Web Sites Vary Prices Based on Your Information (and What You Can Do about It)," *Lifehacker*, January 7, 2013, http://lifehacker.com 참조.

97 Orbitz.com 사례에서 연구자들은 애플 컴퓨터를 사용하는 것이 반드시 더 높은 가격을 제시하지는 않지만 당신의 검색 결과에 더 비싼 옵션을 앞에 배치함을 발견했다. 이것을 일컬어 "가격 조종price steering"이라고 하는데, 이를 통해 만약 당신이 하루 숙박 요금으로 200 달러를 지불할 가능성이 있는 것처럼 보인다면 200달러 가격대의 호텔이 검색 결과의 세 번째나 네 번째 페이지가 아닌 첫 페이지에 나타날 수도 있을 것이다. 또 다른 사례에서 다른 연구자들은 여행 사이트 Priceline.com이 이용자들이 데스크탑 대신 모바일 브라우저를 사용하고 있을 경우 그들에게 더 높은 가격을 부과한다는 사실을 확인했다. Hannak et al., "Measuring Price Discrimination" 참조.

98 Victor Mendoza, "A Queer Nomadology of Jessica Hagedorn's Dogeaters," *American Literature* 77, no. 4(2005): 819.

99 David Cole, Kenneth Roth, and James Bamford, "'We Kill People Based on Metadata,'" *NYRblog*, *New York Review of Books*, May 10, 2014, www.nybooks.com.

100 Grégoire Chamayou, "Patterns of Life: A Very Short History of Schematic Bodies," *The Funambulist Papers* 57, 2014, http://thefunambulist.net.

101 Day, *Indexing It All*, 133.

102 Jeremy Scahill and Glenn Greenwald, "The NSA's Secret Role in the U.S. Assassination Program," *Intercept*, February 10, 2014, https://theintercept.com. 동일한 JSOC 드론 조종사는 계속해서 "동적 공격(kinetic strike)이나 야간 공습으로 바뀌는 모든 것은 거의 90%가 그것 때문입니다. 여러분도 아실 겁니다. 왜냐하면 임무보고서를 보면 '이 임무는 시진트에 의해 촉발되었다'라고 적혀 있을 텐데, 이것은 지리적 위치 식별geolocation 무선 휴대폰에 의해 촉발되었음을 의미합니다"라고 말했다.

103 이러한 대응은 감시하에 있는 인구집단이 이러한 유형의 통제에 어떻게 저항하는지 보여준다. 예를 들어, 베트남전 동안 미군은 측정된 암모니아 수준을 토대로 땀이나 소변 같은 인간 "배출수"를 찾아내기 위해 "인간 탐지기"를 사용했다. 이러한 방법을 통해 미군은 빽빽한 밀림 지역에서 적군이 어디에 있는지 찾아내고 그러한 정보를 토대로 공습을 개시할 수 있었다. 이러한 "인간 탐지기"가 어떻게 작업하는지 아는 베트콩 전투원들은 소변통을 나무에 걸어두어 미군이 텅 빈 지역에 폭탄을 투하하게 만들곤 했다. Andrew Cockburn, *Kill Chain: The Rise of the High-Tech Assassins*(New York: Holt, 2015); Robert Barkan, "Bringing the Toys Home from Vietnam," *New Scientist*, June 15, 1972 참조. A이러한 유형의 지상 감지기의 기나긴 역사와 그러한 감지기들이 감시와 국가권력에 관한 현대의 토론과 어떻게 연결되는지에 관한 것은 Iván Chaar-López, "Drone Technopolitics: A History of 'Intrusion' on the U.S.-Mexico Border, 1948–Present" (PhD diss., University of Michigan, n.d.) 참조.

104 Deleuze and Guattari, *Thousand Plateaus*, 25.

105 Haraway, *Simians, Cyborgs, and Women*, 163.

106 Judith Halberstam and Ira Livingston, "Introduction: Posthuman Bodies," in *Posthuman Bodies*, ed. Judith Halberstam and Ira Livingston(Bloomington: Indiana University Press, 1995), 13.

107 Alexander Galloway, *The Interface Effect*(Cambridge, UK: Polity, 2012), 137.

108 Blake Hallinan and Ted Striphas, "Recommended for You: The Netflix Price and the Production of Algorithmic Culture," *New Media & Society*, 1–21(2014).

109 Gloria Anzaldúa, *Borderlands—La Frontera: The New Mestiza*(San Francisco: Aunt Lute Books, 1987), 1.

110 Galloway, *Interface Effect*, 142.

111 Ibid., 143.

112 Gilbert Simondon, as cited in Gilles Deleuze, *The Logic of Sense*(New York: Columbia University Press, 1990).

113 Gilbert Simondon, *L'individu et sa genèse physico-biologique*(Paris: Presses Universitaires de France, 1964), 52, as cited in Léopold Lambert, "#SIMONDON /// Episode 03: Topological Life: The World Can't Be Fathomed in Plans and Sections," *The Funambulist*, November 27, 2013, http://thefunambulist.net.

114 Tiziana Terranova, *Network Culture: Politics of the Information Age*(London: Pluto 2004), 28.

115 Michel Lianos, "Social Control after Foucault," *Surveillance and Society* 1, no. 3 (2003): 421.

116 Brian Massumi, "Requiem for Our Prospective Dead(Toward a Participatory Critique of Capitalist Power)," in *Deleuze and Guattari: New Mappings in Politics, Philosophy, and Culture*, ed. Eleanor Kaufman and Kevin Jon Heller(Minneapolis: University of Minnesota Press, 1998), 57.

117 Nikolas Rose, as cited in Nicholas Thoburn, *Deleuze, Marx and Politics*(New York: Routledge, 2003), 98.

118 Donna Haraway, "The Promises of Monsters: A Regenerative Politics for Inappropriate/d Others," in *Cultural Studies*, ed. Lawrence Grossberg, Cary Nelson, and Paula A. Treichler(New York: Routledge, 1992), 295~337; Kal Alston, "A Unicorn's Memoirs: Solitude and the Life of Teaching and Learning," in *The Center of the Web: Women and Solitude*, ed. Delease Wear(Albany: SUNY Press, 1993), 95~109.

119 Manuel Castells, *The Power of Identity: The Information Age: Economy, Society, and Culture*, vol. 2(Malden, MA: Wiley-Blackwell, 2009).

4장 프라이버시: 죽은 프라이버시든 산 프라이버시든 원해

1 Jessica Best, "Dying Man Told by 999 Operator: Call Back When You're Unconscious," *Mirror*, October 16, 2014, www.mirror.co.uk.

2 부상자 분류 체계는 역사적으로 원조-알고리즘적 방식으로 작동한다: 진단을 내리는 의사가 각 환자의 상대적인 판단된 중증도를 토대로 어떤 환자를 어떤 순서로 돌볼지 결정한다. 영국의 *999 시스템은 입력 정보에 대한 엄격한 제한, 헤밍스의 증상에 대한 필수적인 자기-공개, 시스템의 결론의 경직성, 그리고 전반적인 의학적 권위의 부재로 인해 독특하다.

3 Dave Blackhurst, "Medics Say Meir Man Mark Hemmings Could Have Been Saved If Paramedics Had Been Dispatched Sooner," *Stoke Sentinel*, October 16, 2014, www.stokesentinel.co.uk.

4 Ibid.

5 Samuel Warren and Louis Brandeis, "The Right to Privacy," *Harvard Law Review* 4, no. 5 (1890).

6 John B. Thompson, "Shifting Boundaries of Public and Private Life," *Theory, Culture & Society* 28, no. 4 (2011): 63.

7 Jisuk Woo, "The Right Not to Be Identified: Privacy and Anonymity in the Interactive Media Environment," *New Media & Society* 8, no. 6 (2006): 953~954, 961.

8 Finn Brunton and Helen Nissenbaum, *Obfuscation: A User's Guide for Privacy and Protest* (Cambridge, MA: MIT Press, 2015), 1.

9 Finn Brunton and Helen Nissenbaum, "Vernacular Resistance to Data Collection and Analysis: A Political Theory of Obfuscation," *First Monday* 16, no. 5 (2011), http://firstmonday.org.

10 Jean L. Cohen, *Regulating Intimacy: A New Legal Paradigm* (Princeton, NJ: Princeton University Press, 2002), 56; Erving Goffman, *Relations in Public: Microstudies of the Public Order* (New York: Basic, 1971), 28.

11 Anthony Giddens, *The Constitution of Society* (Berkeley: University of California Press, 1986), 54.

12 NAACP v. Button, 371 U.S. 415, 433 (1963); New York Times Company v. Sullivan, 376 U.S. 254, 272 (1964).

13 Josh Quittner, "The Death of Privacy," *Time*, August 25, 1997; Alex Preston, "The Death of Privacy," *Guardian*, August 3, 2015, www.theguardian.com; Adam Penenberg, "The Death of Privacy," *Forbes*, November 29, 1999, www.forbes.com.

14 Polly Sprenger, "Sun on Privacy: 'Get over It,'" *Wired*, January 26, 1999, http://archive.wired.com.

15 Bobbie Johnson, "Privacy No Longer a Social Norm, Says Facebook Founder,"

Guardian, January 11, 2010, www.theguardian.com.

16 Richard Esguerra, "Google CEO Eric Schmidt Dismisses the Importance of Privacy," Electronic Frontier Foundation, December 10, 2009, www.eff.org.

17 Zizi Papacharissi, "Privacy as a Luxury Commodity," *First Monday* 15, no. 8(2010), http://firstmonday.org.

18 Warren and Brandeis, "Right to Privacy," 220.

19 Catharine MacKinnon, *Toward a Feminist Theory of the State*(Cambridge, MA: Harvard University Press, 1991), 168.

20 Charlotte Alter, "Judge Says Women Aren't Entitled to Privacy in Public Places," *Time*, October 10, 2014, http://time.com.

21 1998년 아동 온라인 프라이버시 보호법COPPA: Children's Online Privacy Protection Act of 1998은 개인 정보 온라인 수집으로부터 어린이들을 표면상으로는 보호하지만, 어린이들은 여전히 부모나 후견인의 보호하에 있다.

22 Scott Campbell Brown, "Methodological Paradigms That Shape Disability Research," in *Handbook of Disability Studies*, ed. Gary Albrecht, Katherine Seelman, and Michael Burdy(Thousand Oaks, CA: Sage, 2001); Alison Marie Kenner, "Securing the Elderly Body: Dimentia, Surveillance, and the Politics of 'Aging in Place,'" *Surveillance & Society* 5, no. 3(2008).

23 Imani Perry, *More Beautiful and More Terrible: The Embrace and Transcendence of Racial Inequality in the United States*(New York: NYU Press, 2011).

24 Albert Bendich, "Privacy, Poverty, and the Constitution," *California Law Review* 54, no. 2(1966): 407~442; John Gilliom, *Overseers of the Poor*(Chicago: University of Chicago Press, 2001).

25 Eliot Spitzer, "The New York City Police Department's 'Stop and Frisk' Practices," Office of the New York State Attorney General, 1999, www.oag.state.ny.us; Andrew Gelman, Jeffrey Fagan, and Alex Kiss, "An Analysis of the New York City Police Department's 'Stop-and-Frisk' Policy in the Context of Claims of Racial Bias," *Journal of the American Statistical Association* 102, no. 479(2007): 813~823.

26 철학자 자크 랑시에르Jacques Rancière와 인류학자 엘리자베스 포비넬리Elizabeth Povinelli 두 사람 모두 자유주의적 권리 이론의 이러한 구조적 신조信條를 온당하게 비판하고 있다. Jacques Rancière, "Who Is the Subject of the Rights of Man?," *South Atlantic Quarterly*, 103, nos. 2–3(2004); Elizabeth Povinelli, *The Cunning of Recognition: Indigenous Alterities and the Making of Australian Multiculturalism* (Durham, NC: Duke University Press, 2002) 참조.

27 Milton Konvit, "Privacy and the Law: A Philosophical Prelude," *Law and Contemporary Problems* 31, no. 2(1966): 272~280.

28 Thomas Cooley, *A Treatise on the Law of Torts Which Arise Independently of*

Contract(Chicago: Callaghan, 1906), 33.
29 Ibid.
30 Warren and Brandeis, "Right to Privacy," 198.
31 Griswold v. Connecticut, 381 U. S. 479, 484(1965).
32 NAACP v. Button, 371 U. S. 415, 433(1963); New York Times Company v. Sullivan, 376 U. S. 254, 272(1964).
33 Roger Clarke, "Introduction to Dataveillance and Information Privacy, and Definitions of Terms," Roger Clarke's website, 1999, www.rogerclarke.com.
34 Daniel Solove, "'I've Got Nothing to Hide' and Other Misunderstandings of Privacy," *San Diego Law Review* 44, no. 745(2007): 745~772.
35 John B. Young, "Introduction: A Look at Privacy," in *Privacy*, ed. John B. Young (New York: Wiley, 1978), 2.
36 H. J. McCloskey, "Privacy and the Right to Privacy," *Philosophy* 55, no. 211(1980): 38.
37 Olmstead v. United States, 277 U. S. 438, 478(1928).
38 Ronald Krotoszynski, "Autonomy, Community, and Traditions of Liberty: The Contrast of British and American Privacy Law," *Duke Law Journal* 6(1990): 1401.
39 Helen Nissenbaum, "Privacy as Contextual Integrity," *Washington Law Review* 79, no. 1(2004): 195~217.
40 Giddens, *Constitution of Society*, 54.
41 Julie E. Cohen, "What Privacy Is For," *Harvard Law Review* 126(2013): 1905.
42 Anita L. Allen, "Coercing Privacy," *William and Mary Law Review* 40, no. 3(1999): 723~757.
43 Wendy Brown, *Undoing the Demos: Neoliberalism's Stealth Revolution*(Cambridge, MA: MIT Press, 2015); Jodi Dean, *Democracy and Other Neoliberal Fantasies: Communicative Capitalism and Left Politics*(Durham, NC: Duke University Press, 2009).
44 Alan Westin, *Privacy and Freedom*(New York: Atheneum, 1967), 35.
45 Farveh Ghafouri and Carol Anne Wien, "'Give Us a Privacy': Play and Social Literacy In Young Children," *Journal of Research in Childhood Education* 19, no. 4(2005): 279~291.
46 Helen Nissenbaum, "Toward an Approach to Privacy in Public: Challenges of Information Technology," *Ethics & Behavior* 7, no. 3(1997): 207~219.
47 Dev Patel and Steven Watros, "Bol Authorized Study That Photographed Faculty, Students in Class without Notice," *Crimson*, November 5, 2014, www.thecrimson.com.
48 하버드 대학교뿐만 아니라 대부분의 대학이 이것을 하고 있다는 것이 주목하는 것은 중요하다.

49 David Murakami Wood, "Beyond the Panopticon? Foucault and Surveillance Studies," in *Space, Knowledge and Power: Foucault and Geography*, ed. Jeremy Crampton and Stuart Elden(Aldershot, UK: Ashgate, 2007); David Lyon, ed., *Theorizing Surveillance: The Panopticon and Beyond*(Cullompton, UK: Willan, 2006); Roy Boyne, "Post-Panopticism," *Economy and Society* 29, no. 2(2000): 285~307.

50 Matthew Fuller, *Media Ecologies: Materialist Energies in Art and Technoculture* (Cambridge, MA: MIT Press, 2005), 149.

51 Alexander Galloway, *Gaming: Essays on Algorithmic Culture*(Minneapolis: University of Minnesota Press, 2006), 90~91.

52 Ibid., 106.

53 Carter Jernigan and Behram F. T. Mistree, "Gaydar: Facebook Friendships Expose Sexual Orientation," *First Monday* 14, no. 10(2009), http://firstmon₩-day.org.

54 Smith v. Maryland, 442 U.S. 735(1979).

55 Jernigan and Mistree, "Gaydar."

56 Ibid.

57 Dean Spade, *Normal Life: Administrative Violence, Critical Trans Politics, and the Limits of Law*(Brooklyn, NY: South End, 2011).

58 이러한 역사에 대한 가장 널리 알려진 해석을 보려면, Michael Foucault, *The History of Sexuality, Volume 1: An Introduction*(New York: Vintage, 1990) 참조.

59 Michael Foucault, *The Order of Things: An Archaeology of the Human Sciences* (New York: Vintage, 1994); Eve Kosofsky Sedgwick, *Epistemology of the Closet* (Berkeley: University of California Press, 2008).

60 Roderick A. Ferguson, *Aberrations in Black: Toward a Queer of Color Critique* (Minneapolis: University of Minnesota Press, 2004); José Esteban Muñoz, *Disidentifications: Queers of Color and the Performance of Politics*(Minneapolis: University of Minnesota Press, 1999).

61 남성 동성애자나 여성 동성애자와 같은 정체성은 점차 마케팅 프로필을 위한 지표로 이용된다. 이러한 범주들은 여전히 대체로 억압과 체험된 경험에 대한 질문과 단절되어 있다. Megan Sapnar Ankerson and Sarah Murray, "Lez Takes Time: Designing Lesbian Contact in Geosocial Networking Apps," *Critical Studies in Media Communication* 33, no. 1(2016): 53~69 참조.

62 Walter Scott, *Tales of the Crusaders*(London: Hurst, Robinson, 1825), Walter Scott Digital Archive, www.walterscott.lib.ed.ac.uk.

63 Omer Tene and Jules Polonetsky, "Big Data for All: Privacy and User Control in the Age of Analytics," *Northwestern Journal of Technology and Intellectual Property* 11 (2012): 239~273; Omer Tene and Jules Polonetsky, "Privacy in the Age of Big Data: A

Time for Big Decisions," *Stanford Law Review Online* 64 (2013): 63~69.

64 이러한 제한된 역량은 많은 서비스 약관TOS: terms of service이 이용자들에게 이용자의 데이터에 대한 소유권이나 이용자의 데이터가 사용되는 방식에 대한 결정을 허락하지 않는 조건을 받아들일 것을 강요하는 데서 비롯된다.

65 Loren Baker, "Google May Change Gmail Advertising Model Due to Complaints," *Search Engine Journal*, April 14, 2004, www.searchengine₩-journal.com.

66 Truth Leem, "Google's Gmail-Reading Ad Service Faces Russian Privacy Probe," *Russia Today*, March 12, 2013, http://rt.com.

67 Kate Crawford and Jason Schultz, "Big Data and Due Process: Toward a Framework to Redress Predictive Privacy Harms," *Boston College Law Review* 55, no. 1(2014): 106.

68 Ibid., 109.

69 Laurence H. Tribe, "The Puzzling Persistence of Process-Based Constitutional Theories," *Yale Law Journal* 89, no. 6 (1980): 1070.

70 Matthew Fuller, *Media Ecology: Materialist Energies in Art and Technoculture* (Cambridge, MA: MIT Press, 2005), 149.

71 Joseph Kupfer, "Privacy, Autonomy and Self-Concept," *American Philosophical Quarterly* 24, no. 1 (1987): 82.

72 Charles Taylor, "Responsibility for Self," in *The Identities of Persons*, ed. Amelie Oksenberg Rorty (Berkeley: University of California Press, 1976), 281.

73 Alexander Galloway, *The Interface Effect* (Cambridge, MA: Polity, 2012), 137.

74 Alan Westin, *Privacy and Freedom* (New York: Atheneum, 1967), 25.

75 Irwin Altman, *The Environment and Social Behavior: Privacy, Personal Space, Territory, and Crowding* (Monterey, CA: Brooks/Cole, 1975), 18; 또한 Irwin Altman, "Privacy Regulation: Culturally Universal or Culturally Specific?," *Journal of Social Issues* 33, no. 3 (1977): 66~84; Leysia Palen and Paul Dourish, "Unpacking 'Privacy' for a Networked World," *Proceedings of the SIGCHI Conference on Human Factors in Computing Systems*, 2003, 129 참조.

76 Palen and Dourish, "Unpacking 'Privacy,'" 132.

77 Ibid., 131

78 Jonathan Grudin, "Desituating Action: Digital Representation of Context," Microsoft Research, 1991, http://research.microsoft.com.

79 Steven Levy, "Crypto Rebels," *Wired*, May–June 1993, http://archive.wired.com.

80 Google, "Google's Mission Is to Organize the World's Information and Make it Universally Accessible and Useful," 2015, www.google.com.

81 Brunton and Nissenbaum, "Vernacular Resistance."

82 Daniel Howe, Helen Nissenbaum, and Vincent Toubiana, "TrackMeNot," 2015,

https://cs.nyu.edu.

83 Brunton and Nissenbaum, *Obfuscation*, 15.

84 José van Dijck, "Datafication, Dataism and Dataveillance: Big Data between Scientific Paradigm and Ideology," *Surveillance & Society* 12, no. 2(2014): 198.

85 Paul Bogan and Andrew Roberts, *Identification: Investigation, Trial and Scientific Evidence*(Bristol, UK: Jordan, 2011).

86 United States Department of Homeland Security, "Per Country Limit | USCIS," United States Citizenship and Immigration Services, 2015, www.uscis.gov.

87 Nissenbaum, "Privacy as Contextual Integrity."

88 Jeff Weintraub, "The Theory and Politics of the Public/Private Distinction," in *Public and Private in Thought and Practice: Perspectives on a Grand Dichotomy*, ed. Jeff Weintraub and Krishan Kumar(Chicago: University of Chicago Press, 1997), 3.

89 Paul Schwartz, "Privacy and Democracy in Cyberspace," *Vanderbilt Law Review* 52 (1999): 1607~1702.

90 Julie E. Cohen, *Configuring the Networked Self: Law, Code, and the Play of Everyday Practice*(New Haven, CT: Yale University Press, 2012).

91 Ibid., 114.

92 Evgeny Morozov, "The Tyranny of Algorithms," *Wall Street Journal*, September 20, 2012, www.wsj.com.

93 Richard W. Severson, *The Principles of Information Ethics*(Armonk, NY: M. E. Sharpe, 1997), 67~68.

94 Galloway, *Interface Effect*, 143.

95 National Security Agency, "Types of IAT—Advanced Open Source Multi-Hop," 2012, https://www.aclu.org.

96 Bob Woodward, "How Mark Felt Became 'Deep Throat,'" *Washington Post*, June 20, 2005, www.washingtonpost.com.

97 Dune Lawrence, "The Inside Story of Tor, the Best Internet Anonymity Tool the Government Ever Built," Bloomberg, January 23, 2014, www.bloomberg.com.

98 「워싱턴 포스트」에 재인용: "단순히 '토어'라는 제목만 달린 49쪽짜리 연구논문에 따르면, 2006년 이래로 NSA는 만약 성공한다면 (토어 안에서 애써 이용자들을 따라다니는 대신 그들이 토어 시스템에 들어오고 토어 시스템에서 나갈 때 커뮤니케이션을 효과적으로 감시함으로써) '대규모로' 익명의 트래픽의 가면을 벗길 수 있게 해주는 몇 가지 방법에 공을 들여왔다. 예를 들어, 한 가지 공격 유형은 이용자들의 컴퓨터상에서의 클락 시간차clock time difference에 의해 그들을 식별하는 것이다." Barton Gellman, Craig Timberg, and Steven Rich, "Secret NSA Documents Show Campaign against Tor Encrypted Network," *Washington Post*, October 4, 2013, http://www.washington post.com/world/national-security/secret-nsa-documents-show-campaign-against-tor-

encrypted-network/2013/10/04/610f08b6-2d05-11e3-8ade-a1f23cda135e_story.html 참조.

99 Alexis Madrigal, "How Netflix Reverse Engineered Hollywood," *Atlantic*, January 2, 2014, www.theatlantic.com.

100 Julia Angwin, *Dragnet Nation: A Quest for Privacy, Security, and Freedom in a World of Relentless Surveillance*(New York: Times Books, 2014).

101 Facebook, "Terms of Service," last modified January 30, 2015, www.facebook.com.

102 David Shenk, *Data Smog: Surviving the Information Glut*(San Francisco: HarperOne, 1998).

결론

1 Microsoft, "Microsoft Potential(Inside Us All, There Is a Code…," YouTube, 2000, www.youtube.com.

2 Martin Heidegger, *The Question Concerning Technology and Other Essays*(New York: Garland, 1977), 17.

3 George Orwell, *1984*(Boston: Houghton Mifflin Harcourt, 1987), 88.

4 Zadie Smith, "Generation Why?" *New York Review of Books*, November 25, 2010, www.nybooks.com.

5 Cade Metz, "Facebook Envisions AI That Keeps You from Uploading Embarrassing Pics," *Wired*, December 9, 2014, www.wired.com.

6 알고리즘의 세부사항은 각 회사의 전유적 벽 안에 비밀로 유지되고 있는데, 이것의 정확한 이유는 각 회사가 그것들에 대한 저작권을 가지고 있지 않으며, 따라서 그것들을 공개하라는 요구를 받지 않기 때문이다.

7 1990년대와 2000년대 초로 돌아가면, AOL의 콘텐트 생태계는 "담장으로 둘러싸인 정원"으로 간주되었다. 그것은 인터넷이 AOL의 담장을 무너뜨리는 추정되는 위험(스팸, 포르노그래피, 바이러스)을 허락하지 않으면서 이용자들이 AOL 엔지니어들이 큐레이트하는 뉴스 기사를 즐길 수 있게 하는 닫힌 플랫폼closed platform이었다.

8 Margaret Jean Radin, "Regulation by Contract, Regulation by Machine," *Journal of Institutional and Theoretical Economics* 160, no. 1(2014): 142~156; Hector Postigo, "Emerging Sources of Labor on the Internet: The Case of America Online Volunteers," *International Review of Social History* 48(2003): 205~223.

9 Ethan Zuckerman, "The Internet's Original Sin," *Atlantic*, August 14, 2014, www.theatlantic.com.

10 Christian Fuchs, "The Political Economy of Privacy on Facebook," *Television & New Media* 13, no. 2(2012): 139~159.

11 Alex Hern, "Sir Tim Berners-Lee Speaks Out on Data Ownership," *Guardian*, October

8, 2014, www.theguardian.com.

12 Jaron Lanier, *Who Owns the Future?*(New York: Simon and Schuster, 2014).

13 Tiziana Terranova, *Network Culture: Politics for the Information Age*(London: Pluto, 2004); Trebor Scholz, ed., *Digital Labor: The Internet as Playground and Factory* (New York: Routledge, 2012).

14 Mario Tronti, "Capitale Sociale," *Telos* 17(1973): 98~121; David Palazzo, "The 'Social Factory' in Postwar Italian Radical Thought from Operaismo to Autonomia," Ph.D. diss., Graduate Center, CUNY, 2014; Rosalind Gill and Andy Pratt, "In the Social Factory? Immaterial Labour, Precariousness and Cultural Work," *Theory, Culture & Society* 25, nos. 7–8(2008): 1~30.

15 Gilbert Ryle, *The Concept of Mind*(Chicago: University of Chicago Press, 2000).

16 David Golumbia, *The Cultural Logic of Computation*(Cambridge, MA: Harvard University Press, 2009).

17 Susana Rotker, *Captive Women: Oblivion and Memory in Argentina*(Minneapolis: University of Minnesota Press, 2002), 3.

18 Avery Gordon, *Ghostly Matters: Haunting and the Sociological Imagination* (Minneapolis: University of Minnesota Press, 2008), 63.

19 XBox, "Forza Horizon 2: What's a Drivatar, and Why Should I Care?," September 2014, news.xbox.com.

20 Herman Gray and Macarena Gómez-Barris, *Toward a Sociology of the Trace* (Minneapolis: University of Minnesota Press, 2010).

21 Minerva Initiative, "Program History & Overview," U.S. Department of Defense, 2015, http://minerva.dtic.mil.

22 Ibid. (emphasis added).

23 Ibid.

24 Ray Kurzweil, *The Singularity Is Near: When Humans Transcend Biology*(New York: Penguin, 2006); Amnon Eden, James H. Moor, Johnny H. Søraker, and Eric Steinhart, eds., *Singularity Hypotheses: A Scientific and Philosophical Assessment* (Berlin: Springer-Verlag, 2012).

25 N. Katherine Hayles, *How We Became Posthuman: Virtual Bodies in Cybernetics, Literature, and Informatics*(Chicago: University of Chicago Press, 1999); Hans Moravec, *Mind Children: The Future of Robot and Human Intelligence*(Cambridge, MA: Harvard University Press, 1990).

26 Nick Bostrom, "How Long before Superintelligence," *Linguistic and Philosophical Investigations* 5, no. 1(2006): 11~30.

찾아보기

숫자

알파벳

ㄱ

ㄴ

ㅁ

ㅂ

ㅅ

ㅎ

지은이

존 체니-리폴드 John Cheney-Lippold

미시건 대학교University of Michigan 미국문화학과Department of American Culture와 디지털 연구소Digital Studies Institute 소속 조교수로 디지털 미디어, 정체성, 그리고 프라이버시의 개념 간의 관계를 중심으로 교육과 저술 활동을 하고 있다.

옮긴이

배현석

1984년 연세대학교 사회과학대학 신문방송학과를 졸업하고, 1986년 연세대학교 동 대학원(신문방송학 전공)에서 석사 과정을 마쳤다. 1989년부터 1993년까지 방송위원회(현 방송통신위원회) 연구원을 거쳐, 1998년 미시건 주립대학교Michigan State University 텔레커뮤니케이션학과Dept. of Telecommunication에서 박사 학위를 받았다. 1998년 영남대학교 언론정보학과 객원교수를 지낸 후, 1999년부터 지금까지 동 대학에서 교수로 재직하고 있다. 주요 관심분야는 미디어의 효과, 특히 교육적 오락물Entertainment-Education과 보건 커뮤니케이션이며, *Asian Journal of Communication* 편집자문위원으로 활동하고 있다.

주요 논문

- Bae, H.-S., Lee, D., & Bae, R. E. 2014. "Emotional engagement with the plot and characters: A narrative film on hearing-impaired sexual assault victims." *Narrative Inquiry*, 24(2), 309~327.
- Bae, H.-S., Brown, W. J., & Kang, S. 2011. "Social influence of a religious hero: The late Cardinal Stephen Kim's impact on cornea donation and volunteerism." *Journal of Health Communication*, 16(1), 62~78.
- Kang, S., Gearhart, S., & Bae, H.-S. 2010. "Coverage of Alzheimer's disease from 1984 to 2008 in television news and information talk shows in the United States: An analysis of news framing." *American Journal of Alzheimer's Disease and Other Dementia*, 25(8), 687~697.
- Bae, H.-S. 2008. "Entertainment-education and recruitment of cornea donors: The role of emotion and issue involvement. *Journal of Health Communication*, 13(1), 20~36.
- Bae, H.-S., & Kang, S. 2008. "The influence of viewing an entertainment-education program on cornea donation intention: A test of the Theory of Planned Behavior." *Health Communication*, 23(1), 87~95.
- Lee, B., & Bae, H.-S. 2004. "The effect of screen quotas on the self-sufficiency ratio in recent domestic film markets." *The Journal of Media Economics*, 17(3), 163~176.

- Bae, H.-S., & Lee, B. 2004. "Audience involvement and its antecedents in entertainment-education: An analysis of bulletin board messages and drama episodes on divorce in Korea." *Asian Journal of Communication*, 14(1), 6~21.
- Bae, H.-S. 2000. "Product differentiation in national TV newscasts: A Comparison of the cable all-news networks and the broadcast networks." *Journal of Broadcasting & Electronic Media*, 44(1), 62~77.
- Bae, H.-S. 1999. "Product differentiation in cable programming: The case in cable all-news networks." *The Journal of Media Economics*, 12(4), 265~277.
- Bae, H.-S., & Baldwin, T. F. 1998. "Policy issues for cable startup in smaller countries: The case in South Korea." *Telecommunications Policy*, 22(4/5), 371~381.

주요 역서

- 배현석(역). (2020). 『디지털 디퍼런스: 미디어 기술과 커뮤니케이션 효과 이론 *The digital difference: Media technology and the theory of communication effects*』. 파주: 한울엠플러스(뉴스통신진흥회 번역지원 서적),
- 배현석(역). (2020). 『커뮤니케이션 연구방법: 질문하기와 답 찾기 *Communication research: Asking questions, finding answers*』. 서울: 박영사.
- 배현석(역). (2019). 『공유시대 *The age of sharing*』. 파주: 한울엠플러스.
- 배현석(역). (2018). 『초연결사회: 인터넷, 디지털 미디어, 그리고 기술-사회생활 *Superconnected: The internet, digital media, and techno-social life*』. 파주: 한울엠플러스(방송문화진흥회 번역지원 서적),
- 배현석(역). (2018). 『노화와 커뮤니케이션 이해하기 *Understanding communication and aging*』. 경산: 영남대학교 출판부(영남대학교 인문학육성기금 번역지원 서적),
- 배현석(역). (2017). 『퍼블릭 스피치: 대중 앞에서 말하기』 *Public speaking: Concepts and skills for a diverse society*. 경산: 영남대학교 출판부.

우리는 데이터다

알고리즘이 만들어내는 우리의 디지털 자기

지은이 **존 체니-리폴드** | 옮긴이 **배현석** | 펴낸이 **김종수** | 펴낸곳 **한울엠플러스(주)** | 편집책임 **조수임**

초판 1쇄 인쇄 **2021년 4월 30일** | 초판 1쇄 발행 **2021년 5월 20일**

주소 **10881 경기도 파주시 광인사길 153 한울시소빌딩 3층**
전화 **031-955-0655** | 팩스 **031-955-0656**
홈페이지 **www.hanulmplus.kr** | 등록번호 **제406-2015-000143호**

Printed in Korea.
ISBN 978-89-460-7299-2 93300(양장)
978-89-460-8047-8 93300(무선)

* 책값은 겉표지에 표시되어 있습니다.
* 이 도서는 강의를 위한 교재를 따로 준비했습니다.
강의 교재로 사용하실 때는 본사로 연락해주십시오.